LES PLUS BELLES BALADES À VÉLO

LES HAUTS-DE-FRANCE

La lettre de Martine Cano

Présidente de la Fédération française de cyclotourisme

guide réalisé en partenariat avec la Fédération nçaise de cyclotourisme, vous donne tous bons plans et les parcours pour profiter des 100 km de pistes cyclables .

couvrez un paysage aux multiples facettes entre re et mer, bocages et marais, entre terrils et terrains. À proximité de plages fréquentées, us pouvez visiter de nombreux villages au arme à la fois ancien et bucolique.

ssez-vous guider par vos envies, entre spécialités inaires tels que le miel de tilleul, le maroilles Thiérache ou encore la tomme au foin, et les nds espaces iodés pour prendre un bain de ... Vous allez vivre un dépaysement total !

possible de parcourir la région sans visiter patrimoine historique unique. Terres de cathédrales gothiques et de beffrois, elle regorge de ces joyaux architecturaux datant de la Renaissance. Vous roulerez aussi au cœur des bassins miniers, fleurons de l'industrie française.

Des plaines du Val de Somme aux anciennes tranchées de Vimy, vous explorez d'anciens champs de bataille, devenus des références internationales du tourisme de mémoire...

La Fédération française de cyclotourisme anime un portail gratuit et accessible au grand public, **veloenfrance.fr** : une plateforme unique et interactive qui propose plus de 4 000 circuits gratuits route et VTT sur l'ensemble du territoire français. Il y en a 169 dans les Hauts-de-France. Sans oubliez les 3 000 clubs pour rouler toute l'année !

Bonnes découvertes à vélo !

Wervicq sud - Les berges de La Lys.
© Nord tourisme

W0330767

FF vélo

veloenfrance.fr

Hauts-de-France

Situés entre la Normandie, la région parisienne et la Belgique, les Hauts-de-France séduisent avec ses paysages typiques, son bord de mer et son riche patrimoine historique. Partez à la découverte de ce territoire chaleureux et authentique, caractérisé par ses bâtisses à briques rouges et ses beffrois typiques, à travers près de 1 800 km de circuits de 39 km à 86 km, à effectuer en une ou deux journées. Petit Futé a créé pour vous des itinéraires de charme, plutôt ruraux ou urbains, tranquilles ou rythmés, à faire à vélo !

De la Côte d'Opale à la Thiérache, des Monts de Flandres au Bassin Minier, des forêts de l'Oise au Marais audomarois… la variété des paysages est d'une grande richesse. Les amoureux de la nature seront comblés par les quatre parcs naturels de la région, sans oublier les nombreux canaux et cours d'eau qui traversent les terroirs, parfois soulignés de moulins. Célèbres ou plus secrets, châteaux, cathédrales, cités fortifiées et musées se dévoilent au fil des kilomètres. Le département est également très marqué par son histoire, en témoignent les nombreux vestiges et mémoriaux, évocations des conflits successifs. Enfin, la richesse des spécialités picardes et flamandes accompagnées de bières réjouira les gastronomes, et vous redonnera des forces pour poursuivre votre évasion à vélo.

Retrouvez cette offre en page 38

SOMMAIRE

© PAUL BRADBURY-ISTOCKPHOTO.COM

Parc du Marquenterre. © PHILIPPE PATERNOLLI - STOCK.ADOBE.COM

7 CARNET

39 NOS BALADES

Dunkerque. © INNA - STOCK.ADOBE.COM

ROYAUME-UNI
La Manche
DUNKERQUE
Autour de D
CALAIS
Gravelines
BERGUE
Le Calaisis
ARDRES
WIMEREUX
L'Audomarois
CLAIRMARAIS
Le Boulonnais
SAINT-OMER
BOULOGNE-SUR-MER
HAZEBROUCK
Lillers
Le Touquet-Paris-Plage
ÉTAPLES
STELLA-PLAGE - CUCQ
Le Touquet
Hesdin
NEUVILLE-SAINT-
Autour
SAINT-VALERY-SUR-SOMME
Baie de Somme et Marquenterre
CAOURS
ABBEVILLE
Autour d'Abbeville
Saint-Pierre-en-Val
AVEL
AL
Dieppe
AMIENS
Autour d'Amiens
CREUSE
Aumale
Breteuil
SEINE-ET-MARNE
SAVIGNIES
BEAUVAIS
Forêt de Compi
Le Beauvaisis
Rouen
SAINT-JEA
Forêt de Com
Gisors
FLEURINES
Louviers
CHANTILLY
Forêts de Chantilly et d'Ermenonville
EURE
Vernon
30 KM
PARIS

LES PLUS BELLES BALADES À VÉLO HAUTS DE FRANCE

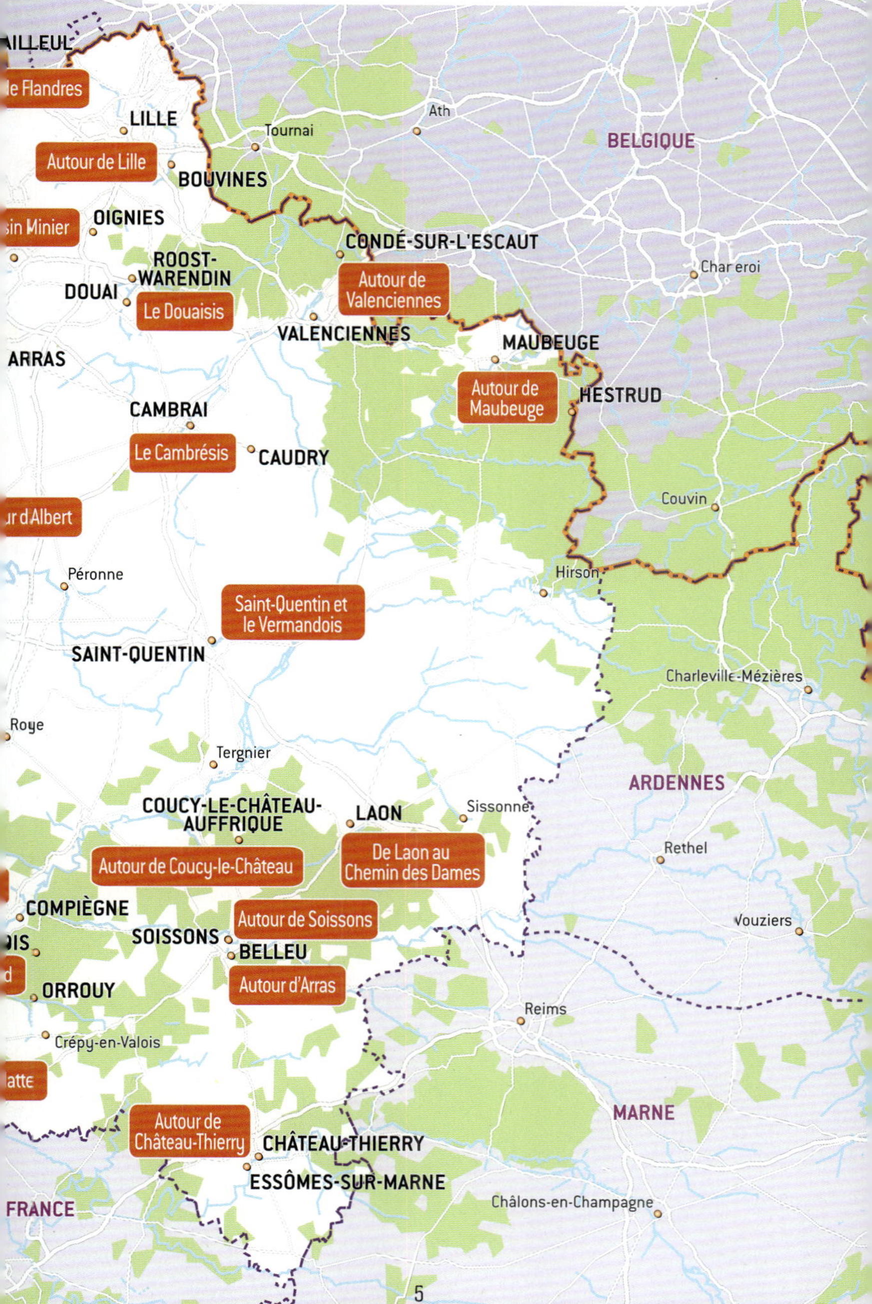

PASSPORT

CARNET

S'INFORMER

Voici quelques adresses pour vous aider à chaque étape de votre parcours, de sa préparation jusqu'à la fin de la balade. Vous trouverez des structures qui proposent des ateliers de remise en selle afin de vous permettre de reprendre ou apprendre le vélo en toute confiance. Nous vous présentons également différentes organisations qui pourront vous apporter des conseils en matière de vélo (achat, entretien, conseils pour rouler). Nous vous indiquerons aussi quelques pistes pour préparer vos itinéraires avec des informations et des outils pratiques. Vous trouverez le nom de structures associées au cyclotourisme via lesquelles vous pourrez trouver des compagnons de route et des idées de parcours. Enfin, quelques éléments de littérature, revues et sites liés à l'univers du vélo vous seront présentés, car ils peuvent constituer des sources d'inspiration et contiennent des informations récentes.

CARNET

Se (re)mettre en selle, trouver un vélo et circuler en toute sécurité

FUB

Fédération des Usagers de la Bicyclette
12, rue des Bouchers
67000 Strasbourg
✆ 03 88 75 71 90
contact@fub.fr
www.fub.fr

Créée en 1980, la FUB, Fédération française des usagers de la bicyclette, agit pour apporter des réponses concrètes aux préoccupations quotidiennes des cyclistes et promouvoir l'usage du vélo comme mode de déplacement quotidien, par la mise en réseau des associations locales. Les principaux champs d'action sont concertation entre usagers et collectivités, le conseil et l'information, les bourses aux vélos, le marquage BICYCODE®, les ateliers d'autoréparation et la vélo-école pour adultes et enfants.

FNAUT

Fédération nationale des Associations d'Usagers des Transports
32, rue Raymond Losserand
75014 Paris
✆ 01 43 35 02 83
www.fnaut.fr

La Fédération nationale des Associations d'Usagers des Transports rassemble aujourd'hui 150 associations implantées dans toutes les régions françaises. Association de consommateurs agréée, la FNAUT conseille et défend les usagers de tous les modes de transport et les représente auprès des pouvoirs publics et des entreprises de transport. Groupe de pression d'intérêt général, la FNAUT s'efforce d'infléchir la politique des transports et de l'aménagement du territoire.

UPWAY

https://upway.shop
info@upway.shop

Cette plateforme en ligne est dédiée au rachat, au reconditionnement et à la revente de vélos électriques, sous garantie d'un an. Leur credo ? Rendre le vélo électrique accessible au grand public avec des offres pour tous les budgets et une livraison assurée à domicile ! Vous retrouverez des marques incontournables, telles que Cowboy, VanMoof ou encore Giant. En plus d'un aspect économique attrayant, la démarche d'Upway s'inscrit dans un cycle vertueux en prolongeant la durée de vie des vélos électriques plutôt que de créer du jetable.

Mieux se Déplacer à Bicyclette (MDB)

Maison du Vélo
37, boulevard Bourdon
75004 Paris
✆ 01 43 20 26 02
https://mdb-idf.org

Il s'agit d'une association pionnière en matière de promotion du vélo qui propose des accompagnements (vélos-écoles, ateliers de réparation, marquage, etc.), des projections, des bourses aux vélos, des balades et manifestations cyclofestives, ainsi que des actions militantes (convergence francilienne).

S'informer sur les itinéraires, trouver des compagnons de route

ASSOCIATION FRANÇAISE DES VÉLOROUTES ET VOIES VERTES (AF3V)

www.af3v.org

Cette association d'usagers, qui fonctionne avec des délégations départementales, propose notamment des randos vélos de plusieurs types : randonnées militantes (pour faire avancer les voies vertes), randonnées grands itinéraires, randos-découvertes, autres randonnées ; on trouve sur le site une carte interactive et un moteur de recherche qui permet de trouver une véloroute ou une voie verte en fonction de la région, du type de revêtement de la voie et le type d'activité.

La statue des Coobers en hommage aux troupes australiennes. © veloenfrance.fr

1. *Les Weppes*

Route		03:30	
Fromelles		Très facile	
36 km		91 m	
59 Nord			

Visitez l'ancienne châtellenie de Lille !

Votre balade à vélo prend un sens historique et vous mène au jardin du Souvenir : cimetières et mémoriaux parsèment ce paysage marqué à jamais par les deux Guerres Mondiales. À Fromelles, découvrez le musée franco-australien ainsi que de nombreux cimetières allemands témoignant de l'âpreté des combats lors de la Grande Guerre.

Mais les Weppes, c'est aussi un immense jardin avec ses arbres remarquables, ses villages fleuris, ses parcs, ses chemins ou encore ses étangs, comme à Aubers, où calme et sérénité règnent pour une balade à vélo conviviale !

COMITÉ DÉPARTEMENTAL DE CYCLOTOURISME 59
33, rue Gayant
59520 Marquette-lez-Lille
06 85 17 62 02
departement59-presidence@ffvelo.fr

2. *Châteaux et abbayes du Valois*

Route		05:30	
Crépy-en-Valois		Difficile	
68 km		251 m	
60 Oise			

Explorez le plateau du Valois et ses vallons : une campagne généreuse aux villages de pierre blottis autour de leurs églises. Découvrez le patrimoine historique de la commune de Crépy-en-Valois avec ses maisons médiévales, ses musées de l'Archerie et d'art sacré et l'abbaye Saint-Arnoul. Vous allez adorer l'architecture !

Le circuit longe le manoir de Huleux pour gagner Néry où vous tombez sur l'église Saint-Martin, une des plus atypique de la région. Roulez au cœur de la vallée de l'Automne et découvrez un patrimoine riche qu'illustrent les bourgs de Béthisy Saint-Pierre et Béthisy-Saint-Martin : églises, fermes médiévales, châteaux... Bienvenue dans le nord de la France !

COMITÉ DÉPARTEMENTAL DE CYCLOTOURISME 60
4, allée des Marguerites
60870 Villers-saint-Paul
06 89 12 30 96
departement60-presidence@ffvelo.fr

3. *Les jolis villages du Vexin*

Route		03:35	
Chaumont-en-Vexin		Difficile	
54 km		302 m	
60 Oise			

Succession de collines boisées, de vastes plaines et de colombiers, cet itinéraire vous permet de découvrir un patrimoine culturel unique. Au pied de la forteresse ruinée de Chaumont-en-Vexin vous apercevez l'église Saint-Jean-Baptiste qui mêle styles gothique et Renaissance.

Les hameaux du Petit Serans et du Bout-du-Bois vous attendent pour rejoindre Montjavoult accroché au flanc d'une colline. Arpentez ses rues pour découvrir les panoramas sur le Vexin et visitez son église Saint-Martin au style à part !

COMITÉ DÉPARTEMENTAL DE CYCLOTOURISME 60
4, allée des Marguerites
60870 Villers-saint-Paul
06 89 12 30 96
departement60-presidence@ffvelo.fr

L'une des plus belles baies du monde à portée de vue !
© Somme Tourisme

4. *Au nord de la baie de Somme*

Route		02:00	
St-Quentin-en-Tourmont		Très facile	
25 km		55 m	
80 Somme			

Partez à la découverte de la Baie de Somme !

Entre baie d'Authie et Baie de Somme, roulez au cœur d'un territoire remarquable avec ses hameaux du Marquenterre. Le circuit vous offre une diversité unique : falaises, sables, dunes, galets, marais pour composer un site naturel d'exception, loin des littoraux bétonnés. Classée parmi les plus belles baies du monde, elle ne vous laissera pas indifférent !

Admirez l'église Saint-Vaast de style roman puis profitez des nombreuses petites routes sinueuses et tranquilles !

COMITÉ DÉPARTEMENTAL DE CYCLOTOURISME 80
15, rue Monsieur
80300 Englebelmer
06 33 32 31 26
departement80-presidence@ffvelo.fr

5. *Kiosques en Avesnois*

Route		06:00	
Ferrière-la-Grande		Facile	
72 km		220 m	
59 Nord			

L'Avesnois vous accueille à travers ses prairies, son bocage et son relief vallonné !

Ce parcours vous permet de découvrir les insolites kiosques à danser, lieu de rassemblement festif des musiciens au XIXe siècle. Le plus singulier d'entre eux est sans doute celui d'Audignies suspendu à la façade de la mairie. Roulez sur d'agréables petites routes pour visiter quelques belles chapelles et églises typiques de la région.

Le magnifique moulin à eau du Grand-Fayt vaut aussi le détour... Et arrêtez-vous pour déguster une flamiche à Maroilles, cité du célèbre fromage !

COMITÉ DÉPARTEMENTAL DE CYCLOTOURISME 59
33, rue Gayant
59520 Marquette-lez-Lille
06 85 17 62 02
departement59-presidence@ffvelo.fr

Entre moulins et kiosques, le Pays Avesnois vaut le détour !
© S. Dhote

6. *À travers plateaux et vallée du Thérain*

Route		04:20	
Songeons		Facile	
28 km		330 m	
Oise			

Roulez à vélo autour de Songeons !

Entre bois, vergers et bosquets, ce circuit épouse des reliefs vallonnés : il faudra parfois grimper à flanc de talus ! Avant de partir, parcourez Songeons - autrefois cité de la lunetterie - et admirez ses maisons à pans de bois et torchis. Puis la vallée du Thérain vous guidera, par sa rive nord, entre bois et paysages de plaines.

Un bon coup de pédale vous permet de remonter sur le plateau à hauteur de la ferme de Beaulieu et de rejoindre Morvilliers où vous pourrez contempler une ancienne chapelle dédiée jadis à Saint-Wandrille.

COMITÉ DÉPARTEMENTAL DE CYCLOTOURISME 60
4, allée des Marguerites
60870 Villers-saint-Paul
06 89 12 30 96
departement60-presidence@ffvelo.fr

Visitez Gerberoy, joyau de l'Oise en Picardie !
© veloenfrance.fr

Explorez les ruines d'un château amiénois à Picquigny !
© veloenfrance.fr

7. *Chés intailles*

Route	03:35
Ailly-Sur-Somme	Facile
42 km	95 m
Somme	

Depuis Ailly-sur-Somme jusqu'à l'embouchure du fleuve dans l'estuaire de la baie, le chemin de halage a été aménagé en une piste cyclable paisible et tout confort. On se laisse guider au fil de l'eau et vous découvrirez les étangs profonds aux formes géométriques que l'on surnomme les " intailles " en picard.

À Picquigny, vous pouvez visiter les ruines d'un des plus importants châteaux forts de l'Amiénois. Et surtout, n'oubliez pas de déguster la spécialité de la vallée : la fameuse anguille fumée !

COMITÉ DÉPARTEMENTAL DE CYCLOTOURISME 80
15, rue Monsieur
80300 Englebelmer
06 33 32 31 26
departement80-presidence@ffvelo.fr

8. *Le Ferrain*

Route	03:00
Bondues	Très facile
29 km	175 m
Nord	

Environ trois heures sont nécessaires pour sillonner cette boucle, mais prévoyez plus de temps pour visiter les nombreux sites qui jalonnent le parcours.

Explorez un paysage rural parsemé de censes, ces belles fermes fortifiées !

Au détour des rues de Bondues, ville empreinte d'histoire et de modernité, vous apercevrez de nombreux édifices ruraux aux vastes toitures rouges, tels que le château du Vert-Bois. Propriété de la famille Prouvost (parmi les premiers industriels de la transformation de la laine) ce monument classé, abrite une importante collection de souvenirs napoléoniens. En point d'orgue de votre parcours, visitez Wervicq-Sud, ancien fleuron de l'industrie textile.

Roulez au cœur des chemins du jardin public jusqu'à « La Bergerie », où vous pouvez découvrir un petit musée des petits métiers de la ferme.

COMITÉ DÉPARTEMENTAL DE CYCLOTOURISME 59
33, rue Gayant
59520 Marquette-lez-Lille
06 85 17 62 02
departement59-presidence@ffvelo.fr

9. *Balade vers Albert*

VTT	02:10
Englebelmer	Facile
32 km	270 m
80 Somme	

Direction Englebelmer, village d'arrière-front durant la Grande Guerre, où vous longez les lignes de front de la Bataille de la Somme. Découvrez des paysages variés avec de nombreuses parties boisées pour rejoindre la citée d'Ancre !

Offrez un petit coin d'eau à votre randonnée et direction les étangs du Vélodrome avant de revenir à Englebelmer par des chemins bordurés de haies. Vous mêlerez émotion des champs de bataille et évasion en pleine nature !

COMITÉ DÉPARTEMENTAL DE CYCLOTOURISME 80
15, rue Monsieur
80300 Englebelmer
06 33 32 31 26
departement80-presidence@ffvelo.fr

Rien de mieux que le VTT pour randonner sur les chemins du Haut-Artois. © ffvelo

10. *Les Brouillards*

VTT	02:00
Affringues	Facile
21 km	325 m
62 Pas-de-Calais	

Le paysage du Haut-Artois était une place forte des châteaux au Moyen Âge !

Parmi les forteresses du Xe au XIIe siècles, vous ne pouvez apercevoir maintenant que les levées de terre : les mottes castrales. Pour les découvrir, direction Nielles-les-Bléquin ! L'une forme des ondulations dans les pâtures derrière l'église, une autre est bordée par un bras de l'Aa.

La plupart des villages de l'Artois possèdent une couronne bocagère que vous pouvez contempler à condition de prendre de la hauteur, rendez-vous sur les hauts reliefs !

COMITÉ DÉPARTEMENTAL DE CYCLOTOURISME 62
85,avenue Joseph Lesur
62152 Hardelot Plage
06 60 89 04 31
departement62-presidence@ffvelo.fr

CYCLO-CAMPING INTERNATIONAL (CCI)

www.cyclo-camping.international/fr

Cyclo-Camping International est une association sans but lucratif qui regroupe et informe ceux qui voyagent à vélo sans aide motorisée. Elle est animée par des bénévoles et réunit tous les passionnés du voyage à vélo, ceux qui partent demain, et ceux qui sont revenus hier... Elle leur permet de s'informer, de se rencontrer, et de communiquer entre eux à partir de leurs expériences.

CYCLOTRANSEUROPE

www.eurovelo3.fr

CyclotransEurope, fondée en 1996, a pour objectif la réalisation en France d'une véloroute reliant à la fois Paris à Moscou et Saint-Jacques-de-Compostelle à Trondheim (la Scandibérique), autant que possible en site propre. Depuis 2001, CyclotransEurope propose de découvrir une partie de l'itinéraire de la TransEuropéenne, entre amis ou en famille, grâce aux randonnées organisées tous les étés.

FÉDÉRATION FRANÇAISE DE CYCLOTOURISME (FFCT)

www.ffvelo.fr

Les Comités régionaux et départementaux permettent une présence active et soutenue auprès des licenciés, mais également des institutions sportives, touristiques et des administrations régionales et départementales. Les clubs sont les acteurs principaux de la FFCT. À ce titre, ils gèrent et assurent l'activité du cyclotourisme sur le territoire français incluant les départements d'Outre-mer. Ils en assurent la promotion, l'animation auprès de leurs adhérents, l'organisation de manifestations et de randonnées, la création de structures d'accueil et la mise en place d'écoles de cyclotourisme.

FRANCE VÉLO TOURISME

www.francevelotourisme.com

Vous retrouvez sur ce site des idées d'itinéraires pour vos balades à vélo de 2h ou de plusieurs jours. Grâce à un moteur de recherche et une carte interactive, vous pouvez confectionner un itinéraire sur mesure, selon vos envies et vos capacités (difficulté, durée, thématique et destination), en préconisant des itinéraires cyclables aménagés. Vous retrouvez aussi, sur France vélo tourisme, tous les établissements labellisés Accueil Vélo sur votre itinéraire : hébergements, restaurants, lieux de visite, offices de tourisme, loueurs et réparateurs.

Livres

Littérature :

- *Petit Traité de Vélosophie* de Didier Tronchet, Éditions Plon.
- *Besoin de Vélo* de Paul Fournel, Éditions Points Seuil.

© ESTUDI M6 - SHUTTERSTOCK.COM

- *Voici des Ailes* de Maurice Leblanc, Éditions Phébus.

Ouvrages spécialisés (réparation, droit) :

- *Comment entretenir et réparer son vélo. Le manuel de survie pour les nu(le)s en mécanique* de Romain Puissieux, Éditions Mango, 2018.
- *Le Code du Cycliste* de Ludovic Duprey, Éditions Dalloz, 2021.

Livres sur la pratique du vélo :

- ***Le Retour de la bicyclette,*** de Frédéric Heran, Éditions La Découverte, 2015.
- ***En roue libre***, de David Le Breton, Éditions Terre Urbaine, 2020.
- ***Réenchantons le vélo***, de Priscilla Parard, Éditions Terre Vivante, 2021.

Magazines et presse spécialisée

- ***Cyclo-camping international***, la revue trimestrielle de l'association CCI (www.cyclo-camping.international/fr/revue/non-categorise/revue) : des récits de voyageurs, des infos et des annonces.
- ***200 le vélo de route autrement***, magazine trimestriel (www.200-lemagazine.com) : des articles en lien avec le monde du vélo, des récits de voyages, pour tout public du néophyte au compétiteur.
- ***Chasse-goupille***, fanzine bordelais (https://wiklou.org/wiki/Chasse-Goupille_(fanzine)) réalisé par des autrices de la France entière dans l'esprit *do it yourself* et dont le thème est « l'émancipation avec et par la bicyclette ».
- ***Cyclotourisme Mag*** (www.cyclotourisme-mag.com), mensuel édité par la Fédération française de cyclotourisme, consacré à l'ensemble de l'actualité de la discipline avec de nombreux conseils pratiques et techniques.

LE CYCLE

✆ 01 41 40 32 32 - www.lecycle.fr

Le Cycle est le magazine n° 1 des pratiquants, sa mission est de vous faire rêver et vous faire vivre votre passion avec les meilleurs conseils et guides d'achat. Dans chaque numéro, retrouvez les essais des vélos et des produits avec une analyse en laboratoire et des tests sur le terrain. Découvrez des comparatifs de matériels ainsi que des dossiers techniques. Les reportages Parcours et Col dur mettent à l'honneur une région, son patrimoine, en parcourant trois circuits adaptés. Avec les rubriques Atelier, Diététique, Entraînement, les actus régionales, les suppléments du Guide du Tour, des vélos et des équipes pros sans oublier le carnet Entraînement, vivez votre passion du cyclisme dans toutes les pratiques, du cyclosport à la compétition, de la route au gravel.

CYCLIST

✆ 04 73 14 03 00 - www.turbulencespresse.fr

7,50 € le numéro. 39 € l'abonnement d'un an (19,50 € l'abonnement numérique).

Bimestriel dédié au cyclisme sur route à destination des passionnés avec des reportages sur des escapades à vélo en France, des news et tests de matériels, l'actualité des clubs et également des astuces pour bricoler son vélo. Des portraits des grandes légendes du cyclisme, des dossiers thématiques, du coaching, du choix d'un vélo, des interviews de personnalités et des reportages présentant de belles balades sur les plus belles routes de l'Hexagone ; le tout avec des photographies qui font rêver et donnent envie d'enfourcher sans plus attendre son vélo !

E-BIKE MAGAZINE

✆ 03 44 62 43 79

6,50 € l'unité, abonnement 1 an : 36 €.

E-bike Magazine, c'est une revue bimestrielle qui est intégralement consacrée au vélo à assistance électrique (VAE). Tous les deux mois, vous retrouvez toutes les actualités liées au VAE et aux derniers modèles. Dans chaque numéro, un chapitre « essais » vous livre les résultats de plusieurs tests et essais techniques. Retrouvez également des portraits de coureurs pro, une rubrique « courrier des lecteurs », des conseils pratiques et des dossiers et des inspirations pour vos randonnées. Un magazine spécialisé au contenu dense et pratique.

E-BIKE LIFE MAGAZINE

✆ 03 44 62 43 79

6,90 €/l'unité.

À la suite du succès de *E-Bike Magazine*, les éditions Larivière ont décidé de prolonger le plaisir des « cyclolecteurs » en lançant *E-Bike Life Magazine*. Ce nouveau magazine trimestriel est dédié aux vélos à assistance électrique (VAE) et plutôt spécialisé pour les usagers de VAE en milieu urbain. Partant d'une tendance générale : dans les grandes villes, de plus en plus de personnes cherchent des solutions de déplacement plus écologiques. On retrouvera donc des conseils pour accompagner cette mobilité électrique, des tests techniques et recommandations.

VTT MAGAZINE

✆ 03 44 62 43 79

5,80 € à l'unité, abonnement 1 an en numérique : 39 €, abonnement 1 an papier : 56 €.

Mensuel emblématique consacré à l'ensemble de l'actualité du vélo tout-terrain avec des essais matériel et expertises techniques, des focus sur les pilotes les plus charismatiques, mais aussi des sauts impressionnants, entre autres thématiques. Bien sûr, vous trouvez également dans le *VTT magazine*, disponible à l'unité ou en abonnement (papier et/ou numérique), une sélection de randonnées sur les plus beaux sentiers de France et des idées de voyages à faire à VTT partout dans le monde, pour vous inspirer et vous donner envie.

VÉLO VERT MAGAZINE

✆ 01 39 13 33 22 - www.velovert.com

À l'unité : 6,95 €, abonnement 1 an : 49 € et abonnement 2 ans : 85 €. Offres avec produits offerts disponibles.

Vélo Vert Magazine, c'est un mensuel consacré à l'actualité du vélo tout-terrain et vélo tout-terrain à assistance électrique, et des numéros hors-série de référence. On y trouve des interviews de coureurs, des conseils pour l'entretien de son VTT, l'agenda des randonnées et courses en France et de nombreuses autres rubriques telles que, par exemple, toute l'actualité des coureurs emblématiques de VTT, des tests techniques des vélos dernier cri, en plus de conseils pratiques. Et chaque année, le magazine fait une sélection et élit « le VTT de l'année ».

Sites et applications

Sites et blogs :

- www.isabelleetlevelo.fr/ : un site incontournable avec toute l'actualité vélo (« mais pas que... »).
- www.weelz.fr : le mag « leader de pignon ». Ce site encourage la pratique du vélo comme mode de déplacement à part entière.
- www.citycle.com : un blog d'actualité et d'information autour du monde du vélo, cyclisme urbain, cyclotourisme, tous les conseils y sont apportés.
- www.cyclos-cyclotes.org : un forum consacré au cyclotourisme.
- www.cartovelo.fr : une librairie en ligne des guides et cartes.
- umap.openstreetmap.fr : pour créer vos propres cartes personnalisées.

Applications pour tracer son itinéraire :

- komoot
- IGNrando'

CARNET

AVANT LE DÉPART

Afin de profiter pleinement de votre balade, quelques précautions peuvent s'avérer utiles. Le choix de l'itinéraire doit tout d'abord répondre à vos envies mais aussi être adapté à votre condition physique. Il s'agira d'établir votre parcours en fonction de vos capacités, sans souci de performance. Vous veillerez également à accorder votre itinéraire à vos contraintes personnelles (temps disponible, etc.), aux éventuels horaires de train pour vous rendre sur le parcours et repartir, mais aussi à vérifier certains paramètres comme la durée d'ensoleillement du jour et la météo (inutile de vous imposer une escapade en plein soleil ou sous l'orage !). Tout cela peut s'anticiper, en écoutant vos envies et en étudiant le profil du parcours, en consultant les prévisions météorologiques et en prévoyant un équipement adapté, pour vous et le vélo. On conseillera également de voyager léger, pour plus de confort, en laissant le superflu à la maison.

Envie et condition physique

Le choix du parcours constitue la première étape de votre balade ! Il s'agit en effet de vous accorder, avec celles et ceux qui seront du voyage, à un itinéraire qui répondent à vos goûts (visite culturelle, balade le long d'une rivière avec possibilité de baignade, etc.) mais aussi à vos capacités. Une balade à vélo n'est pas une compétition et ne requiert pas d'entraînement spécifique. Il s'agit plutôt de veiller à avoir une bonne hygiène de vie (activité physique, alimentation, sommeil), de pédaler à votre rythme et d'adapter le parcours (longueur, dénivelé) à vos capacités et sans souci de performance. N'hésitez pas à demander l'avis de votre médecin en cas de doute.

Étudier le parcours et consulter la météo

Avant de partir, pensez ainsi à examiner les principales difficultés du parcours tels que le dénivelé, le profil de l'itinéraire, la distance totale en utilisant le roadbook et la carte. Définir des options afin de raccourcir l'itinéraire si besoin peut s'avérer judicieux (par exemple, gare SNCF ou arrêt de bus). Le parcours est aussi fait de tout un ensemble de caractéristiques géographiques et historiques. Les sites d'intérêt naturels, culturels ou paysagers pourront faire l'objet d'une halte touristique et il conviendra au préalable de vérifier les horaires de visites et d'en tenir compte dans le calcul de votre temps de parcours. Ces points d'intérêt touristiques pourront également vous donner quelques indications et constituer des repères en cas de doute sur la direction. La saisonnalité (durée du jour, chaleur, etc.) et la météo sont aussi des paramètres importants qui vous permettront d'affiner votre parcours (en évitant par exemple de pédaler aux heures les plus chaudes en été).

Voyager léger : l'essentiel, pas le superflu

Voyager léger contribue à limiter les efforts et à garder une sensation de fluidité sur le vélo. On veillera donc à ne pas surcharger le vélo et à n'emporter que l'essentiel. On préférera l'utilisation de porte-bagages sur lesquels on pourra installer un sac à dos et/ou des sacoches. Le port de sac sur soi est en effet déconseillé pour des raisons de confort (il peut être une source de mal au dos et contribue à faire transpirer). Dans les sacoches, ou emportera de quoi se sustenter (pique-nique ou en-cas selon la durée de la balade). On n'oubliera pas non plus d'emporter une ou plusieurs gourdes d'eau selon le parcours et la saison, et selon la possibilité de trouver des points d'eau potable sur le chemin. Les sacoches contiendront les autres éléments nécessaires au bon déroulement de votre balade, parmi lesquels, une carte ou un guide, un téléphone portable, une pharmacie de premiers secours et une trousse à outils pour les réparations (kit anti-crevaison : en général fourni par le loueur de vélo). On veillera également à emporter des équipements adaptés au temps et à la saison et à préparer et régler le vélo en conséquence.

Les équipements obligatoires à vélo en France

- Pour le vélo : deux freins en état de fonctionnement et un avertisseur sonore. Pour les éclairages, de nuit (ou de jour en cas de visibilité insuffisante) : un phare avant (blanc ou jaune), un phare arrière (rouge), un catadioptre avant (blanc ou jaune), un catadioptre arrière (rouge), des réflecteurs visibles latéralement (par exemple, entre les rayons) et des réflecteurs de pédales.
- Pour la tenue du cycliste : un gilet haute visibilité est obligatoire hors agglomération la nuit ou en agglomération lorsque la visibilité est insuffisante et un casque (obligatoire pour les enfants de moins de 12 ans).

© CLICK_AND_PHOTO - ISTOCKPHOTO.COM

La check-list avant de partir

Ça y est, vous avez décidé de vous lancer. Vous avez fixé le jour, l'itinéraire, et vous êtes en forme. Comme dans toute chose, un peu d'imprévu fait partie intégrante du voyage. Voici cependant une petite check-list qui vous permettra de partir en toute sérénité :

- Météo. Consultation des prévisions météorologiques (sur la route vous pouvez aussi utiliser des applications, par exemple, Rain today).
- État des routes. Vérification de l'itinéraire et de son état : travaux, boue, périodes de chasse (contactez les offices de tourisme, les services de la préfecture ou les collectivités locales si besoin).
- Intermodalité. Vérification de l'intermodalité au cas où vous prenez le bus ou le train : perturbations, travaux sur les lignes, horaires, éventuellement réservation des places avec les vélos et vérification des modalités d'acceptation des vélos (démontés ou non démontés). Si les vélos doivent être démontés, prévoir une housse de transport ou une bâche et des outils pour démonter roues et pédalier).
- Prévenir. Tenir informé quelqu'un de votre itinéraire (surtout si vous partez seul).
- Cartes. Vérifier que vous avez une carte de l'itinéraire, guide papier ou numérique, et penser à bien télécharger le fonds de carte sur votre GPS.
- Batteries chargées. Téléphone, appareil photo, VAE, vous pouvez prévoir un chargeur solaire pour votre téléphone ou des batteries de rechange.
- Vérification du vélo. Une bicyclette révisée et réglée à votre taille ; et vérifier notamment le gonflage des pneus, l'éclairage, les freins, la transmission et l'antivol.
- Vérification du matériel. Sacoches, pompe, kit de réparation et outils, téléphone (avec applications) ou GPS, boussoles, trousse de pharmacie (premiers secours) et couverture de survie.
- Équipement personnel. Gilet haute visibilité, casque, mitaines, pinces à pantalon, et équipement en fonction de la météo : en cas de pluie, cape de pluie, pantalon imperméable, guêtres ; contre le vent et/ou le froid, veste coupe-vent, polaire, gants, manchons ; et enfin pour se protéger du soleil et des UV, crème solaire, t-shirt ou vêtement long, lunettes de soleil, mitaines, chapeau. Autre équipement selon vos besoins et la balade : serviette et maillot de bain, couverture ou plaid pour s'étendre, carnet de croquis, etc.
- Horaires et réservations. Vérifier les horaires des sites touristiques que vous souhaitez visiter, les créneaux d'arrivée pour hébergements ; pensez à vous munir des justificatifs de réservation (billets papiers ou électroniques).
- À boire (gourde) et à manger (en-cas ou pique-nique).
- Documents et argent. Carte d'identité, carte Vitale et mutuelle, carte d'assurance, carte bancaire, espèces.

MÉCANIQUE ET ENTRETIEN

Entretenir et réparer son vélo sont la base d'une pratique agréable et sans stress. Les rudiments en matière d'entretien et de mécanique s'apprennent rapidement. Connaître les principaux éléments qui composent le vélo et effectuer leur entretien est une première étape. Savoir identifier l'état général du vélo s'acquiert avec l'expérience. Pouvoir réparer une crevaison est un point important mais n'ayez crainte, en cas de difficulté, vous pourrez demander de l'aide autour de vous. Nous vous donnons ici quelques conseils de base mais il existe aussi des livres et tutoriels en lignes. Vous pouvez aussi apprendre la mécanique (ateliers d'auto-réparation, cours ou stages). Sur votre route, vous trouverez des professionnels (vélocistes) qui pourront procéder tant à l'entretien qu'à la réparation de votre vélo. Et puis, en balade, l'entraide fonctionne en général très bien et vous trouverez sûrement quelqu'un pour vous épauler.

Entretien du vélo

La longévité du vélo, sa sûreté et sa fiabilité tiennent en partie à un entretien régulier. Entretenir son vélo ne demande pas beaucoup de temps. A partir du moment où l'état général du vélo semble correct, une simple vérification de routine est suffisante.

▶ Nettoyage, graissage et vigilance. Nettoyez votre vélo régulièrement, notamment après vos balades. Pour cela, vous pouvez vous munir de chiffons, éponges, brosses et d'huile de coude. A l'aide d'un chiffon sec ou de brosses, vous pouvez frotter les éléments à nettoyer. Le nettoyage du cadre, des roues et de la chaîne peut aussi se faire à l'aide d'eau et de savon, en pensant à bien rincer et sécher les parties humides, ce qui évitera à votre vélo de s'abîmer prématurément. Une fois propre, il s'agit de graisser la chaîne, afin qu'elle puisse coulisser et changer de vitesse sans aucun problème. Une chaîne bien entretenue dure cinq fois plus longtemps. Pour nettoyer votre chaîne de manière écologique – et économique –, rien de mieux qu'une brosse ou brosse à dent sur laquelle vous pouvez ajouter du vinaigre blanc. On pourra aussi utiliser une brosse à dents pour graisser la chaîne ou déposer une goutte sur chaque maillon, pour éviter les surplus d'huile. Une chaîne qui « chante » ou reste sèche doit vous alerter. Les éléments de câble (freins et dérailleurs) pourront, quant à eux, être régulièrement lubrifiés. D'une manière générale, soyez attentifs aux sensations de gênes, aux bruits qui peuvent signaler un dysfonctionnement et n'hésitez pas à contacter un spécialiste (atelier de réparation) pour avoir des conseils.

▶ Gonflage des pneus. L'entretien passe aussi par la vérification et le gonflage des pneumatiques. En règle générale, l'usure des pneus est globalement assez facile à déterminer puisque les caractéristiques de détérioration sont généralement visibles. Si votre pneu est déchiré ou fendu et que vous pouvez voir la chambre à air n'attendez pas avant de le changer car le risque de crevaison est maximal. Pour vérifier l'usure normale d'un pneu, il s'agit de regarder son état global comme les flancs du pneu. En passant votre doigt sur la partie inférieure du pneu et si celle-ci s'effrite, c'est qu'il est usé. N'hésitez pas également à le soulever pour examiner l'état du pneu sous la roue. Il est possible dans certains cas d'être confronté à de mauvaises surprises. Pour obtenir une pression correcte dans les pneus, celle-ci est indiquée sur le côté du pneu défini par une mesure appelé PSI ou Bars. Pour les vélos de route et de ville, on recommande de gonfler entre 7 et 8 kg (bars) max. Il vous suffit de vous munir d'une pompe adaptée avec le compteur intégré afin d'administrer la bonne pression. Si vous n'en disposez pas, vous pouvez gonfler vos pneus dans les stations de gonflage vélo qui sont présentes sur le long de certaines voies cyclables.

© PREDRAG VUCKOVIC - ISTOCKPHOTO.COM

Il est important de bien entretenir son vélo.

CARNET

La crevaison est l'incident le plus fréquent.

▶ Stockage du vélo. Quelques autres astuces pour profiter de votre vélo le plus longtemps possible : il est fondamental de mettre son vélo à l'abri de l'eau et du soleil. En effet, l'eau est le pire ennemi du vélo. Elle s'infiltre partout et détruit tout sur son passage. L'idéal est de l'essuyer rapidement avec un vieux chiffon après être revenu si vous avez pris une averse. Quant au soleil, il détériore prématurément les pneus. Mieux vaut donc protéger votre vélo du soleil, si vous ne voulez pas vous retrouver avec une crevaison.

▶ Précaution sécurité et environnement. La sécurité commence par vous. On vous conseillera une tenue qui ne craint pas les salissures et vous protégera : gants, blouse, avec un point d'eau, du savon (et éventuellement du marc de café) à proximité pour vous nettoyer les mains. Le mieux est d'effectuer l'entretien dans un lieu ventilé et de veiller à la propreté de l'atelier et au rangement des produits et des outils. Et n'oubliez pas, lorsque vous entretenez votre vélo, de protéger le sol des égouttures. Un litre d'huile pollue un km² d'eau. L'huile usagée et certains produits (vérifier les étiquettes) sont des déchets spéciaux : contacter la déchetterie ou le service en charge de la collecte des déchets de votre collectivité afin de connaître les modalités d'enlèvement. Pensez également à stocker vos produits et déchets à l'abri des pluies, sur un support étanche et étiquetez-les.

Mécanique : quelques éléments de réparation

Réparer son vélo n'est pas toujours chose facile, mais il est toujours préférable de connaître quelques notions de base. Cela vous fera économiser de l'argent, et vous rendra totalement en confiance et autonome envers ce moyen de transport qu'est le vélo.

Réparer une crevaison

La crevaison est l'incident le plus banal qui puisse arriver à un vélo, et sans doute le plus énervant. L'opération de réparation d'une crevaison peut durer entre 15 minutes à plusieurs heures selon votre expérience en mécanique. Avant tout, il s'agit de trouver la crevaison, donc il faut au préalable démonter le pneu et la chambre de la jante. Voici en trois étapes comment démonter un pneu :

▶ Étape 1 : retirer la roue du vélo et dégonfler le pneu en appuyant sur le petit picot situé au milieu de la valve, pas besoin d'attendre que le pneu soit entièrement dégonflé ; s'il est mou, cela suffit.

▶ Étape 2 : enlever le pneu de la roue, pour cela vous devez tout d'abord appuyer sur les flancs du pneu, vers l'intérieur. Le pneu se détache simplement des parois où l'on va pouvoir insérer les démonte-pneus entre le pneu et la jante à des endroits différents. Vous les utilisez comme leviers afin que le pneu sorte des rails de la jante. Attention à ne pas pincer la chambre à air !

▶ Étape 3 : une fois le pneu hors de la jante, il suffit de retirer la chambre à air du pneu.

Une fois que c'est fait, gonfler légèrement la chambre, celle-ci laisse entrer un sifflement d'air et permet de trouver le trou. Si la crevaison est très légère et ne siffle pas, il suffit de tremper la chambre à air légèrement gonflée dans l'eau (ou utilisez la salive avec son doigt, à défaut d'eau) : des bulles d'air sortent du trou. L'objectif est de préparer la pose de la rustine. C'est l'opération la plus délicate, il faut bien noter que toute la qualité de votre réparation dépendra de ce passage difficile ! Dans un premier temps, avec l'aide d'un papier de verre, poncez délicatement la chambre à air à l'endroit du trou. Il est conseillé aussi de poncer l'intérieur du pneu qui se situe au niveau de la crevaison, car il se peut qu'une épine ou un morceau d'épine soit toujours logé dans le pneu et puisse re-crever instantanément le pneu. Et puis, appliquez la colle sur toute la surface que vous avez poncée pour ensuite poser la rustine sur le trou en la pressant fortement quelques minutes, sans la faire glisser. Une fois la rustine en place, regonflez très légèrement la chambre afin qu'elle ait une relative rigidité permettant de la glisser plus facilement dans le pneu. Pour finir, faites levier avec les démonte-pneus comme vous l'avez fait précédemment pour replacer le pneu dans la roue, en faisant très attention de ne pas pincer la chambre à air. Une fois la chambre à air ou le pneu changé, gonflez la chambre à air à la pression requise (cf. § entretien) puis resserrez fermement la roue en vous aidant des attaches rapides ou écrous. Dernière opération avant de remettre le pneu et la roue de vélo en place : vous devez vérifier le sens du pneu. Bien sûr, la plupart des pneus ont un sens. Il est indiqué sur le pneu par une petite flèche avec la mention front/rear soit avant/arrière.

▶ Pour mener à bien l'opération, pensez à vous munir d'une trousse à outils comprenant un kit anti-crevaison (mis à disposition par le loueur de vélo) : pompe à main, démonte-pneus, rustines, colles, grattoir, clés, pince, outil multiple et chiffon.

Avarie de chaîne

Lors des sorties, on prévoit souvent le kit de réparation pour crevaison, plus rarement de quoi réparer la chaîne. C'est vrai, l'incident est plus rare, mais tout aussi pénalisant. D'autant que l'outillage est simple et léger : un dérive-chaîne suffit. Le changement de chaîne, dans le cas de bris, n'est pas obligatoire. La chaîne peut être réparée, en supprimant le couple du maillon brisé. La chaîne sera plus courte, mais, à moins que la chaîne ait été précédemment raccourcie, cela n'aura pas d'incidence. Il n'est pas possible d'installer ou de retirer une chaîne d'un vélo sans l'ouvrir. En effet, la chaîne passe autour de la base arrière droite. Pour déterminer la longueur d'une chaîne, copier sur l'ancienne chaîne, en comptant le nombre de maillons, la longueur pouvant différer si l'ancienne chaîne est usée (allongée avec le temps). Ensuite, installer provisoirement la chaîne sur le vélo en la faisant passer sur le grand pignon et le grand plateau. La chape du dérailleur ne doit pas alors être trop ni trop peu tendue. Retirer l'excédant de maillons.

Ateliers de réparation et réseaux d'entraide

Nous vous conseillons les ateliers de réparations associatifs et solidaires, où pour une cotisation annuelle (de 5 à 20 €) vous pourrez gagner en « vélonomie », en apprenant à entretenir et réparer votre vélo. Vous pouvez également apprendre seul, à l'aide d'ouvrage ou tutoriels. N'oubliez pas non plus les gens autour de vous : famille, amis, collègues. Ponctuellement des ateliers de réparation, des cours d'entretien ou stages de mécanique peuvent être organisés (par des associations, collectivités territoriales, vélocistes) ou lors d'événements ou manifestations vélo. Si vous êtes hermétique à la mécanique et que vous n'aimez pas mettre les mains dans le cambouis, vous pouvez tout à faire sous-traiter cette prestation. Les vélocistes sont des professionnels qui assurent la réparation des vélos. N'hésitez-pas à leur confier votre bécane. Des collectivités, dans le cadre de leur système vélo, ont également mis en place des ateliers de réparations, souvent situés dans des endroits stratégiques (gares).

© PETAR CHERNAEV - ISTOCKPHOTO.COM

L'ACCUEIL EN BALADE

La balade à vélo ne se résume bien souvent pas à de l'activité physique. Elle offre matière à découvrir tout un patrimoine et un terroir. Cela passe par l'observation des paysages depuis votre bicyclette, des visites culturelles, des baignades, des déjeuners sur l'herbe ou encore par l'accueil chez des hôtes, pour un repas, une nuitée ou tout un séjour. Le réseau des offices de tourisme pourra vous aider en amont et pendant la balade, pour vous indiquer de bonnes adresses. Il existe tout un réseau de prestataires dans l'accueil des cyclistes. Le label national Accueil Vélo référence un ensemble de services liés au vélo, sélectionnés selon des cahiers des charges précis, incluant les activités de restauration et d'hébergement. Sachez également que la balade à vélo est accessible à toutes les bourses et que vous trouverez différents types d'offres pour vos pauses repas, vos nuits, et des tarifs réduits pour des visites touristiques.

Des hébergements pour toutes les bourses

En balade, différentes possibilités s'offrent à vous en matière d'hébergements, selon vos envies et vos contraintes.

Sous la tente. Envie de profiter de la balade pour dormir sous la toile ? Vous pouvez opter pour le camping, qui offre, avec un emplacement pour votre tente, de l'électricité, un espace cuisine et un bloc sanitaire. Selon le standing, d'autres services pourront vous êtres proposés : restaurant, piscine, soirée à thème, etc. Les campings qui ont le label Accueil vélo offrent un espace couvert pour ranger les deux-roues, un coin blanchisserie et un atelier pour les petites réparations. Des aires de bivouac existent également sur certains parcours où vous pourrez passer la nuit souvent à la condition de planter la tente à la nuit tombée et de la replier au lever du jour. Vous trouverez sur le site suivant des conseils pour vous initier au camping : www.pc.gc.ca/fr/serapprocher-connect/ltc-dlc

Une autre option qui peut séduire certains d'entre vous est le camping sauvage. L'idée est de trouver un spot à l'abri pour vous permettre de passer la nuit le plus confortablement possible. Cette pratique est autorisée et réglementée en France, à l'exception de certains endroits (dont villes et réserves naturelles). L'interdiction peut être signalisée par des panneaux et formalisée par des arrêtés municipaux. Renseignez-vous.

Vous pouvez également poser votre tente chez l'habitant, dans un jardin. Des plateformes existent, qui mettent en lien hôtes et voyageurs pour du gambing (contraction de garden + camping) : www.homecamper.fr

© SHAUNL - ISTOCKPHOTO.COM

Chez l'habitant. Si vous souhaitez passer du temps avec des habitants, le réseau warmshowers ou couchsurfing pourra vous permettre de faire de belles rencontres. Attention, il ne s'agit pas d'un simple hébergement gratuit mais bien d'un partage entre un hôte et un voyageur, qui souhaitent s'enrichir de la rencontre. La communauté Warmshowers (« douches chaudes » en anglais) met en relation les cyclotouristes selon un principe simple : se faire héberger pendant un voyage à vélo, le temps d'une escale, tout en rendant la pareille à d'autres dès que vous en aurez l'occasion. Une carte interactive référence les personnes qui peuvent vous recevoir pour une nuit ou plus, avec les détails de leurs moyens d'accueil (une parcelle de camping dans leur jardin, une chambre, repas offert ou non, etc.), ainsi que leurs coordonnées. Couchsurfing fonctionne sur le même principe mais est non spécifique aux voyageurs à vélo : www.couchsurfing.com

Marre de passer des heures sur internet pour trouver des bons plans ?
mypetitfute
M'A FAIT GAGNER UN TEMPS FOU AVEC SES RECOMMANDATIONS D'ITINÉRAIRES ET SES BONS PLANS TESTÉS PAR DES RÉDACTEURS LOCAUX.
VOTRE GUIDE NUMÉRIQUE SUR MESURE EN MOINS DE 5 MINUTES POUR 2,99 €
mypetitfute.fr

© HALFPOINT - ISTOCKPHOTO.COM

Hôtels, chambre d'hôtes et gîtes. Principalement installés sur les zones traversées par des véloroutes et autres pistes cyclables, de nombreux hébergeurs proposent des équipements particuliers et des services spécifiques destinés aux cyclotouristes. On y retrouve entre autre les Logis Vélo avec plus de 450 hôteliers sur toute la France offrant un accueil de qualité. Plus d'infos sur www.logishotels.com/envie-de/les-themes/velo.html

Accueil vélo

Certaines régions de France ont développé leur propre réseau d'hébergements labellisés, et proposent le label Accueil Vélo. C'est une sélection d'hébergements qui bordent un itinéraire cyclable. Regroupés en réseau, ces campings, hôtels, gîtes et chambres d'hôtes vous réservent un accueil adapté : local à vélos fermé, petit matériel de réparation, possibilité de transport de bagages à l'hébergement suivant, etc. Les hôteliers en général vous proposent un petit déjeuner copieux, un panier pique-nique, un local sécurisé pour les vélos, un point d'eau pour laver les vélos, un lavage et séchage du linge, une mise en relation avec un loueur ou un transporteur du réseau, une mise à disposition d'une place de parking pour un véhicule pendant l'absence du client. Vous pourrez trouver un prestataire grâce à son moteur de recherche en ligne sur www.francevelotourisme.com.

Autres hébergements

En balade à vélo, vous pouvez aussi trouver à vous loger en gîte rural. Sur les chemins de Saint-Jacques-de-Compostelle, muni d'une credential, vous pourrez faire halte dans les auberges pour pèlerins. Pour ce qui est des hôtels, auberges de jeunesse ou chambres d'hôtes traditionnelles, n'hésitez pas à les appeler. Ils sont de plus en plus nombreux à s'équiper pour recevoir les cyclistes ou peuvent s'adapter pour accueillir votre vélo dans de bonnes conditions (mise à disposition d'un abri protégé pour le vélo par exemple).

Se restaurer sur la route

En balade, vous pourrez opter pour plusieurs formules, selon votre temps ou votre porte-monnaie. Le label Accueil Vélo identifie des restaurateurs bike-friendly (www.francevelotourisme.com/restaurants-bars). Dans certaines villes vous pourrez trouver des cafés-vélo qui combinent les services de réparateurs vélos, bar et restaurant. Encore une fois, les itinéraires cyclables tels que voies vertes comportent des services de restauration à proximité ou directement le long de l'itinéraire. Vous pourrez aussi bénéficier de formules panier-repas à emporter chez vos hôtes. N'hésitez pas à le demander. Pour un pique-nique de qualité, vous pouvez aussi vous arrêter chez les commerçants, producteurs locaux ou marchés situés le long de votre itinéraire. Renseignez-vous auprès de vos hôtes ou des offices de tourisme pour connaître les jours de marché.

Découvrir le terroir

Certains offices de tourisme sont labellisés Accueil Vélo et pourront vous prodiguer des conseils spécifiques. D'une manière générale, ces établissements constituent des mines d'informations qui vous seront utiles dans votre pérégrination tant sur l'aspect pratique que pour la découverte du patrimoine et des sites culturels. Le mieux est de les contacter en amont ou consulter leur site Internet, afin de préparer au mieux votre voyage. Pour les cyclotouristes qui n'aimeraient pas l'organisation et préfèrent le confort d'un voyage organisé, sachez que des voyagistes proposent des séjours à vélo, en groupe. Ils peuvent aussi vous confectionner un voyage sur mesure pour un groupe que vous aurez constitué.

LES SERVICES EN BALADE

En balade, vous n'êtes pas tout seul ! Un circuit vélo ne se résume pas à un simple tracé et vous pourrez trouver un ensemble de services sur la route ou à proximité. Sachez d'abord qu'il existe des possibilités pour transporter votre vélo non démonté dans les trains, bus, mais aussi métros et bateaux (bacs, ferries, etc.). Des services de location (intégrant, outre le vélo, les sacoches, le kit de réparation, parfois aussi le casque ou d'autres équipements) existent et peuvent être réservés. D'autres services pourront égrener votre parcours et vous faciliter la vie : réparations, stations de gonflage, stations de recharge de batterie de VAE, transport des bagages ou taxis. Les véloroutes et voies vertes intègrent cette notion de service dans leur cahier des charges, ainsi que le label Accueil Vélo. Dans tous les cas, pas de panique. Les circuits sont fréquentés par d'autres cyclistes, souvent prompts à l'entraide.

CARNET

Intermodalité : vélo et train

Les politiques évoluent en matière d'intermodalité et nous vous conseillons de consulter les sites Internet des transporteurs pour vérifier les conditions de transport des vélos.

- **Vélos démontés.** Les vélos démontés et placés dans une housse (de format 120 x 90 cm max. pour la SNCF), ainsi que les vélos pliables sont acceptés gratuitement dans tous les trains. Toutefois, dans les trains OUIGO, il vous en coûtera 5 € lors de votre réservation pour transporter votre vélo pliable ou démonté.
- **Vélos non démontés.** Les trains TER (Trains Express Régionaux) acceptent en général (mais pas toujours !) les vélos non démontés gratuitement et sans réservation, dans la limite des places disponibles. Consultez au préalable le site Internet TER de votre région. Pour ce qui est du réseau Intercités, il vous en coûtera 10 € lors de la réservation pour transporter votre biclou. Dans certains TGV INOUI, il est possible de transporter votre vélo pour 10 € et avec réservation, dans la limite des places disponibles. Sachez que vous pouvez également réserver un emplacement vélo payant dans l'Eurostar et dans les TGV Lyria.
- **Pour plus d'informations**, rendez-vous sur www.sncf.com/fr/offres-voyageurs/voyager-en-toute-situation/velo-a-bord

Réseau transilien et RATP

Pour ce qui est du réseau transilien les modalités sont les suivantes : du lundi au vendredi, avant 6h30, entre 9h30 et 16h30 et après 19h30. Le samedi, dimanche et les jours fériés sans restriction d'horaires. Attention, en cas de forte affluence, l'accès au train avec votre vélo pourra vous être refusé. Le vélo est accepté dans les bus Transilien (dont Noctilien) dotés d'une soute à bagages. Dans les RER, les vélos sont acceptés les samedis, dimanches et jours fériés toute la journée, et les autres jours avant 6h30, entre 9h et 16h30, puis après 19h.

Vélo et bus interurbains

Nous vous conseillons de consulter les sites ou de contacter directement les transporteurs. Les vélos démontés dans des housses sont considérés comme des bagages, mais les conditions varient selon les lignes pour les vélos non démontés (et la période). À noter que la Loi d'orientation des mobilités prévoit que les autocars assurant des lignes régulières de transport public, en circulation après le 1er juillet 2021, doivent pouvoir transporter un minimum de 5 vélos non démontés.

Vélo et bateau (bac, ferry)

Les itinéraires vélos nécessitent parfois le passage de rivières, mers ou estuaires et empruntent des bacs ou ferry, qui acceptent généralement les vélos. Renseignez-vous auprès des opérateurs de transport. À Paris, le service Navibus (navette sur la Seine) a la capacité d'accueil d'un vélo non démonté par bateau.

Vélo et voiture

Un dispositif de porte-vélo vous permettra de transporter votre vélo en voiture. Parmi les différentes possibilités on citera le porte-vélo hayon. Il se fixe rapidement sans aucune restriction de hauteur, pouvant transporter jusqu'à quatre vélos, s'il est doté d'un bras articulant.

Location de vélos

Il existe des systèmes de location de courte ou moyenne durée, à utiliser selon vos besoins. Les locations courte durée se révèlent très pratiques pour la balade et permettent de découvrir différents types de vélos et de louer directement sur le lieu de votre balade.

© VM - ISTOCKPHOTO.COM

Certains loueurs peuvent également récupérer votre vélo en fin de séjour si vous n'effectuez pas une boucle. Les locations longue durée vous permettent, quant à elles, de bénéficier d'un vélo pour les déplacements du quotidien. Les collectivités qui proposent ce service, ont souvent des tarifs intéressants (dont des tarifs solidaires) et incluent d'autres services : consignes, maintenance du vélo, etc.

Voici quelques ressources utiles :

- www.francevelotourisme.com (label Accueil Vélo) ;
- offices de tourisme : ils vous informent sur les loueurs et proposent parfois des vélos en location ;
- collectivités territoriales ;
- vélocistes, loueurs privés ;
- associations ;
- l'application en ligne Ouibike (www.ouibike.net) qui propose un service de réservation en ligne 7j/7 et toute l'année. Ouibike propose aussi la location et livraison de vélos au sein d'un réseau de plus de 300 points de location ;
- l'application de location entre particuliers Bebike (www.sobebike.com). C'est la première application de location de vélo entre particuliers. Il vous suffit de télécharger l'application et vous pourrez ensuite trouver un vélo partout dans votre région.

Réparation du vélo

Avant de partir, assurez-vous que votre vélo est en bon état de fonctionnement et bien réglé. En cas de souci sur la route, pas de panique, voyez déjà si vous êtes en mesure de diagnostiquer et traiter le problème. Les itinéraires étant généralement fréquentés par d'autres cyclistes, il est fort probable qu'on vienne spontanément vous aider. Sachez que des réparateurs de cycles sont souvent présents à proximité des itinéraires, en tout cas dans les villes. Le label Accueil vélo recense un certain nombre de prestataires qui peuvent assurer les réparations ou vous aider. Vous pouvez également contacter le loueur de vélo qui pourra vous prodiguer des conseils ou dans certains cas venir vous récupérer.

Services de bagagerie et taxis

Si vous partez plusieurs jours en itinérance et que vous ne souhaitez pas porter vos bagages sur votre vélo, sachez que sur certains itinéraires, des prestataires assurent un service de portage. Vous retrouverez ainsi chaque soir vos effets personnels dans votre hébergement. Des services de taxi existent également afin de vous transporter avec votre vélo d'un point A à un point B si vous ne souhaitez pas pédaler toute la journée. Ayez aussi un œil sur les horaires de bus ou train qui acceptent les vélos sous certaines conditions.

Label Accueil vélo

Cette marque nationale réunit plus de 600 prestataires de différents secteurs : hébergeurs/restaurateurs, loueurs de vélos, réparateurs de vélos, offices de tourisme et sites touristiques qui assurent un certain nombre de services dédiés au vélo selon des critères précis, notamment une localisation à moins de 5 km d'un itinéraire cyclable, des conseils et équipements spécifiques (stationnement vélo sécurisé), etc.

Pour plus d'informations :

- www.francevelotourisme.com
- consulter les offices de tourisme
- contacter votre loueur de vélo et votre hébergeur.

SÉCURITÉ ET PROTECTION CONTRE LE VOL

La sécurité est un paramètre important en balade. Cela commence par un vélo correctement réglé et en bon état de fonctionnement. A cela s'ajoute la tenue du cycliste, qui devra associer confort, visibilité et résistance aux aléas climatiques. Une fois équipé, il s'agira, pour s'élancer avec confiance et fluidité, de respecter quelques règles de bonne conduite, ainsi que la réglementation en vigueur, tant dans le trafic que sur les aménagements cyclables. Pour celles et ceux qui auraient besoin de se remettre à pédaler, sachez que des vélos-écoles permettent un apprentissage ou une remise en selle à tout âge. Enfin, afin d'éviter de se faire voler son vélo, ce qui est un risque somme toute assez fréquent, on conseillera également quelques mesures de prévention. Outre la vigilance, des dispositifs tels que des antivols, ou des systèmes de marquage peuvent dissuader plus d'un voleur et vous éviter de voir disparaître votre monture.

La sécurité à vélo

Voir et être vu. La visibilité est le premier atout du cycliste. De jour comme de nuit, il est important d'être bien visible de tous : des automobilistes, bien sûr, mais aussi des piétons, des autres cyclistes. Le gilet de sécurité haute visibilité permet d'attirer l'attention de tous, et il est obligatoire la nuit, hors agglomération, de même que de jour par temps sombre ou de brouillard. Des dispositifs d'éclairages, eux aussi obligatoires, assureront votre visibilité (catadioptres, dynamo, lampes amovibles ou systèmes autonomes reelight). Il s'agit aussi d'être clair dans ses intentions : tendre le bras pour indiquer chaque changement de direction et s'assurer que notre intention ait été bien comprise par les autres usagers. Les cyclistes sont particulièrement vulnérables aux intersections. Observer le Code de la sécurité routière aide aussi les automobilistes à prévoir où se dirigent les cyclistes. En agglomération, soyez attentifs aux revêtements tels que ralentisseurs et grilles d'égout. Attention aux angles morts et aux mouvements latéraux des camions, bus, camionnettes : il est préférable de rester bien derrière.

Code de la route. Toute une réglementation s'impose aux cyclistes et leur confèrent des droits mais aussi des devoirs en matière d'équipement, de circulation, ou d'aménagements. La réglementation est évolutive et varie d'un pays à l'autre. Aussi est-il nécessaire de se renseigner au préalable. Pour ce qui est de la circulation en France, des panneaux bleus indiquent les pistes cyclables : le rond à caractère d'obligation et les rectangulaires conseillent de les emprunter. Les voies expresses interdites sont matérialisées par des panneaux blancs cerclés de rouges. Pour plus d'informations, voir le site de la Fédération des Usagers de la bicyclette : www.fub.fr

Oser prendre sa place. Il s'agira de s'élancer avec confiance et de prendre sa place dans le trafic ou dans les aménagements dédiés. On tâchera de rester maître de son vélo et de sa vitesse en évitant de zigzaguer sur la route. Sous la pluie et sur chaussée détrempée, pensez à anticiper le freinage. Si vous roulez en groupe, assurez-vous de rouler dans une formation appropriée. Peu de choses sont aussi irritantes aux yeux des automobilistes qu'un groupe de cyclistes désorganisés qui pédale lentement et qui bloque la voie. Évitez de rouler à plus de deux de front. En cas de dépassement par un autre véhicule ou sur une route étroite, roulez en file simple. Aussi est-il important de communiquer entre vous afin de prévenir les obstacles placés sur la route (trous, gravillons, etc.), mais aussi d'informer les autres qu'une voiture va doubler ou vient en face.

© DIGOARPI - ISTOCKPHOTO.COM

Le gilet de sécurité haute sécurité permet de bien être vu des autres.

CARNET

SÉCURITÉ ET PROTECTION CONTRE LE VOL

© AROCHAU - STOCK.ADOBE.COM

Il est important d'avoir une tenue adaptée.

En cas d'incident mécanique, il vaut mieux ne pas s'arrêter sur la chaussée, mais sur le bas côté droit de l'accotement. Apprendre à pédaler ou se remettre en selle est toujours possible : renseignez-vous auprès du réseau des vélos-écoles ou de votre collectivité : www.fub.fr

Un vélo réglé et en état de fonctionnement

Pour rouler en sécurité, il s'agit d'abord d'avoir un vélo réglé et en bon état de fonctionnement. Récent ou vieux, le vélo doit être en parfait état de marche : les vitesses doivent changer sans problème (danger en cas de saut de chaîne dû à un mauvais entretien de la transmission). Les freins doivent fonctionner correctement et sans à coup (il faut de temps à autre surveiller l'usure des patins et câbles). Il est aussi important de vérifier le serrage des boulons et attaches rapides, notamment des roues, du guidon, de la selle et des freins. En ce qui concerne les pneus, ils doivent être regonflés régulièrement en respectant la pression donnée par le fabriquant, indiquée sur le pneu. Parmi les éléments importants à prendre en compte figure la selle, un composant essentiel en terme de confort, surtout pour les longues échappées. Sa hauteur ainsi que celle du guidon doivent favoriser l'ergonomie. Tout vélociste ou loueur saura vous prodiguer les bons conseils en matière de réglage et d'entretien.

Éléments de sécurité du vélo. Les éléments obligatoires sur un vélo sont deux dispositifs de freinage, un porte-bagage, un système d'éclairage, une sonnette. La sonnette sert notamment à prévenir les autres usagers, piétons, voitures ou cyclistes et à éviter ainsi d'éventuels accidents. Les garde-boues vous permettront de rester propre et de ne pas aveugler le cycliste qui vous suit avec des éclaboussures. Un rétroviseur, installé du côté gauche, permet de savoir à tout moment ce qui se passe derrière soi et peut se révéler bien utile dans le trafic. Il est important de vérifier au préalable si le champ de vision n'est pas trop réduit. Une béquille facilite les petits arrêts. Il s'avère également important de disposer d'une pompe (à main, car transportable) et d'une trousse à outils contenant : un démonte-pneus, chambres à air, colle et rustines ; chiffons, gants, pompe, dérive-chaîne, pince et outil multifonction (clé BTR, tournevis).

Un équipement vestimentaire adapté. D'une manière générale, pour pratiquer le vélo dans de bonnes conditions, il est important de s'équiper correctement et en fonction des aléas climatiques. On évitera les bas de pantalons larges, les lacets de chaussures non lacés, les écharpes tombantes et les longs manteaux s'accrochant facilement : risque de chute ! Préférez des vêtements de couleurs claires de préférence qui permettent d'augmenter votre visibilité en journée. Pour les randonnées longues, vous pouvez opter pour un cuissard court ou long en fonction de la saison. Il vous épargnera les désagréments de la selle bien connus des cyclistes professionnels, tels que les échauffements ou brûlures de la peau. Pour le choix du casque (obligatoire pour les moins de 12 ans), préférez ceux à coque rigide qui protège d'éventuels traumatismes crâniens en cas de chute. Des lunettes de soleil vous protègeront des UV mais aussi de la poussière.

Prévenir le vol

Quelle que soit leur qualité, les vélos sont très recherchés par les voleurs. Chaque année, ce sont environ 400 000 vols de vélos qui sont déclarés en France. Tout cycliste qui se respecte vous parlera de son premier vol de vélo (en ville, un cycliste sur deux s'est déjà fait voler son vélo). Comme il vaut mieux prévenir que guérir, voici quelques conseils de première ligne. À l'extérieur, veillez à ne pas laisser trop longtemps votre vélo et dans la mesure du possible gardez-le dans votre champ de vision. Préférez les endroits fréquentés ou les parkings sécurisés et/ou surveillés. Certaines collectivités, dans le cadre de leur système vélo ont mis en place des parkings de stationnement sécurisés et des locations de box. Comment attacher son vélo pour pouvoir le sécuriser au mieux ? Attachez à la fois le cadre et la roue avant. En effet, il est très important d'attacher la roue avant au cadre, car celle-ci est plus vulnérable au vol que la roue arrière puisqu'elle se démonte plus facilement. Évitez les attaches rapides de selle et de roues de vélo surtout pour une utilisation en agglomération. Ils peuvent sembler pratique au premier abord, mais sachez qu'ils facilitent le vol de votre vélo. Il faut savoir que les accessoires sont également une proie très facile des voleurs, même les moins expérimentés. N'hésitez pas à garder avec vous vos sacoches, pompe, ou compteur, lorsque vous laissez le vélo.

Marquage. A partir de 2021, le marquage des vélos est obligatoire pour les vélos vendus neufs (depuis le 1er janvier 2021) et d'occasion par les professionnels (dès l'été 2021). Des opérateurs agréés par l'État sont en charge de ce marquage. Sachez que vous pouvez aussi faire marquer un vélo déjà en votre possession. Le marquage est associé à l'enregistrement du vélo sur un registre national unique. Le marquage du vélo permet de dissuader les voleurs (difficulté à revendre votre vélo par la suite) et facilite les recherches en cas de vol. Nombre de deux-roues volés et retrouvés ne peuvent en effet être rendus à leurs propriétaires faute d'identification. Si vous souhaitez plus d'informations, consultez www.bicyoce.org et la Loi d'orientation des mobilités 2019 et les décrets d'application.

Antivols. Un ou plusieurs antivols sont aujourd'hui souvent indispensables pour empêcher le vol si vous êtes obligé de vous séparer de votre vélo un certain temps. Pour un court arrêt, le cadenas en étrier permet de bloquer rapidement la roue arrière. Alors que pour un arrêt plus long, il vaut mieux utiliser de gros cadenas en forme de U, étudiés pour résister à de multiples agressions. Ils sont lourds, mais leur prix est nettement inférieur à celui d'un nouveau vélo. Les antivols en spirale cèdent en revanche à la première pince coupante venue, et les cadenas à chiffres ne résistent pas non plus longtemps au voleur. Un U plutôt court, associé à un antivol bloquant la roue arrière est en général recommandé. Sachez que peu de choses arrêtent un voleur bien équipé et organisé. C'est pourquoi l'ensemble des conseils précédemment évoqués s'applique pour diminuer les risques de vol. La FUB propose également un comparateur d'antivol (www.bicyoce.org).

Assurance. Le vol de vélo à votre domicile est en général compris dans votre assurance habitation. Des assurances spécifiques existent pour le vol de vélo. Le site www.bicycode.fr en répertorie quelques-unes.

Un système de parking vélo entre particuliers : https://www.velhome.co/

En cas de vol

Zut, on vous a dérobé votre vélo : échappé, volatilisé ! La première chose à faire est d'aller porter plainte au commissariat ou à la gendarmerie. Il s'agit ensuite de le renseigner, via la base de données de votre opérateur, si votre vélo est marqué. Vous pouvez également consulter les sites suivants : www.bicycode.org et http://veloperdu.fr. Consultez également votre assurance et demandez à vos amis d'ouvrir l'œil, regardez les petites annonces. A froid, essayez de comprendre les facteurs qui ont permis le vol afin de mieux anticiper la prochaine fois. Et relativisez : ce n'est que du matériel. Par sécurité, prenez toujours une photo de votre vélo attaché dans votre abri.

© WAVEBREAKMEDIA - SHUTTERSTOCK.COM

Le casque est obligatoire pour les enfants de moins de 12 ans.

CHOISIR SON VÉLO

Si choisir son vélo peut être source de bonheur pour les passionnés, les cyclistes débutants ou occasionnels peuvent facilement se perdre devant la multitude d'offres. Le choix d'un vélo passe avant tout par la pratique que vous allez en faire. Pour de petites randonnées ou des trajets plutôt plats, de nombreux modèles feront l'affaire. Suivant votre pratique, vous pourrez par exemple opter pour un vélo de ville, un vélo tout chemin (VTC), un vélo tout terrain (VTT) ou un vélo de course. Les professionnels, comme les vélocistes, sauront vous guider dans votre choix. Gardez en tête que l'essentiel est le confort. Un vélo trop grand ou une selle mal réglée provoqueront immanquablement des douleurs qui vous décourageront. Il convient aussi d'être attentif à la qualité des éléments du vélo. Sachez qu'il n'est pas besoin d'investir dans un vélo haut de gamme pour rouler dans de bonnes conditions et se faire plaisir.

Identifier votre besoin

Le choix du vélo dépend de l'usage que vous souhaitez faire : balades occasionnelles sur voies vertes, randonnées sportives sur terrains accidentés, etc. Pour des balades en France sur des véloroutes, un VTC conviendra parfaitement. N'hésitez pas à prendre conseil auprès de professionnels avant de vous lancer dans un achat ou une location : vélocistes, loueurs, réseaux cyclos, vélo-écoles, ateliers d'autoréparation, ou associations. Il s'agit aussi de toujours essayer le vélo en condition réelle au préalable !

Éléments à vérifier

Un vélo doit être adapté à votre morphologie et à votre pratique. On veillera à régler la selle et le guidon à sa taille et à gonfler les pneus suffisamment et en fonction du temps et du revêtement. Pour cela, les professionnels sauront aussi vous aider. Un vélo, c'est bien, un vélo bien équipé, c'est mieux. Voici quelques points à examiner qui vous aideront à choisir une monture adaptée à vos besoins :

- **La selle.** La selle est l'un des éléments fondamentaux du vélo. Pour tout cycliste recherchant le confort, le bon compromis est peut-être de choisir une selle un peu moins légère mais plus confortable : bien rembourrée et souple pour une pratique de loisir ou plus ferme et légère pour une pratique sportive.
- **Les roues.** Elles ont un rôle important dans le rendement de votre machine, un impact sur l'aérodynamisme et ont une grande influence sur le confort d'une sortie. Il existe plusieurs types de roues sur le marché suivant différents critères comme le profil de la jante, la matière (aluminium ou carbone), le freinage (à patins ou à disque), leur poids, le type de roulements, etc.). Sans rentrer dans les détails, les roues sont considérées comme un investissement mais aussi peuvent améliorer notablement les qualités d'un vélo.
- **Les pneus.** Les pneus sont des éléments déterminants en termes de confort, rendements et fiabilité. Il existe de nombreux pneus différents qui correspondent à chaque fois à un type de vélo, pour des personnes, conditions et terrains spécifiques. Plus le pneu est large et plus la surface de contact au sol est grande, meilleur sera le confort de conduite.
- **Le guidon.** Le guidon ou cintre a une influence réelle sur le confort, l'endurance et les performances. Lorsqu'on a mal aux fesses, on pense tout de suite à la selle, mais on ne sait pas toujours que le guidon peut être responsable de certaines douleurs ressenties. En effet, une mauvaise posture de conduite peut être liée à la forme du guidon, sa largeur ou sa hauteur provoquant des douleurs plus ou moins pénibles.
- **Les vitesses.** Les vitesses ou le développement correspondent à la distance parcourue par un vélo à chaque tour de pédale. La majorité des vélos possèdent entre 21 et 24 vitesses, en général 3 à 5 vitesses suffisent en ville pour passer les petites côtes et faux plats. Par contre, si votre conduite est plus sportive, 21 vitesses sont préférables, ce qui vous permettra de réaliser des randonnées d'une certaine distance et d'adapter votre pédalage au gré des changements du relief. C'est aussi en pratiquant quotidiennement que vous vous rendrez compte si les développements sont appropriés à votre propre utilisation.
- **Le système de freinage.** L'un des organes les plus importants d'un vélo est le système de freinage. La plupart des vélos possèdent deux poignées de frein indépendants, commandant chacune une mâchoire équipée de patins en caoutchouc venant exercer une force sur la jante par l'intermédiaire de câbles de frein. Certains systèmes de freinage sont basés sur le principe du frein à disque ou du frein tambour, mais plus coûteux et demandent plus d'entretien que leurs homologues de type V-brakes.

Le cadre. Le cadre représente moins de 1/3 du poids du vélo et pour la pratique sportive, mieux vaut un vélo confortable, solide et bien équipé, que léger. Sur le marché, on retrouve plusieurs types de matériaux : carbone, acier ou aluminium. Le carbone est plutôt réservé aux pratiquants qui recherchent le rendement et la performance. L'acier amortit mieux les petits chocs et vibrations et vieillit bien. Un bon cadre en acier peut être confortable et est très apprécié par les randonneurs et les voyageurs sur longue distance. Tandis que le cadre en aluminium est en général plus léger, mais plus raide. Un cadre alu endommagé est plus difficile à réparer. Il résiste moins bien aux chocs et vibrations, mais mieux à la corrosion par l'eau salée. Pour ce qui est du choix de la géométrie du cadre, essayez plusieurs vélos, au besoin plusieurs marques. Il est important de se faire conseiller par un détaillant spécialisé qui vous aidera à adapter le vélo à votre morphologie et à votre pratique.

Équipements

Les autres accessoires importants sont un gilet haute visibilité (obligatoire par temps pluvieux, sombre et hors agglomération), des sacoches latérales, ou un sac à dos que vous accrocherez sur votre porte-bagages à l'aide d'un tendeur, éventuellement une sacoche avant ou un panier, un casque (obligatoire pour les enfants de moins de 12 ans). Une béquille et un carter (pour ne pas abîmer ses bas de pantalons) pourront se révéler intéressants. Pour rappel, les éléments obligatoires sur un vélo sont deux dispositifs de freinage, un système d'éclairage et une sonnette.

Différents types de vélo

Vélo de ville. Il existe différents types de vélo de ville. Ce sont des cycles adaptés aux déplacements urbains et confortables pour de courtes distances. On trouve dans cette catégorie le fameux vélo hollandais.

Vélo de route. Les vélos de route ou vélos de course sont adaptés à la conduite sur route (pneus fins), dans le cadre d'une pratique sportive.

Vélo tout chemin (VTC). Il s'agit d'un vélo polyvalent, qui convient à la fois à la pratique en ville et en randonnée sur des chemins peu accidentés. C'est le vélo idéal pour la balade. Il est adapté au port de charge (porte-bagages) et existe avec assistance électrique.

Vélo tout terrain (VTT). Le VTT, appelé aussi mountain bike, est un vélo robuste, équipé de pneus larges, et dédié aux pratiques en sentiers accidentés. Il constitue également un vélo de voyage intéressant, équipé de porte-bagages et d'une fourche suspendue. Il existe également en version à assistance électrique.

© RYANJLANE - ISTOCKPHOTO.COM

Gravel. Issu d'un mot anglais signifiant « gravier », il s'agit d'un vélo hybride, entre VTT et vélo de route, adapté aux sentiers accidentés et à la route.

Autres vélos. Le **vélo pliant**, s'il s'avère pratique dans les transports, est de manière générale moins confortable pour les balades à vélo. À partir de 20 km, le **vélo couché** peut être très agréable, même si moins manœuvrable en ville avec de la circulation. Quant au **tandem** c'est là une question très personnelle, à tester pour voir si cela convient !

Avec les enfants, différentes modalités sont envisageables. Les enfants peuvent avoir leur propre vélo ou des systèmes qui relient le vélo de l'adulte à l'enfant (tandem d'attelage, barque de remorquage ou follow-me). Enfin, selon l'âge et le niveau de pratique des enfants, il existe des sièges bébé, remorques ou vélos-cargos.

Vélos à assistance électrique (VAE)

Un vélo à assistance électrique est avant tout un vélo sur lequel on pédale. L'assistance électrique vient accompagner le pédalage, afin de donner plus de puissance à l'effort dé à fourni par le cycliste et s'arrête à partir de 25 km/h et en l'absence de pédalage. Les « speed-bikes » qui permettent de rouler au-delà de 25 km/h avec l'assistance électrique ne sont plus considérés comme des vélos et relèvent de la réglementation afférente aux véhicules motorisés : obligation d'assurance, d'immatriculation et port du casque.

CHOISIR SON VÉLO

Le choix du vélo à assistance électrique est en premier lieu défini par l'usage auquel on le destine. Pour des balades loisirs ou randonnées, il faudra s'orienter vers des vélos type VTC. Le VTT électrique est une solution possible pour des sentiers plus accidentés. On conseillera le vélo à assistance électrique à celles et ceux qui, pour des raisons de santé, ne peuvent pédaler sur de longues distances, ou qui se remettent à l'activité physique.

▶ Les modes d'assistance : l'assistance « tout ou rien », elle, est liée à un capteur de pédalier et couplé à un moteur dans la roue. Elle se déclenche dès qu'il y a pédalage et peut donner des sensations d'à-coup. L'assistance progressive, elle, est liée à une motorisation pédalier et un capteur d'effort. Elle est délivrée selon l'effort du cycliste, de manière plus progressive, et donne un plus grand confort de pédalage.

▶ L'autonomie des batteries. Pour assurer une bonne autonomie, une batterie d'un minimum de 400 Wh est vivement recommandée. Côté budget, il existe des vélos électriques en dessous de 1 000 € mais ils ne seront pas adaptés pour un usage type balade. Mieux vaut investir un minimum de 1 500 € pour un vélo qui sera un investissement dans la durée. Attention, une fois la batterie déchargée, le pilotage du vélo est nettement moins confortable. Il s'agit aussi d'un vélo souvent lourd, ce qui peut poser des contraintes lorsqu'il faut porter le vélo (dans les transports ou dans des escaliers). Dans tous les cas il est conseillé de s'adresser à un vélociste spécialisé dans les VAE, avant tout achat. Demander à essayer le vélo au préalable et à faire la manipulation pour enlever et remettre la batterie, pour vous assurer de sa praticité. Le professionnel, outre vous conseiller, pourra effectuer la réparation et la révision de votre vélo. Enfin sachez qu'il existe des aides financières régionales pour l'achat d'un VAE.

▶ Quelques marques proposant différentes gammes de VAE : Lapierre®, Gitane®, Orbea®, Scott®, Trek®, Moustache®, Cannondale®, Eveo®, O2Feel®, Giant®, Peugeot®, Winora®, Kalkhoff®, Gazelle®, Matra®, B'Twin (Décathlon®), Nakamura (Intersport®), Scrapper (Go Sport®), etc.

Achat de vélos

Dans tous les cas, toujours essayer le vélo. Moult canaux existent pour se procurer un vélo. Nous conseillons les achats chez les vélocistes, qui vendent du neuf mais aussi de l'occasion, en général des VTC en très bon état, qui ont servi une saison chez des loueurs. Vous pouvez aussi contacter directement les loueurs. Pour ce qui est des petites annonces, nous conseillons les forums ou sites spécialisés de vélos (ex : CCI). Quant aux sites comme le Bon Coin, un peu de prudence s'impose, pour éviter de vous retrouver en possession d'un vélo volé. Il est cependant possible de faire de bonnes affaires (prenez le temps de bien discuter avec le vendeur). Des associations (MDB), bourses aux vélos organisées par des tiers lieux ou des

© IZABELA HABUR - ISTOCKPHOTO.COM

© SERGEY RYZHOV - SHUTTERSTOCK.COM

municipalités proposent des vélos d'occasion. Les vélos peuvent s'acheter pour une vingtaine d'euros et il vous faudra souvent être bricoleur ou bricoleuse. N'hésitez pas à chiner, vous trouverez peut-être chaussure à votre pied, enfin vélo à votre besoin. Pour le marché du neuf, nous conseillerons plutôt les magasins spécialisés, où il sera plus facile de trouver des vélos de qualité, avec des vendeurs compétents et un service après-vente.

Vélocistes et budgets

Face aux nombreuses évolutions technologiques et à la segmentation du marché, il n'est pas toujours facile de faire son choix. Rien ne vaut un vélo de marque acheté auprès d'un vendeur spécialisé. Évitez la super promo proposée par les supermarchés : la qualité est médiocre, comme le service après-vente, et certains équipements essentiels peuvent poser des problèmes. Il sera alors compliqué par la suite de trouver une personne compétente pour les régler, car un grand magasin, en général n'a pas de service pour cela. Un vélociste, au contraire, c'est un entretien gratuit après le premier mois, une taille ajustée, un bon conseil et du suivi si vous le souhaitez. Au bout du compte, les quelques euros que vous pensiez économiser sur l'achat en grande surface seront bientôt engloutis dans des frais de réparation ou de remplacement. Un vélo neuf peut coûter entre 180 € et 5 000 €. À moins de 200 €, vous aurez du matériel bas de gamme et pas très confortable. Si vous décidez de faire des balades d'une certaine distance, il risque de ne pas tenir la route, voire de se détériorer rapidement. Si nécessaire, investissez un peu plus afin d'avoir un meilleur équipement. Sachez qu'il existe aussi des vélocistes qui peuvent vous monter un vélo sur mesure à partir d'un cadre et de composants, et des artisans qui fabriquent eux-mêmes les cadres de vélos. Les prix pour un vélo artisanal sur mesure s'échelonnent entre 3 000 € et 8 000 €, ce qui est le fruit d'une grande qualité et d'un confort optimal.

Quelques marques et fabricants

- **Fabricants de vélos de cyclotourisme sur mesure** en France : rendez-vous sur le site www.francevelotourisme.com, dans la rubrique « conseils », onglet « vélo et matériel de cyclotourisme » et « fabricant de vélo sur mesure ».
- **Marques de vélos de cyclotourisme** : Lapierre® (www.cycles-lapierre.fr), Gitane® (www.cycles-gitane.fr/), Cannondale® (www.cannondale.com), Giant Bicycles® (www.giant-bicycles.com), et Cyclable® (www.cyclable.com) qui sélectionne des vélos et des accessoires de haute qualité, qui ne nécessitent qu'un minimum d'entretien ou de réparation en s'appuyant sur des marques françaises ou européennes de renom : Peugeot®, Gitane®, Gazelle®, VSF Fahrradmanufaktur®, Genesis®, Surly®, Kalkhoff®, Brompton®, Electra®. Côté accessoires: Abus®, Thule®, Vaude®, Ortlieb®, Brooks®, etc.

À QUI S'ADRESSE LA BALADE À VÉLO ?

Trop âgé pour la balade à vélo ? Trop jeune ? Pas assez entraîné ? En situation de handicap ? Avez-vous déjà entendu l'une de ces sentences ? Eh bien sachez que le vélo est adapté à toutes et tous. Tout est affaire de motivation, parfois d'émulation, éventuellement de formation et d'expérience, mais aussi d'ajustement du matériel, et de choix des itinéraires. Voici quelques éclairages, issus notamment des retours d'expérience de pays ayant une pratique cyclable plus développée qu'en France (Danemark et Pays-Bas où la part modale du vélo représente respectivement 18 % et 27 %). Il apparaît que c'est bien le déploiement d'un « système vélo » qui permet des conditions favorables à une large pratique de la bicyclette. Ce système se fonde sur trois piliers : l'aménagement de voies cyclables, le stationnement et les services (formation, réparation, etc.). Voici quelques conseils, afin que la balade soit avant tout un moment de plaisir.

À chacun son rythme et ses envies

Il convient au préalable d'identifier ses envies en matière de balade (découverte en famille, visite d'un site touristique, parcours en forêt, etc.) et de les ajuster à ses contraintes (temps, horaires de train, etc.) mais aussi à ses capacités (condition physique). Un itinéraire en site propre (voie verte) est idéal pour débuter en toute confiance la balade à vélo, seul ou avec des enfants. Ce type d'itinéraire est en général plat, balisé et jalonné de points d'intérêt touristique et de services (restaurants, café, etc.). Pour ce qui est des parcours qui présentent un peu de dénivelés, on choisira un parcours adapté à ses capacités, en veillant toujours à pédaler à son rythme. On n'oubliera pas que les montées font la beauté des paysages et sont associées aussi à des descentes. Pour celles et ceux qui souhaiteraient apprendre à pédaler ou tout simplement se remettre en selle avant de s'élancer en balade, des vélos-écoles présentes sur le territoire permettent un apprentissage à tous les âges. Le choix du vélo peut également orienter votre pratique et le choix de vos itinéraires.

Un vélo réglé et un équipement adapté

Il s'agit d'avoir à la fois un vélo bien révisé, réglé à sa taille, et d'être soi-même bien équipé. En cas de pluie, le garde-boue est un élément important. Quant au cycliste, il adoptera une tenue de pluie qui garantisse son étanchéité : cape de pluie, pantalon imperméable, guêtres. Pour ce qui est de la conduite, il conviendra de redoubler de vigilance, de diminuer sa vitesse, d'anticiper en évitant les freinages brusques et les éléments glissants sur la chaussée (feuilles, etc.). Enfin, pour les adeptes de nouvelles technologies, des applications smartphone existent, pour mieux prévoir les précipitations comme Rain Today' ou Alerte Pluie. En hiver, on conseillera de lutter contre le froid par le port de différentes épaisseurs de vêtements, de bons gants, éventuellement des manchons de guidons, et de rester visible (comme par temps de pluie ou de nuit). En été, on veillera à se protéger de la chaleur et des UV (protection solaire et vestimentaire) et de privilégier des parcours ombragés.

Évaluer son temps de parcours

Sur une voie dédiée, on ne craint pas les embouteillages, ni les heurts liés aux voitures. Les temps de parcours sont donc fiables : vous seul êtes maître du temps. Plusieurs éléments rentrent en compte dans le temps de parcours d'une balade, qui doit rester, rappelons-le, une

© JAYSI - SHUTTERSTOCK.COM

source de plaisir. Il faudra ainsi intégrer les temps de pause liés à vos envies : visites touristiques, pique-niques, baignades, photos, etc. Autre point à intégrer, votre condition physique. Généralement, en matière de cyclotourisme, on conseille de parcourir 30 à 50 km par jour pour une personne peu sportive. Cette distance peut être portée à 80 km par jour pour une personne sportive et jusqu'à 180 km par jour pour des personnes entraînées. Pour information, les systèmes d'informations géographiques qui calculent des itinéraires vélos se fondent sur une vitesse moyenne de 15 km/h pour des itinéraires sur des voies cyclables, donc avec de faibles pentes.

Attention aussi à un ennemi bien connu des cyclistes : le vent de face, qui même sur du plat, peut contribuer à ralentir vos temps de parcours et à rendre la balade un peu moins aisée et agréable. Mais ce sont les aléas du vélo et ils peuvent être anticipés grâce à la météo... et l'expérience. Dernier point : les distances doivent aussi tenir compte d'autres paramètres tels que la saison (journées plus longues en été), la chaleur et l'ensoleillement (rouler plutôt le matin, éviter les créneaux 12h-16h ou faites une pause à ce moment-là, à l'ombre ou sous abri).

Avec les enfants

Pour les enfants, on conseillera de s'adapter à leur rythme et de réaliser des distances n'excédant pas 40 km par jour. L'idée, pour toutes et tous, est de débuter par des itinéraires courts avant de se lancer dans de plus grandes escapades. Le maître-mot doit rester le plaisir ! Des vélos-cargos (avec remorques) permettent de transporter les enfants selon leur âge. Des systèmes d'attache (barre-tandem, follow-me) servent quant à eux à relier votre vélo à celui de votre enfant, lorsque celui-ci n'est pas encore pleinement autonome.

Le vélo, c'est bon pour la santé

« Le vélo ce n'est pas bon pour la santé, à cause de la pollution. » Cette affirmation n'est pas valable, au regard des avantages cumulés de la pratique du vélo. Une étude conduite par l'Observatoire régional Île-de-France, publiée en 2012, indique en effet que les bénéfices sanitaires liés au vélo sont vingt fois supérieurs aux risques (accidents, pollution de l'air). Il convient ici de rappeler, qu'en matière d'exposition à la pollution de l'air, il vaut mieux circuler à vélo qu'être confiné dans un bus, une voiture ou dans le métro. Sur le même parcours, un automobiliste sera exposé à un niveau de pollution 1,5 fois supérieur à celui du cycliste. Dès lors que celui-ci peut rouler sur une piste cyclable, il diminuera par deux son niveau d'exposition. Au Danemark, une étude a mis en avant que les personnes qui pratiquaient le vélo dans leurs déplacements domicile-travail avaient un taux de mortalité inférieur de 28 % par rapport aux autres. Résumons : se déplacer à vélo induit des processus mécaniques et chimiques qui sont bons pour le cœur, les poumons, le système musculaire et osseux. Pratiquer régulièrement le vélo contribue également à diminuer le risque de certains cancers et le diabète de type II, et favorise le développement neurosensoriel. L'OMS a également mis en exergue le lien entre activité physique et santé psychique : ainsi le vélo peut-il favoriser le sommeil, et baisser le niveau de stress. Une pratique en plein air et dans la nature réduit quant à elle le risque de dépression. Plus il y a de vélos, moins il y a d'accident... mais aussi moins de pollution. Car le vélo est aussi bon pour tout ce qui nous environne ! Sachez qu'aux Pays-Bas, les plus de 65 ans effectuent plus d'un quart de leurs déplacements à vélo. Le pays est traversé de voies cyclables et s'il est plutôt plat, le vent et la pluie n'arrêtent pas les cyclistes de tout âge.

LA BALADE À VÉLO

La balade à vélo poursuit son bel essor, dans un contexte propice. La Loi d'orientation des mobilités de 2019 et ses décrets d'application favorisent la mise en place d'un « système vélo », qui associe aménagements, services, accompagnement aux changements de pratique. Cette loi intègre également le schéma national des véloroutes, ce qui lui confère, outre une dimension juridique, une portée stratégique, imposant aux aménageurs la construction d'infrastructures cyclables en site propre. L'objectif est de disposer d'itinéraires de longues distances, continus et interconnectés. Au 1er janvier 2021, la France avait inscrit plus de 25 000 km au schéma national des véloroutes, soit 58 itinéraires, et en avait réalisés 74 %, dont 45 % en site propre. Le plan « Destination France » dévoilé en novembre 2021 affiche quant à lui l'objectif de faire de l'Hexagone la « première destination vélotouristique » au monde d'ici 2030 !

CARNET

Des aménagements et dispositifs pour favoriser les pratiques

Pilier du système vélo, les aménagements cyclables contribuent à une pratique sécurisée et apaisée, si toutefois ils sont conçus comme des continuums, en évitant l'écueil des tronçons disjoints ou « confettis » qui peuvent constituer un frein pour les cyclistes non aguerris. Les pistes cyclables sont des aménagements dédiés uniquement aux vélos, et séparés physiquement des autres voies. Les bandes cyclables sont quant à elle également réservées aux deux-roues non motorisés mais séparées des autres voies uniquement par un marquage sur la chaussée. D'autres dispositifs favorisent la pratique cyclable. Les routes à faible trafic, ou les zones 30, limitées à 30 km/h, induisent des conditions agréables et sécurisantes pour pédaler. Les « tourne-à-droite » (ou « cédez le passage cycliste » au feu) parfois autorisés aux feux rouges (et matérialisés par des panneaux) sont des réglementations qui favorisent la sécurité des cyclistes. Limiter la place de la voiture, via par exemple le stationnement payant constitue également un moyen de rendre la pratique cycliste plus sûre. À cela s'ajoutent les autres piliers du système vélo : des dispositifs de stationnement en nombre suffisants et sécurisés, des services permettant l'accès au vélo (location, vente, réparation), et l'accompagnement à la pratique (cours d'apprentissage et de remise en selle). Ce sont ces éléments, ajoutés à d'autres, que l'on va retrouver dans les itinéraires dédiés à la pratique de loisirs.

Des itinéraires pour développer les mobilités liées notamment aux loisirs

Les itinéraires cyclables peuvent prendre la forme d'une piste cyclable, voie verte ou route à faible circulation, jalonnés et signalisés (panneaux et marquages au sol indiquant la direction et le kilométrage).

Une véloroute est un itinéraire cyclable touristique, fléché et sécurisé, qui relie des villes et régions entre elles de manière continue. Elle emprunte des routes en sites propres (dédiés aux vélos, comme des voies vertes) mais aussi des petites routes à faible circulation. Les véloroutes sont conçues selon un cahier des charges national. L'objectif est de constituer un réseau d'itinéraires cyclables continus et interconnectés.

Un itinéraire cyclable est plus qu'un tracé signalisé et balisé : il associe souvent tout un ensemble de services : services liés aux vélos (location, réparation), hébergements, mais aussi sites touristiques ou d'intérêt naturel et paysager.

Plusieurs véloroutes s'inscrivent dans des itinéraires grandes distances, à l'échelle du pays ou de l'Europe, comme les véloroutes européennes, appelées également EuroVelos.

Les EuroVelos constituent des itinéraires cyclables culturels européens. Dix EuroVelo traversent le territoire français :

- EuroVelo 1 - Véloroute de la côte Atlantique (suit le tracé de la vélodyssée sur la partie française)
- EuroVelo 3 - Véloroute des Pèlerins
- Eurovélo 4 - Véloroute d'Europe centrale (dont 1 500 km sur la Vélomaritime en France)
- EuroVelo 5 - La Via Romea Francigena
- EuroVelo 6 - Atlantique - Mer Noire (suit l'itinéraire de la Loire à vélo)
- EuroVelo 8 - Véloroute de la Méditerranée
- EuroVelo 12 - Véloroute de la mer du Nord
- EuroVelo 15 – Véloroute du Rhin
- EuroVelo 17 – Véloroute du Rhône
- EuroVelo 19 – La Meuse à Vélo

Une voie verte est un aménagement entièrement dédié aux véhicules non motorisés. Il s'agit souvent d'anciennes voies de halage ou lignes ferroviaires. La continuité du parcours est assurée, et la morphologie de la voie (plate ou avec faibles pentes) permet une large accessibilité. De plus ces voies peuvent constituer un itinéraire culturel et bénéficient d'un cadre paysager qui les rend agréables. Elles incluent également des services (logement, location de vélo, etc.).

petit futé
2023 - 2024
VERSION NUMÉRIQUE OFFERTE
Les plus belles Balades à Vélo
HAUTS-DE-FRANCE
CARTE PARCOURS GPX

NOS BALADES

AUTOUR DE DUNKERQUE

- **Total :** 56 km
- **Durée :** entre 2h48 et 5h36 (10 à 20 km/h)
- **Difficulté :** deux côtes, peu vallonné.

LIEUX	Km partiel	Km cumul	Routes
DUNKERQUE	0	0	Rue Jean-Jaurès, rue du Leughenaer, avenue des Bains, allée Fénelon, rue Sailly, digue des Alliés
CASINO DE DUNKERQUE	2,1	2,1	Digue de Mer
MALO-LÈS-BAINS	0,6	2,7	D60
LEFFRINCKOUCKE	3	5,7	D60
ZUYDCOOTE	4	9,7	D60
PLAGE DE BRAY-DUNES	3	12,7	D947
GHYVELDE	3	15,7	D947, D2, D79
MOULIN DU RHIN	5,5	23,2	D79, D3
HONDSCHOOTE	8,2	32	D110, D403
WAHREM	7,5	39,5	D403, D3
BERGUES	5,5	45	D3, D72
COUDEKERQUE	4	49	D72, D2, route de Bergues
COUDEKERQUE-BRANCHE	4	53	Rue du Canal-de-Bergues
DUNKERQUE	3	56	Place Charles-Valentin

Mer du Nord
Dunkerque
Malo-les-Bains
Leffrinckoucke
Zuydcoote
Bray-Dunes
Adinkerke
Ghyvelde
Saint-Pol-sur-Mer
Petite-Synthe
Coudekerque-Branche
Cappelle-la-Grande
Leffrinckoucke-Village
Téteghem
Uxem
les Moëres
BELGIQUE
Coudekerque
Hoymille
Warhem
Bergues
Bierne
Killem
Hondschoote
Canal de Dunkerque
Canal de Bourbourg
Canal de la Basse Colme
N 1
N 39
A 16
D 947
D 2
D 3
N 225
D 916
D 916a
D 110
CALAIS
LILLE
HAZEBROUCK
VEURNE
Autoroute
Type autoroutier
Route principale
Route secondaire
Circuit vélo
Départ
1 KM
PARCOURS GPX

DUNKERQUE ★★

Les origines de Dunkerque semblent remonter au VIIe siècle. A cette époque de forte évangélisation, la bourgade se dote de sa première église. C'est de cette église (*kerque* en flamand), nichée dans les dunes (*duyn* en flamand) que naîtra le nom de la ville : Dunkerque.
Dunkerque est le troisième port français et ses industries sont prospères. Son beffroi (celui de l'hôtel de ville d'où sont jetés les fameux harengs lors du Carnaval), côtoie les villas balnéaires de la Belle Époque, les centres d'art contemporain côtoient les lieux de mémoire, le quartier de la citadelle côtoie la modernité du quartier du Grand Large. Au-delà de son histoire, Dunkerque est une ville où il fait bon vivre : les nombreux estaminets en sont un bon exemple. Et riche de musées : le musée portuaire, le musée des Beaux-Arts, le LAAC (lieu d'art et action contemporaine)... Quant aux alentours, ils sont riches d'histoires, de cultures et de belles balades, le long des dunes notamment. Quand la marée est haute, profitez-en également pour observer les blockhaus, ces géants de béton témoignant de l'histoire de la Seconde Guerre mondiale. Ils ont aujourd'hui été réinvestis par des artistes locaux, leur conférant une allure nouvelle. En outre, n'hésitez pas à vous renseigner sur les itinéraires de randonnées pédestres et cyclistes qui entourent Dunkerque et son agglomération auprès de l'office de tourisme.

Tourisme

Durant l'été 2016, le réalisateur britannique Christopher Nolan a posé ses caméras à Dunkerque et plus particulièrement dans les rues de Malo, dans les dunes et sur la plage où s'est joué le plus grand rembarquement de toute l'histoire militaire mondiale. C'était en juin 1940 et cette histoire l'a inspiré pour son film *Dunkirk*. L'office de tourisme de Dunkerque a mis sur pied une visite des sites emblématiques du tournage de ce film. Une balade pour découvrir les décors et les façades qui ont été utilisés par le réalisateur et notamment la célèbre jetée que les Anglais appellent le East Mole. Le départ de la visite se fait depuis l'office de tourisme de la plage, situé au rez-de-chaussée du Kursaal, un bâtiment qui avait lui-même provisoirement été transformé en usine pour les besoins du film. La visite thématique peut être complétée par le Dynamo Tour ou le survol des sites de l'Opération Dynamo depuis le ciel. Pour plus d'informations, n'hésitez pas à vous renseigner auprès de l'office de tourisme.

ABBAYE NOTRE-DAME DU MONT ✞

Route de la Montagne
WATTEN
✆ 03 21 88 27 78
Site classé. Ouvert seulement le 15 août pour la fête de l'Abbaye ou des visites guidées (dates sur le site officiel).

En visitant cette abbaye, sachez que plus de 1 200 ans d'histoire vous contemplent. Rarement ouverte au public, elle n'est accessible que lors de la fête éponyme - le 15 août - ou durant des visites guidées (dont la date est à retrouver via l'agenda du site officiel de Watten). Dans tous les cas, si l'occasion se présente, sautez dessus et n'hésitez pas à rejoindre la courte liste des privilégiés qui ont eu la chance d'effectuer ce rare voyage temporel !

AQUARIUM MUNICIPAL DE DUNKERQUE

45, avenue du Casino ✆ 03 28 59 19 18
www.ville-dunkerque.fr
Ouvert tous les jours (sauf lundi) de 10h à 12h puis de 14h à 17h30 (18h du 1er mars au 30 septembre). Entrée 3 €.

L'aquarium municipal implanté dans le parc de Malo possède plus de vingt aquariums qui accueillent un millier de poissons divers et des expositions temporaires. L'endroit est relativement petit, il ne peut en effet accueillir qu'une cinquantaine de personnes à la fois. Il ne vous faudra d'ailleurs pas plus d'une heure pour en faire la visite, mais il permet de faire découvrir aux plus jeunes la variété de nos espèces marines et pourquoi il est nécessaire de les protéger.

LE BEFFROI SAINT-ÉLOI ★

Rue de l'Amiral Ronarc'h
✆ 03 28 66 79 21
www.beffroi-dunkerque.fr
Ouvert tous les jours de 10h à 17h15. Gratuit jusqu'à 7 ans. Adulte : 5 €. Enfant (de 7 à 12 ans) : 3,50 €.

Inscrite au Patrimoine mondial de l'humanité par l'Unesco, cette massive tour carrée d'une hauteur de 58 m était initialement rattachée à l'église Saint-Éloi jusqu'à ce qu'un incendie ne sépare les deux bâtiments en 1558. Érigé vers 1440, elle abrite un carillon de 50 cloches dont le bourdon, appelé Jean-Bart, pèse sept tonnes. Du haut du beffroi (où l'on accède par ascenseur et 65 marches), le panorama à 360 degrés offre une superbe vue sur le centre-ville, le quartier de Malo-les-Bains et le port. L'accès au beffroi se fait dans l'office de tourisme.

CHÂTEAU COQUELLE

Rue de Belfort
✆ 03 28 63 99 91
www.lechateaucoquelle.fr
Ouvert mardi et jeudi 14h-19h, mercredi et vendredi 9h-12h et 14h-19h, samedi 14h-17h.

Niché dans un superbe jardin, le Château Coquelle tient son nom de Félix Coquelle, maire de Rosendaël au début du XXe siècle, qui le fit construire. Si elle ressemble plus à un splendide manoir qu'à un château en tant que tel, cette demeure de style basco-byzantin contient plus de 25 pièces. Aujourd'hui, le Château Coquelle accueille un centre culturel qui organise des ateliers et stages de pratiques culturelles (danse, dessin...) pour tous les âges. Il propose également des expositions (sculptures, photographies...) et spectacles toute l'année.

FORT DES DUNES ★

Rue du 2-Juin-1940 - **LEFFRINCKOUCKE**
✆ 03 28 29 13 17
www.fort-des-dunes.fr
Ouvert au public du mardi au dimanche. Musée : 7€ /3,50 € circuit d'interprétation et audioguide inclus.

Le fort des Dunes est un exemple de l'architecture militaire imaginée par le général Séré de Rivières pour renforcer le système défensif français. Construit en 1878 pour protéger Dunkerque et son port, ses casernements étaient conçus pour abriter 450 soldats. Construit en briques de sable et culminant à 27 m, le fort trouve dans les dunes un écrin naturel. A l'intérieur, de nombreuses photographies et des maquettes permettent aux visiteurs de se replonger dans la riche histoire du fort. Une visite essentielle pour comprendre l'histoire de Leffrinckoucke.

LA HALLE AUX SUCRES

9003, route du Quai Freycinet 3
✆ 03 28 64 60 49
www.halleauxsucres.fr
Ouvert du lundi au vendredi de 8h à 18h, le samedi de 13h à 18h. Grande Exposition : du mardi au samedi de 13h à 18h.

Au début du port côté est se trouve la Halle aux Sucres, un bâtiment imposant qui fut un lieu de stockage du sucre. Réhabilitée en 2011, la Halle aux Sucres est aujourd'hui un lieu vivant pour la ville. Les différents espaces permettent d'appréhender les nouvelles technologies, de comprendre tout en s'amusant les enjeux écologiques et économiques de demain via des maquettes, vidéos, témoignages, jeux de devinettes et ouvrages. Le Centre de la Mémoire Urbaine d'Agglomération vous permettra d'en savoir un peu plus sur le patrimoine dunkerquois.

JARDIN DES SCULPTURES

Avenue des Bains
✆ 03 28 29 56 00
Ouvert toute l'année. Gratuit.

À deux pas de la plage, laissez-vous tenter par cet espace vert contemporain qui dépend du LAAC. Le Jardin des Sculptures n'est pas seulement un jardin, ce sont des œuvres d'art en acier ou en inox des années 1950 à 1980 mises en scène dans un paysage minéral et végétal. Chemin faisant, sur de petites collines, découvrez ici une nouvelle sculpture insolite, puis d'autres installées sur l'eau ou en reflet. Une petite balade étonnante, pour les amateurs d'art mais pas seulement. Le site est en effet très ludique pour les enfants et les plus grands.

MUSÉE DUNKERQUE 1940 - OPÉRATION DYNAMO ★★

Rue des Chantiers de France ✆ 03 74 06 02 81
www.dynamo-dunkerque.com
Ouvert tous les jours 10h-18h. Fermeture annuelle en fin d'année. Entrée 8 €, TR 5 €, gratuit pour les moins de 12 ans.

Si vous n'avez jamais eu l'occasion de visiter ce musée, allez-y ! Si c'est déjà fait, retournez-y ! À la suite du tournage de *Dunkirk* par Christopher Nolan, ce musée a eu droit à une refonte complète. Nouvelle scénographie, nouveaux espaces, notamment multimédias, nouvelle façade, nouvelle boutique, et même une énorme salle de projection. Un lieu unique pour comprendre l'incroyable histoire de la bataille de Dunkerque et de l'évacuation de plus de 340 000 soldats alliés.

MUSÉE PORTUAIRE ★

9, quai de la Citadelle
✆ 03 28 63 33 39
www.museeportuaire.com
Ouverts du mercredi au lundi de 10h à 12h30 et de 13h30 à 18h. Tarif 8,50 €. Billet jumelé musée + bateau 15 €.

Situé dans un ancien entrepôt de tabac du XIXe siècle, le Musée portuaire de Dunkerque regroupe sur 1 600 m² quatre siècles d'histoire à travers 500 œuvres (maquettes, vidéos, tableaux...) et 5 lieux à visiter : le musée, les trois bateaux et le phare du Risban. Chaque lieu retrace la vie de celles et ceux qui ont fait vivre le port, de la pêche à la batellerie, du navire-école au bateau-feu. Ne manquez pas de monter les 276 marches du phare, qui, du haut de ses 60 mètres, vous fera profiter d'un très beau point de vue sur la ville, le port et la mer.

NOS BALADES

PHARE DE PETIT-FORT-PHILIPPE

Digue de Mer
GRAVELINES
✆ 03 28 24 85 65

Se renseigner à l'office de tourisme. Phare en travaux jusqu'au 9 juillet.

Après avoir gravi ses 116 marches, vous pourrez admirer la vue imprenable sur les rives de l'Aa depuis le haut du phare de Petit-Fort-Philippe. Construit au XIXe siècle, il mesure 25,50 m. Tout blanc à l'origine, il fut repeint à la fin de l'année 1931 en noir et blanc pour que les marins puissent mieux le repérer de loin. Le phare est aujourd'hui éteint suite au départ en retraite de son dernier gardien en 1985 et a été remplacé par des balises qui se trouvent au bout de la jetée.

LE VOILIER DUCHESSE ANNE ★★

9, quai de la Citadelle ✆ 03 28 63 33 39
www.museeportuaire.com

Pendant les vacances : tous les jours de 14h à 18h (en visite libre). Adulte : 9,50 €. Enfant : 7,50 €. Famille : 25 €.

C'est le plus grand voilier visitable en France ! Le *Duchesse Anne* est un ancien navire-école de la marine marchande allemande construit en 1901. Il aura tout connu : la gloire, l'oubli, et pour finir une résurrection dans la cité de Jean Bart. Surnommé le « Grossherzogin Elisabeth », il sera sous pavillon allemand pendant 45 ans avant d'être remis à la France. Le navire est devenu la pièce-maîtresse du musée flottant qui enrichit les collections du Musée portuaire. Pendant la visite, vous pourrez visiter le pont, les entreponts et les quartiers des officiers.

OFFICE DE TOURISME - CENTRE-VILLE LE BEFFROI

Rue de l'Amiral Ronarc'h
✆ 03 28 26 27 28
www.dunkerque-tourisme.fr

Horaires selon la saison.

Installé en centre-ville dans le beffroi classé au patrimoine mondial de l'Unesco, l'office de tourisme de Dunkerque vous dispense de précieux conseils pour profiter au mieux de votre séjour en Flandre maritime. Parmi les services proposés : brochures, plans, boutique souvenirs, réservation d'événements, visites guidées... Et tant que vous êtes au beffroi, profitez-en pour accéder à la terrasse panoramique à 58 mètres de hauteur. La vue à 360° y est à couper le souffle !

FACE A LA MER** €€

14, avenue de la Mer - **GRAVELINES**
✆ 03 61 44 69 78
www.facealamer-gravelines.fr

Chambre simple à partir de 67 € ; double à partir de 81,20 € ; triple à 96,40 €. Petit déjeuner inclus. Parking ouvert.

Face à la Mer est un petit hôtel avec accès direct à la plage et à proximité immédiate du centre-ville et de la cité fortifiée par Vauban. La plupart des chambres offrent une vue imprenable sur la mer et vous promettent un cadre apaisant, notamment pour déguster votre petit déjeuner continental. Les chambres sont plutôt classiques avec une décoration simple mais moderne. Elles sont dotées de tous les équipements nécessaires. Un conseil, si la vue sur la mer vous attire vraiment, n'hésitez pas à le préciser lors de votre réservation.

MAISON WEEK-END €€

12, passage Fielding
✆ 06 58 94 53 03
www.maisonweekend.com

72 € la nuit pour 2 personnes. Petit déjeuner inclus.

Les propriétaires mettent à disposition trois beaux appartements d'hôtes, dans une maison malouine située à 50 m de la plage de Malo-les-Bains. La décoration de la Maison Week-End est simple et accueillante, pour que vous pussiez vous y sentir comme chez vous. Chaque appartement est équipé de tout le confort pour un séjour tout en détente et en sérénité. Pour vos sorties, vous retrouvez à proximité le Kursaal, le casino, un bowling, une piscine olympique. Et pour ceux qui préfèrent les visites culturelles, n'hésitez pas à poser quelques questions à votre hôte.

LE BISTROT DE LA PLAGE €€

24, digue de Mer
✆ 03 28 65 01 11

Haute saison : tous les jours midi et soir. Réservation recommandée. Menu entrée + plat + dessert du terroir à 25 €.

Terrasse couverte et vue directe sur la mer : on ne s'est pas trompé, c'est bien le Bistrot de la Plage, au pied d'une belle villa malouine ! Logiquement, la carte invite aux spécialités de poissons : des beignets de crevettes sauce gribiche, un pavé de cabillaud au maroilles, une bouillabaisse ou un potjevleesch de la mer (avec rouget, saumon, flétan et Saint-Jacques)... Sans oublier des plats du jour toujours très originaux : des rillettes de rouget maison, des pâtes fraîches au saumon fumé... On note également la grande diversité de la carte des vins.

AU CLOCHER €€

4, place de l'Hôtel-de-Ville - **BOURBOURG**
✆ 03 74 11 65 72
www.restaurantauclocher.fr

Du dimanche au mardi le midi ; du jeudi au samedi le midi et le soir. Menus à 19, 28 et 38,50 €. Menu enfant 10 €.

A l'intérieur, le cadre est agréable et l'accueil sympathique. Dans l'assiette, on retrouve une cuisine traditionnelle. La carte est large et les plats sont préparés à base de produits frais et de saison et cela se ressent dans l'assiette. Maître Restaurateur depuis 2018, le chef propose une cuisine qui ravit les pupilles et donne envie de goûter à toute la carte, du waterzooï de poulet au bergue jusqu'au pavé de bœuf en passant par le panaché de la mer à la dunkerquoise. Bref, une adresse à conserver précieusement pour se faire plaisir !

LA COCOTTE €€

55, digue de Mer
✆ 03 28 29 15 18
www.lacocottedk.fr

Mardi-samedi : midi et soir. Dimanche : midi. Menus : 23,90 €-27,30 €. Carte : 20 € environ.

La Cocotte, c'est un peu une madeleine de Proust. Ici, nos papilles se remémorent les goûts simples et authentiques de la cuisine de nos grands-mères. La décoration nous plonge dans l'ambiance : portraits en noir et blanc, anciens moulins à café et autres ustensiles de cuisine, grands nappes en vichy rouge... A la carte, plusieurs cocottes en plats, mais aussi en entrées accompagnées de frites. Les menus varient chaque mois afin de garantir des produits de saison. Les plats sont copieux et généreux. Une bonne adresse sur la digue pour les grandes faims.

L'ÉCLUSIER €€

23, rue des Islandais - **GRAVELINES**
✆ 03 28 65 02 42
www.leclusiergravelines.fr

Du mardi au dimanche le midi ; du jeudi au samedi le soir. Réservation recommandée. Carte : 20 € environ.

Où que vous soyez dans la salle principale de l'Eclusier, vous serez capté par la lumière et la vue à 180° sur le chenal de l'Aa : un site exceptionnel entre la plage et le centre-ville fortifié. S'il propose des plats régionaux et des produits locaux, l'Eclusier a fait le choix d'offrir de la viande maturée provenant des plus beaux élevages du monde. Service impeccable, pas de faute de goût ni de fausse note pour cet établissement. Une adresse à Gravelines à tester pour une expérience culinaire dont on se souviendra longtemps !

AU RETOUR D'ISLANDE €€

34, place du Docteur Calmette
GRAVELINES
✆ 03 28 23 11 73
www.au-retour-dislande.com

Ouvert lundi et du mercredi au dimanche midi ; lundi, de jeudi à samedi soir. Menus dès 18,50 €.

Situé face au port, Au Retour d'Islande est un restaurant à la cuisine traditionnelle, dont la spécialité se situe autour des produits de la mer. Depuis 1999, le chef met à l'honneur les poissons de la Côte d'Opale. Ici, tout est frais, le plus souvent local et de saison, le poisson est même fumé maison ! C'est également le lieu idéal si vous souhaitez profiter d'un bon plateau de fruits de mer ! L'été, la terrasse est agréable et l'accueil est toujours chaleureux, peu importe la saison. Le restaurant propose aussi de la vente à emporter et un service traiteur.

AUX WATERZOOÏ €€

82, quai des Hollandais
✆ 03 28 63 12 70

Ouvert du lundi au samedi le midi ; du jeudi au samedi le soir.

Avec sa vue sur le port, son bar central magnifique et sa décoration réussie, Aux Waterzooi est un passage obligatoire si vous êtes à Dunkerque. La star du restaurant est, comme son nom l'indique, le waterzooi. Ce plat belge à base de poisson ou de poulet est servi comme une soupe dans une assiette creuse et dont le bouillon est lié à la crème ou au beurre. Le goût des bons petits plats maison se ressent et le rapport qualité-prix est remarquable. Mention spéciale pour l'accueil de Sophie en salle et de son fils et chef de cuisine Maxence.

AU CORNET D'AMOUR

25-27, digue de Mer
✆ 03 28 21 17 13
www.cornetdamour.fr

Ouvert tous les jours à partir de 12h30. Fermé de mi-septembre à fin février.

Cornet d'Amour, c'est l'exaltation des papilles pour une pause goûter ou juste se faire plaisir après un plongeon dans la mer du Nord. Depuis 1896, date à laquelle Francesco Gualano a fondé ce glacier, ses descendants vous régalent avec leurs glaces artisanales. Aujourd'hui, Franck Verschave se rend régulièrement en Italie pour découvrir des nouvelles saveurs et tendances à partager et à déguster. Face à la vitrine, le choix est cornélien : réglisse, caramel fleur de sel, vanille pécan gourmand, rhum raison, sorbet rhubarbe, mojito...

NOS BALADES

LES AUBETTES

Place du Minck

https://associationpleinemer.com

Ouvert du lundi au samedi. De 9h jusqu'à épuisement des stocks. CB non acceptée.

Au début du XVIIIe siècle, les femmes de pêcheurs vendaient le poisson sur le Minck, au pied de la tour du Leughenaer et juste à côté des bateaux de pêche. En 1863, le Minck accueille un marché couvert. En 1902, un superbe bâtiment est inauguré et devient la criée, les Bazennes (femmes de pêcheurs) y vantent la qualité de leurs produits. Le bâtiment n'a pas résisté à la guerre, mais il est toujours possible d'acheter aux aubettes du poisson fraîchement débarqué à des prix défiant toute concurrence ! Quatre aubettes sont régulièrement ouvertes.

MARCHÉ DE DUNKERQUE

Place du Général de Gaulle

Ouvert le mercredi et le samedi de 8h à 14h. 8h-13h pour les commerces alimentaires du cours François-Bart.

Le marché de Dunkerque, c'est deux rendez-vous par semaine, le samedi et le mercredi. Le marché qui a changé plusieurs fois de place s'étend principalement sur la place du Général de Gaulle, la rue des Sœurs-Blanches et le cours François-Bart. Il compte entre 130 et 160 stands (selon la saison) le samedi (et environ 60 étals le mercredi matin), et propose tout type de commerces et notamment des petits producteurs. Au moment du carnaval, plusieurs stands vous proposent tout ce qu'il faut pour rénover son clet'che (déguisement) ou pour composer sa panoplie.

BRASSERIE DES 4 ECLUSES

2, Terre-Plein des 4 Écluses

✆ 03 74 06 03 43

Visite-dégustation deux mercredis par mois de 17h30 à 18h30 (sur réservation). Boutique ouverte vendredi et samedi.

Entre les canaux et non loin de la mer du Nord, à côté de la salle de spectacle homonyme, c'est une nouvelle microbrasserie, dont les bières récoltent déjà (littéralement) des lauriers aux concours internationaux, et le nouvel emblème de la légendaire créativité dunkerquoise : la Brasserie des 4 écluses ! Ici, il est possible de visiter aux côtés d'Eric François, brasseur et maître des lieux. La passion et l'amour d'un travail bien fait transpirent par tous les pores de sa peau et la visite se conclut par l'inévitable dégustation... avec modération !

PÂTISSERIE VANDEWALLE - AUX DOIGTS DE JEAN BART

6, rue du Sud ✆ 03 28 66 72 78

www.auxdoigtsdejeanbart.com

Ouvert du mercredi au samedi de 8h à 12h30 et de 14h à 19h ; le dimanche de 8h à 13h. Salon de thé.

La maison existe depuis plus de cent ans ! La spécialité ? Les Doigts de Jean Bart, bien connus des Dunkerquois. Ces gâteaux aux amandes sont réalisés avec une crème de café et enrobés de chocolat. Délicieux et ultra gourmand ! Depuis, plusieurs versions ont été imaginées : praliné cacahuète, fleur de sel, chocolat noir ou encore à la violette. Les autres pâtisseries servies ici valent elles aussi le détour. Sans compter la large gamme de chocolats créés sur place.

BRASSERIE DES DUNES DE FLANDRE

59, rue Roger-Salengro - **BRAY-DUNES**

✆ 03 28 58 83 98

www.diabinte.fr

Horaires variables en fonction des saisons. Présence sur les marchés du Nord. Infos sur le site Internet.

Ici, on produit toute l'année des blondes dorées, des ambrées, des brunes et des spéciales en édition limitée. Michel Dequidt et sa femme vous accueillent dans un hangar réaménagé avec goût. Il est divisé en deux parties : celle où il reçoit ses visiteurs et celle où il crée des bières de caractère. Parfois, la frontière s'efface quand il organise des ateliers de brassage, ouverts à tous. Il y vend ses meilleures recettes, mais aussi des produits locaux cuisinés avec ses bières.

CIRCUIT DU QUATHOVE

BOURBOURG

Parcours de 9 km. Durée : 3h.

Vous souhaitez découvrir Bourbourg et ses alentours ? Rien de mieux que suivre le circuit pédestre du Quathove. Démarrez votre randonnée devant l'office de tourisme et marchez dans les petites rues de la ville. Passez à côté de la tourelle du Withof, une ancienne ferme qui dépendait autrefois du château aujourd'hui détruit. Sur votre parcours, vous apercevrez la montagne de Watten et vous sillonnerez la campagne entouré de wateringues, ce réseau de fossés créé pour assécher les marais et évacuer les eaux vers la mer. Une jolie balade entre ville et verdure !

CIRCUIT PÉDESTRE « DE VAUBAN AUX ISLANDAIS »

GRAVELINES

✆ 03 28 51 94 00

www.dunkerque-tourisme.fr

Distance : 9 km. Durée : 2h.

Ce circuit long de 9 km pour deux bonnes heures de marche vous offre une belle bouffée d'air frais. Depuis le départ de Gravelines, longez le fleuve Aa par la digue du Chenal pour vous retrouver sur la plage de Petit-Fort-Philippe et son phare, que vous pouvez visiter l'après-midi. Reprenez ensuite la route pour vous retrouver dans le Parc du Polder. Un petit tour par la ceinture verte située autour de la ville fortifiée et vous voici de retour au point de départ.

CIRCUIT PÉDESTRE DE LA FORTERESSE MARITIME

GRAVELINES

Distance : 4 km. Durée : 1h.

Partez à la découverte des fortifications de Gravelines. La ville fut dans un premier temps fortifiée par les ducs de Bourgogne et les rois d'Espagne. Son enceinte possède des bastions d'angle couverts par un système de demi-lunes, de fossés en eau profonde et de contregarde. Vauban remaniera légèrement la structure de la forteresse au XVIIe siècle. Durant votre parcours, ne manquez pas de vous arrêter dans les jardins et de prendre un temps au belvédère pour admirer la vue.

FORT DES DUNES ★

Rue du 2-Juin-1940 ✆ 03 28 29 13 17

www.fort-des-dunes.fr

Ouvert au public du mardi au dimanche. Musée : 7€ /3,50 € circuit d'interprétation et audioguide inclus.

Le fort des Dunes est un exemple de l'architecture militaire imaginée par le général Séré de Rivières pour renforcer le système défensif français. Construit en 1878 pour proteger Dunkerque et son port, ses casernements étaient conçus pour abriter 450 soldats. Construit en briques de sable et culminant à 27 m, le fort trouve dans les dunes un écrin naturel. A l'intérieur, de nombreuses photographies et des maquettes permettent aux visiteurs de se replonger dans la riche histoire du fort. Une visite essentielle pour comprendre l'histoire de Leffrinckoucke.

CIRCUIT PÉDESTRE DE LA DUNE DEWULF

726, boulevard Jean-Baptiste Trystram

✆ 03 28 69 05 06

www.dunkerque-tourisme.fr

Distance : 4,2 km. Durée : environ 1h30.

Située entre les villes de Leffrinckoucke et de Zuydcoote, la dune Dewulf s'étend sur 300 hectares environ et fait partie des dunes protégée par le Conservatoire du Littoral depuis 1987. Mélange de dunes boisées, de pannes humides et de dunes sèches, elle abrite près de 70 espèces d'oiseaux nicheurs, plusieurs espèces d'amphibiens et compte 350 espèces d'arbres et plantes. Vous croiserez sans doute des moutons et chèvres, qui entretiennent la dune de manière écologique.

LEFFRINCKOUCKE

Cité côtière installée sur les bords de la mer du Nord, Leffrinckoucke compte un peu moins de 5 000 habitants. Si l'on trouve des traces de la commune dès le Moyen Age, la ville ne connaît son véritable qu'essor qu'au XXe siècle avec l'implantation d'une usine sidérurgique ainsi que le développement des activités balnéaires. A l'instar de ses voisines, son histoire a été très liée à la Deuxième Guerre mondiale pendant laquelle sa plage fut l'un des lieux d'embarquement de l'opération Dynamo. Un passage intéressant lors d'un voyage pour découvrir le Nord d'une autre façon, plus urbaine, décalée et réelle. N'hésitez pas à vous y arrêter !

ZUYDCOOTE

Zuydcoote, voilà un nom bien étrange. C'est l'environnement géographique qui donna son nom au village. « Zout » signifie « sel » en flamand et « kot » signifie « baraques ». Ainsi, Zuydcoote ferait référence aux salines qui étaient déjà présentes à l'époque des Romains ! Au fil des siècles, Zuydcoote est pillé et envahi, mais le village prospère dès le XIVe siècle, grâce à son petit port de pêche. Aujourd'hui Zuydcoote est un village labellisé « Mer et Nature », intégré aux Dunes de Flandre et jouit d'une incroyable richesse naturelle. C'est par cette zone naturelle qu'il vous est possible d'arriver au village en empruntant la vélo-route voie verte.

AU JOYEUX RETOUR DES PÊCHEURS €€

93, rue du Général-de-Gaulle
✆ 03 28 63 72 89
www.aujoyeuxretourdespecheurs.fr
Ouvert du jeudi au lundi le midi ; du vendredi au dimanche le soir.

Envie de convivialité, de tradition et de qualité ? Une halte dans cet estaminet, installé dans une maison typique des Flandres, s'impose ! La spécialité du lieu se devine sur le logo : le lion des Flandres annonce une cuisine traditionnelle du Nord avec des plats « signature », et la croix de Savoie suggère des spécialités montagnardes. La maison est aussi spécialisée dans les grillades saisies devant vous. Chaque semaine, le chef propose une carte différente pour plus d'inventivité !

DUNE FOSSILE

Rue de la Frontière
Les chiens doivent être tenus en laisse. Interdit aux vélos.

Située à l'est de Dunkerque, la Dune Fossile de Ghyvelde est une dune reculée de la mer (elle marque l'ancien rivage) qui date de plus de 5 000 ans. Appelée également la dune aux pins, ici le sable est recouvert de mousse, de lichens et les petits bois côtoient de grandes étendues d'eau. Propriété du Conservatoire du littoral et classée Natura 2000, la Dune Fossile regorge d'une faune et d'une flore variées. C'est d'ailleurs la seule dune de ce type en France. Une belle balade balisée (8 km) s'offre aux promeneurs sur ses 112 hectares !

GHYVELDE

Commune d'un peu plus de 4 000 habitants, Ghyvelde s'est développée sur un ancien cordon dunaire. Née d'une fusion, avec Les Moëres, en 2017, cette nouvelle cité se veut tournée vers l'avenir et espère pouvoir tirer pleinement profit de sa situation géographique, à proximité immédiate de la frontière belge. Lors de votre passage, ne manquez pas l'ancien couvent ainsi que le magnifique bâtiment du bureau de douane (sur la route entre Dunkerque et Furnes). Et surveillez également le programme des actions artistiques de la région : peut-être que Ghyvelde sera le nouveau théâtre d'une performance de haut vol, comme lors du *Walking Shakespeare in Memories* !

HONDSCHOOTE

Durant la Seconde Guerre mondiale, Hondschoote est au centre de la Bataille de Dunkerque et de la célèbre Opération Dynamo. Et en est la victime. En 1944, les Allemands décident d'inonder tout le territoire pour stopper l'avancée des Alliés. L'eau se répandra jusque dans le centre-ville. Pourtant, malgré les vicissitudes, la ville retrouve faste et prospérité grâce à l'industrie textile. En effet, les terres fertiles de la région sont particulièrement propices à la culture du lin. Désormais les linicultures peuplent la région et font de Hondschoote l'un des grands centres de production et de transformation des fibres de la belle fleur bleue.

LE CAMELUS

211, route d'Uxem ✆ 03 28 26 04 05
www.le-camelus.com
Horaires en fonction de la saison (voir site internet). Adulte : 6,50 €. Enfant de 3 à 12 ans : 6 €. Ateliers.

Cette ferme pédagogique-parc animalier s'étend sur presque 4 hectares où cohabitent près de 40 espèces parfois plutôt méconnus comme les wallabies, les émeus, les buffles, les nandous... mais aussi des autruches, des kangourous, des lamas, des moutons ou encore des lapins. Les enfants seront au paradis et pourront jouer aux petits fermiers : avec une brouette, ils ramèneront la paille aux cochons. De nombreuses animations pour les familles sont mises en place durant les vacances scolaires. Vous pouvez aussi profiter d'une pause rafraîchissante sur la terrasse.

BUREAU D'INFORMATION TOURISTIQUE DE HONDSCHOOTE

5, place Général de Gaulle
✆ 03 28 62 53 00
www.ot-hautsdeflandre.fr
Horaires selon la saison.

Le bureau d'information touristique de Hondschoote, installé à côté de l'hôtel de ville, met en lumière des circuits et des balades pour découvrir Hondschoote et sa région. Bons plans, activités, lieux culturels… Il y a plein de choses à découvrir sur le territoire de la Communauté de communes des Hauts-de-Flandre. Des moulins, un musée des Vendanges, des vignes, une boutique dédiée aux fibres de lin... mais aussi des coins nature comme les étangs de la Hooghe Moote ou les polders.

NOS BALADES

MOULINS DE HONDSCHOOTE ★

Impasse Spinnewyn ✆ 03 28 29 09 99
www.ot-hautsdeflandre.fr

Adulte 2,50 €. Visite du Moulin Spinnewyn uniquement sur réservation (office de tourisme des Hauts de Flandres).

La commune d'Honsdchoote compte deux moulins : le Noordmeulen (moulin du Nord) et le Spinnewyn (moulin de la Victoire). Seul le Spinnewyn, reconstruit en 1993, sur la base des plans originaux, se visite sur réservation. Construit avant septembre 1793, il a été le théâtre d'une bataille entre l'armée française et l'offensive hanovrienne. Il sera abattu un siècle plus tard, car trop abîmé. Il a été de nouveau érigé à l'occasion du bicentenaire de la bataille d'Hondschoote, en mémoire des gendarmes qui y ont participé. Mais le Noordmeulen mérite aussi un coup d'œil : ce moulin à vent sur pivot était déjà en fonctionnement en 1547, mais daterait de... 1127 ! Une date gravée sur la poutre maîtresse de l'édifice. Ce qui fait de ce moulin l'un des plus vieux d'Europe ! Racheté par la famille Danes en 1717, les meuniers suivants n'ont cessé d'inscrire leur nom sur la poutre datée de 1127. Il fut déplacé en 1773, pour être à au moins 250 pieds de la route, car le bruit des ailes tournant effrayait les chevaux et le bétail. Les filles du dernier meunier ont tenté de l'entretenir, mais la tâche était ardue. La mairie le rachète en 1980 et le restaure, étape par étape, jusqu'en 1988. Petite anecdote, une citation est gravée dans le moulin : « La force c'est bien. Le génie c'est mieux. » Il y a parfois des animations au pied du moulin. Dans la rue Coppens (où il se situe), le moulin a en effet pour voisine une association (Les Pèlerins du Westhoek) qui accueille les pèlerins et dispose de quelques lits à leur intention.

ONS KOT MERVEILLEUX €€

1200, chemin Clachoire
✆ 06 87 92 07 61
www.onskot.com

Chambre simple de 45 € à 60 € ; chambre double de 60 € à 75 € ; chambre triple de 75 € à 90 €.

Dans le monde merveilleux de Ons Kot, les chambres s'appellent Blanche-Neige ou Les 7 Nains... Les alentours sont pittoresques : le village de Beauwoorde et son château ou les moulins de Hondschoote valent une visite. Les chambres sont spacieuses et décorées avec goût. Pour les familles nombreuses ou les vacances entre amis, il est possible de louer un grand gîte nommé La Cabane Enchantée et pouvant accueillir jusqu'à 18 personnes. Le domaine est un écrin de verdure, idéal pour s'amuser avec les enfants, ou profiter du soleil sur la terrasse !

LE GRENIER DU LIN

2, rue des Moëres
✆ 03 28 20 79 68
https://www.legrenierdulin.be/

Magasin ouvert le lundi de 14h à 19h ; du mardi au samedi de 10h à 12h et de 14h à 19h (et le dimanche en été).

Dans le respect de la tradition, le Grenier du Lin présente une large gamme de produits naturels : linge de maison, tissus et étoffes, costumes, chemises, pantalons, robes... Difficile de résister aux petites pièces décoratives en lin ou aux cadeaux de naissance ! Le Grenier propose aussi des produits pour le corps (savon à base de lin) et des graines (riches en oméga-3). Véritable concept-store, la boutique est aussi un atelier de couture ! Ici, on réalise vos confections pour un prix tout à fait abordable. Le lin, matière naturelle, est en effet très tendance !

WARHEM

Partie de l'agglomération de Dunkerque, la rurale et très paisible Wahrem est une commune très ancienne, dont l'histoire remonte au Moyen Age, plus précisément au Xe siècle. Au fil des siècles, ce petit bourg s'est développé et a connu, comme de nombreuses villes de la région, les tourments des deux conflits mondiaux. Aujourd'hui, Wahrem est membre du réseau Village patrimoine - Pays de Flandre. Pendant votre parcours à vélo, faites une halte dans ce village plein de charme. Ne manquez pas l'église gothique du XVIe siècle, ni l'ancien presbytère. A Wahrem, vous trouverez également un cimetière militaire britannique de la Seconde Guerre mondiale.

BERGUES ★★

Au cœur du Pays de Flandre, entre terre et mer, se niche une petite cité dont le charme pittoresque est connu dans le monde entier grâce au film *Bienvenue chez les Chtis*. Surnommée « la petite Bruges du Nord », Bergues est entourée de nombreux canaux (elle fut construite sur une zone marécageuse !) qui confèrent charme et quiétude à cet ensemble urbain exceptionnel. Mais à Bergues, il y a aussi : un superbe beffroi classé au patrimoine mondial de l'Unesco, le Mont de Piété, un joyau de l'architecture flamande qui regorge de chefs-d'œuvre de la peinture du même style, et les vestiges de l'abbaye qui marqua profondément l'histoire de la ville.

ABBAYE SAINT WINOC ★

13, rue d'Ypres
✆ 03 28 68 60 44
Accessible toute l'année. Gratuit.
Depuis plus de mille ans, les deux tours de l'abbaye Saint-Winoc à Bergues résistent encore et toujours au temps ! Véritable édifice majestueux auparavant, construit par les comtes de Flandres, l'édifice déclina peu à peu. La Révolution française aura eu raison d'une très grande partie de cette abbaye bénédictine, ne laissant aujourd'hui que ses deux tours presque intactes : la tour carrée et la tour pointue. L'atmosphère n'en est pas moins dépaysante et propice à la détente, dans cet espace verdoyant et plein de sérénité. A découvrir !

BEFFROI DE BERGUES ★★

Place de la République
✆ 03 28 68 71 06
www.ot-hautsdeflandre.fr/fr
Lundi à samedi 10h-11h15 et 14h-17h15, dimanches et jours fériés 10h-12h15 et 15h-17h15 d'avril à octobre. Tarif 4 €.
Le beffroi actuel, inauguré en 1961, est en fait le troisième construit sur les mêmes fondations. Le tout premier édifice date du XIIe siècle, le second du XVIe siècle. Au fil du temps, la ville en retravaille l'ornementation et en fait l'un des joyaux de la région. Les Allemands le détruisent en 1944, il sera reconstruit de 1958 à 1961. Haut de 47 m, le beffroi est surmonté d'un campanile dont le bulbe est garni d'une girouette en forme de lion. Bon à savoir : l'ancien logement du carillonneur a été transformé en deux meublés proposés à la location !

ÉGLISE SAINT-MARTIN ✝

Contour de l'Église
✆ 03 28 68 65 64
www.bergues.fr
Ouvert tous les jours. En visite libre.
Ancienne église à trois nefs d'égales hauteurs et largeurs, l'église a été reconstruite à la fin du XVIe siècle par Philippe II, puis incendiée. Classée monument historique en 1907, elle est dynamitée par les Allemands lors de la Seconde Guerre, puis reconstruite pour la seconde fois en 1950. Elle traverse ainsi péniblement les siècles mais se dresse toujours fièrement aujourd'hui ! Quelques parties anciennes sont toutefois d'origine : le transept et le portail sud ainsi que le chevet. À l'intérieur, ne manquez pas le chemin de croix entièrement fait en céramique.

HÔTEL DE VILLE

Place de la République
✆ 03 28 68 60 44
www.ot-hautsdeflandre.fr
Ouvert lundi, mercredi, vendredi de 8h30 à 12h et de 13h30 à 17h ; mardi et jeudi de 8h30 à 12h. Fermé samedi-dimanche.
L'hôtel de ville est peut-être l'édifice le plus original de la ville ! Alors que la ville est à dominante jaune, couleur de la brique de Bergues, l'hôtel de ville est, lui, fait tout de gris bleuté… puisqu'il a été construit en pierre bleue de Soignies et grise de Marquise. De style Renaissance flamande, le bâtiment porte donc également des influences égyptiennes ! Il fut décidé, au XIXe siècle, de le déplacer. Démonté pierre par pierre, il fut ainsi placé face au beffroi, mais il perdit sa partie gothique et ne conserve plus aujourd'hui que sa partie flamande.

MUSÉE DU MONT-DE-PIÉTÉ ★

1, rue du Mont-de-Piété
✆ 03 28 68 60 44
https://bergues-musee.fr/
Ouvert tous les jours de mai à octobre inclus de 14h à 18h, sauf mardis et mercredis (résa possibles pour groupes).
Le musée est installé dans l'ancien Mont-de-Piété de la ville de Bergues, dans une belle bâtisse en brique et en pierre. Construite au XVIIe siècle, son pignon de style baroque, ses fenêtres en arcs surbaissés et sa toiture en ardoise en font un bel exemple d'architecture flamande. Le bâtiment a été classé monument historique en 1907. Le musée, labellisé Musée de France, bénéficie d'un cadre exceptionnel. A l'intérieur, on retrouve une sélection de peintures et de dessins datant du XVIe au XIXe siècle et une collection d'histoire naturelle.

LES REMPARTS DE BERGUES ★

✆ 03 28 68 71 06
www.ot-hautsdeflandre.fr
Visite guidée (1h30) organisée toute l'année. Se renseigner auprès de l'Office de Tourisme de Bergues.
On peut faire une balade dix fois sur les remparts, elle ne sera jamais la même. Mais à chaque fois, on reste scotché par l'architecture de ces fortifications, toujours debout plusieurs siècles après leurs constructions. Les premières fortifications remonteraient en effet au IXe siècle. Bergues peut s'enorgueillir d'avoir préserver ses remparts au pied desquels on peut se balader. Près de 4 km pour découvrir tours, casemates et portes majestueuses. Mais aussi les douves et canaux en contrebas. Une belle promenade bucolique et patrimoniale.

OFFICE DE TOURISME DES HAUTS DE FLANDRE

Place Henri-Billiaert
✆ 03 28 68 71 06
www.ot-hautsdeflandre.fr

Basse saison : ouvert du lundi au samedi. Haute saison : du lundi au dimanche et les jours fériés. Boutique.

L'équipe dynamique et chaleureuse saura vous transmettre sa passion de la ville, où brochures et souvenirs remplissent cette salle donnant directement sur les escaliers du beffroi. Parmi les offres touristiques : des circuits pédestres (Circuit Vieilles Pierres, Circuit Remparts, le « Ch'ti Tour ») pour partir à la découverte de la ville. Des bureaux d'information se trouvent également à Esquelbecq, Hondschoote, Volckerinckhove, Wattenet Wormhout.

TRAMWAY TOURISTIQUE

Place Henri-Billiaert
✆ 03 28 68 71 06
www.bergues.fr

Semaine : départs à 10h30, 11h15, 14h30, 15h15 et 16h. Dimanche : départs à 10h30, 11h15, 15h45 et 16h30.

Embarquez au pied du beffroi à bord du petit train touristique pour un « voyage » de trente minutes. Vous partirez à la découverte de la cité fortifiée dont l'enceinte, témoin de plus de mille ans d'histoire, a été préservée dans sa quasi-totalité. Au passage, admirez la place du Marché aux Bestiaux, ainsi que la tour carrée et l'impressionnante tour pointue, vestiges de l'abbaye Saint-Winoc, plus vieil édifice de la ville. Vous passerez également non loin des canaux de la ville. Une balade originale pour découvrir les plus belles richesses de la ville.

LES CAPUCINS €

14, rue des Capucins
✆ 03 28 68 76 64
www.lescapucins.fr

3 chambres. Chambre double 69 €. Petit déjeuner inclus. Table d'hôtes : 16 € (sur réservation).

Les Capucins, c'est d'abord une maison possédant un charme incroyable et dont les chambres sont décorées avec goût. La véranda de la maison est un véritable puits de lumière… idéal pour profiter d'un délicieux petit-déjeuner. Elle offre également une vue imprenable sur le superbe jardin de la maison, véritable oasis de verdure en plein cœur de ville. Avant de vous lancer à la découverte de la ville et de sa région, demandez donc conseil à la propriétaire, qui se fera une joie de partager avec vous sa passion pour sa ville. Une très belle adresse en somme.

AU TONNELIER*** €€

2-4, rue du Mont-de-Piété
✆ 03 28 68 70 05
www.autonnelier.com

Logis. 39 chambres. Chambre simple à partir de 80 €, chambre double à partir de 90 €, chambre triple à partir de 100 €.

L'hôtel, classé 3 étoiles Logis Hôtel, vous accueille dans un cadre chaleureux qui mêle le charme de l'ancien à des équipements modernes. Les chambres se trouvent dans une bâtisse du XVIIe siècle. Vous y séjournerez dans un cadre agréable où le style flamand a été préservé de belle manière. Terrasse, parking, bar et jardin d'hiver sont à disposition des hôtes pour leur confort. Par ailleurs, Le Tonnelier offre non seulement un toit, mais aussi un couvert caractérisé par des spécialités locales et traditionnelles à ceux qui le désirent.

AU PONT TOURNANT €€

30, route de Bergues - **BIERNE**
✆ 03 28 68 61 66
www.ponttournant.com

Le restaurant est ouvert tous les midis du dimanche au vendredi, ainsi que le samedi soir. Fermé le lundi.

Auparavant rustique, le style du restaurant est maintenant plutôt contemporain. La cuisine traditionnelle de ce restaurant authentique fait la part belle aux produits de saison et du terroir. Le pigeonneau vient des Flandres et le cabillaud vient de Dunkerque. La carte change toutes les trois semaines mais aussi en fonction des saisons. La famille Lammin, aux commandes de l'établissement depuis sa création en 1968, perpétue avec brio la tradition d'accueil et de chaleur des gens du Nord. Un endroit agréable où l'on mange très bien !

FERME DU CHAPITRE

576, rue du Chapitre
BISSEZEELE
✆ 06 83 23 36 83

Ouvert du lundi au vendredi de 8h30 à 18h. Produits présents dans différents marchés de la région.

Fromages, yaourts, lait, crème fraîche, fromage blanc et beurre : toute la production est élaborée avec le lait des 75 vaches du cheptel de Valérie Leroux et de sa famille. Il y a vingt ans, Valérie se lance (à l'époque, c'était un sacré pari !) dans la transformation du lait. Depuis, elle fabrique du fromage de Bergues, lavé à la bière comme le veut la tradition, mais elle a aussi créé ses propres fromages : le Petit Bissezeele, le Bissezeelois ou le Bissezeelin, à la graine de lin ou encore le carré du Chapitre. Et même un camembergues ! Un vrai délice.

NOS BALADES

LES MONTS DE FLANDRES

- **Total :** 62,5 km
- **Durée :** entre 3h08 et 6h16 (10 à 20 km/h)
- **Difficulté :** sept côtes, assez vallonné.

LIEUX	Km partiel	Km cumul	Routes
BAILLEUL	0	0	D10
SAINT-JANS-CAPPEL	3	3	CV, D223, D318
MONT NOIR	2,8	5,8	CV
MONT KOKEREEL	2,8	8,6	CV
BOESCHÈPE	1,7	10,3	D10, CV
MONT DE BOESCHÈPE	1,1	11,4	CV
ABBAYE DU MONT	1,5	12,9	CV, D18
DES CATS			
GODEWAERSVELDE	3,6	16,5	D18, CV
STEENVOORDE	5,6	22,1	CV
TERDEGHEM	5,5	27,6	CV, D948, D933
CASSEL	4,9	32,5	CV
OXELAËRE	1,7	34,2	CV, D53
SAINTE-MARIE-CAPPEL	3,3	37,5	D53
HONDEGHEM	3,5	41	D53
HAZEBROUCK	4,5	45,5	D53
GRAND SEC BOIS	6	51,5	D53
LE PARADIS	2,6	53,1	D53, D69, D23
OUTERSTEENE	4,7	57,8	D23
BAILLEUL	4,7	62,5	CV

DUNKERQUE
DUNKERQUE
POPERINGE
BELGIQUE
Mont Cassel
Cassel
D 11
D 916
Steenvoorde
D 948
A 25
Terdeghem
Boeschepe
Godewaersvelde
Mont des Cats
Mont Rouge
Oxelaëre
Sainte-Marie-Cappel
D 37
D 947
Eecke
Berthen
Mont Noir
D 933
Saint-Sylvestre-Cappel
SAINT-OMER
Saint-Jans-Cappel
D 23
Caëstre
Hondeghem
D 161
Flêtre
Méteren
Bailleul
SAINT-OMER
N 42
Strazeele
Wallon-Cappel
Hazebrouck
LILLE
D 10
Autoroute
Route principale
Route secondaire
Circuit vélo
Départ
Merris
Sec-Bois
BETHUNE
D 253
ESTAIRES
1 KM
PARCOURS GPX

BAILLEUL

La cité serait née d'un rassemblement de plusieurs hameaux aux alentours du Xe siècle. Son développement suit celui de la région et des villes qui la composent, jusqu'au rattachement du territoire à la France en 1678. Maintes fois détruite, la ville a quand même gardé des traces de son passé, notamment l'hôtel de ville et son beffroi construits au XIIe siècle. Presque entièrement détruite, puis reconstruite en 1920, la cité a dû subir les bombardements allemands durant la Seconde Guerre mondiale mais a conservé le caractère flamand de son architecture. Bailleul jouit aujourd'hui de la popularité de sa dentelle tissée à la main depuis le XVIe siècle.

BEFFROI ★

3, place Charles de Gaulle
✆ 03 28 49 23 79
www.coeurdeflandre.fr

Gratuit jusqu'à 6 ans. Adulte : 5 €. Enfant (de 6 à 12 ans) : 2,50 €. Groupe (4 personnes) : 12 €.

Faisant partie des 23 beffrois inscrits au patrimoine mondial de l'Humanité par l'Unesco et inscrit au patrimoine des monuments historiques, le beffroi de Bailleul est l'un de ces monuments que l'on admire, déjà par sa hauteur (62 mètres) mais aussi par son architecture au style néo-flamand impressionnant. Son origine remonte avant le XIIIe siècle. L'édifice tel qu'on le connaît aujourd'hui a été confié au célèbre Louis-Marie Cordonnier en 1932. Il est coiffé d'un clocher à bulbe au sommet duquel on aperçoit la sirène Mélusine se regardant dans un miroir.

CONSERVATOIRE BOTANIQUE NATIONAL DE BAILLEUL

Hameau de Haendries ✆ 03 28 49 00 83
www.cbnbl.org

Ouvert du lundi au jeudi de 8h30 à 12h et de 13h30 à 18h ; le vendredi de 8h30 à 12h et de 13h30 à 17h.

Cet organisme scientifique chargé par le ministère de l'Écologie, depuis 1991, englobe les missions de connaissance et de conservation de la flore sauvage et des végétations menacées. L'institution a mis en place sur un site de 25 hectares des jardins pédagogiques comprenant un jardin des plantes sauvages, un jardin de plantes médicinales, une prairie ainsi qu'un atelier de botanique destiné aux travaux pratiques et aux manipulations simples. Une visite vraiment instructive et ludique.

ÉCOLE DENTELLIÈRE

6, rue du Collège
✆ 03 28 41 25 72
www.ville-bailleul.fr

Ouvert du mardi au samedi de 13h30 à 17h, 19h le jeudi (sauf dimanche et jours fériés). Accès gratuit.

La dentelle est l'un des fleurons de la ville de Bailleul. Cette activité ancestrale, apparue dès la fin du XVe siècle, s'impose au XVIIe siècle où une première école dentellière est créée. Au milieu du XIXe siècle, on compte plus de 8 000 dentellières à Bailleul et dans ses alentours. Bien plus qu'une simple technique, la dentelle marque également son empreinte sur le territoire et son patrimoine. Si la mécanisation et l'industrialisation ralentissent son essor, William Nelson Cromwell, mécène américain, décida de relancer la dentelle à Bailleul au lendemain de la Première Guerre mondiale. Il finança la construction d'une école dans un superbe bâtiment de style néo-flamand, dont le visiteur peut encore aujourd'hui franchir les portes pour découvrir l'univers et l'histoire de la dentelle, et même s'essayer au fuseau - une tradition ancienne apparue en 1664. C'est l'architecte Berlet qui insuffla à l'édifice un caractère flamand. L'école compte près de 150 élèves qui participent à des cours mixtes et sans niveau. Ici, seuls comptent l'échange et le partage pour garder vivant cet art si important en Flandre. On y apprend les techniques aux noms parfois insolites : torchon, russe, figurative, Lille ou Cluny. On apprend également à la fois les points classiques mais aussi des modèles contemporains. Une jolie visite pour se familiariser avec un savoir-faire d'une grande richesse. En juin et septembre, lors des Journées Européennes du Patrimoine, ne manquez pas les portes ouvertes avec des initiations.

ÉGLISE SAINT-VAAST

Place du Cardinal Achille Lienart
✆ 03 28 49 01 08

Gratuit. Visite libre toute l'année : de 9h30 à 16h30 l'hiver et de 8h30 à 18h30 l'été.

Dans un étonnant mélange de style romano-byzantin et Art déco, l'église Saint-Vaast fut construite par les architectes Louis-Marie et son fils Louis-Stanislas Cordonnier en 1932. Une fois à l'intérieur, votre regard se portera sûrement sur les quatre évangélistes, l'autel et la chaire qui ont été sculptés par un artiste local, Camille Debert. À savoir également : le grand orgue de l'église Saint-Vaast est considéré comme l'un des plus beaux témoins de la facture d'orgue française au début du néoclassicisme. Parfois, des concerts sont même organisés.

MUSÉE BENOÎT DE PUYDT ★

24, rue du Musée
✆ 03 28 49 12 70
www.musee-bailleul.fr

Du mercredi au dimanche : du 1/04 au 31/10 de 11h à 13h et de 14h à 18h, du 1/11 au 31/03 : de 14h à 17h30.

Le musée se trouve dans l'ancienne maison de Benoît de Puydt. On y trouve un ensemble important d'objets d'art, témoins de la culture flamande aux XVe et XIXe siècles, qu'avait accumulés le greffier tout au long de sa vie. En 1859, il lègue cette maison qui est aujourd'hui un musée. Parmi les œuvres présentes, on retrouve des peintures des écoles flamande, française et hollandaise. Sont aussi exposées des collections de sculptures ou encore du mobilier, de l'orfèvrerie et de la céramique venant parfois de très loin comme de Chine et du Japon.

BELLE HÔTEL*** €€

19, rue de Lille
✆ 03 28 49 19 00
www.bellehotel.fr

Qualité Tourisme. Chambre à partir de 69 €. Petit déjeuner : 11 € (15 € en chambre).

Ce très bel hôtel du début du XXe siècle avec une architecture typique du Nord, dans le style flamand, est constitué de chambres simples et de deux suites nuptiales aménagées pour votre confort. La décoration ne sera pas au goût de tous mais la propreté est irréprochable. Pour des occasions spéciales, le Belle Hôtel propose des suites dont une suite nuptiale, pour faire de votre mariage un moment exceptionnel. Espace salon, minibar, chambre spacieuse, bain bouillonnant, douche thalasso, petit déjeuner en chambre... Tout est réuni pour un moment inoubliable !

FERME BRASSERIE BECK €

Eeckelstraete
✆ 03 28 49 03 90
www.fermebeck.net

L'estaminet est ouvert d'avril à fin octobre : le samedi à partir de 19h et le dimanche à partir de 17h. Plat 14 €.

A la Ferme Beck, un estaminet a été aménagé dans une ancienne grange à foin. Vous pourrez y déguster des saveurs du terroir et leur spécialité : l'assiette garnie du brasseur (jambon à l'os, lard fumé et salé, terrine, crudités et pommes de terre), mais aussi de la carbonnade à l'Hommelpap accompagnée de bonnes frites fraîches. Par ailleurs, la ferme compte également des vaches, cochons, moutons, poules, lapins, canards et chevaux flamands qui constituent un environnement pédagogique intéressant. Une belle visite en perspective !

L'AUBERGE DU CHEVAL BLANC €€

37, rue de la Gare ✆ 03 28 48 05 92
www.laubergeduchevalblanc.fr

Ouvert du mardi au samedi, midi et soir le dimanche midi. Jardin, wifi et terrasse. Carte environ 15 €.

L'ambiance est digne des célèbres estaminets flamands. On s'y sent bien, notre estomac est détendu, nos papilles bien aiguisées. À la carte, toutes les gourmandises du Nord sont présentes : carbonnade flamande, welsh, pièces de viande... Les différents plats sont préparés avec de bons produits du terroir. Les assiettes sont généreuses et le goût bien présent. Petit plus : le beau choix de bières pression et de bières en bouteille. Et pour finir, quoi de mieux qu'un dessert maison ?

SAINT-JANS-CAPPEL

Petite commune de 1 750 habitants, d'une grande tranquillité, toute proche de Bailleul et des Monts. Accolée au versant sud du Mont-Noir et mitoyenne de la Flandre intérieure, elle offre un paysage boisé à ses visiteurs. La commune tire la majorité de ses ressources de l'agriculture. Lors de votre passage dans cette ville du cœur du Pays des Flandres, ne ratez pas tout ce que le patrimoine peut vous offrir : les différents sentiers de randonnée mais aussi tout ce qui est lié à Marguerite Yourcenar, des grottes, des églises, un parc départemental, sans oublier le bucolique étang des Trois Fontaines... La liste est aussi longue qu'attirante !

LE MONT NOIR ★

Route du Parc

Accès libre.

Culminant à 152 m, le Mont Noir tire son nom de la présence en nombre de pins noirs. C'est au pied de ce mont que se trouvait la première demeure des Crayencour (l'anagramme de Yourcenar !), un château détruit pendant la Première Guerre mondiale. Il vaut aussi le détour pour le panorama exceptionnel qu'il offre. À noter qu'un sentier a été aménagé pour desservir une grotte artificielle, dédiée à Notre-Dame-de-la-Salette. Sur le versant est du Mont Noir se trouve un cimetière militaire britannique, qui rappelle que le lieu porte aussi les marques l'Histoire.

MUSÉE MARGUERITE YOURCENAR ★

55, rue Marguerite Yourcenar
✆ 03 28 42 20 20
www.museeyourcenar.fr

Ouvert : 1er mars-30 nov, du mercredi au vendredi de 14h à 16h30 ; le dimanche de 15h30 à 17h30. Fermé les jours fériés.

Ce musée vient témoigner de l'affection profonde qu'avait la première femme élue à l'Académie française pour la région de son enfance. Le musée en perpétue en quelque sorte le souvenir par le biais d'une masse de documents, photographies ou lettres. Il retrace les jeunes années de l'auteure au Mont Noir et nous plonge dans l'ambiance de l'époque. Juste à côté, le sentier des jacinthes promet de belles promenades dans ce lieu adoré par l'écrivaine.

VILLA MARGUERITE YOURCENAR ★

2266, route du Parc
✆ 03 59 73 48 90

Ouvert du lundi au vendredi de 9h à 12h30 et de 13h30 à 17h30.

Délimitant à la fois une frontière géographique et culturelle, le Mont Noir surplombe la plaine des Flandres. C'est dans cette région que grandit la célèbre écrivaine belge Marguerite Yourcenar. C'est aussi dans l'ancien domaine familial de l'auteure que le conseil général du Nord a installé la Villa Marguerite Yourcenar. Créé en 1997, ce lieu est aujourd'hui un centre départemental de résidence d'écrivains européens, dont le but est d'accueillir en toute sérénité les auteurs.

GODEWAERSVELDE

Un nom imprononçable pour un village où il fait bon s'arrêter. Du mont des Cats, on surplombe pratiquement la partie septentrionale des Flandres. Celui-ci se caractérise par l'abbaye qui se trouve à son sommet, abbaye qui fabrique le fameux Mont des Cats, un fromage à pâte dure que vous serez obligé de goûter ! En outre, Godewaersvelde est en passe de devenir le centre gastronomique de ce territoire grâce à ses estaminets... une autre preuve du dynamisme du tourisme local. Les Flandres, et ce secteur en particulier, recensent de nouveaux visiteurs chaque année de plus en plus nombreux, et il est bien temps d'en découvrir toutes les subtilités.

ABBAYE DU MONT DES CATS

2470, route du Mont des Cats
✆ 03 28 43 83 70
www.abbaye-montdescats.com

Monastère religieux. Magasin, librairie, brasserie et boulangerie. Possibilité de retraite religieuse et de séjour.

Une abbaye où vit toujours une communauté religieuse de moines appartenant à l'ordre cistercien, où il est possible de venir vivre une retraite religieuse ou d'assister aux offices religieux. Cependant, il se peut que votre venue soit placée sous le signe de la recherche de bons produits, à savoir la bière et le fromage produits par la communauté, produits d'excellence ! On trouve également, sur place, une librairie (évidemment) spécialisée dans les ouvrages religieux. Peut-être y trouverez-vous ce que vous cherchez depuis longtemps sans le trouver !

AU GRAND ESTAMINET DU MONT DES CATS €€

3, route de Berthen
✆ 03 28 44 27 74

Ouvert du vendredi au dimanche en saison hivernale. Tous les jours midi (sauf mercredi) le reste du temps.

Situé au sommet du mont des Cats, face à l'abbaye, ce restaurant offre une vue magnifique, entraînant le regard au bout de l'horizon. Le Grand Estaminet du Mont des Cats a su se réinventer après la dure période du confinement. Aujourd'hui, offrant toujours un panorama d'exception, c'est une cuisine fraîche et locale, mettant en valeur le patrimoine culinaire du Nord, qui est offerte aux gourmands : welsh, poulet au maroilles et autres délicatesses, parfait après une randonnée !

L'ESTAMINET DU CENTRE €€

11, route de Steenvoorde
✆ 03 28 42 21 72

Ouvert du jeudi au dimanche le midi et le soir. Carte : 30 € environ. Plat du jour : 10,50 €. Terrasse.

Fort d'un BIB Gourmand au guide Michelin, L'Estaminet vous offre des plats traditionnels simples, copieux et délicieux ! Les spécialités flamandes (flamiches aux maroilles et au mont des Cats), le potjevleesch, l'œuf cocotte à la flamande ou la carbonnade sont faits maison avec des produits du terroir. Béatrice vous accueille dans cet estaminet, où les anciens carreaux flamands et la décoration typique ont été conservés. Et si d'aventure le soleil se levait, n'hésitez pas à profiter de la terrasse... L'endroit idéal pour un délicieux moment dans un cadre typique.

AU ROI DU POTJEVLEESCH €€

31, rue du Mont-des-Cats
✆ 03 28 42 52 56
www.auroidupotjevleesch.fr

Ouvert du mercredi au dimanche de 10h à 22h. Carte : 20 € environ. Menu enfant : 8 €. Réservation conseillée.

Si vous êtes de passage dans la région vous ne pouvez pas repartir sans goûter au potjevleesch ! Le plat traditionnel fait des émules, aussi bien chez les gourmets que les restaurateurs, comme ici Sabine et David, dans cet ancien abattoir devenu restaurant où sont cuisinées et proposées bien des merveilles du Nord. Alors, laissez-vous tenter par une carbonnade, un welsh ou encore une andouillette 5A. Et si vous avez encore faim, entre les gaufres, un doigt de douanier ou l'assiette de fromages régionaux, vous n'aurez que l'embarras du choix.

ESTAMINET LE SAINT-ÉLOI €€

24, chemin des Cendres ✆ 03 28 48 16 16
www.restaurant-st-eloi.fr

Ouvert du mardi au dimanche le midi ; le vendredi et le samedi le soir. Carte : 30 € environ.

Entre estaminet et auberge typique, le Saint-Éloi a posé ses fourneaux dans une ancienne auberge flamande en briques avec une magnifique cheminée d'époque et des poutres apparentes. La décoration est faite de pots de lait et de roues de charrettes. Un charme d'antan qui n'a presque pas pris une ride ! La cuisine suit le même esprit, puisque sur la carte on retrouve la cuisine traditionnelle du Nord : gratinée de champignons au maroilles, potjevleesch maison, assiette flamande... Une cuisine de bistrot comme on aime, qui séduit depuis 1996, déjà !

STEENVOORDE

La ville de 4 117 habitants mérite une petite visite pour son église magnifique avec une tour culminant à 92 mètres, du haut de sa flèche. A voir également, les célèbres moulins : le Drievenmeulen qui date de 1774 et le Noordmeulen datant de 1576. Le folklore de la ville est représenté par trois géants portés : Jean le bûcheron, Rosalie et la Belle-Hélène. Petite idée sortie : les promenades à cheval en attelage. Bref, si vous passez dans la région, n'hésitez pas à faire un détour pour aller visiter Steevoorde, que ce soit seul ou en famille : vous ne le regretterez pas, elle vaut le voyage, tout comme la région des alentours (et le Nord en général).

TERDEGHEM

Commune du réseau « Village Patrimoine » de 559 habitants, Terdeghem abrite de nombreux moulins, dont certains en activité pour le tourisme. Pendant votre balade à vélo à la découverte des monts de Flandre, arrêtez-vous à la découverte de ses constructions insolites. Parmi les plus beaux, le Steenmeulen, qui abrite le musée rural et offre une fenêtre historique sur la vie agricole en Flandres au XIXe siècle, vaut le coup d'œil. Aussi, le moulin de la Roome, encore en activité et accessible certains dimanches. A voir également, le Terdeghem pittoresque et ses maisons flamandes si typiques de la région. Dépaysement assuré dans ce très beau village.

AUBERGE DU NOORDMEULEN €€

Route de Wormhout
✆ 03 28 48 11 18
www.aubergedunoordmeulen.com

Ouvert vendredi, samedi midi et soir, le dimanche midi. Menu prix unique 22 € (ou 18 € sans certains plats). Animations.

Une superbe ferme de 1807, nichée au cœur des Flandres, qui propose une très bonne cuisine régionale : faluche au maroilles, coq à la flamande, poulet à la bière, ficelle picarde, sauté de porc à la flamande servis de manière copieuse et faits à partir de produits locaux. Anne et Jean-François proposent aussi des animations le week-end : magie, conte, chant, jeux flamands... Les petits animaux de la ferme raviront les enfants. Petite anecdote : Raymond Poulidor, célèbre cycliste français, a été l'un des invités prestigieux de cette auberge.

LE STEENMEULEN

550, route d'Eecke
✆ 03 28 48 16 10
www.steenmeulen.com

Ouvert du mardi au dimanche de 9h à 12h et de 14h à 18h. Adulte : 6,50 € (visite du moulin et du musée). Enfant 3 €.

Situé au cœur des monts de Flandre, le site du Steenmeulen est au centre d'une région riche en paysages mais aussi en culture et histoire. Construit en 1864 et classé monument historique, le moulin en pierre de type hollandais servait à la production d'huile et de farine. La visite est l'occasion de voir travailler le meunier, Joseph Markey. Au pied du moulin se trouve la Maison du Meunier, celle des parents de Joseph. Vous y apprendrez l'histoire du lieu et y découvrirez des centaines d'objets de la vie quotidienne et des métiers d'autrefois.

AU CŒUR DU MONDE €€

932, route d'Eecke
✆ 03 28 48 74 18
www.restaurant-aucoeurdumonde.fr

Ouvert tous les jours le midi ; le jeudi et le vendredi le soir. Carte : 35 € environ. Menu enfant : 8,70 €.

L'adresse fait l'unanimité dans les alentours et on comprend vite pourquoi ! Cadre authentique, cuisine généreuse, accueil convivial... Sans oublier les jeux traditionnels. Une carte restreinte vous garantit des produits frais. Les plats régionaux sont mis à l'honneur avec par exemple la carbonnade flamande au pain d'épices ou l'effiloché de volaille au maroilles. Une formule gagnante pleine de goût, accompagnée d'une bonne bière, à déguster à proximité de la cheminée l'hiver ou en terrasse l'été. Parmi les meilleures adresses du secteur.

LE TOUR DU CHAMP DE BATAILLE. IGN 2303

Départ à Noordpeene devant l'église, puis prendre la route de Zuytpeene. Suivre la RD26 et bifurquer au cimetière jusqu'à une ferme. Rendez-vous à Zuytpeene, puis on suit la course rue de Mutse, puis chemin de Bambrugge. Audessus d'une ferme, prendre un chemin de campagne, l'Abdis Weg qui mène à Watten si l'on n'y prend garde… Mais avant, tourner à la rue de la Lanterne puis le RD209 et ensuite la route de Bourbourg et retour vers Nordpeene par le chemin du Couvent.

CIRCUIT DES REUZEN. IGN 2303

Rendez-vous sur la Grand Place Norbert Segard pour le départ de ce circuit ! En route par la rue du Tambour jusqu'au Staek Hower. Contourner Hardifort et passer par la voie romaine, puis direction Mezeele. À partir de là, le circuit se sépare en deux : attention à bien suivre celui qui correspond – sinon 20 km en plus. Direction Ochtezeele et, après le panorama, on pédale jusqu'à Zuytpeene… et jusqu'à Bachincove dans la foulée. Retour à Cassel par le Montagnard et la rue des Remparts.

CIRCUIT DU MONT DES RECOLLETS. IGN 2303-2403

Durée environ 1h15.

Trois circuits en un, le plus long entourant entièrement le mont Cassel et le mont des Récollets. Départ de Cassel par la D933 qui descend vers Bailleul, puis prendre le chemin de la Perche. Descendre le Trou du Diable – puis suivre le chemin du Temple, tourner à la chapelle et arriver dans le hameau de Ryveld. En quittant les lieux, direction Oudezeele par les rues flamandes et, une fois arrivé au village, suivre l'allée des Chênes. En continuant par le chemin, on retrouve Ryveld et en allant vers Terdeghem on découvre le panorama, raison de la balade.

NOS BALADES

Le moulin de la Roome.

CASSEL ★★

Point culminant des Flandres, Cassel demeure une énigme historique puisqu'on ignore encore la période à laquelle apparut cette butte. Tout au plus sait-on qu'elle nait durant l'ère chrétienne. Les fortifications donnèrent le nom à la ville : Cassel après *Castel* (fortification en celte). Une telle position suscitait bien des convoitises, ceci même avant le Moyen Age et ses querelles à répétition. Les Gaulois ne purent toutefois défendre leur ville : les Romains s'en emparèrent et en firent un point central de leur occupation. A ce titre, sept voies romaines furent créées, permettant de relier les cités entre elles, et les fortifications furent renforcées, imposant d'autant plus Cassel au panorama alentour. Le Moyen Age arriva et la cité prit sa forme quasi définitive mais cette période s'accompagna de nombreuses batailles. La plupart des conflits qui s'y tinrent revêtirent une certaine importance, dont la dernière de 1677 déboucha sur la victoire française de Philippe d'Orléans, peu avant les accords de Nimègue. La ville allait reprendre un cours de vie paisible, sans conflits, rythmée par les plaisirs locaux. Ce calme de courte durée dut rapidement faire face à la guerre de 1914-1918 : Cassel était toute proche du front. Le maréchal Foch y installa ses quartiers entre 1914 et 1915. La Seconde Guerre mondiale eut un impact considérable sur la commune. Presque entièrement détruite, Cassel retrouva visage humain en développant le tourisme, notamment grâce à sa position, à ses vieilles pierres, au moulin et au panorama véritablement impressionnant dans ce plat pays.

LES CIRCUITS DE RANDONNÉES DE CASSEL

20, Grand'Place
✆ 03 28 40 52 55
www.coeurdeflandre.fr
Carte du réseau pédestre : 6 €, en vente à l'office de tourisme.

Cassel et sa région sont le paradis des randonneurs, avec ses centaines de kilomètres de balades. Pour cela, l'office de tourisme de Cassel propose aux randonneurs une carte sur laquelle des balises numérotées font référence. Celles-ci vous permettront de créer vous-même votre parcours de randonnée. Pour les collations, les cafés-randos vous ouvrent leur porte en toute convivialité. Vous pouvez même profiter de leurs terrasses ou leurs toits pour vous reposer et pique-niquer !

LE MONT CASSEL

Rue Saint Nicolas
✆ 03 28 40 52 55
www.coeurdeflandre.fr
Gratuit et en accès libre.

Tout en haut du mont Cassel, au point culminant, à 176 m, découvrez un panorama unique sur le Nord ! Il est le plus élevé des Monts de Flandre ! Deux tables d'orientation vous attendent. Mais c'est cette vue incroyablement dégagée sur la région qui vous soufflera, puisque l'on peut y voir jusqu'à 80 kilomètres à la ronde. L'occasion de prendre de jolis clichés. Au sommet, vous découvrirez aussi un ancien moulin à vent récemment restauré (le dernier parmi la vingtaine sur le mont), un joli jardin public ainsi qu'un charmant estaminet, le T'Kasteelhof.

MOULIN - KASTEEL MEULEN ★

Rue Saint Nicolas
✆ 03 28 40 52 55
www.coeurdeflandre.fr
Des visites sont parfois organisées : contactez le bureau d'information touristique. Gratuit pour enfants accompagnés.

En Flandre, vous pouvez découvrir de nombreux moulins intacts ou remis en état de fonctionnement. C'est le cas de ce moulin du château, le Kasteel-Meulen. Autrefois, le mont Cassel était parsemé d'une vingtaine de ces géants de bois, destinés au broyage des céréales et des oléagineux. Le premier moulin du château datait du XVIe siècle et fut incendié en 1911. En 1937, le dernier moulin de Cassel brûle lui aussi. Le syndicat d'initiative décide alors en 1949 de racheter celui d'une commune voisine, Arneke, qui est ouvert ponctuellement aujourd'hui

MOULIN DESCHODT ★

Route de Cassel - **WORMHOUT**
✆ 03 28 62 81 23
www.ot-hautsdeflandre.fr
Visite uniquement sur rendez-vous. Ouverture certains dimanches d'été de 15h à 18h Se renseigner auprès de l'OT.

Au début du XIXe siècle, Wormhout comptait 11 moulins. Mais les affres de siècles les ont tous fait disparaître. Tous, sauf un : le moulin de la Briarde bâti en 1756 au lieu-dit le Riecle. Ce moulin de bois se tient sur un pivot et semble narguer les ans, même si ses ailes ne font plus tourner les meules, un moteur faisant aussi bien l'affaire. Aujourd'hui encore, et depuis plus de vingt ans, les Amis des Moulins le restaurent et le font fonctionner lors de visite, pour le plus grand bonheur des visiteurs venus découvrir ce bel édifice classé monument historique !

NOS BALADES

MUSÉE JEANNE-DEVOS

17, rue de l'Église - **WORMHOUT** ✆ 03 28 65 62 57
www.ot-hautsdeflandre.fr
Ouvert du 1er novembre au 31 octobre (changement d'horaire au 1er avril). Horaires et jour sur le site Internet.

« Personne n'est jamais venu ici pour cinq minutes », disait Jeanne Devos, l'ancienne locataire des lieux. Oubliez donc votre montre (et votre portable), et pénétrez non pas dans un musée, mais chez Jeanne Devos. Ici, le temps s'est arrêté. Première femme photographe professionnelle française, elle a figé dans la pellicule, avec amour et passion, des paysages, des scènes champêtres et de moissons, des évènements de villages flamands. On apprécie l'atmosphère doucereuse des lieux. Le jardin qui entoure la maison flamande est une invitation à la déambulation.

LA PLAINE AU BOIS

Rue des Dunkirk Veterans (Mémorial)
ESQUELBECQ
www.ot-hautsdeflandre.fr
Site de mémoire 39-45. Mémorial gratuit et en accès libre. Visites guidées sur réservation auprès de l'OT.

Le Mémorial de la Plaine au Bois évoque avec force l'un des plus grands crimes de guerre commis sur le sol français pendant la Seconde Guerre mondiale. Le 28 mai 1940, une centaine de Britanniques sont chargés de retarder l'avancée des troupes allemandes alors que se joue, à Dunkerque, l'Opération Dynamo. Les Britanniques tiennent 9 heures, avant de se rendre. Les 70 survivants sont faits prisonniers et enfermés dans une grange avant d'être massacrés. Belvédère, table d'orientation et stèle permettent de mieux imaginer ce triste épisode.

DESTINATION CŒUR DE FLANDRE ★

20, Grand'Place
✆ 03 28 40 52 55
www.coeurdeflandre.fr
Juillet et août : ouvert tous les jours. Reste de l'année : fermé lundi et dimanche.

Dans cet ancien hôtel particulier du XVIIIe siècle, vous pourrez découvrir toutes les activités proposées à Cassel : visites, balades et expositions. Au-delà d'un simple office de tourisme, vous aurez également le loisir de découvrir le petit musée du Vieux-Cassel et son étonnante collection de photographies, qui remonte à 1857 ! Destination Cœur de Flandre, ce sont aussi deux autres bureaux d'informations touristiques situés à Bailleul et Hazebrouck.

HAUT BONHEUR DE LA TABLE €€€

18, Grand'Place ✆ 03 28 40 51 03
www.hautbonheurdelatable.com
Ouvert le dimanche et le lundi le midi ; du jeudi au samedi le midi et le soir. Menus : 48-60 €. Terrasse.

Située sur la Grand'Place, Monsieur et Madame Hobraiche ont investi cette table en mai 2013. Et leur travail passionné a payé puisqu'en 2017 ils obtiennent leur première étoile au Michelin ! Quelle fierté pour la petite ville de Cassel ! C'est dans une maison du XVIIIe siècle au cadre chaleureux complètement rénové que vous prendrez place. La décoration est pleine de bon goût, sobre et élégante. L'été, on profite de la belle terrasse panoramique. Les plats et les recettes changent tous les mois en fonction des saisons et des produits du marché… Délicieux !

BRASSERIE DU MONT CASSEL

340, route de Dunkerque
✆ 03 28 49 97 22
www.bieredureuze.fr
Ouvert le vendredi et le samedi de 15h à 18h.

Les habitants de Cassel ne sont pas peu fiers ! Depuis 2016, ils ont enfin leur bière locale. Et ce nectar ambré fait honneur à sa ville de naissance puisqu'il porte le nom de la Bière du Reuze, nom du célèbre géant de la ville bien sûr ! À l'origine de ce beau projet se trouve Anthony Debailleul, un jeune brasseur passionné. Mais alors, comment est-elle cette bière de Cassel ? Elle est blonde, légèrement sucrée, et à base d'orge, de malt et de houblon des Flandres que le brasseur a sélectionné avec soin. Et pour en savoir plus, on n'hésite pas à faire une visite.

BRASSERIE THIRIEZ

22, rue de Wormhout - **ESQUELBECQ**
✆ 03 28 62 88 44
www.brasseriethiriez.com
Boutique ouverte du lundi au samedi. Visite commentée d'une heure (sur réservation) : adulte 5 €, enfant : 2,50 €.

La brasserie Thiriez est une brasserie familiale et authentique, naturelle et secrète. Les recettes des bières sont les mêmes depuis des années, ce qui donne aux produits une véritable constance. Toute l'année, vous pouvez visiter cette brasserie où vous découvrez tout, ou presque, des secrets de fabrication de la bière, de ses ingrédients et de son savoir-faire. La dégustation est bien sûr de mise et se déroule dans un véritable décor d'estaminet flamand. La boutique propose également des produits régionaux pour accompagner votre mousse.

HAZEBROUCK

Hazebrouck, le marais aux lièvres – en flamand : *haze* signifie lièvre et *brouck* marais –, tient son origine des moines qui réhabilitèrent le terrain, une forêt marécageuse, et en firent une ville commerçante et agricole. Le centre-ville et les alentours reflètent bien l'esprit flamand que l'on retrouve partout dans le secteur : architecture typique même pour les bâtiments d'après-guerre, constructions solides et hautes, accueil chaleureux, respect de l'entreprise et de la culture... Hazebrouck constitue donc la vitrine flamande idéale pour une région ballottée au fil du temps. C'est une halte agréable et une belle découverte qui n'attend que vous !

LE JARDIN DES FÉES

1, chemin de Borre - **SAINT-SYLVESTRE-CAPPEL**
✆ 03 28 40 17 54 - www.le-jardin-des-fees.fr

Du mai à septembre sur rendez-vous. Entrée libre les jours indiqués sur le site web. Animation sur réservation à 5 €.

Au milieu de champs cultivés, ce jardin d'inspiration anglaise se dévoile telle une oasis. On y trouve une pépinière et une nursery qui s'étendent sur près de 2 500 m². Le jardin agrémenté de nombreuses vivaces, renaît à chaque printemps. Juliette, maîtresse des lieux, a écrit une histoire dans ce jardin comme un conte de fées. L'aménagement de nombreux points d'eau a permis notamment aux batraciens de se développer. Des insectes et de nombreux animaux y trouvent refuge ! Régulièrement, vous pouvez rencontrer Juliette qui organise des ateliers et des visites.

MAISON-MUSÉE DE L'ABBÉ LEMIRE

5ter, square Saint-Éloi
✆ 06 07 31 23 89

Visites individuelles gratuites le premier dimanche du mois, de 14h30 à 17h30. En groupe, visites possibles en semaine.

Longtemps député et maire de la ville, l'abbé Jules Lemire - né en 1853, décédé en 1928 - fut à l'origine de nombreuses réformes sociales qui ont permis d'améliorer le quotidien des travailleurs : repos dominical, assistance médicale, suppression du travail de nuit des enfants, allocations familiales, etc. La ville, reconnaissante, est considérablement marquée de son empreinte : collège, hôtel des postes ainsi que le très agréable jardin public au pied de Saint-Éloi. L'engagement politique de l'abbé lui valut *in fine* d'être relevé de ses fonctions de prêtre. C'est en 1914, quand il va refuser de choisir entre la députation et son sacerdoce, qu'il sera condamné par l'Eglise. Il a été relevé de cette sanction en 1916 par le pape Benoît XV. Construite en 1899, la maison de l'abbé Lemire est un lieu incroyable où vous pouvez admirer son bureau d'Hazebrouck, sa bibliothèque, une reconstitution de son bureau à Paris, sa chapelle privée... Sur la façade, vous pouvez également admirer un lion qui tient entre ses pattes un lièvre. Cette sculpture provient de l'ancien hôtel de ville d'Hazebrouck. Elle représente la Flandre protégeant la ville. La maison est entretenue par la ville et animée par l'association en mémoire de l'abbé Lemire, qui organise également tout au long de l'année des conférences, des expositions et des manifestations en direction des jeunes. Pour les groupes, vous pouvez visiter la maison-musée en semaine sur réservation préalable.

MUSÉE DES AUGUSTINS ★

5, rue des Augustins
✆ 03 28 43 44 46

Ouvert du mardi au dimanche de 14h à 17h30. Fermé les jours fériés. Adulte : 3 €. Enfant : 1,50 €. Gratuit si local.

Situé dans l'ancien couvent des Augustins, datant du XVIIe siècle, le musée a été inauguré en 1927 par l'abbé Lemire. Son architecture offre un bel exemple des styles de l'époque, entre le baroque et les décorations d'usage. Mais son intérêt majeur repose dans ses collections visibles, avec notamment les Géants de la ville. Continuez la visite en allant jeter un œil du côté de la salle dédiée à l'histoire de la Flandre, dans la galerie consacrée à l'art sacré ou dans celle qui présente plusieurs œuvres de César Pattein, peintre d'origine hazebrouckoise.

L'AUTHENTIC €€

143, rue de Merville
✆ 03 28 41 44 77
https://l-authentic-59190.zenchef.com/

Ouvert tous les jours (sauf mercredi soir). Menus de 9,90 à 36 €. Midi, formule plat-dessert. Parking et terrasse.

Cette brasserie se distingue avant tout par son accueil si chaleureux et la bonne humeur permanente qui règne au sein de cette équipe. Le petit plus ? La terrasse très appréciée en été ! Côté cuisine, le chef a mis l'accent sur les produits locaux et propose une cuisine traditionnelle de qualité. Les spécialités flamandes sont donc ici à l'honneur : carbonnade flamande ou welsh mais aussi des burgers et des salades ! Pour le dessert, impossible de résister aux pâtisseries de chez Houcke à Hazebrouck et les glaces de chez Van Den Casteel à Saint-Sylvestre-Cappel.

AUTOUR DE LILLE

- **Total :** 39,6 km
- **Durée :** entre 2h et 4h (10 à 20 km/h)
- **Difficulté :** quatre côtes, peu vallonné.

LIEUX	Km partiel	Km cumul	Routes
GARE DE LILLE	0	0	Rue Le Corbusier, rue des Canonniers, rue des Urbanistes, boulevard Carnot, avenue de la République, avenue de la République, boulevard Clemenceau, rue du Maréchal-de-Lattre
MAIRIE DE MARCQ-EN-BAROEUL	5,5	5,5	Rue du Maréchal-de-Lattre, avenue Foch, rue Albert Bailly, rue de Lille
PARC DU HAUTMONT À MOUVAUX	3,9	9,4	Rue Franklin-Roosevelt, rue de Roubaix, rue de Mouvaux
CANAL DE ROUBAIX À TOURCOING	1,1	10,5	Rue de Mouvaux, rue du Grand-Chemin, rue du Général-Sarrail
MAIRIE DE ROUBAIX	1,9	12,4	Rue du Maréchal-Foch, boulevard du Général-de-Gaulle
PARC BARBIEUX	1,3	13,7	Av. Le Nôtre, av. de Flandres, av. d'Hem
HEM	2,6	16,3	Rue de Croix
LAC DU HÉRON À VILLENEUVE-D'ASCQ	3,8	20,1	Rue de Lannoy, D506, rue du Comtede-Montalembert, rue Kléber, D952, D941, D955
SAINGHIN-EN-MÉLANTOIS	6,3	26,4	D952, D94
BOUVINES	1,7	28,1	D146
LOUVIL	2,5	30,6	D94
TEMPLEUVE	4,5	35,1	D19, rue de Molpas
NOUVEAU JEU	4,5	39,6	Rue du Général-Leclerc

TOURCOING
TOURCOING
Mouvaux
Roubaix
PARCOURS GPX
N 450
ESTAIMPUIS, BELGIQUE
N 17
A 22
N 354
Wambrechies
N 536
Marcq-en-Barœul
Marquette-lez-Lille
D 710
Wasquehal
Saint-André-lez-Lille
Hem
la Madeleine
Lambersart
A 22
D 700
Lille
Lomme
Mons-en-Barœul
TOURNAI, BELGIQUE
N 227
Villeneuve-d'Ascq
de la Deule
A 25
D 941
A 1
Loos
Haubourdin
A 27
A 27
Faches-Thumesnil
Sainghin-en-Mélantois
Wattignies
Lesquin
D 955
Templemars
A 23
D 952
Louvil
Canal de Seclin
D 952
A 1
Fretin
D 54
Seclin
Avelin
D 549
Attiches
Templeuve
Pont-à-Marcq
D 925
A 23
D 549
Phalempin
Cappelle-en-Pévèle
D 549
Mérignies
D 917
Wahagnies
D 954
Mons-en-Pévèle
1 KM
Thumeries
DOUAI
Autoroute
Type autoroutier
Route principale
Route secondaire
Circuit vélo
Départ

LILLE ★★★

Au carrefour des grandes capitales européennes, proche de la Belgique, Lille est multiculturelle. Riche ville drapière des Flandres, Lille fut prise en 1667 par Louis XIV, reprise par les Hollandais en 1708 malgré les fortifications de Vauban puis revint définitivement à la France à la suite du Traité d'Utrecht en 1713. Le site de Lille semble avoir été occupé dès l'époque gallo-romaine. Le premier document écrit date de 1066 : à cette époque, la Deûle traversait la ville en de multiples bras, et une rupture de pente obligeait le déchargement des bateaux jusqu'à une autre section. D'où la naissance d'un noyau urbain sur cette *insula*, Isle... Lille.

© PICTARENA - FOTOLIA

Façades typiques de Lille.

BEFFROI DE LILLE

215, place Augustin Laurent
www.lilletourism.com

Mercredi-dimanche : 10h-13h/14h-17h30. 7,50€. Fermé les 01/01, 01/05, 25/12 et le 1er week-end de septembre.

Construit par l'architecte Dubuisson entre 1924 et 1932, le beffroi de Lille compte une centaine de marches à gravir avant d'accéder à l'ascenseur. Une fois au sommet (104 m de haut !), on bénéficie d'une vue à 50 km à la ronde. Ce beffroi ouvrier, commandé à l'époque par une mairie socialiste, fait face au beffroi de la chambre de commerce et d'industrie, celui des patrons, implanté dans le centre-ville. L'hôtel de ville a été classé Monument historique en 2002. Son beffroi est sur la liste du patrimoine mondial de l'Unesco depuis 2005.

JARDIN DES GÉANTS

Rue du Ballon
www.lilletourism.com

Ouvert de 9h à la tombée de la nuit (au plus tard 21h). Fermé certains jours fériés. Gratuit.

A deux pas de la Gare Lille Flandres et de la Gare Lille Europe, ce parc étonne ! Inauguré en 2009, il a été créé par les paysagistes de l'Atelier Mutabilis en remplacement d'un ancien parking aérien. Ils ont imaginé tout simplement que les fameux géants du Nord seraient venus occuper à nouveau ce jardin qui n'était plus. Ainsi, les sentiers en pierre bordés de bambous mènent auprès de l'eau et des géants, avec leurs immenses têtes recouvertes de végétation. Un endroit apaisant, où l'on croise canards, poules d'eau, hérons... Parfait !

LE JARDIN VAUBAN ★

Boulevard Vauban
✆ 03 20 49 50 00

En accès libre et permanent.

Créé sous Napoléon III par le jardinier de la ville de Paris, Barillet-Deschamp, le jardin Vauban est l'exemple type du jardin à l'anglaise. Avec ses arbres centenaires, ses pelouses légèrement vallonnées parcourues de plans d'eau, d'une grotte artificielle bucolique et de parterres de fleurs, ce jardin de 3 hectares ne manque pas de charme. A proximité, le verger conservatoire et ses arbres fruitiers taillés à l'ancienne. A voir aussi : le P'tit Jacques, superbe théâtre de marionnettes. Attention en été : les nombreux points d'eau attirent les insectes.

MUSÉE DE L'HOSPICE COMTESSE ★

32, rue de la Monnaie ✆ 03 28 36 84 00
www.lille.fr

Ouvert du mercredi au dimanche de 10h à 18h et le lundi de 14h à 18h. Gratuit -12 ans. Entrée : 3,70 €/2,60 €.

Bienvenue à l'Hospice Comtesse, l'un des plus beaux bâtiments de la ville. Dans cet ancien hôpital médiéval fondé par Jeanne de Flandres en 1237, vous retrouverez de nombreuses traces du passé des lieux, comme la cour d'honneur, la chapelle, la pharmacie et le jardin médicinal. Aujourd'hui, on peut aussi y admirer l'intérieur d'une maison flamande et à l'étage, dans l'ancien dortoir des religieuses, les très riches collections du musée (peintures, objets d'art sacré, orfèvrerie).

MUSÉE D'HISTOIRE NATURELLE DE LILLE ★

23, rue Gosselet
✆ 03 28 55 30 80
mhn.lille.fr

Lun, mer, jeu, ven de 9h30 à 17h ; week-end et jours fériés 10h-18h. Hors expo : 3,80 €. Expo : 5 €. Gratuit -12 ans.

Le premier musée d'Histoire naturelle a été inauguré en 1822 dans les locaux de l'Hôtel de Ville de Lille, mais il ne s'installe qu'en 1902 dans ses locaux actuels, à proximité du parc Jean-Baptiste Lebas. Ses collections expriment la complexité du monde vivant et exposent sa diversité, attirant ainsi l'attention des visiteurs sur la fragilité des équilibres écologiques. Il y a une présentation complète de tous les oiseaux d'Europe et un insectarium. La très longue histoire (400 millions d'années) des phénomènes qui ont façonné les paysages du Nord est racontée le long d'un parcours qui explique pourquoi la région est riche en charbon. N'hésitez pas à vous perdre dans ce musée où vous découvrirez ou redécouvrirez des milliers d'animaux venus du monde entier. Suspendus aux magnifiques poutrelles de la galerie, squelettes de cachalot, de baleine ou de rorqual flottent au-dessus du visiteur tandis qu'au sol des mises en scène animalières illustrent la richesse et la grande diversité des espèces. L'ours polaire présenté dans la salle des mammifères est l'une des pièces majeures du musée. La présentation de l'espace géologie, conçue pour être accessible à tous, retrace la grande histoire où forêt équatoriale, dinosaures et mer de la craie apparaissent et disparaissent au gré de l'évolution et de phénomènes étonnants. Le lieu est immense et mérite à lui seul le détour. Attention, le lieu fermera ses portes en octobre 2023 pour des travaux d'une durée de deux ans.

PALAIS DES BEAUX-ARTS ★★★

Place de la République ✆ 03 20 06 78 00
www.pba-lille.fr

Lun : 14h-18h ; mer-dim : 10h-18h. Coll : 7 €. Expo : 10 €. Coll + expo : 11 €. Visites, animations, café, boutique.

Blotti dans son somptueux écrin, le Palais des Beaux-Arts n'a pas usurpé son qualificatif palatin. C'est en 1892 que celui-ci est inauguré en grandes pompes. Durant la Grande Guerre, le bâtiment et les collections connaissent de nombreux dégâts. Grâce aux efforts de son conservateur Édouard Reynard, de nombreuses œuvres sont mises en sécurité au Musée de Valenciennes. Il faudra des années pour le remettre en état. Il rouvrira en 1924. Jusqu'en 1997, année de sa nouvelle inauguration par Jacques Chirac, le musée connait de nombreux travaux d'agrandissement et de réaménagement : il devient alors un musée reconnu de tous, grâce à un bâtiment mêlant l'histoire et le contemporain. Ne vous laissez pas impressionner par cette imposante demeure ! Ici, on casse les codes pour rendre l'art accessible à tous, notamment grâce à des outils numériques ludiques et innovants pour s'approprier les collections, offrant un large panorama de l'Antiquité au XXe siècle. De belles salles sont aussi dédiées aux céramiques et objets d'art ainsi qu'aux médailles et médaillons. À ne pas manquer : les plans-reliefs au sous-sol entièrement restaurés et présentés dans une magnifique mise en scène. Il est également possible de profiter d'un café ou d'un déjeuner à l'intérieur du musée, au Beau Café by Fleur de chef, engagé dans une démarche éthique (avec des fournisseurs de la région) et écoresponsable (tous les contenants et couverts sont recyclables). Moderne, vivant, convivial : c'est tout ça le Palais des Beaux-Arts !

NOTRE-DAME-DE-LA-TREILLE ✝ ★

Place Gilleson
✆ 03 20 31 59 12
www.cathedralelille.com

Jan-fév : lun-dim 14h-18h15. Juil-août : lun-dim 11h-19h. Reste de l'année : mar-dim 10h30-18h15 ; lun 14h-18h15.

Cet édifice de style gothique est la dernière cathédrale du XXe siècle. Sa construction s'est en effet prolongée de 1854 à 1999 ! Notre-Dame-de-la-Treille, alors basilique, n'est désignée cathédrale qu'en 1914 par le pape Pie X. Provisoirement parée de briques en 1947, la façade adopte son apparence définitive dans les années 1990 grâce au style de Pierre-Louis Carlier et Peter Rice. Surprenante, la façade de la Treille reste l'un des incontournables de la ville, prisée des Lillois aux beaux jours pour une pause sur ses marches ou boire un verre en terrasse.

LE VIEUX LILLE ★★★

Une visite s'impose dans le quartier du Vieux-Lille ! Parce qu'il est charmant et authentique, empreint d'histoire et qu'il regorge de dynamisme, le Vieux-Lille vous dévoile les rénovations du musée de l'Hospice Comtesse, de l'église Sainte-Marie-Madeleine, ses aménagements des jardins de la Poterne et du parc de la Citadelle et sa belle architecture des XVIIe et XVIIIe siècles. Vous pourrez aussi vous adonner au lèche-vitrine ou au shopping dans les nombreuses boutiques de luxe du quartier. Attention, les rues sont pavées : optez pour des chaussures de marche.

NOS BALADES

V'LILLE

www.ilevia.fr/cms/vlille/

Libre-service 24h/24, 7j/7. 1re demi-heure gratuite, 1,75 € la journée, 7,50 € la semaine. À partir de 26,50 € par an.

Pour se déplacer rapidement dans Lille, on ne fait pas mieux ! Face à la demande croissante et aux disparités d'implantation des stations, la municipalité a décidé d'augmenter leur nombre, notamment à Roubaix et à Tourcoing. Côté aménagement : des centaines de kilomètres de pistes cyclables, des parkings et des abris à vélos. Côté pratique, il est possible de louer un V'Lille pour une journée, une semaine ou à l'année. Des tarifs avantageux sont proposés aux abonnés Ilévia. Pour connaître la disponibilité des vélos en temps réel, rendez-vous sur le site Internet.

HÔTEL DE LA TREILLE*** €€€

7-9, place Louise-de-Bettignies

✆ 03 20 55 45 46 - www.hoteldelatreille.com

Tarifs variables selon saison. Prix moyen double : 120 €/nuit. Parking public à proximité.

La cathédrale de la Treille est l'un des joyaux de Lille, et l'Hôtel de la Treille est idéal pour l'admirer de jour comme de nuit (quand le vitrail s'illumine, c'est féerique !). Les chambres sont aménagées avec style et invitent au calme et à la détente, il y a même des chambres simples, plutôt rares en général. Alliant décoration moderne et quelques touches d'ancien, cet hôtel s'intègre parfaitement au Vieux-Lille qui l'entoure de ses ruelles pavées. Si vous avez de la chance, vous aurez même peut-être une vue sur la cathédrale ou ses jardins.

CÀLM (COMME À LA MAISON) €€

2, rue des Buisses ✆ 03 20 31 55 52

www.appart-hotel-lille.com

Accueil de 7h à 23h en semaine et de 8h à 22h le week-end. Système d'accès par code 24/7. A partir de 74 €/nuit.

Chez CALM (acronyme de Comme à la Maison !), vous vous sentirez vraiment chez vous dans ces appart'hotels pensés pour vous garantir le calme. Avec trois sortes d'appartements (25 m²/30 m²/40 m²) décorés avec sobriété et élégance, l'établissement a fait le choix de la modernité et de la qualité. Une literie ultra confortable, un coin bureau spacieux, une cuisine équipée, la TV à la demande, la climatisation... les équipements sont pensés pour passer un agréable séjour et le petit déjeuner livré à la porte de votre chambre tous les matins.

LA CHICORÉE €

15, place de Rihour

✆ 03 20 54 81 52

www.brasserie-lachicoree.fr

Ouvert 24h/24, 7j/7. Menu Chicorée : 16,90 €. Accueil des groupes. Terrasse.

Cette véritable institution existe depuis 1903 et fut rendue célèbre par l'inénarrable Madame Ginette, la reine des nuits lilloises. Dans cette brasserie mythique se croisent depuis toujours anonymes et célébrités en quête d'un lieu chaleureux... et ouvert à toute heure ! Désormais, c'est la famille Meunier qui préside au succès de la brasserie. Les spécialités locales sont à l'honneur (moules, carbonade, croques), mais ce que l'on préfère, ce sont les desserts du pâtissier de la maison à qui l'on doit l'excellent « Merveilleux de la Chicorée ».

LITTLE SUITE €€

✆ 03 20 37 33 23

www.littlesuite.fr

Nombreux appartements disponibles à Lille et en métropole lilloise, à voir sur le site.

Little Suite est une petite entreprise aux grandes ambitions ! Son objectif ? Vous permettre de passer le plus beau des séjours à Lille. Les mots clés : exigence, qualité et simplicité. Olivier, le gérant, sélectionne les plus beaux appartements à Lille, La Madeleine et Marcq-en-Barœul, et les inscrit sur le site. De votre côté, il ne vous reste plus qu'à réserver celui qui vous plaît. Vous payez en ligne et sur place vous êtes accueilli par Sophie de chez Little Suite. Des services supplémentaires sont aussi proposés selon vos besoins. De grande qualité !

LA LUCK €

1 bis, rue Princesse

✆ 07 70 21 57 71

www.lalucklille.com

Lundi-vendredi : 18h-0h. Samedi : 11h-1h. Dimanche : 10h-23h. Carte : 15 € env. Terrasse. Brunch.

« Du pain et des jeux » : la Luck n'a rien inventé puisque la formule remonte à la Rome antique... Sauf qu'ici, la finalité n'est pas la même ! Il s'agit de passer un bon moment, en famille ou entre amis, autour d'un jeu de société. Des « sommeliers du jeu » sont là pour vous conseiller et vous donner l'occasion de découvrir de nouveaux jeux parmi les 450 disponibles (ils connaissent les règles par cœur !). Une adresse incontournable dans la métropole lilloise pour s'amuser tout en dégustant de bons petits plats. A ne pas manquer !

L'ASSIETTE DU MARCHÉ €€

61, rue de la Monnaie
✆ 03 20 06 83 61
www.assiettedumarche.com
Lun-ven : 12h-14h et 19h–22h, vendredi : 12h-14h et 19h–22h30, samedi : 12h-14h et 18h45–22h30. Fermé le dimanche.

Installée au fond d'une courette du Vieux-Lille, L'Assiette du Marché impressionne au premier abord par son architecture. Logique lorsque l'on se penche un peu sur l'histoire de ce restaurant qui était en fait une vieille demeure classée monument historique. La classe, L'Assiette du Marché l'a jusqu'au bout : décor soigné et élégant, cuisine délicate, tout est réuni pour passer un bon repas à des tarifs très corrects. S'inspirant des recettes des 4 coins de la France, les plats sont préparés avec des produits frais et présentés avec sobriété, sans fioritures.

LA BRASSERIE ANDRÉ €€

71, rue de Béthune
✆ 03 20 54 75 51
www.brasserieandre.fr
Ouvert tous les jours le midi ; du lundi au jeudi le soir. Réservation recommandée.

L'histoire de la Brasserie André remonte à 1924 ! Une histoire qui se lit partout sur ses murs et sur son mobilier. Eh oui, ici l'Art déco s'expose partout, et confère au lieu un petit côté suranné tout à fait charmant. En cuisine, on prépare bien sûr les spécialités de la région, le welsh en tête. Chacun des plats s'accompagne des désormais célèbres frites allumettes, grande spécialité de la maison. Une cuisine généreuse et savoureuse dans un cadre historique, le tout dans une atmosphère très conviviale. Que demander de plus ? Pensez à réserver !

SOLANGE €€

59, rue d'Isly
✆ 09 86 37 22 50
www.solange-restaurant.fr
Du mardi au samedi : midi et soir. Menus : 27 €-44 €. Carte : 30 € env. Réservation recommandée. Bib Gourmand.

Chez Solange, la cuisine se fait généreuse et conviviale ! Les plats sont visuellement travaillés. Un souci du détail que l'on retrouve dans les associations d'arômes et de saveurs, symbole d'une fusion gourmande réussie entre ici et l'Asie. La carte, renouvelée chaque semaine, fait la part belle aux produits frais et de saison. Vous pourrez ainsi découvrir un saumon accompagné de spaghettis de courgette, de caviar d'aubergine et d'une sauce yuzu, suivi d'un rafraîchissant tartare de fraises et hibiscus. Une cuisine créative récompensée d'un Bib Gourmand !

BOULANGERIE BRICE

4, rue de Wambrechies
MARQUETTE-LEZ-LILLE
✆ 03 20 56 29 09
Ouvert du mardi au samedi de 6h30 à 20h ; le dimanche de 7h à 17h.

Après avoir vu ses croissants être élus les meilleurs de la région, voilà Maxime Brice à nouveau sous le feu des projecteurs... de télévision cette fois. Son établissement de Marquette a été désigné « Meilleure boulangerie des Hauts-de-France » par la chaîne M6 ! Cela n'a rien de surprenant quand on connaît le talent de cet artisan qui a véritablement élevé son savoir-faire au rang d'art. Les cakes et chaussons aux pommes sont de vraies féeries de saveurs. Et que dire du pain qui se décline au gré des envies du maître ? Une délicieuse boulangerie !

MARIN D'EAU DOUCE

Avenue Mathias Delobel
✆ 09 70 71 40 60
www.marindeaudouce.fr
Location de bateaux électriques. Ouvert tous les jours de 9h30 à 22h. A partir de 40€/heure.

La capitale des Flandres peut agréablement se découvrir depuis la Deûle ! Marin d'eau douce vous propose à la location des bateaux électriques sans permis. Vous pourrez ainsi accéder à des points de vue inédits et découvrir autrement l'architecture de la ville. Vous aurez également l'opportunité d'observer une faune sauvage riche : hérons, canards ou poules d'eau. Pour ceux qui aimeraient enrichir l'expérience, il est également possible de réserver un panier apéritif. Une croisière entre amis ou en famille qui s'annonce des plus agréables !

MARCQ-EN-BAROEUL

Marcq-en-Barœul est une ville vieille de plus d'un millénaire ! En atteste la découverte d'une villa gallo-romaine près de la rivière, la Marque, qui donne une partie du nom de la ville. Le Barœul était, avant le XIIIe siècle, une immense forêt, s'étalant sur la commune de Mons-en-Barœul et une partie de Villeneuve-d'Ascq. Aujourd'hui, un tiers de Marcq-en-Barœul est classé en zone naturelle et champêtre. C'est une ville dynamique, aux nombreuses entreprises, dont le siège de la société Lesaffre, leader mondial de la levure, et celui des boulangeries Paul. Pour l'anecdote, c'est aussi ici que fut inventé le Carambar en 1954, il y est d'ailleurs toujours fabriqué.

NOS BALADES

CHÂTEAU DU VERT BOIS ★

Avenue Anne-et-Albert-Prouvost - **BONDUES**
✆ 03 20 46 26 37
www.fondationseptentrion.fr
Visite guidée sur réservation : dimanches de juillet à 15h30 et 17h. 9 €. Parc ouvert toute l'année (horaires sur site).

Édifié au XVIIe siècle, ce beau château se trouve au cœur d'un parc verdoyant de 60 ha traversé par de pittoresques canaux. Un endroit hors du temps dont les visites guidées vous dévoileront tous les secrets. Vous allez adorer déambuler dans les salles chargées d'histoire de ce château et découvrir ses très belles collections d'arts décoratifs. Les nobles familles qui s'y succédèrent offrirent au château de nouveaux trésors qui illustrent l'évolution des goûts et des modes ! A ne pas manquer : le jardin de curé riche de plantes vivaces et aromatiques.

LE SEPTENTRION

Chemin des Coulons ✆ 03 20 46 26 37
www.fondationseptentrion.fr
Horaires du parc et du château à consulter sur le site Internet. Entrée payante, sauf pour les moins de 11 ans.

La Fondation Septentrion est un domaine composé de trois espaces. On y trouve le Village des Métiers d'Art, installé dans une ancienne ferme, où une vingtaine d'artisans (poterie, peinture, meubles...) accueillent les visiteurs dans leur atelier. C'est aussi le château du Vert-Bois, exemple d'architecture classique avec une superbe collection de peintures, sculptures, meubles et objets d'art du XVIIIe siècle. La demeure est toujours habitée par la famille Prouvost, représentante du textile roubaisien. A voir aussi : le parc de 60 hectares et ses variétés d'arbres.

LA FERME AUX OIES

101, pavé Stratégique
✆ 03 20 45 46 41
www.marcq-en-baroeul.org
Mars-octobre : 10h-20h. Octobre-mars : 10h-17h. Adulte : 5 €. Enfant : 3 €. Gratuit moins de 3 ans.

Entre deux routes pourtant bruyantes, la Ferme aux Oies est un coin idéal pour les familles. Ici, il y en a pour tous les âges : des dizaines d'attractions multicolores attendent vos enfants sur un espace entièrement conçu pour le jeu. Juste à côté, une promenade nature permet d'admirer les animaux du parc : paon, âne, poules, chèvres, canards, cygnes sans oublier les fameuses oies ! De grandes étendues de sable permettent aux enfants de faire des pâtés sans aller jusqu'à la mer, ou de faire un beach-volley pour les plus grands.

HÔTEL DU CROISÉ** €€

191, rue de la Rianderie
✆ 03 20 72 25 63
www.hotelducroise.com
Ouvert toute l'année. 11 chambres. Chambre double à partir de 87 €. Petit déjeuner : 9,90 €.

L'Hôtel du Croisé se situe à seulement dix minutes du centre de Lille et des gares, au cœur du quartier du Croisé Laroche. Il bénéficie d'une rénovation soignée et d'un accueil aux petits soins qui font de cet établissement plus une maison familiale qu'un hôtel traditionnel. Chaque chambre dispose d'une terrasse, agréable l'été ! Ici, on jouit du calme et des environs verdoyants. C'est bien simple, on se croirait en pleine nature avec le chant des oiseaux. Pour les amateurs de courses de chevaux, l'hippodrome se trouve à deux pas !

MUSÉE DE LA RÉSISTANCE ★

Avenue du Général de Gaulle - **BONDUES**
✆ 03 20 28 88 32
www.ville-bondues.fr/musee/
Horaires variables selon saison et type de visite. Informations sur le site du musée. Entrée : 6 € (avec audioguide).

Le musée est implanté dans les vestiges du Fort Lobau. C'est ici que furent fusillés 68 résistants français durant la Seconde Guerre mondiale. Ces exécutions ne furent découvertes qu'après le départ des troupes allemandes, qui firent exploser le fort, le 1er septembre 1944. Il ne reste aujourd'hui plus qu'un tiers du fort d'origine, dont la cour où avaient lieu les exécutions. Le musée est entièrement consacré à la Résistance, révélant les événements au travers de scènes reconstituées, d'objets et de documents, de photos. Une scénographie accessible, et poignante.

LA FRICHE GOURMANDE €

90, rue Nationale
www.lafrichegourmandemarcq.com
Ouvert du mardi au samedi de 17h à 0h ; le dimanche de 12h à 22h15.

La Friche Gourmande est un lieu incontournable de la métropole. Installée dans un ancien entrepôt, elle abrite 2 bars où l'on peut s'hydrater le gosier à grand renfort de bières locales et autres nectars, et surtout 3 stands de street-food qui vont vous faire voyager. By Davonn vous emmène en Thaïlande, Oh Naan en Inde et le Comptoir Volant vous régale avec ses burgers légendaires. Pop-ups éphémères, concerts, et autres événements animent le lieu toute l'année. Des jeux sont également à disposition et en hiver, vous pourrez même y faire du curling !

RESTAURANT DE L'HIPPODROME €

137, boulevard Clemenceau
✆ 03 20 72 15 16
www.restaurant-hippodrome.fr
Ouvert tous les jours ainsi que le vendredi soir. Menus de 27 € à 37 € (et 57 € boissons incluses).

Dans ce restaurant tout à fait insolite, vous aurez une vue quasi panoramique sur le golf et les champs de course. Un cadre d'exception qui vous fera sentir comme un hôte privilégié ! C'est spacieux, lumineux, et le personnel à votre service est très agréable. Les produits sont frais, la cuisine est raffinée, légère, recherchée et vous ne pourrez passer à côté de leur spécialité : le bœuf de Coutancie, qui vaut réellement le détour. Un lieu très agréable.

LE MARQUE-PAGE €€

157, avenue de la Marne ✆ 07 88 66 42 53
www.marque-page-restaurant.com
Tous les jours : midi et soir. Carte : 25 € env. Formule : 21 €. Terrasse. Guinguette.

En 45 ans, il en a marqué des pages de la vie des métropolitains… Dans un décor élégant et convivial, vous y dégusterez une cuisine où règnent le frais, le bon et le fait maison ! A la carte, vous retrouverez des noms bien connus de la région comme les burgers du Comptoir Volant ou les exquises glaces Promis Juré. Côté incontournables, ne manquez pas la Salade César du Marque-Page et les excellentes pièces de viande parfaitement cuites et assaisonnées. Et aux beaux jours, toutes ces douceurs se dégustent en terrasse et… à la Guinguette du Marcq.

ROZO €€€

34, rue Raymond Derain
✆ 03 62 27 72 52
www.restaurant-rozo.fr
Ouvert du mardi au samedi le midi et le soir. Menus du midi : 37€-64€. Menus : 85€-105€.

Le Rozo est niché dans une ancienne imprimerie, tout en chaleur et en lumière. Si le lieu a changé, la cuisine de Diego Delbecq et de Camille Pailleau, elle, est toujours aussi singulière. Diego sublime les produits locaux dans des assiettes visuellement étonnantes… et continue à proposer son plat signature : la célèbre assiette de champignons ! Camille, elle, nous surprend encore et toujours avec ses créations sucrées entièrement faites maison. Pour accompagner les plats, les deux chefs ont sélectionné d'excellents vins de domaines bio et raisonnés.

LA SALLE À MANGER €€€

287, boulevard Clemenceau
✆ 03 20 65 21 19
www.restaurant-lasalleamanger.com
Ouvert le mardi midi ; du mercredi au vendredi le midi et le soir ; le samedi soir. Réservation recommandée.

Thibaut Fourdrinier a fait ses gammes chez de grands noms de la gastronomie française avant de s'installer avec sa compagne aux commandes de sa « Salle à manger ». Aujourd'hui, le chef a délocalisé sa cuisine de quelques mètres pour réinvestir l'ancien restaurant de Didier Becquart. La salle spacieuse au cadre chaleureux est propice aux repas savoureux. Renouvelée tous les 15 jours, la carte propose une cuisine gastronomique de très grande qualité. Travaillés avec passion par le chef, les produits sont frais et autant que possible locaux.

LA JARDINE HIER

160 bis, rue de Bondues
✆ 06 18 05 03 29
Ouvert du mardi au samedi de 9h à 12h et de 14h à 19h ; le dimanche de 10h à 12h.

La Jardine'Hier n'est pas une ferme maraîchère comme les autres. En plus de la vente directe des produits de la ferme, de nombreuses animations sont proposées tout au long de l'année par la jeune exploitante Magalie Sory-Cocqueel. Dans le magasin de la ferme, vous retrouverez des produits de saison comme des œufs, du beurre, des fruits et des légumes, du miel et de la confiture maison… mais aussi des fleurs et plus de 100 variétés de cucurbitacées. Et parfois des visites de la ferme sont organisées ! Un rendez-vous incontournable !

ROUBAIX

Comptant sur une vie associative débordante, sur un magnifique patrimoine industriel réhabilité, la ville se visite pour ses 36 cheminées protégées, son Vélodrome, arrivée du mythique Paris-Roubaix ou pour sa sublime Piscine devenue musée. Loin des clichés, Roubaix a également su redonner sa place au textile. Si l'Usine ou McArthur Glen proposent des tarifs intéressants sur des grandes marques, de nouveaux créateurs de mode ont élu refuge en plein centre-ville… tout près de la plus grande école de textile en France : l'ENSAIT. Cette ville a un potentiel énorme : la moitié de sa population est âgée de moins de 25 ans ! Une ville à ne pas sous-estimer !

NOS BALADES

ÉGLISE SAINT-JOSEPH ✞

125, rue de France
www.eglise-stjoseph-roubaix.org
Ouverte le samedi de 9h30 à 12h. Office tous les dimanches à 11h30.

En 2021, après 6 ans de travaux, le joyau néo-gothique de Roubaix a rouvert ses portes, dévoilant ses trésors superbement restaurés. Édifiée en 1878 avec les capitaux des grandes familles du textile qui souhaitaient « catéchiser » la population ouvrière, l'église se fond dans la cité ouvrière avec sa sobre façade de brique. A l'intérieur, le spectacle est grandiose ! Fresques spectaculaires, vitraux étonnants, c'est un chatoiement de formes et de couleurs. Regardez les œuvres en détail, vous y découvrirez des cheminées d'usine intégrées à des décors bibliques !

LA MANUFACTURE ★

29, avenue Julien-Lagache
✆ 03 20 20 98 92
www.lamanufacture-roubaix.fr
Mardi-dimanche 14h-18h. Visite guidée : mardi-vendredi 14h30 et 16h, w-e 14h, 15h et 16h. Tarif 6/4 €, expos gratuites.

Souvent ignorée car plus éloignée que le musée de la Piscine ou La Condition Publique, la Manufacture de Roubaix vaut pourtant le détour ! Dans l'ancien tissage Craye, ce musée-atelier vous permet de mieux découvrir cette aventure industrielle qui a tant marqué la mémoire de la métropole lilloise. Les visites rendent compte de l'évolution depuis le travail à domicile dans le petit village médiéval de Roubaix, jusqu'aux textiles les plus futuristes. Ce qu'on aime ici, c'est l'authenticité qui règne : les histoires contées, l'évocation des conditions de vie...

ÉGLISE SAINT-MARTIN ✞ ★

9, Grand-Place
✆ 03 20 73 56 57
En l'absence de gardien, l'église est fermée. Il est donc préférable d'appeler avant votre visite.

Lorsqu'on arrive sur la place de Roubaix, on ne remarque qu'elle, l'église Saint-Martin, classée aux Monuments historiques depuis 2009. Elle remonte au XIIIe siècle et c'est l'édifice le plus ancien de la ville. Agrandie par Pierre de Roubaix en 1458 avec la chapelle Saint-Pierre puis, en 1493, avec la chapelle Sainte-Croix, elle compte cinq nefs depuis 1848 grâce à l'architecte Charles Leroy. En 1848, elle fut remaniée par la surélévation du chœur, et l'adjonction de deux nouvelles nefs de part et d'autre, ce qui en fait l'un des premiers édifices néogothiques.

MUSÉE DES ARTS ET TRADITIONS POPULAIRES ★

96, rue François Mériaux - **WATTRELOS**
✆ 03 20 81 59 50
www.wattrelos-tourisme.com
Nov-mars : mar-sam 9h-12h/14h-18h + 3e dim 14h-18h. Avr-oct : mar-sam 9h-12h/14h-18h + 3e dim du mois 10h-18h. Gratuit.

Dans une ancienne ferme picarde datant de 1890, le musée des Arts et Traditions populaires reproduit à l'identique les scènes de la vie quotidienne d'autrefois. Vous retrouverez une grande collection permanente d'objets aujourd'hui disparus. On se retrouve plongé dans le passé, dans une salle de classe de l'entre-deux-guerres, pendant qu'à côté un tisserand termine son étoffe. La vie quotidienne des générations passées (de 1850 à 1950) est reconstituée avec une extrême minutie.

HÔTEL DE VILLE DE ROUBAIX ★

17, Grand-Place
✆ 03 20 66 46 00
www.ville-roubaix.fr
Ouvert du mardi au vendredi de 8h30 à 12h15 et de 14h à 17h30 ; le samedi de 8h30 à 12h.

Inauguré en 1911, il est l'œuvre de l'architecte Victor Laloux, grand prix de Rome 1878, et créateur de la Gare d'Orsay. Ce véritable palais municipal de plus de 6 000 m² rappelle l'importance du textile dans la cité. L'imposante frise de 40 personnages, réalisée par des sculpteurs de la région, reprend les différentes étapes de la fabrication textile. Ne manquez pas également les différentes salles de prestige, de la salle des mariages au plafond décoré à la salle Pierre-de-Roubaix.

PARC BARBIEUX ★

Avenue Jean-Jaurès
Jardin remarquable. Restauration.

Le *Beau Jardin*, comme on l'appelle ici, est le quatrième parc urbain de France, souvent considéré comme l'un des plus jolis ! S'étendant sur près de 35 hectares, cette réalisation de Georges Aumont, déjà architecte paysagiste de Paris, étonne par la diversité de son environnement, entre arbres, lac, vallons, grottes, cascades et chemins détournés. A ce jour, cet espace vert abrite pas moins de 60 essences d'arbres (soigneusement indiquées sur les troncs par des étiquettes), et sert d'habitat à de nombreux oiseaux et palmipèdes.

LA PISCINE - MUSÉE D'ART ET D'INDUSTRIE ★★★

23, rue de l'Espérance ✆ 03 20 69 23 60
www.roubaix-lapiscine.com
Mar-jeu 11h-18h ; ven 11h-20h ; week-end 13h-18h. Hors expo : 9 €. Pendant les expos : 11 €. Restauration et boutique.

En 2021, La Piscine fêtait ses 20 ans. 20 ans d'expositions d'envergure internationale, 20 ans de culture humaniste et solidaire, 20 ans d'un projet fou qui transforma l'ancienne piscine municipale Art déco en écrin des joyaux de l'histoire de l'art et du textile. Ouvert sur le monde, le musée accueille des spectacles de musique, danse ou théâtre, faisant dialoguer tous les arts et toutes les cultures. Visites insolites et ateliers ludiques permettent aussi de découvrir en s'amusant !

LA MAISON BLEUE DE ROUBAIX €€

96, rue du Grand-Chemin ✆ 03 20 27 70 32
www.lamaisonbleuederoubaix.com
5 chambres doubles : 89-139 €/nuit. Suite avec sauna et bureautique connectée : 199 €/nuit. 2 studios et 1 appartement.

Au cœur de Roubaix, la Maison Bleue vous accueille dans ses cinq chambres d'hôtes haut de gamme. Vous pourrez également opter pour un studio, un appartement de deux chambres ou une suite (avec sauna et vue sur le jardin). On apprécie l'approche authentique du client, les produits locaux et bio que l'on retrouve sur la table du petit-déjeuner ainsi que la labellisation « Zéro Déchet » de la maison. Il s'agit même du premier établissement para-hôtelier zéro déchet en France.

LA PETITE COUR €

57, rue Nain
✆ 03 20 25 06 55
www.lapetitecour59.fr
Mar-dimanche : dès 11h45. Mercredi au samedi dès 18h45. Formule midi : 12,50 € (plat, boisson).

À 2 min du Musée de la Piscine, la rue Nain nous réserve une belle surprise. Derrière cette façade aux allures bistrot familial, impossible d'imaginer un restaurant offrant une telle capacité. Une première salle à l'atmosphère bistro intimiste, et une cour abritée conduisant sur la seconde, un ancien atelier au cachet préservé. Ici la carte propose un choix de plats traditionnels aux influences bistronomiques. Des produits frais rigoureusement sélectionnés. C'est bon, frais, fait maison, c'est sincère, l'accueil est adorable pour un excellent rapport qualité-prix.

VILLA CAVROIS ★★★

60, Avenue John-Fitzgerald-Kennedy
CROIX
✆ 03 20 73 47 12
www.villa-cavrois.fr
Tous les jours sauf lundi : 10h-18h. Entrée : 9,50 €. Billet jumelé La Piscine : 16,50 €. Gratuit -26 ans.

Maison emblématique de la Métropole lilloise, la Villa Cavrois est une œuvre d'art totale, véritable chef-d'œuvre de l'architecture moderne à la précision géométrique étonnante. Conçue par l'architecte Mallet-Stevens pour la famille de l'industriel Paul Cavrois, la maison est réalisée entre 1929 et 1932. Paul Cavrois, ayant fait l'acquisition d'un terrain à Croix (périphérie de Roubaix), cherche à fait bâtir une maison pour vivre avec sa femme Lucie et leurs sept enfants. Le couple fait entièrement confiance à l'architecte Mallet-Stevens, conquis par son talent moderne. La villa est inaugurée en 1932, lors du mariage de Geneviève, l'une des filles de la famille. Habitée jusqu'en 1985, elle sera ensuite laissée à l'abandon avant de faire l'objet d'un vaste plan de sauvetage et de devenir monument historique classé en 1990 et racheté par l'Etat en 2001. Cette longue période d'abandon a fortement dégradé la villa puisqu'elle fut squattée, pillée et vandalisée. Lors de la visite, vous découvrirez, dans la chambre des garçons, l'état dans lequel toute la villa se trouvait à l'époque - témoignage d'une période tumultueuse. Il faudra un long travail de recherche et d'acquisition pour également faire revenir le mobilier de la maison. En effet, Robert Mallet-Stevens avait conçu chaque pièce entièrement, jusqu'aux meubles. Grâce à des photographies de l'époque, une grande partie du mobilier a pu retrouver sa place originelle. La visite est très instructive et l'espace vidéo permet de découvrir tous les secrets de cette gigantesque bâtisse d'exception. Découvrez par exemple le témoignage de Christine Jouret, petite-fille de Paul Cavrois. Vous pouvez également visiter la villa depuis chez vous grâce à une application qui vous fait découvrir les lieux grâce à une reconstitution 3D. Mais rien ne vaut le déplacement ! N'oubliez pas de profiter du jardin et de l'incroyable reflet de la maison sur le long miroir d'eau (de 72 mètres de long). Petite anecdote : ce miroir d'eau avait été comblé par les Allemands durant l'occupation, le trouvant trop visible depuis le ciel. C'est également Mallet-Stevens qui a conçu ce magnifique parc, héritier des jardins réguliers du XVIIe siècle. Dans le miroir d'eau se prolongent les lignes de la villa. Poétique et inoubliable. A noter qu'un agenda, disponible sur le site Internet, vous présente les nombreux événements organisés à la villa : conférences, concerts, visites spécifiques et thématiques, des moyens variés pour découvrir les lieux différemment. Un lieu unique à découvrir de toute urgence !

LES PETITES CANTINES €

3, place des Martyrs de la Résistance
CROIX
✆ 03 20 95 71 66
www.lille.lespetitescantines.org
Ouvert du mardi au vendredi de 9h30 à 15h. Cuisine participative. Repas à prix libre.

Coup de cœur pour les Petites Cantines ! Cette association de cantines participatives ouvertes à tous a pour objectif de créer un lieu de rencontre entre habitants et salariés du quartier (et de la métropole !) autour d'une alimentation durable. L'adhésion à prix libre est valable un an et permet de développer le réseau national (d'autres adresses ont ainsi vu le jour à Lyon, Strasbourg et Annecy). Vous avez accès à la cantine pour mettre les pieds sous la table ou/et aider en cuisine. Des moments de partage derrière les fourneaux et autour de la table.

CECI N'EST PAS UNE BOULANGERIE

3, rue de l'Amiral Courbet - **CROIX**
✆ 03 28 35 52 52
www.cecinestpasuneboulangerie.fr
Ouvert du mardi au vendredi de 11h à 13h et de 14h30 à 19h ; le samedi de 9h à 13h et de 15h30 à 19h.

Et de 4 ! En 2022, le savoir-faire de Cécile Trotreau est à nouveau reconnu par le *Gault & Millau* ! Comme son nom l'indique, vous n'entrez pas dans une boulangerie, mais dans une boulangerie-épicerie en vrac-galerie d'art. Tout un programme ! De la farine bio du Nord, des ingrédients bio et autant que possible locaux, un levain maison… Mais le plus important, c'est évidemment le goût. Une croûte dorée et croustillante, une mie moelleuse à souhait… : tout est parfait !

VILLENEUVE-D'ASCQ ★

Villeneuve-d'Ascq est la première ville nouvelle française, créée en 1970 à partir de trois communes, Ascq, Annappes et Flers. Dotée d'une architecture contrastée, elle est une des villes les plus dynamiques de la métropole lilloise. Près de 2 000 entreprises se sont installées dans sa technopole, profitant des chercheurs et du campus universitaire. Le tissu associatif et culturel y est dense. Mais Villeneuve offre aussi des impressions de campagne. De nombreuses balades invitent à la rêverie et les différentes fermes rénovées rappellent le patrimoine rural. Fortement tournée vers les déplacements doux, la ville possède de nombreuses pistes cyclables.

ASNAPIO ★

Rue Carpeaux
✆ 03 20 47 21 99
https://asnapio.villeneuvedascq.fr
Période scolaire : mer 14h-17h (visite guidée 14h/15h30). Vacances : mar-ven 14h-17h (visite guidée 14h/15h30). 4 €/2 €.

En plein cœur du parc du Héron, le Parc archéologique Asnapio présente à ces visiteurs l'habitat rural de nos régions, du néolithique au Moyen Age. Les maisons ont été reconstituées en suivant les techniques d'époque et correspondent à des sites mis au jour par les archéologues dans le Nord de la France. Vous partirez à la découverte d'époques souvent méconnues et des modes de vie de nos ancêtres grâce à des ateliers pédagogiques. Les plus petits peuvent également venir y fêter leur anniversaire. À ce jour, quatorze bâtiments sont visibles.

BOIS DE WARWAMME

Bois accessible à côté du tram Planche Epinoy.
Bois privé avec entrée libre, depuis le tram Planche Epinoy, à côté du parking. Chiens autorisés.

Situé à quelques pas de l'arrêt de tram Planche Epinoy, le bois de Warwamme est un bois privé appartenant à la famille Mulliez, en accès libre. Pour y entrer, un petit passage à côté du parking, situé au coin de l'avenue de Flandre et de la D144. Après une courte marche sur l'allée centrale, vous pourrez rapidement emprunter l'un des petits chemins qui mènent dans les bois et au bord de la Marque, ou encore face au château de l'Institut Fontaine. Très prisé le week-end, l'endroit redevient paisible et agréable la semaine, on s'y sent dépaysé !

CHÂTEAU DE FLERS ★

Chemin du Chat Botté
✆ 03 20 43 55 71
www.villeneuvedascq.fr
Musée ouvert du mardi au vendredi de 14h30 à 17h30 et les 1er et 3e dimanches du mois de 15h30 à 18h30. Gratuit.

Le château de Flers est un monument historique dont la construction remonte à 1661 ! Aujourd'hui, il ne reste d'origine que l'aile ouest et l'ancien corps de logis. Ce château aux allures rurales, caractéristique du style flamand, se fond parfaitement dans son époque. On peut visiter gratuitement son musée, ou encore admirer les expositions temporaires dans ses caves. En fin d'année, on peut même s'affairer devant les chalets du marché de Noël, dans un décor intimiste. Bon à savoir : le château sert de point de départ à de nombreux circuits pédestres.

CHÂTEAU DU SART

✆ 03 20 43 55 75

http://villeneuvedascq-tourisme.eu

Des visites du château et de son colombier sont régulièrement organisées. Infos auprès de l'office de tourisme.

Villeneuve-d'Ascq abrite de nombreux précieux trésors, à l'image du très beau château du Sart, dont la construction remonte à 1761. Son plus bel atout est sans aucun doute son colombier, désormais inscrit à l'inventaire supplémentaire des monuments historiques. Aujourd'hui, le château abrite le club-house du très élégant Golf du Sart. D'ailleurs, en association avec ce dernier, des visites sont régulièrement organisées pour vous faire découvrir ce lieu d'exception. Vous pourrez notamment accéder aux étages du colombier et visiter la « chambre des pigeons » !

LA FERME DU HÉRON ★

Chemin de la Ferme Lenglet

✆ 03 20 43 19 53

https://heron.hortical.com

Accueil des groupes et scolaires toute l'année sur rendez-vous. Jardins pédagogiques ouverts du 01/04 au 31/10.

Après une balade au parc du Héron, faites un tour à la Ferme du Héron, une ferme pédagogique avec jardins, bassins, basse-cour, etc. Au jardin des pollens, lieu de sensibilisation pour les allergies, on observe et surveille les espèces à risque, tandis que le jardin médicinal dispose d'un large panel d'espèces de plantes aux propriétés médicinales... La Ferme abrite également le rucher école et divers clubs et associations. N'hésitez pas à vous rendre sur leur site pour consulter l'agenda des activités proposées, qui sont toutes fort intéressantes.

LAM ★★★

1, allée du Musée

✆ 03 20 19 68 68

www.musee-lam.fr

Mardi-dimanche : 10h-18h (parc ouvert dès 9h). Collections : 7 €. Collections + expositions temporaires : 10 €/11 €.

Le musée d'art moderne, d'art contemporain et d'art brut de Lille Métropole, c'est une architecture tout en sobriété, soulignée d'un superbe parc abritant les œuvres de grands sculpteurs tels que Picasso, Calder ou Lipchitz. Baigné de lumière naturelle, le musée possède une collection unique au monde présentant trois fonds : d'art moderne, d'art contemporain et d'art brut. À travers plus de 7 000 œuvres d'artistes aussi prestigieux que Georges Braque, Fernand Léger, Amedeo Modigliani, Joan Miro ou Kees Van Dongen, le visiteur découvre un panorama inédit de l'art des XXe et XXIe siècles. La collection d'art brut est impressionnante. Avec les années, elle est devenue l'un des fonds les plus importants d'Europe. De nombreuses œuvres anonymes côtoient des grands noms comme Aloïse Corbaz, Henry Darger ou André Robillard. Les différents espaces du musée sont grands, lumineux et la visite se fait tout naturellement. En faisant la part belle à de nouveaux dialogues au sein de sa collection permanente, de ses expositions temporaires et de sa programmation culturelle (spectacles, projections, concerts, ateliers, etc.), le LaM stimule la curiosité et suscite l'émotion de tous ses visiteurs. Même des plus petits grâce à de visites guidées et en chansons ! Cette qualité d'ouverture et la diversité de ses collections en font l'un des musées les plus importants du nord de l'Europe. Une visite incontournable. Et pour celles et ceux qui souhaiteraient poursuivre la visite à la maison, il est possible de l'explorer sur le site Internet.

NOS BALADES

À LA MAISON DU HÉRON €€

90, rue Hem

✆ 03 20 98 60 08

www.alamaisonduheron.com

Chambre double 72 €. Gîte 980€/mois. Chèque Vacances. Wifi.

Dans la banlieue calme de Lille, à Villeneuve-d'Ascq, entre Lille et Roubaix, vous êtes accueillis chaleureusement dans une maison typique du Nord, construite en 1988, avec des matériaux traditionnels : briques et tuiles rouges. Les chambres confortables, à la décoration personnalisée, au premier étage, donnent toutes sur le jardin paysagé. Les petits déjeuners offerts avec pain, confitures et pâtisserie maison, accompagnés de boissons chaudes, fruits de saison, yaourt et jus de fruit, sont servis dans la salle à manger ou sur la terrasse aux beaux jours.

QUEEN CHRISTINE €€€

41, rue Jean-Jaurès

✆ 06 12 55 04 15

www.queenchristine.fr

Chambres doubles de 125 € à 175 €.

Cet hôtel particulier lillois propose quatre suites avec des chambres aux thèmes et couleurs différents, ayant chacune leur propre salle de bains. Il y en a pour tous les goûts. Christine, la propriétaire, était surnommée la reine Christine quand elle était petite, d'où le nom de son établissement. Elle a veillé à ce que chaque chambre soit unique et décorée de manière personnelle. Ce défi est bel et bien réussi car on peut dire que les chambres font penser à des cabinets de curiosités grâce aux choix éclectiques de bibelots qui y sont placés.

LE PARC DU HÉRON

Chemin du Grand Marais
✆ 03 20 63 11 26
https://enm.lillemetropole.fr
Ouvert toute l'année.

Le parc du Héron, malgré son caractère d'espace vert entièrement créé par l'homme (son aménagement est l'œuvre du paysagiste Jean Challet), réunit 110 hectares d'eau et de verdure de façon si naturelle qu'on le croirait existant depuis toujours. Depuis 1995, 73 hectares du parc sont classés « réserve naturelle volontaire », et, depuis 2002, le parc est géré par l'Espace Naturel Lille Métropole. Si l'on observe évidemment des hérons, une foule d'autres oiseaux (canards colverts, loriots, mésanges, coucous, pic-verts...) se sont installés dans ce lieu, et on y trouve également des chevaux, tandis que les vaches paissent paisiblement dans les champs autour du parc. La ferme du Héron, en plein cœur du parc, accueille aujourd'hui les services municipaux d'éducation et d'environnement, du développement durable et de la santé, ainsi que les écoliers et centres de loisirs. N'hésitez pas à emprunter les sentiers qui bordent le lac, où vivent d'imposants silures !

▸ **La ferme du Héron** fait partie d'un ensemble de plusieurs fermes typiques de l'habitat rural de la région, rachetées par la ville et préservées. Des ânes y paissent non loin du verger conservatoire, qui abrite de nombreuses variétés d'arbres fruitiers (poiriers, cerisiers) ainsi que des vignes. Au cours d'une escapade dans cet espace vert, vous pourrez y observer un pavillon de chasse datant du XVIIe siècle. Dans le même genre, la villa Gabrielle, une maison du XIIe siècle convertie au XIXe siècle en hospice, est aujourd'hui siège du CCAS (Cente communal d'action sociale).

LA MAILLERIE

64, allée des Mannequins ✆ 03 74 09 86 32
biltoki.com/hallesmaillerie/
Ouvert le mardi et le mercredi de 10h à 19h30 ; le jeudi et le vendredi de 10h à 23h ; le samedi de 10h à 16h.

Biltoki signifie « lieu qui rassemble » en basque et aujourd'hui le mot désigne une équipe de joyeux lurons basques fous de partage et de bonne bouffe qui ont décidé de remettre au goût du jour les halles d'antan. Pensées comme une petite place de village, les Halles de la Mailerie rassemblent 24 producteurs locaux d'excellence. Vous y retrouverez le fromager Philippe Olivier, le chef Steven Ramon, la Criée de Boulogne-sur-Mer, les Halles Modernes, mais aussi des cavistes, pâtissiers, bouchers... Il y a même des food-corners pour déguster ces pépites sur place !

SAINGHIN-EN-MÉLANTOIS

Bien que tout proche des agglomérations de Lille et de Villeneuve-d'Ascq, le village de Sainghin-en-Mélantois a su conserver son aspect rural, qui offre une agréable pause verte pendant votre parcours en vélo ! Situé au confluent de la Marque et du ruisseau de la Noyelle, ce village du Nord est très reposant. Pendant votre balade, ne manquez pas l'église Saint-Nicolas, bâtie au XVIe siècle, ainsi que le musée Gabriel Mouvaux, à la découverte des vestiges d'un site gallo-romain. La visite de la commune ne serait pas complète sans voir le tumulus mont des Tombes, également site archéologique gallo-romain. Une jolie halte dans l'agglomération lilloise.

AUBERGE DE LA FORGE €€

160, rue de Lannoy
✆ 03 20 19 19 69
www.aubergedelaforge.fr
Ouvert du lundi au jeudi de 12h à 14h, vendredi et samedi de 12h à 14h et de 19h30 à 21h30, dimanche de 12h à 14h.

Voilà plus de 18 ans que l'Auberge de la Forge accueille les gourmands de la région. Une adresse chaleureuse et conviviale jouissant d'un cadre exceptionnel : une ancienne forge avec un grand jardin sur lequel donne une très belle terrasse. En hiver, l'atmosphère se fait plus intimiste autour de la grande cheminée. Côté cuisine, le chef et Maître Restaurateur Alexandre Spriet revisite en toute simplicité la cuisine traditionnelle. De la brioche au maroilles pour commencer au ch'tiramisu pour terminer, retrouvez le meilleur des saveurs du Nord.

DELESALLE LUC €€€

35, rue du Fort
✆ 06 07 59 80 40
www.la-verdiere.fr
Eau potable. Lave-linge, laverie.

La Verdière est un havre de paix, composé de trois gîtes de charme indépendants, d'une capacité de 6 personnes chacun. Situés à proximité de Lille, ces meublés de tourisme vous offrent la possibilité de profiter du calme de la campagne. Chaque gîte a son histoire, son identité. La Conciergerie est un gîte rural authentique, apprécié pour son cachet et son confort. Il s'agit de l'ancienne conciergerie de la maison de maître La Verdière. Les Ifs sont deux gîtes ruraux contemporains à la décoration soignée, plus modernes mais non moins charmants.

POLBERT CAFÉ €€

2622, rue de Lille
✆ 09 52 87 05 07
www.polbert.fr
Ouvert du mardi au samedi de 12h à 0h.
Carte : 25 € environ.

Le Polbert Café, c'est la petite adresse de la métropole qui bouge… au sens propre du terme quand on voit le succès de ses incroyables soirées disco du vendredi ! Mais le Polbert, c'est aussi une très bonne table qui offre de belles découvertes culinaires. Dicté par les saisons et les envies du chef, le menu évolue sans cesse. Ce qu'on préfère, ce sont les incroyables pâtisseries. Mention spéciale au Mont-Blanc aux marrons, fèves tonka et crème vanillée ! Le restaurant est décoré avec goût et s'ouvre sur une très belle terrasse-jardin !

BOUVINES

« Histoire et nature », voilà les deux maîtres-mots choisis par la commune pour se définir ! Les amoureux d'histoire le savent : le village de Bouvines est en effet célèbre pour avoir accueilli la bataille du même nom en 1214 qui opposa les troupes du roi de France Philippe Auguste à une coalition de princes et seigneurs flamands, allemands et français avec quelques contingents anglais, avec à sa tête l'empereur Otton de Brunswick dit Otton IV. Parmi les lieux à visiter, l'église gothique Saint-Pierre, la fontaine Saint-Pierre (la légende raconte que Philippe Auguste s'y serait reposé avant la bataille), ainsi que l'obélisque commémoratif.

ÉGLISE SAINT-PIERRE

Rue Jeanne d'Arc
✆ 03 20 41 31 59
www.bouvines.fr
L'église est ouverte tous les jours : en été de 9h à 18h, en hiver de 10h à 17h. Visite pour groupes possible.

Construite entre 1880 et 1886, l'église Saint-Pierre de Bouvines a été classée monument historique en 2010. On y retrouve 21 vitraux représentant le récit de la bataille de Bouvines, réalisés par Emmanuel Champigneulle, associant couleurs chatoyantes et bleu royal. La partie inférieure de chaque vitrail montre les blasons des donateurs, ayant contribué à leur financement. À proximité, d'autres preuves de ce passé historique comme la fontaine Saint-Pierre où aurait eu lieu le « repos » de Philippe-Auguste juste avant la bataille.

FERME BROCARD - GÎTE DU GLAND €€

605, rue du Maréchal Foch
✆ 03 20 41 32 74
www.gite-bouvines.fr
Selon la période, de 723 € à 799 € la semaine, tout inclus.

Maryse et Emile Brocart vous accueillent dans leur ferme où sont aménagés 5 chambres d'hôtes et 1 gîte de 103 m^2 d'une capacité de 7 personnes. Ce dernier possède le confort et un petit jardin privatif, pour que vous puissiez passer un agréable séjour à la campagne. Le matin, dégustez un bon petit déjeuner (servi jusqu'à 10h) avec vue sur la campagne. La localisation est idéale pour les balades dans la région (à quelques kilomètres de Lille, de Villeneuve-d'Ascq et de la Belgique).

LA FERME DE LA PLACE €€

261, rue du Maréchal-Foch
✆ +33 3 20 41 12 13
www.fermedelaplace.fr
A partir de 99 € la nuit pour deux personnes.

C'est dans une ferme typique du pays lillois que se trouve la Ferme de la Place, un véritable havre de paix, situé à seulement quelques kilomètres de Lille et de la Belgique. Lieu authentique et charmant, cette ancienne ferme dispose de 5 chambres d'hôtes et d'un gîte tout équipé. N'hésitez pas à profiter du petit déjeuner dans le luxueux séjour avec sa jolie cheminée à feu de bois. L'ambiance campagnarde et champêtre y est propice à la relaxation et vous permettra de passer un séjour agréable et bucolique ! Une adresse recommandée.

L'ESTAMINET DE L'ALLUMETTE €

515, rue Félix Dehau
✆ 03 20 64 91 64
www.estaminetallumette.fr
Ouvert mardi, mercredi et dimanche le midi ; jeudi et vendredi midi et soir ; le samedi soir. Réservation recommandée.

L'Estaminet de l'Allumette est une adresse bien connue des habitants de Bouvines et des alentours ! Dès l'entrée, vous êtes bien accueilli par les gérants de ce restaurant, dont l'intérieur est entièrement fait de bois, sauf le bar qui lui est dur comme de la pierre. À la carte se bousculent les plats du terroir, à base de bière, de fromage, de poulet, de poisson et surtout de produits frais. Les assiettes sont copieuses et les frites délicieuses, ne manquez pas aussi les desserts.

LE DOUAISIS

- **Total :** 75,5 km
- **Durée :** entre 3h45 et 7h35 (10 à 20 km/h)
- **Difficulté :** 5 côtes, peu vallonné.

LIEUX	Km partiel	Km cumul	Routes
DOUAI	0	0	Rue de la Mairie, Rue du Pont à l'Herbe, Quai Joffre, Quai Foch, Quai Devigne, Rue Coubertin, Rue du Schweitzer, Rue de Recklinghausen, Rue de Lambres, Rue Abbé de l'Epée, D956
FÉRIN	5,8	5,8	CV
GOEULZIN	2	7,8	D65, D135
ESTRÉES	3,5	11,3	D135A, Route de Douai
HAMEL	2,3	13,6	D47, CV
ETANGS DE LÉCLUSE	2,6	16,2	CV, D47
HAMEL	2,6	18,8	D47
ARLEUX	2,2	21	D65
LE MOULINET	3	24	D135
ROUCOURT	4,5	28,5	D135
LEWARDE	2,5	30,3	D135, D13, D25
MONTIGNY-EN-OSTREVANT	1,8	34,3	D25

SECLIN
LILLE
TOURNAI
Nomain
PARCOURS GPX
D 938
D 549
D 917
Bersée
D 354
Thumeries
A 23
VALENCIENNES
Orchies
Faumont
Coutiches
D 917
D 938
Bouvignies
Flines-lez-Raches
Leforest
Roost-Warendin
LILLE
Canal de la Deule
Raches
Parc Naturel Régional de Scarpe-Escaut
D 957
Flers-en-Escrebeux
Raches
Marchiennes
N 455
Douai
Scarpe
D 47
Cuincy
Lallaing
Waziers
Pecquencourt
N 455
Montigny-en-Ostrevent
Sin-le-Noble
Dechy
N 50
Somain
D 13
D 500
N 45
Lewarde
DENAIN
Courchelettes
ARRAS
N 45
Aubechicourt
Aniche
Férin
D 957
Gœulzin
D 943
Cantin
Monchecourt
Estrées
N 43
Canal de la Sensée
D 956
1 KM
Hamel
Arleux
Lécluse
Aubigny-au-Bac
Féchain
Ecourt-Saint-Quentin
Canal du Nord
D 14
Oisy-le-Verger
CAMBRAI
Autoroute
Type autoroutier
Route principale
Route secondaire
Limite de parc
Circuit vélo
Départ

DOUAI ★★

Le Vieux-Douai vous séduira avec ses hôtels particuliers, son beffroi et ses fortifications. Si les premières traces d'habitat à Douai remontent au VIIe siècle dans l'îlot sacré, c'est surtout le XIIe siècle qui offre à Douai une certaine envergure. Profitant de la Scarpe, Douai développe alors une industrie drapière de renommée internationale et obtient à la même époque sa charte communale. L'essor s'amplifie et le XIVe siècle marque un réel tournant dans son histoire : la construction du beffroi est décidée sur la place des Halles. L'économie est alors florissante et Douai jouit aussi d'un important rôle céréalier, comme en atteste la place d'Armes.

BEFFROI ET HOTEL DE VILLE ★

Rue de la Mairie ✆ 03 27 88 26 79

www.douaisis-tourisme.fr

Visites tous les jours sur réservation à 15h et 16h30. Suppl : 11h les week-ends. Rdv : 70, place d'Armes. Adulte : 6 €.

L'un des monuments les plus symboliques de Douai est son beffroi. Classé au patrimoine mondial de l'humanité par l'Unesco en 2005, il date de 1380. Du haut de ses 45 mètres, il domine la ville, fièrement gardé par un lion rugissant portant entre ses pattes une bannière arborant le « D » de la ville. Ne manquez pas de monter ses 196 marches pour avoir une vue exceptionnelle. Son carillon de 62 cloches rythme les journées de sa mélodie, et fait le bonheur de carillonneurs du monde entier.

LES BATEAUX-PROMENADES DU VIEUX DOUAI

Place de Polinchove

✆ 03 27 88 26 79

www.douaisis-tourisme.fr

Balade le week-end en juin et septembre. Mercredi-dimanche en juillet et août. Jours fériés inclus 15h-18h30. Tarif 6 €.

Voguez sans plus attendre au fil de l'histoire douaisienne à bord d'un bateau-promenade. Cette promenade en barque sur cette rivière est à la fois dépaysante mais aussi enrichissante. Originalité et culture du patrimoine s'allient dans cette activité hors du commun. Une visite guidée loin de la ville, qui vous contera plus de mille ans d'histoire de la ville, dont le Moyen Age et le XVIIIe siècle, en compagnie des façades restaurées. Une visite étonnante.

CITÉ DE LA CLOCHETTE

Avenue Charles-Gounod

Visite guidée à certaines occasions. Renseignements et guide sur le patrimoine minier de Douai disponible à l'office.

Un peu excentrée, la Cité de la Clochette, au patrimoine mondial de l'Unesco depuis 2012, tient une place particulière dans la mémoire sociale et culturelle de la ville. Son nom insolite ferait référence à une tour médiévale construite à l'est de la ville au XVe siècle. Au lendemain de la Première Guerre mondiale, les mines font appel à des travailleurs étrangers, polonais pour la plupart. C'est pour les accueillir que la Cité de la Clochette fut construite entre 1925 et 1927. Bâtie sur le modèle des cités-jardins, elle offre fantaisie architecturale et verdure.

La place d'Armes à Douai.

COLLÉGIALE SAINT-PIERRE ★

Rue du Clocher-Saint-Pierre

Contacter l'office de tourisme pour en savoir plus sur les visites guidées.

La particularité de cette église, dont l'histoire remonte au IXe siècle ? Son clocher séparé, qui donna son nom à la rue du Clocher-Saint-Pierre. Élevée au rang de collégiale en 1012, elle gagna en popularité, mais nécessita une remise en état pour rouvrir en 1750. Aujourd'hui, elle fait 112 mètres de long et 24 mètres de haut. Dès votre arrivée, vous vous laisserez sûrement impressionner par son clocher-porche, mais aussi par les toiles à l'intérieur, ou encore par son buffet d'orgue réalisé au XVIIIe siècle par le sculpteur valenciennois Antoine Gilis.

ÉGLISE NOTRE-DAME ★

56, Terrasse Notre-Dame

D'avril à septembre : du mardi au samedi de 13h30 à 17h30. D'octobre à mars : du mardi au samedi de 13h30 à 16h30.

Au XIIe siècle, l'église Notre-Dame n'était qu'une petite chapelle construite loin du centre-ville pour servir d'éventuel point de ralliement et de départ en cas d'attaque. Les attaques n'ayant pas eu lieu, le faubourg environnant n'a cessé de croître, augmentant ainsi la foule de fidèles ! C'est ainsi qu'au XIIIe siècle la petite chapelle devient paroisse. Mais c'est seulement au XVe siècle que la chapelle devient une véritable église. À l'intérieur, on trouve une décoration riche, dont quelques tableaux et tapisseries datant du XVIIe au XXe siècle.

MUSÉE DE LA CHARTREUSE ★★

130, rue des Chartreux

© 03 27 71 38 80

www.museedelachartreuse.fr

Ouvert du mercredi au lundi de 10h à 12h et de 14h à 18h (fermé le mardi). 5 €, réduit : 2,50 € ou gratuit.

Le Musée de la Chartreuse rassemble plusieurs bâtiments : l'Hôtel d'Abencourt du XVIe siècle, l'Aile Montmorency du XVIIe siècle et le Couvent des Chartreux, en activité entre 1662 et 1791.

Dans ce musée, vous pourrez retrouver des œuvres des primitifs flamands ou encore des chefs-d'œuvre de la Renaissance italienne. Bien sûr, vous en apprendrez aussi davantage sur Douai et son histoire, avec des œuvres d'artistes douaisiens des XIXe et XXe siècles. Pensez à visiter le jardin du petit cloître. Le musée est gratuit le premier dimanche du mois pour tous !

MUSÉE-PARC ARCHÉOLOGIQUE ARKÉOS

4401, route de Tournai

© 03 27 71 18 00

www.arkeos.fr

A partir de 4 €.

Comme son nom l'indique, le musée se base sur plus de 50 ans de recherches archéologiques dans la région pour « proposer une interprétation de l'histoire d'un territoire et de ceux qui l'ont modelé » et valoriser un patrimoine d'une richesse jusqu'ici insoupçonnée. Vous serez tour à tour archéologue, anthropologue et un peu aventurier aussi ! C'est tout simplement passionnant ! Envie d'en savoir plus ? Faites un petit tour à la boutique-librairie !

LES FOULONS €€

115, rue des Foulons

© 03 27 86 13 75

Chambre à partir de 135 € la nuit. Animaux acceptés en supplément.

Tout près du beffroi de Douai, Bernard et Dominique Lauverjat vous reçoivent dans les quatre chambres d'hôtes de la belle maison bourgeoise des Foulons, datant du XVIIe siècle. Les chambres sont calmes et spacieuses et décorées avec soin. La plus romantique d'entre elles est la chambre Les Trumeaux. Pour les amoureux des livres, une chambre vous est proposée. Deux autres proposent quant à elles une ambiance plus aquatique. Dehors, un joli petit jardin de ville, bien protégé, vous propose deux terrasses et une pergola. Une jolie halte sur votre parcours.

LA TERRASSE €€€

36, terrasse Saint-Pierre © 03 27 88 70 04

www.laterrasse.fr

Lundi-vendredi : 12h-14h/19h-22h, samedi : 19h-22h, dimanche : 12h-14h. Réservation recommandée. Menus dès 19,90 €.

La Terrasse est une adresse bien connue des Douaisiens, mais aussi reconnue par le label des Maîtres Restaurateurs, et par le chef Alain Ducasse et son guide *La Collection*.

En salle, l'atmosphère est intimiste et agréable. Le personnel est aux petits soins, la carte alléchante : aïoli de poissons de la mer du Nord, assiette d'escargots.... Sans oublier l'incroyable plateau de fromages apporté sur sa belle table roulante. On apprécie les assiettes bien présentées et les proportions généreuses, tout comme l'assortiment de petites douceurs qui accompagnent le café.

LES PUCES DU NORD

Parc du rivage - Route de Tournai
✆ 03 26 02 04 06
www.europuces.com
Chaque 3e dimanche du mois de 9h à 16h. Dates à trouver sur le site Internet.

Chaque 3e dimanche du mois, Gayant Expo se transforme en paradis des chineurs et des amateurs d'objets et mobiliers 100% vintage. Ici se mélangent avec harmonie antiquaires professionnels et brocanteurs amateurs, mais tous partagent la même passion de l'ancien ! Fauteuils 70's, secrétaires Empire, peintures et cartes postales début de siècle, encyclopédies et livres anciens… il y en a pour tous les goûts. Un petit creux au milieu de vos déambulations à travers les siècles ? Profitez de la buvette/brasserie qui sent bon le jambon rôti !

LE DOLMEN DU BOIS

www.hamel59.fr

Construite en grès, cette pierre sépulcrale datant du Néolithique a été malmenée durant le XIXe siècle. Le monument naturel fut reconstitué avec les moyens du bord et selon des descriptions historiques. Le monument était originellement (vers le IIIe siècle av. J.-C.) constitué de six énormes pierres qui formaient une grotte de 5 mètres de long et 1,30 mètre de large. Le dolmen d'Hamel a été classé Monument historique en 1887. Considérée alors comme un lieu magique, la source qu'abrite le site du dolmen a été nommée « La Cuisine des Fées » !

RANDONNÉES DU DOUAISIS

www.douaisis-tourisme.fr
7 circuits à retrouver sur le site internet.

Douai et le Douaisis sont à découvrir à pied ! On enfile ses baskets et on profite de randonnées accessibles à tous. Le site internet de l'office de tourisme propose sept circuits plus ou moins longs. Vous y découvrirez une nature préservée, des édifices historiques, des musées et même des fermes si vous souhaitez acheter local ! Partez par exemple pour une boucle de 20 km (comptez 5h à pied et 1h30 en vélo) le long des cours d'eau du territoire, notamment la Scarpe. Profitez de ces circuits à vélo pour une balade inoubliable !

LEWARDE

L'origine de Lewarde remonterait aux alentours du XIIIe siècle. Aujourd'hui, la commune compte environ 2500 habitants et doit sa renommée, qui s'étend bien au-delà de la région, grâce au centre historique minier, véritable témoignage du passé. Une halte y est vivement recommandée. Parmi les autres points d'intérêts de la ville : l'église Saint-Remi érigée entre les XVIe et XIXe siècle. A noter, le deuxième dimanche d'octobre a lieu la fête de la châtaigne. Venez goûter Le Truffé Lewardois, une spécialité locale de pâté.

HAMEL

Le petit village Hamel et ses 780 habitants se trouvent dans la vallée de la Sensée. Ce sont les paysages qui entourent le village qui constituent sa plus grande richesse ! En effet, entre ses impressionnants marais et la plaine agricole de l'Ostrevent, les possibilités de partir à la découverte du Douaisis sont nombreuses et très appréciables (aussi bien à pied qu'à vélo). Pendant votre visite de la commune, quelques monuments valent le détour, à l'instar de la chapelle Notre-Dame de Bonsecours, de l'église Saint-Sarre et du dolmen du Bois. Hamel est également connue pour sa carrière de sable, dans laquelle vivent de nombreux insectes sauvages.

CENTRE HISTORIQUE MINIER DE LEWARDE ★★

Fosse Delloye
✆ 03 27 95 82 82
www.chm-lewarde.com
Basse saison : du lundi au samedi 13h-17h ; dimanche et fériés 10h-17h. Haute saison : tous les jours de 9h à 17h30.

Le centre historique minier de Lewarde est le plus important musée français consacré à la mine. Les collections comprennent 15 000 objets ayant trait à l'histoire du bassin houiller du Nord-Pas-de-Calais. Le Centre historique Minier développe également depuis plusieurs années une collection d'œuvres d'art (peintures, dessins, aquarelles, sculptures ou tapisseries, affiches publicitaires et de cinéma) et d'objets décoratifs illustrant la mine et les mineurs.

MARCHIENNES

Marchiennes constitue un cas à part dans la région. La ville semble vivre en autarcie au beau milieu des parcs régionaux. On rattache volontiers son histoire à celle de son abbaye. Créée en 630 par le comte de Douai, elle devint bénédictine après la réforme de 1024. La Révolution provoqua son démantèlement en 1792. Parallèlement, Marchiennes subissait diverses invasions avant que la population ne soit décimée par la peste noire au XIVe siècle. La suite des événements est classique : la commune ne put conserver un patrimoine industriel propre. Aujourd'hui, c'est une agréable bourgade qui a surmonté les deux guerres et qui a conservé un beau patrimoine.

FORÊT DOMANIALE

www.marchiennestourisme.fr

800 hectares. De nombreuses randonnées dont le GR21.

Composé à 80 % de chênes, l'important massif forestier a subi une importante destruction durant la Première Guerre mondiale et fut entièrement replanté puis agrandi. Dorénavant, la forêt est protégée par des écogardes et permet de s'y aventurer en toute tranquillité pour des randonnées à pied ou à vélo. La forêt, qui fait partie du Parc naturel régional Scarpe-Escaut, est devenue une bulle d'oxygène pour les habitants de Lille, de Douai ou de Valenciennes. On n'oublie bien sûr pas de respecter la faune et la flore pour que ce paysage perdure !

LE COLVERT €€

Route de Flines

✆ 03 27 95 34 34

http://restaurant-lecolvert.fr

Du mercredi au dimanche le midi et le soir.

Situé dans un véritable cadre de verdure, sur la base de loisirs des Évoïches à Marchiennes, ce restaurant est idéal pour une pause gourmande, en famille ou entre amis. À la brasserie, vous pouvez déguster des plats simples et de qualité. Au restaurant, La Table de l'Étang, dans un cadre feutré et un décor raffiné, place à une cuisine gastronomique et originale faite avec de beaux produits du terroir. Et pour digérer le repas, rien de mieux que de partir à la découverte du milieu naturel autour de vous, à pied ou à vélo. Les amateurs de pêche seront comblés !

CIRCUIT DU GRAND VIVIER. IGN 2606 O

Départ : mairie de Wandignies-Hamage

www.randogps.net

7 km. 2h20 à pied.

Partant de la mairie de Wandignies-Hamage, ce circuit facile emprunte des petites routes et des chemins agricoles à travers les paysages typiques de la Scarpe et du plateau calcaire de l'Ostrevent. Vous remarquerez ainsi les censes, des alignements de saules taillés en têtards, les marais, auxquels se joignent des témoins de l'industrie minière : la centrale d'Hornaing et les terrils ainsi qu'une belle faune. En période de pluie, pensez à prévoir des chaussures étanches.

CIRCUIT DU MARAIS DES ONZE VILLES. IGN 2605 O

Départ : Rieulay, parking de l'espace de loisirs des Argales

www.pnr-scarpe-escaut.fr

7 km. 2h20 à pied.

Voici un circuit très diversifié ! Le sentier part de Rieulay pour vous emmener dans les prairies, peupleraies et les marais environnants. Privilégiez d'ailleurs la période d'avril à octobre afin d'éviter la saison la plus humide. Des étangs et de jolis boisements animeront votre randonnée. Remarquez également la diversité de la haie : saules, charmes, chênes, hêtres, noisetiers, aulnes et de la faune, ravie de profiter à la fois des zones humides et des arbres.

CIRCUIT DU MARAIS DES VACHES. IGN 2605 O

Départ : Mairie de Tilloy-lez-Marchiennes

Longueur 7 km, durée 2h20.

Ce circuit sans difficulté part de Tilloy-lez-Marchiennes, à la découverte de milieux caractéristiques de la Scarpe : forêts, prairies humides et fossés de drainage. Pensez à emmener des jumelles pour apprécier la diversité des oiseaux. Chevreuils, écureuils, chouettes et hiboux pourront aussi vous saluer. Au printemps, vous sentirez les odeurs fortes d'ail des ours. Et ne partez pas sans vos jumelles : en plus des paysages, vous pourrez observer la diversité des espèces d'oiseaux !

BEUVRY-LA-FORÊT

La commune de Beuvry-la-Forêt a plusieurs fois changé de nom au cours de sa longue histoire ! Villa Bebrigum, Villa Beuvri, Villa Beuvrui, Villa Beuvri cum Vivario… Puis le village devint progressivement Beuvery, Beuvrie, Beuvruy, Beuvries, Beuvry-lez-Orchies, et enfin Beuvry-la-Forêt depuis 1969 ! Quelle histoire ! Quelques monuments sont à ne pas manquer dans la ville : l'église Saint-Martin, la chapelle Notre-Dame-de-Bon-Secours ainsi que le presbytère. Pendant votre balade à vélo, admirez le paysage et les fameuses fermes flamandes du XVIIIe siècle, si typiques de la région. Un moulin de bois du XVIIIe siècle est également à voir !

ORCHIES

La ville d'Orchies est intimement liée à la chicorée avec le musée qui lui était consacré jusqu'en 2018 ! Lors de votre découverte de la ville, ne manquez pas l'hôtel de ville construit en 1610 dans un style Renaissance flamande assez remarquable. Il trône fièrement au milieu de la Grand'Place entièrement refaite en 2007, donnant au centre-ville un caractère très agréable. Le carillon de l'église Notre-Dame-de-l'Assomption mérite lui aussi une visite. Le premier carillon date de 1559 mais a malheureusement été détruit lors d'un incendie en 1914. Le nouveau compte 48 cloches de bronze mises en valeur lors d'un festival tenu chaque année.

NOS BALADES

AUBERGE DE LA CROIX OU PILE €€

Rue du Ghien
✆ 03 20 71 71 87
www.lacroixoupile.com
Ouvert le mercredi et le dimanche de 8h à 20h ; du jeudi au samedi de 8h à 23h. Menu à 35 €.

Que ce soit pour boire un verre au bar, pour manger un petit en-cas ou pour passer à table et déguster un bon repas dans le restaurant, vous serez toujours les bienvenus dans cette auberge ! Lorsque le temps le permet, vous pouvez manger sous les arbres, dans le parc. Les amateurs de viande seront ravis et pourront savourer une pièce de bœuf limousin grillée à la plancha. Côté sucré, on notera les recettes typiques revisitées comme le cheesecake au miel de Marchiennes.

LE MANOIR €€

D549 (direction Seclin)
✆ 03 20 64 68 68
www.manoir.net
Ouvert du lundi au vendredi midi et soir. Réservation recommandée. Carte : 35 € environ. Formule du midi : 16,90 €.

Envie de déguster des plats régionaux et parfaitement cuisinés ? Le Manoir est une brasserie de très belle qualité. A la carte, vous trouverez des plats traditionnels dont on ne se lasse pas : la carbonnade flamande, le potjevleesch, la ficelle picarde ou encore la quiche au maroilles. Leur spécialité : le jambonneau grillé à la moutarde. La brasserie ose aussi des associations de saveurs comme les endives caramélisées à la chicorée avec une glace caramel beurre salé. L'accueil est très soignée et agréable et la bâtisse ne manque pas de charme !

LE SABOT DU ROY €€

2895, rue Albert-Ricquier
✆ 03 62 65 49 19
Ouvert du mardi au vendredi et le dimanche le midi de 12h à 14h ; le vendredi et le samedi le soir de 19h à 22h.

Vous goûterez ici une cuisine traditionnelle à base de produits frais, avec tous les grands classiques d'un estaminet qui se respecte : le potjevleesch, la carbonnade flamande et surtout les incontournables frites maison, un grand succès du lieu ! Pensez, bien sûr, à accompagner votre plat d'une bière de la région ! Aux beaux jours, installez-vous sur la terrasse très agréable ! L'estaminet est un secret bien caché puisqu'il est assez isolé mais quand on vient une fois, on y retourne forcément. Au Sabot du Roy, on est reçu comme un prince…

LE PAVÉ GOURMAND €€

113, rue Léon-Rudent
✆ 03 20 71 03 93
www.lepavegourmand.fr
Ouvert du mardi au dimanche le midi ; le vendredi et le samedi le soir. Menus de 19,90 à 29,90 €. Terrasse.

Le Pavé Gourmand vous accueille dans une ambiance calme mais chaleureuse. La décoration est chatoyante et vous ne pouvez qu'être charmé par la carte : tartare de truite de mer, risotto de choux variés, pressé d'épaule d'agneau… Ce que l'on aime beaucoup, ce sont aussi les assiettes savamment dressées. La carte s'adapte aux saisons dans un souci de fraîcheur. Le service est efficace et souriant. Il est possible d'organiser des événements pour des groupes. N'hésitez pas à vous rapprocher de l'équipe. La terrasse extérieure est très agréable l'été.

ROOST-WARENDIN

La commune de Roost-Warendin est née de l'association de deux villages bien distincts et n'existe que depuis la Révolution ! Avant cette date, Roost était une petite paroisse implantée au cœur des marais. Son nom signifie d'ailleurs « roseau » en dialecte teuton. Warendin était un petit hameau rattaché à la commune de Râches. A la Révolution, les territoires sont redéfinis et les deux villages rassemblés. Mais cette fusion ne se fit pas sans heurt. Les habitants de Warendin voulaient construire une nouvelle église au centre des deux hameaux, mais les habitants de Roost, eux, voulaient garder la leur. Ce n'est qu'après de nombreuses discussions que la nouvelle église Saint-Martin fut inaugurée en 1832. Mais la hache de guerre était loin d'être enterrée et les habitants des deux communes refusèrent de se mélanger. Dans l'église, les habitants de Roost se plaçaient à droite et ceux de Warendin à gauche… et cette séparation continuait jusque dans le cimetière ! Heureusement, au fil des années, tous les habitants finirent par s'unir et former une commune qui connut un deuxième souffle grâce à l'activité de la grande Fosse 9 de l'Escarpelle, qui n'a fermé ses portes qu'en 1990 et dont le chevalement est le dernier vestige visible, conservé en hommage aux mineurs, venus habiter en grand nombre à Roost-Warendin. La commune possède également un patrimoine naturel exceptionnel protégeant 210 espèces de plantes rares et 57 espèces d'oiseaux. Sentiers de randonnée, voies vertes, et sites d'observation attendent tous les amoureux de la nature. Roost-Warendin, une petite commune au patrimoine très riche.

CHÂTEAU DE BERNICOURT

Allée du château de Bernicourt
✆ 03 27 95 90 00
www.ville-roostwarendin.fr

Ouvert d'avril à octobre, mercredi et jeudi de 13h30 à 17h sur résa (auprès de la mairie). Adulte 5 €. Enfant 1,50 €.

Le château de Bernicourt fut construit dans sa forme actuelle à la fin du XVIIIe siècle. Précédé d'une chaussée pavée et d'une rue longue de près de trois kilomètres autrefois bordée de vieux ormes, le château arbore une belle façade classique de briques et de pierres donnant sur un superbe parc de 25 ha offrant un cadre verdoyant aux promeneurs et aux curieux. A l'intérieur, le visiteur, accueilli par les géants Guislain et Marie-Thérèse, découvre de véritables trésors grâce à l'écomusée qui reconstitue des scènes de la vie au début du XXe siècle !

LA TABLE DE GUISLAIN €€

Château de Bernicourt
✆ 09 50 56 62 70
www.la-table-de-guislain.fr

Ouvert du mardi au dimanche le midi ; le vendredi et le samedi le soir. Plat du jour : 13 € (avec café).

La Table de Guislain permet, le temps d'un repas, de vivre la vie de château. Les produits frais et de saison sont travaillés avec passion et joliment mis en scène. La carte est sans esbroufe mais maîtrisée. La simplicité n'exclut pas la qualité. Au menu ? Salade de Saint-Jacques et crevettes marinées, mignon de veau, brochette de volaille au curry, crème brûlée… Plusieurs menus permettent de profiter de ces saveurs dans un cadre charmant. Envie de prendre l'air ? La terrasse avec vue sur le parc de vingt-cinq hectares est un atout charme pour vos repas d'été.

LA FERME DES VANNEAUX

326, rue Jean-Jaurès
✆ 03 27 80 00 77

Ouvert du lundi au vendredi de 8h30 à 12h30 et de 13h15 à 16h30.

La Ferme des Vanneaux cultive sur ses parcelles des fruits et des légumes en permaculture, le tout dans le respect de l'environnement. Après leur récolte, les fruits et les légumes sont proposés à la vente, ainsi que des produits frais et transformés élaborés dans l'atelier traiteur situé à Sin-le-Noble avec des produits de la ferme principalement. Craquez pour le jus de pommes bio, 100 % local ! La Ferme des Vanneaux, c'est également une ferme qui aide à la réinsertion sociale par l'emploi. Une belle entreprise solidaire et engagée !

TERRILS DE L'ESCARPELLE ET DES PÂTURELLES

rue des paturelles

Site de randonnée avec beau panorama. Facilement accessible en bus depuis Douai. VTT interdits.

Une très belle et facile randonnée, aisément accessible en bus depuis Douai : les Terrils de l'Escarpelle et des Pâturelles. Entièrement réservés aux piétons, ils sont autant un précieux témoignage du passé minier de la région qu'une raison pour se balader dans la nature (qui a reconquis les lieux). Du sommet, on aperçoit la ville de Roost-Warendin, mais également le puits de chevalement qui se découpe nettement à l'horizon. Recommandé en famille !

AUTOUR DE VALENCIENNES

- **Total :** 69 km
- **Durée :** entre 3h25 et 7h (10 à 20 km/h)
- **Difficulté :** 3 côtes, peu vallonné.

LIEUX	Km partiel	Km cumul	Routes
VALENCIENNES	0	0	Place d'Armes, place du Commerce, avenue des Dentellières, boulevard Saly, boulevard Beauneveu, rue du Faubourg-de-Paris, avenue Faidherbe, boulevard de Denain, rue de Lomprez, D470
HÉRIN	5,2	5,2	D70, D213, D240
OISY	1,5	7,8	D240
DENAIN	5	11,7	D955, D281
HÉLESMES	5	16,7	D13
WALLERS	3	19,7	D13, rue Jules-Guesde, La Petite Drève, rue de Cernay, rue Lebret, rue Dewaulle
ARENBERG	3,5	23,2	D313, D269
VICOIGNE	4,2	27,4	D169
RAISMES	2	29,4	D375, RF
THERMES DE SAINT-AMAND	6	35,4	D151
SAINT-AMAND-LES-EAUX	3,8	39,2	D169, D66
NIVELLE	3	42,2	D169, D268, D66
BRUILLE-SAINT-AMAND	4	46,2	D66, D102A
HERGNIES	3,1	49,3	D102
VIEUX-CONDÉ	3,6	52,8	D102
CONDÉ-SUR-L'ESCAUT	2,5	55,3	Chemin cyclable
FRESNES-SUR-L'ESCAUT	2,5	57,8	Chemin cyclable
ESCAUPONT	2,5	60,3	Chemin cyclable
BRUAY-SUR-L'ESCAUT	3	63,3	Chemin cyclable
TERRIL D'ANZIN	2	65,3	Rue Pierre-Mathieu, av. de Condé, av. de Dampierre, av. Vauban, avenue Villars, rue Ferrand, rue de Paris
VALENCIENNES	3,7	69	Place d'Armes

TOURNAI, BELGIQUE
GENT, BELGIQUE
BELGIQUE
MONS, BELGIQUE
LILLE
DOUAI
CAMBRAI
MAUBEUGE
Landas
Nivelle
Hergnies
Vieux-Condé
Bruille-Saint-Amand
Condé-sur-l'Escaut
Thivencelle
Rosult
Saint-Amand-les-Eaux
Fresnes-sur-l'Escaut
Parc Naturel Régional de Scarpe-Escaut
Forêt de Raismes - Saint-Amand-Wallers
Bruay-sur-l'Escaut
Vicq
Hasnon
Wandignies-Hamage
Mare à Goriaux
Raismes
Onnaing
Quarouble
Beuvrages
Arenberg
Wallers
Fenain
Anzin
Saint-Saulve
Petite-Forêt
Oisy
Hérin
Valenciennes
Haveluy
la Sentinelle
Marly
Escaudain
Denain
Wavrechain-sous-Denain
Trith-Saint-Léger
Aulnoy-lez-Valenciennes
Escaut
Scarpe
D 169
D 954
D 935
D 955
D 35
D 50
D 40
D 13
A 23
A 2
N 30
N 49
1 KM
Autoroute
Route principale
Route secondaire
Limite de parc
Circuit vélo
Départ
PARCOURS GPX

VALENCIENNES ★

Capitale du Hainaut français, Valenciennes fut un temps capitale de la sidérurgie et de la métallurgie du Nord. Les nombreux artistes originaires de Valenciennes ont valu à la ville le surnom d'Athènes du Nord. C'est le berceau du peintre Watteau, du fameux chroniqueur Froissart, du père de la publicité, Jean Mineur, ou encore de Nungesser, le célèbre aviateur, et de Pierre Richard, célèbre comédien. La ville fait partie du bassin minier Nord-Pas-de-Calais, inscrit au patrimoine mondial de l'Unesco en 2012. Le Valenciennois fut pendant près de deux siècles et demi une terre de progrès et d'avant-garde, lui conférant aujourd'hui un héritage unique.

Histoire

C'est dans un document fort ancien relatant une sentence rendue en l'an de grâce 693 par Clovis II, roi des Francs, que le nom de Valenciennes fut écrit pour la première fois ! Après avoir été une grande cité drapière, les manufactures d'étoffes de laine et de toiles fines ayant permis à la cité de s'émanciper économiquement, la ville de Valenciennes s'est spécialisée dans la dentelle dès le XVIIe siècle avec Françoise Badar, Mère supérieure des Ursulines de Valenciennes. Puis, au début du siècle des Lumières, c'est le charbon qui sauva la ville d'un désastre économique. En effet, elle fut une cité industrielle et minière très prospère, notamment au XIXe siècle. Elle était même considérée comme la capitale de la sidérurgie du Nord !

ÉGLISE SAINT-GÉRY ✝

MAING

Cette ancienne église, classée aux Monuments historiques, date du XIIe siècle. Elle peut s'enorgueillir d'être le plus ancien édifice religieux du valenciennois, construit par des franciscains. Sa grande tour carrée, édifiée au XIXe siècle dans le style gothique, surplombe les environs. A l'intérieur, on peut encore observer un mobilier funéraire d'une belle qualité. Jeanne de Valois et sa fille, Isabelle de Namur, y ont été ré-inhumées en 2011, après leur exhumation en 1977 dans l'église de Fontenelle. Une visite culturelle instructive.

HÔTEL DE VILLE

1, place Pierre-Delcourt
CONDÉ-SUR-L'ESCAUT
✆ 03 27 20 36 40

Ouvert du mardi au vendredi de 8h à 12h et de 13h30 à 17h30 ; le samedi de 8h à 12h.

Cette impressionnante mairie, donnant sur la place, a été bâtie en 1774 par l'architecte Du Buat, sur les ordres du duc Emmanuel de Croÿ, alors gouverneur de la ville. Les six colonnes doriques en pierre d'Ecaussines, qui apportent ce sentiment de majesté à la façade de l'hôtel de ville, surplombent un soubassement réalisé à partir de pierres de Bavay. À voir, la salle des Gardes, la salle des mariages, l'ancien tribunal du juge de paix, le grand salon… Plusieurs peintures d'artistes anversois, datées du XVIe siècle, sont exposées au premier étage.

© OLIVIER LECLERCQ

La place de l'hôtel de ville et son aiguille d'acier.

JARDIN DE LA RHÔNELLE

Boulevard Carpaux

En accès libre toute l'année. Toilettes sur place.

Vous avez envie d'une promenade et de verdure à Valenciennes ? Le jardin de la Rhônelle ravira vos yeux et vos sens ! En 1904, l'architecte Henri Martinet utilise le passage de la rivière pour y tracer ses sentiers, ajouter de fausses ruines, et créer tout un univers sur 5 hectares. Inspiré par les jardins à l'anglaise, ce parc en reprend certains codes, de son grand lac à ses faux rochers permettant de surplomber le lieu. Si vous parcourez ce parc, vous pourrez admirer de nombreuses statues et de jolis parterres fleuris. Une aire de jeux est également installée.

MUSÉE DES BEAUX-ARTS DE VALENCIENNES ★★

Boulevard Watteau

✆ 03 27 22 57 20

Mercredi au vendredi : 9h30-12h30 et 13h30-18h (nocturne jeudi jusqu'à 20h). Week-end 10h-12h30 et 13h30-18h.

Très connu des locaux, le musée des Beaux-Arts de Valenciennes est aussi apprécié des touristes. Dans ce majestueux bâtiment de brique et de pierre, retrouvez de nombreuses œuvres d'artistes locaux comme le sculpteur Carpeaux et le peintre Watteau, mais aussi d'autres grands noms comme Rubens, Jordaens... En plus d'une collection de tableaux flamands, retrouvez sa crypte archéologique qui présente des témoignages de l'histoire locale depuis la période celtique jusqu'au Moyen Âge.

VISITE « LE VALENCIENNOIS AU FIL DE L'EAU »

A partir de 150 € par groupe, hors transport. Contacter l'office de tourisme pour plus d'infos.

Si vous cherchez une visite guidée qui vous permettra de faire le tour de Valenciennes et de ses environs, vous aimerez cette visite sur la thématique de l'eau, des moulins aux écluses, pour découvrir comment elle façonne nos paysages. En autobus, vous pourrez apprécier les campagnes environnantes et ses villages, comme celui de Sebourg et son moulin à eau, les vestiges d'une écluse construite par Vauban, ou encore les quais de la rivière La Haisne à Condé-sur-l'Escaut !

LE HAUT DU PAVE €€

66, rue Waldeck Rousseau - **ANZIN**

✆ 06 82 00 92 36

https://www.hautdupave.fr/

Deux chambres au 1er étage. A partir de 90 € la nuit (105 € pour deux), petit déjeuner inclus. Wifi et parking.

A Anzin, il est une adresse qui se chuchote d'oreille en oreille, comme un très bon plan soigneusement gardé et qui tient... le Haut de Pavé ! Cette chambre d'hôtes, tenue par Sophie et Pierre-André, est telle une maison où l'on se sent chez soi dès l'arrivée. Les deux belles chambres - joliment nommées *La drève de la Princesse* et *Le triomphe de Flore* - offrent les commodités attendues dans ce genre d'hébergement. C'est confortable, charmant et cosy. Mention spéciale accordée pour le généreux petit-déjeuner et sa redoutable flamiche au maroilles !

HÔTEL NOTRE-DAME** €€

1, place de l'Abbé-Thellier-de-Poncheville

✆ 03 27 42 30 00

www.hotel-valenciennes-notredame.com

Fermeture aux vacances de Noël. Chambre double à partir de 76 €. Petit déjeuner : 9 €. Parking : 7 €.

Idéalement situé au cœur du quartier historique, l'établissement, à l'angle d'une placette extrêmement calme, dispose de chambres parfaitement équipées. Mention spéciale aux chambres « vitraux » qui proposent un voyage dans le temps. D'autres chambres offrent une vue imprenable sur l'église. Modernité, luxe, dans un cadre beau et original... Voilà qui ravira les visiteurs en quête de calme après avoir visité la cité valenciennoise. Détail qui ne gâche rien : vous pourrez à la belle saison apprécier votre petit déjeuner dans le jardin intérieur.

LE VAL EN CYGNES €

53, rue de la Digue

✆ 03 27 21 81 33

www.levalencygnes.fr

Ouvert du mardi au samedi midi et soir. Menu unique à 28,50 €.

Dans un décor typique des estaminets flamands et chaleureux avec ses briques rouges et ses nappes à carreaux, le Val en Cygnes propose une cuisine régionale à des prix tout à fait raisonnables au vu de la qualité. Ici les frites sont épluchées à la main comme autrefois et les viandes viennent directement de la ferme. Parmi les plats proposés, on retrouve la carbonnade flamande, le lapin à la moutarde, le welsh mais aussi des salades, des tourtes... Il y en a pour tous les goûts. Un restaurant sans prétention, où l'on mange bien !

NOS BALADES

CHEZ JUSTINE €€

8, rue de l'Abbé Victor Senez
✆ 03 27 49 80 58
www.chezjustine.fr

Ouvert du lundi midi au vendredi midi et uniquement le vendredi soir. Formule midi : 22 €.

Chez Justine, c'est une petite enseigne non loin de la gare qui pourrait passer presque inaperçue. Et pourtant, elle vaut le détour ! Ici, c'est « juste une histoire de plaisir », comme dirait Justine, sa créatrice. Son but : proposer de la cuisine à base d'ingrédients locaux, frais et de qualité, sur place ou à emporter. Dans l'assiette, des saveurs régionales : risotto au parmesan, poulet mijoté, suprême de bœuf... Côté desserts, des macarons, des cheesecakes... Petit plus : le lieu propose différentes ambiances (brasserie, business, girly, nature).

ROYAL HAINAUT SPA & RESORT HOTEL €€€

6, place de L'Hôpital Général ✆ 03 27 35 15 15
www.royalhainaut.com

Brasserie : tous les jours midi et soir. Menus : 25 €/35 €. Restaurant : mer-sam soir, dimanche midi. Menus : 50 €/60 €.

C'est dans le cadre baroque chic aux voûtes majestueuses et aux verrières impressionnantes de l'hôtel Royal Hainaut que vous accueille la brasserie la Galerie. Ici, le terroir du Nord est à l'honneur et sublimé dans une cuisine évolutive et en adéquation avec les saisons. Vins de producteurs et bières artisanales accompagnent à merveille plats traditionnels et créations contemporaines. Malgré le cadre grandiose, l'ambiance est décontractée et très chaleureuse.

RAISMES

Le village de Raismes serait né au Moyen-Age au XIIe siècle autour d'un monastère. Il se développe au fil des siècles jusqu'à devenir une petite bourgade industrielle grâce à ses gisements de houille. La métallurgie se développe et les usines fleurissent. Raismes n'est pas épargnée par la crise qui touche cette industrie. La ville est désormais tournée vers le tourisme. Il faut dire qu'elle bénéficie d'un atout de taille avec sa forêt magnifique, propice aux belles promenades. Parmi les incontournables à voir : la Mare à Goriaux qui offre une superbe vue sur la forêt, ainsi que les vestiges de l'Abbaye de Vicoigne et l'Eglise Sainte-Cécile.

© DAVID DELECOURT - FOTOLIA

L'église Saint-Nicolas de Raismes.

MAISON DE LA FORÊT ★

Etoile de la Princesse
✆ 03 27 36 72 72
www.pnr-scarpe-escaut.fr

Ouvert du 1er avril au dernier jour vacances d'automne. Le mercredi et en semaine lors des vacances scolaires (14h-17h).

Au cœur du Parc naturel régional vous attend le site de Sabatier : vous ne pouvez pas rater ce terril de 103 mètres ! Afin de mieux vous repérer dans cette belle forêt de chênes et de bouleaux, n'hésitez pas à passer par la Maison de la Forêt. Là, vous en apprendrez plus sur les techniques de gestion forestière, la protection de l'environnement, le développement de la faune et de la flore, et l'influence de l'homme sur la nature. Le terril, lui, est le point de départ de nombreux circuits de randonnée. Profitez aussi des installations de la base de loisirs !

PARC DE LA PORTE DU HAINAUT

Avenue de Fontaine Bouillon
✆ 03 27 48 39 65
www.tourisme-porteduhainaut.com

Parc ouvert de 8h à 20h, de mars à septembre. Activités accessibles de 13h à 18h (mercredi, samedi et dimanche).

Le parc de la Porte du Hainaut a donné de l'ampleur à ce lac et à toutes les installations autour. En lisière de forêt, vous pourrez trouver de quoi amuser toute la famille dans ce lieu accessible à tous : parcours d'orientation, parcours VTT, jeux d'eau... Des activités payantes sont aussi proposées. Avec ses 40 hectares, ce parc a été pensé pour préserver la nature, avec des berges écologiques et des chemins aménagés. C'est aussi un point d'entrée idéal vers la forêt de Raismes.

SAINT-AMAND-LES-EAUX ★

La ville de Saint-Amand-les-Eaux doit son nom au moine Amand, évêque de Maastricht. Il est surtout connu pour son rôle d'évêque missionnaire et fondateur d'abbayes vers 633-639. Bien que prospère, la ville connut de nombreux incendies et pillages avant d'être réhabilitée par l'abbé Nicolas du Bois. Il fit restaurer la muraille d'enceinte et transforma l'abbaye en demeure princière. Il ne reste aujourd'hui de l'abbaye que la magnifique tour et l'échevinage. La Tour abbatiale, classée monument historique en 1846, abrite un très beau musée. Outre l'architecture remarquable de la tour et l'histoire de l'abbaye, vous découvrirez également des éléments de la production amandinoise, notamment une belle collection de céramiques et de faïences. Quelques œuvres, sculptures et peintures des anciens Pays-Bas du Sud viennent également s'ajouter. De plus, quelques autres vestiges ont survécu comme l'actuel office de tourisme. La ville se dynamise grâce aux nombreux projets portés en transfrontalier, notamment par le Parc naturel régional, mais aussi avec son activité thermale. Plusieurs festivités viennent enfin ponctuer la vie des Amandinois, notamment la Faîtes du Jardin (fin mai) ou le Festival International de Carillon (autour du 15 août).

Histoire

Léguée au moine Amand par le roi Dagobert, celui-ci y éleva deux oratoires puis un monastère qui prit le nom d'Elnon où il mourut vers 660-675. Dans un pays de marécages et d'épaisses forêts, les moines poursuivirent leur œuvre de défricheurs et de bâtisseurs. Ce fut là l'origine de la ville qui ne prit que bien plus tard son nom de Saint-Amand-en-Pévèle. Dès le IXe siècle, au cours de la période historique dite Renaissance carolingienne, l'abbaye bénédictine d'Elnon brilla d'un éclat incomparable. Mise à mal durant les invasions normandes de 881 et 883 pendant lesquelles les moines furent massacrés, la ville n'en sortit que grandie. Saint-Amand-en-Pévèle devait devenir un haut lieu spirituel et artistique de la région : les moines copistes et musiciens y exercèrent en effet leur talent jusqu'au XVe siècle. Mais la situation de la ville ne s'améliora pas et elle dut encore subir les affres de pillages, d'incendies et d'invasions – les Flamands, puis en 1340 le duc de Hainaut, partisan des Anglais pendant la guerre de Cent Ans, les ducs de Bourgogne au XVe siècle –, jusqu'à son retour en territoire français au XVIIe siècle.

ANCIEN ÉCHEVINAGE ★

Visite guidée (se renseigner à l'office de tourisme).

Conçu par Nicolas Du Bois, l'échevinage était aussi appelé prieuré car il était situé côté des appartements du prieur. Siège du magistrat composé du maire et de ses échevins, il comprenait également les salles de justice et les prisons. C'est un véritable bijou artistique dans le goût de la Renaissance flamande, avec ses tours à coupole et sa façade à soubassements de grès. Le rez-de-chaussée contenait les prisons, percées d'ouvertures minuscules donnant sur la Grand-Place. Au deuxième étage, on peut admirer des tableaux peints par Louis Watteau.

FORÊT DOMANIALE

MARCHIENNES

www.marchiennestourisme.fr

800 hectares. De nombreuses randonnées dont le GR21.

Composé à 80 % de chênes, l'important massif forestier a subi une importante destruction durant la Première Guerre mondiale et fut entièrement replanté puis agrandi. Dorénavant, la forêt est protégée par des écogardes et permet de s'y aventurer en toute tranquillité pour des randonnées à pied ou à vélo. La forêt, qui fait partie du Parc naturel régional Scarpe-Escaut, est devenue une bulle d'oxygène pour les habitants de Lille, de Douai ou de Valenciennes. On n'oublie bien sûr pas de respecter la faune et la flore pour que ce paysage perdure !

MAISON DE LA FORÊT ★

Etoile de la Princesse - **RAISMES**

✆ 03 27 36 72 72

www.pnr-scarpe-escaut.fr

Ouvert du 1er avril au dernier jour vacances d'automne. Le mercredi et en semaine lors des vacances scolaires (14h-17h).

Au cœur du Parc naturel régional vous attend le site de Sabatier : vous ne pouvez pas rater ce terril de 103 mètres ! Afin de mieux vous repérer dans cette belle forêt de chênes et de bouleaux, n'hésitez pas à passer par la Maison de la Forêt. Là, vous en apprendrez plus sur les techniques de gestion forestière, la protection de l'environnement, le développement de la faune et de la flore, et l'influence de l'homme sur la nature. Le terril, lui, est le point de départ de nombreux circuits de randonnée. Profitez aussi des installations de la base de loisirs !

NOS BALADES

MUSÉE DE LA TOUR ABBATIALE ★

Grand-Place ✆ 03 27 22 24 55
www.saint-amand-les-eaux.fr
Ouvert lundi, mercredi, jeudi et vendredi de 14h à 17h. Samedi, dimanche et jours fériés de 14h à 18h. Entrée libre.

Stupéfiante depuis sa rénovation, la Tour abbatiale renaît en majesté du haut de ses 82 mètres. Autrefois, elle constituait une tour d'angle et servait de portail à l'église de l abbaye bénédictine de Saint-Amand. Aujourd'hui, cette tour est reconnue comme l'un des plus insolites monuments de style baroque d'Europe du Nord, avec son ornementation exubérante, mélange de piété et de fantaisie. L'intérieur fait office de musée, avec collections de faïences, expositions et ateliers.

LES THERMES DE SAINT-AMAND ★

1303, route la Fontaine Bouillon
Ouvert de mars à novembre.

Les propriétés curatives des eaux de Saint-Amand étaient déjà appréciées au temps des Romains ! Au XVIIIe siècle, elles furent même déclarées miraculeuses. Et jusqu'à aujourd'hui, leurs propriétés curatives des affections rhumatismales et respiratoires n'ont toujours pas été démenties. Seul établissement thermal au nord de Paris, le lieu accueillit les visiteurs les plus prestigieux, dont Napoléon III. Il propose désormais des cures, des soins esthétiques et des soins de spa.

MUSÉE DU CHEMIN DE FER

Rue de Turenne
DENAIN
✆ 03 27 49 78 52
Ouvert toute l'année. Visite guidée payante sur rendez-vous. Adulte : 1 €.

On trouve ici du matériel ayant circulé ou ayant été construit dans la région : locomotives à vapeur, diesel, essence, berlines, etc., ce qui permet de se rendre compte des progrès effectués en la matière. Ici, vous pourrez découvrir une étude historique des réseaux existants ou ayant existé dans le Nord-Pas-de-Calais. Le musée conserve des archives en tout genre, en lien avec le chemin de fer. Une vraie mine d'or. Les membres de l'association le Cercle d'Etudes Ferroviaires du Nord seront là pour vous guider et vous renseigner.

CAMPING DU MONT DES BRUYÈRES**** €€

806, rue Basly ✆ 03 27 48 56 87
www.campingmontdesbruyeres.com
Ouvert d'avril à septembre. Réservation recommandée. Accueil jusque 22h (accès 7h-22h). Différents emplacements.

Au cœur du somptueux massif forestier de Raismes-Saint-Amand-Wallers, ce camping offre de nombreux équipements de loisirs et de détente : aire de jeux pour les enfants, un terrain de pétanque, un bar, la location de VTT, une épicerie... Et si tout ceci ne vous satisfait pas encore, il y a de nombreuses attractions à découvrir aux alentours, comme le casino et les thermes de Saint-Amand-les-Eaux, ou encore la visite de Lille et Valenciennes à environ 30 min de route !

PARC NATUREL RÉGIONAL DE SCARPE-ESCAUT ★

357, rue Notre-Dame-d'Amour
✆ 03 27 19 19 70
www.pnr-scarpe-escaut.fr
Ouvert toute l'année en accès libre. Gratuit.

Tout premier parc régional de France, créé en 1968, le parc naturel régional de Scarpe-Escaut regroupe 64 communes. Prairies, grandes forêts domaniales, plateaux... Les paysages du parc sont aussi riches et variés que la faune et la flore qu'ils renferment. Au nord du parc, la campagne habitée de la Pévèle. Au centre, les plaines et vallées humides de l'Escaut, de la Scarpe et de leurs affluents. Au sud, les plateaux ouverts de l'Ostrevent et du Quercitain.

LE KURSAAL €€

1278, route de la Fontaine-Bouillon
✆ 03 27 48 89 68
www.lekursaal.fr
Ouvert du lundi au dimanche midi. Vendredi et samedi soir. Fermé le mercredi. Menus de 37 € à 39 €.

Élise et Olivier Véroone vous proposent une cuisine de qualité dans un cadre de verdure auquel la terrasse et la véranda font honneur. Labellisé Artisan en Or, le restaurant fait la part belle aux produits locaux et réinvente sans cesse la culture gastronomique de la région. Le midi vous trouverez un menu selon la sélection du marché. A la carte, des plats subtils et délicats comme une viennoise de cabillaud en croûte tandoori et un financier au miel d'été de Maulde. L'endroit se prête également parfaitement aux réceptions et propose un service traiteur.

CONDÉ-SUR-L'ESCAUT…

Au confluent de l'Escaut et de la Haine, Condé était l'une des principales places fortes de la région. Cité frontalière, elle fut convoitée par les Bourguignons, les Espagnols, les Français qui, tous, l'emmurèrent et la fortifièrent. En dépit du démantèlement, la ville a gardé de nombreuses traces de son passé militaire : remparts médiévaux, fortifications bastionnées – les seules de France en pierre. A voir également, ses trois châteaux et le beffroi. La ville propose également aux amateurs de randonnées différents circuits sur l'ancien minier Ledoux et dans la forêt domaniale Condé-Bonsecours de 780 ha. Une ville pleine de découvertes !

© OLIVIER LECLERCQ

Le bassin minier avec ses nombreux plans d'eau (Fosse Ledoux).

ARSENAL ET ENCEINTE MÉDIÉVALE

Rue de l'Hôpital
✆ 03 27 28 89 10
Animations.

Le vieux château, dénommé arsenal après la prise de Condé par Louis XIV en 1676, a été construit en 1147, démoli en 1174 en représailles par Baudouin V et reconstruit par ce dernier en 1184. Environ 250 mètres de murailles enserrent encore la ville, alliant fondations du Moyen-Age classique et bastions de la Renaissance. Un véritable exploit d'ingénierie et d'architecture, quand on connaît l'important domaine marécageux qui traverse la cité scaldienne de part en part.

BASE DE LOISIRS DU LAC CHABAUD-LATOUR

Rue Henri-Martrice
✆ 03 27 41 35 50
Ouvert toute l'année. VTT : 6 €/demi-journée et 10 €/journée. Restauration. Hébergements.

Le lac Chabaud-Latour ravit à la fois les amoureux de la nature et les passionnés de l'histoire minière et industrielle de la région. Devenue une base de loisirs destinée à tous, amateurs de sensations ou simples promeneurs, vous partagerez ce coin de nature avec une multitude d'oiseaux qui y font étape lors de leur migration ou qui y résident à l'année. A l'accueil, on vous renseignera sur les sentiers de promenace à faire à pied, à vélo ou encore à cheval. Incontournable !

CHÂTEAU DE BAILLEUL ★

35-37, rue de la Cavalerie
Animations médiévales durant l'été.

C'est l'un des monuments les plus frappants de la ville ! Le château de Bailleul, siège de deux familles seigneuriales de Condé, a été construit il y a plus de 600 ans. Vous ne manquerez pas d'admirer sa façade et ses airs de château médiéval, ainsi que les immeubles le jouxtant qui datent de cette époque. La visite des étages vaut le détour : on peut y accéder soit par un escalier à vis dans la tourelle ouest, soit par un autre escalier qui fut construit pour la venue de Louis XIV, rien que ça ! La vue tout en haut vaut l'ascension.

CHÂTEAU DE L'HERMITAGE ★

Route de Bonsecours
Visite possible sous réserve de l'accord des propriétaires.

Situé au cœur d'un vaste parc et entouré par la forêt domaniale de Bonsecours dont les 1200 hectares s'étendent jusqu'en Belgique, le château de l'Hermitage est un véritable joyau du XVIIIe siècle. L'édifice est exceptionnel tant par ses dimensions et l'originalité de sa conception, que par la qualité de son architecture. Cette dernière exprime davantage le raffinement de l'art de cour que l'empreinte du terroir habituelle aux demeures rurales. C'est l'unique témoignage de l'architecture palladienne de la région. Le château est inscrit aux Monuments historiques.

NOS BALADES

ÉGLISE SAINT-GÉRY

MAING

Cette ancienne église, classée aux Monuments historiques, date du XIIe siècle. Elle peut s'enorgueillir d'être le plus ancien édifice religieux du valenciennois, construit par des franciscains. Sa grande tour carrée, édifiée au XIXe siècle dans le style gothique, surplombe les environs. A l'intérieur, on peut encore observer un mobilier funéraire d'une belle qualité. Jeanne de Valois et sa fille, Isabelle de Namur, y ont été ré-inhumées en 2011, après leur exhumation en 1977 dans l'église de Fontenelle. Une visite culturelle instructive.

GÎTES ET CHAMBRE D'HÔTES MATHYS €

935, route de Calonne

VIEUX-CONDÉ

✆ 03 27 40 16 13

Gîtes de France (3 épis). Chambre simple 55 € ; double 65 € ; triple 75 €. Petit déjeuner inclus.

Dans un beau corps de ferme en activité, voilà trois chambres d'hôtes à l'étage de la maison des propriétaires, en plus de quatre gîtes. Les chambres sont sobres, lumineuses, spacieuses, et une salle de bains privée avec douche et toilettes donne assez d'intimité. Cet endroit est idéal pour être au calme, à la campagne. La Belgique est à seulement 2 km de là et vous serez à 15 km de la station thermale de Saint-Amand-les-Eaux. Le beau jardin commun permet des moments de convivialité.

ÉGLISE SAINT-WASNON ET SON CLOCHER

Basse saison : ouvert tous les jours de 9h à 17h. Haute saison : tous les jours de 9h à 18h.

L'église Saint-Wasnon est le troisième édifice construit à cet endroit. Elle fut bâtie de 1751 à 1756 d'après les plans de l'architecte parisien Contant d'Ivry, à la demande du maréchal Emmanuel de Croÿ. Elle renferme de très belles sculptures sur bois. Sur les stalles du chœur, on observe des dizaines d'instruments de musique sculptés, pour rendre hommage au célèbre Josquin des Prés, prince des musiciens. L'église est classée aux Monuments historiques depuis 1978.

LES PIEDS DANS LE PLAT €€

342, route de Bonsecours

✆ 03 27 35 09 92

Ouvert le mardi, le vendredi et le samedi le midi et le soir ; le jeudi et le dimanche le midi. Carte : 35 € environ.

Ce restaurant chic et coquet se trouve sur la frontière, au pied de la basilique Bonsecours. L'accueil est chaleureux et l'ambiance de cette ancienne bâtisse toujours romantique. Aux beaux jours, un petit jardin sert même de terrasse. Ici tout est fait maison et avec passion. Côté carte, on a le choix entre des poissons, comme le dos de cabillaud, ou des viandes (pavé de bœuf, filet mignon de porcelet). Laissez de la place pour les desserts qui valent la peine. On apprécie particulièrement la feuillantine aux pommes et le tiramisu au spéculoos.

FORTIFICATIONS BASTIONNÉES ET REMPARTS

✆ 03 27 28 89 10

www.conde59.fr

Accessible toute l'année. Gratuit. Visite guidée (à réserver auprès de l'office de tourisme).

Voilà ce qui fait tout le charme de la ville de Condé-sur-l'Escaut ! Les fortifications bastionnées remontent à l'époque des Pays-Bas, des conquêtes espagnoles et de la décision prise en 1654 d'ériger la cité en place forte pour faire face à Louis XIV. Elles sont ensuite améliorées par Vauban après la prise de Condé par Louis XIV. Aujourd'hui, ces remparts donnent un cachet particulier à la ville et ils sont un lieu de promenade très apprécié. De nombreux événements y sont organisés.

CIRCUIT DE LA CANARDERIE. IGN 2605 E

Départ : Place Pierre-Delcourt

10 km. 2h30 à pied.

En empruntant une passerelle, on longe le canal pour arriver à l'étang Chaboud-Latour. N'oubliez pas vos jumelles pour observer les nombreux oiseaux. Le chemin continue vers les remparts avant de retourner dans la ville. L'église Saint-Wasnon, classée monument historique, mérite qu'on s'y arrête pour la visiter. Vous pourrez observer le château de Baillleul ainsi que le beffroi et un ancien moulin à eau un peu plus loin. Une randonnée tout à la fois sportive et culturelle !

LE CAMBRÉSIS

- **Total :** 82,5 km
- **Durée :** entre 4h10 et 8h20 min (10 à 20 km/h).
- **Difficulté :** 7 côtes, peu vallonné.

LIEUX	Km partiel	Km cumul	Routes
CAMBRAI	0	0	Pl. Aristide Briand, av. de la Victoire, rue des Liniers, rue Saint-Georges, rue Saint-Druon
RUMIGNY-EN-AMBRÉSIS	5,5	5,5	Rue Curie, rue de Rumigny
MASNIÈRES	1,5	7	D15
CRÈVECOEUR-SUR-L'ESCAUT	3	10	D103
ABBAYE DE VAUCELLES	4	16	D96, rue du Pont de Papier
LESDAIN	4,5	20,5	D15
ESNES	3	23,5	D15
HAUCOURT-EN-CAMBRAISIS	2,5	26	D15
LIGNY-EN-CAMBRÉSIS	3,5	29,5	D16
MONTIGNY-EN-CAMBRÉSIS	2	31,5	C8, D98
BERTRY	2,5	34	D115
MAUROIS	2,5	36,5	D115
HONNECHY	0,8	37,3	D115, D21, D77
ESCAUFOURT	3	40,3	D115
SAINT-SOUPLET	3	43,3	D67
LE CATEAU-CAMBRÉSIS	6	49,3	D955
MONTAY	1,6	50,9	Rue de Montay
NEUVILLY	3,3	54,2	D98
TROISVILLES	5,5	59,7	D98, CV
INCHY	1,5	61,2	CV
BEAUMONT-EN-CAMBRÉSIS	0,5	61,7	CV, D115A
AUDENCOURT	1,4	63,1	CV
CAUDRY	2,1	65,2	D115, D74
BEAUVOIS-EN-CAMBRÉSIS	3,6	68,7	D74, CV
BOUSSIÈRES-EN-CAMBRÉSIS	3	71,9	D113
CARNIÈRES	1,4	73,3	D113
CAUROIR	3,5	76,8	D157
AWOINGT	2,5	79,3	Rue Calmetta, Vieux Chemin de Cambrai, rue de Belgrade, chemin du Pont aux Moulins,rue Gauthier, rue de Turenne
CAMBRAI	3,2	82,5	Jardin des Grottes

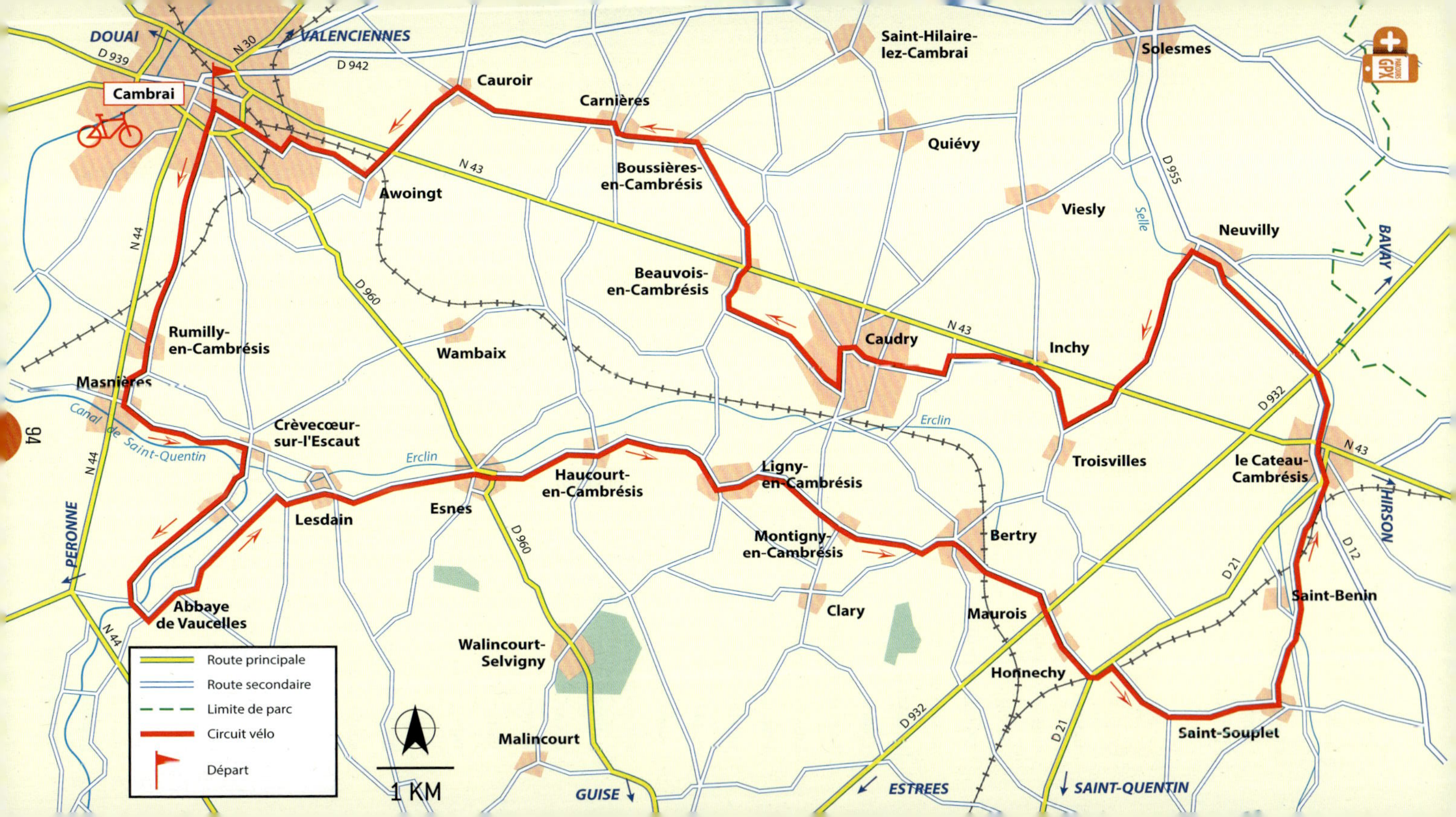

DOUAI
VALENCIENNES
D 939
N 30
D 942
Cambrai
Cauroir
Saint-Hilaire-
lez-Cambrai
Solesmes
Carnières
Quiévy
Boussières-
en-Cambrésis
N 43
Awoingt
Viesly
D 955
Selle
Neuvilly
BAVAY
Beauvois-
en-Cambrésis
N 44
D 960
Rumilly-
en-Cambrésis
Wambaix
Caudry
Inchy
Masnières
Canal de Saint-Quentin
Crèvecœur-
sur-l'Escaut
Erclin
Haucourt-
en-Cambrésis
Ligny-
en-Cambrésis
Troisvilles
le Cateau-
Cambrésis
D 932
HIRSON
Lesdain
Esnes
Montigny-
en-Cambrésis
Bertry
D 12
D 21
PERONNE
Abbaye
de Vaucelles
Clary
Maurois
Saint-Benin
Walincourt-
Selvigny
Honnechy
Route principale
Route secondaire
Limite de parc
Circuit vélo
Départ
Malincourt
Saint-Souplet
1 KM
GUISE
ESTREES
SAINT-QUENTIN
PARCOURS GPX

CAMBRAI ★★

La ville des « Bêtises » n'est plus toute jeune ! On parle de Cambrai pour la première fois au IIIe siècle, lors de l'évaluation du territoire de l'Empire romain. Cambrai s'appelait alors *Camaracum*, elle prendra le nom de *Cameracum*, puis Cambray et enfin Cambrai. Sa position intéressante à la croisée des chemins lui fait prendre de l'ampleur et c'est au IVe siècle qu'elle devient le chef-lieu des Nerviens. Très tôt, la ville acquiert une notoriété qui l'amène à devenir ville épiscopale et se consacre à la construction de l'abbaye Saint-Aubert et de la cathédrale. Ces deux pôles importants constituent chacun un centre très attractif pour la population qui se masse en nombre autour des deux bâtiments : Cambrai naît véritablement à cette époque. Vite convoitée, la cité se fortifie au XIe siècle et se développe alors jusqu'au XVIe siècle, période où Charles Quint décide de restructurer l'ensemble : au revoir l'abbaye, bonjour la citadelle ! La ville devient alors ville de garnison et voit ses fortifications renforcées sous Vauban. Enfin, l'abbaye est reconstruite, mais seule elle et un petit nombre d'autres édifices religieux ont survécu. Tardivement, Cambrai prend de l'ampleur. Ce n'est qu'au XIXe siècle que les fortifications sont abattues et que le centre-ville se développe. La paisible ville bourgeoise se transforme alors en grande ville industrielle au cœur ancien. La Première Guerre mondiale reste gravée dans la mémoire des Cambrésiens : les Allemands l'envahissent et la brûlent lors de leur départ. Dévastée également durant la guerre de 1939-1945, elle est intégralement reconstruite et réaménagée. Aujourd'hui, la commune est un mélange d'architectures médiévale et moderne et encore de nombreux édifices centenaires reconnus affrontent stoïquement l'épreuve des années, selon la devise de Cambrai : « Fière de son passé, sûre de son avenir ». La ville a gardé un esprit campagnard, malgré les industries et les commerces florissants. Patrie de l'aviateur Blériot, elle vous invite à poser vos valises pour mieux découvrir ses plaisirs gustatifs : ses « bêtises » et ses andouillettes avant d'aller découvrir son superbe musée des Beaux-Arts. Établi dans l'Hôtel de Francqueville construit au début du XVIIIe siècle, le musée déploie sa collection sur quatre niveaux. Sa visite est un incontournable lors de votre visite à Cambrai. Côté culture, le théâtre fait également sensation. D'abord premier hôpital de la ville an 1701, il devient le lieu que l'on connait en 1929 et propose aujourd'hui 700 places tout confort.

ABBAYE DE VAUCELLES ✝ ★

6, hameau de Vaucelles
LES RUES-DES-VIGNES
✆ 03 59 73 14 98
https://abbayedevaucelles.fr
Horaires et tarifs à retrouver sur le site Internet.

L'abbaye de Vaucelles est l'une de ces merveilles du patrimoine dont la France regorge en secret. Cette abbaye cistercienne est bien sûr classée aux Monuments historiques et demeure une construction inhabituelle, tant du point de vue de ses dimensions que de son importance culturelle. Fondée par saint Bernard de Clairvaux, elle fut construite à partir de 1132, sur un terrain cédé par Hugues d'Oisy, seigneur de Crèvecœur-sur-Escaut. Restaurée depuis 1971, elle accueille régulièrement des événements culturels, des marchés artisanaux et même des mariages.

BALADE À VÉLO

48, rue de Noyon
✆ 03 27 78 36 15
www.tourisme-cambresis.fr/velo
Ouvert du lundi au samedi de 9h30 à 12h et de 14h à 17h30 ; le dimanche de 14h30 à 17h.

Que vous soyez un pur touriste ou que vous connaissiez déjà bien Cambrai, vous allez découvrir la ville d'une tout autre manière : à vélo ! Une visite dépaysante et estivale, qui vous fera passer par des rues et des allées que vous ne soupçonniez peut-être pas. La visite vous fera tourner essentiellement dans le centre-ville, mais vous pourrez également, pour y trouver plus de quiétude, emprunter la direction du canal de Saint-Quentin et du port de Cantimpré. Retrouvez cette sensation agréable de faire du vélo dans une belle ville... En route !

CATHÉDRALE NOTRE-DAME-DE-GRACE ✝ ★

Avenue de la Victoire ✆ 03 27 81 87 11
www.paroissesdecambrai.com
Semaine : de 9h à 18h. Le dimanche fermée (sauf juillet et août sous réserve de bénévoles). Entrée libre.

Cambrai édifie sa cathédrale sous l'épiscopat de Fénelon, entre 1696 et 1702, selon le style classique en cours au temps de Louis XIV. Elle porte alors le nom d'église du Saint-Sépulcre, mais est aussi surnommée la « merveille des Pays-Bas ». Détruite à la Révolution française, elle est reconstruite au XIXe siècle dans le style néo-baroque. Elle abrite l'icône Notre-Dame-de-Grâce mais aussi le tombeau sculpté par David d'Angers où repose Fénelon. Une visite incontournable de Cambrai.

Hôtel de ville de Cambrai et son carillon.

CHAPELLE DES JÉSUITES

Place du Saint-Sépulcre
✆ 03 27 82 93 85

Ouverte sur réservation auprès de l'office de tourisme ou du service animation du patrimoine.

Cette chapelle s'impose comme l'un des plus beaux édifices de l'art baroque du nord de la France. Vous pourrez remarquer ses dix somptueuses colonnes de pierre bleue, ainsi que ses fabuleuses sculptures. C'est en 1562 que les jésuites arrivent à Cambrai dans le but de contrer la propagation du protestantisme. Ils fondent alors un collège. Entre 1678 et 1694, ils font construire leur chapelle dont le rythme architectural, les polychromies et l'abondance du décor sculpté signent un chef-d'œuvre de l'art baroque en France ! Elle est aussi à voir de l'extérieur.

CITADELLE ET FORTIFICATIONS

Boulevard Paul-Bezin
✆ 03 27 78 36 15
www.tourisme-cambrai.fr

Se renseigner à l'office de tourisme pour les possibilités de visites guidées.

En 1543, l'empereur Charles Quint ordonne la construction d'une citadelle sur le point culminant de Cambrai : le mont des Bœufs. Elle se présente sous la forme d'un vaste quadrilatère avec un bastion à chaque angle. Démolie il y a plus d'un siècle, visitez ses vestiges et souterrains en suivant 8 étapes : porte de Paris, Tour des Sottes, porte des Arquets, caserne Mortier, manutention, château de Selles, porte Notre-Dame et la citadelle (comptez environ 1h30 à pied).

CONFISERIE DESPINOY

1519, route Nationale - **FONTAINE-NOTRE-DAME**
✆ 03 27 83 57 57
www.betises-cambrai-despinoy.fr

Ouvert du lundi au vendredi de 8h à 18h. Visites de 9h à 13h sur réservation.

Voici l'un des confiseurs qui fabrique de manière artisanale les célèbres bêtises de Cambrai. Pour rappel, ces bonbons seraient nés après l'erreur d'un apprenti confiseur au XIXe siècle. Un mauvais dosage de sucre et de menthe, une introduction d'air dans la pâte par inadvertance… les bêtises étaient nées. La maison Despinoy produit 140 tonnes de bêtises à l'année, à la menthe et aux fruits. Despinoy fabrique aussi du sirop de bêtises et un digestif, la crème de bêtise. Vous serez accueilli par un bonbon avant de partir à la découverte des étapes de fabrication.

AGENCE D'ATTRACTIVITE DU CAMBRESIS - CAMBRAI

48, rue de Noyon
✆ 03 27 78 36 15
https://www.tourisme-cambresis.fr

Ouvert lundi 14h-18h, du mardi au samedi 9h30-12h30 et 14h-18h. Dimanche 14h30-17h30.

L'office de tourisme du Cambrésis, très facile à trouver au cœur de la ville (juste en face de la cathédrale Notre-Dame), est installé dans l'une des plus anciennes bâtisses de la ville de Cambrai (1595) : une étonnante maison espagnole, dont la façade s'est complètement penchée au fil des siècles. Ici, une équipe accueillante vous conseille pour vos visites dans le Cambrésis. Pour vous guider, des audioguides vous seront proposés avec plusieurs circuits de 2 à 3 heures de visite.

LE CLOS XAVIANNE €€

20, rue de Marcoing - **RIBÉCOURT-LA-TOUR**
✆ 03 27 37 52 61
www.leclosxavianne.fr

3 chambres. Chambre simple 65 € ; double de 75 à 85 € ; triple 105 €. Petit déjeuner inclus.

Cette charmante maison d'hôtes se situe dans une ferme en activité, dans laquelle vous pourrez même découvrir du vieux matériel agricole. Le superbe jardin, classé aux Jardins de France, est né de la passion d'Anne et Xavier et compte de nombreux massifs plantés à l'anglaise. Les deux chambres et la suite sont décorées avec goût et l'on se sent vite chez soi, à proximité de Cambrai. Les invitations aux excursions pour découvrir la campagne alentour sont nombreuses : pourquoi ne pas profiter d'une randonnée équestre depuis le centre d'équitation situé à deux pas ?

LA FERME DE BONAVIS €€

BANTEUX
✆ 03 27 78 55 08
www.bonavis.fr

4 chambres. Plusieurs chambres d'hôtes et gîte. Table d'hôtes.

La ferme de Bonavis domine la vallée de l'Escaut, du haut de ses 124 mètres d'altitude. Les propriétaires vous accueillent ici dans une ambiance conviviale et sauront vous guider si vous souhaitez visiter les environs. Les chambres d'hôtes disposent de tout le confort nécessaire. Le gîte, avec un plafond voûté de briques rouges, est dans un esprit rustique et traditionnel. Aux alentours, vous pouvez visiter l'abbaye de Vaucelles, l'archéo'site, le musée Matisse, le musée de la Dentelle… Une halte très agréable dans le Cambrésis.

AU MOUTON BLANC*** €€€

33, rue Alsace-Lorraine ✆ 03 27 81 30 16
www.mouton-blanc.fr

36 chambres. Tarifs de 98 à 160 €. Une chambre au rez-de-chaussée pour personnes à mobilité réduite. Animaux acceptés.

Cet illustre hôtel du centre-ville propose des chambres uniques, personnalisées et décorées dans un goût bourgeois confortable. Le personnel est très avenant. La propriétaire, Pascale Panien-Lesnes, gère cet établissement avec sa famille depuis 1986 et met tout son savoir-faire pour satisfaire ses clients. Pour celles et ceux qui souhaiteraient également se restaurer, il y a un restaurant, Le Carré, et un bar à cocktails. Vous pourrez également privatiser le « petit salon » pouvant accueillir jusqu'à quinze personnes. Une halte idéale pour découvrir Cambrai !

L'APARTE €€

3, rue Sadi Carnot
✆ 03 27 78 77 38

Ouvert tous les jours, midi et soir (sauf dimanche soir). Planches à partager, cuisine du nord. Carte environ 18 €.

Situé juste à côté de la Grand Place de Cambrai, l'Aparté est une valeur sûre dans le paysage culinaire local ! Avec une carte où figurent classiques de la restauration et plats typiques du Nord, chacun va trouver sans souci ce qui va lui faire plaisir le temps d'un repas : carbonnade, tripes, welsh ou encore burgers au cheddar, à la tome de Cambrai voire même au maroilles, il y en a pour tous les goûts. Avec une joli déco un peu littéraire, un service avenant, souriant et efficace, ne cherchez pas plus loin l'adresse où vous restaurer : c'est l'Aparté !

L'EAU À LA BOUCHE €€

6, rue de Douai
✆ 03 27 37 56 25
www.leaualabouche-restaurant.com

Le midi (12h-15h) du mardi au dimanche (sauf le samedi midi).Le soir (à partir de 19h30) du jeudi au samedi.

Vous cherchez L'Eau à la Bouche ? Vous le trouverez « A côté de ch'canal à ch'pont qui quinte ». Bienvenue chez *D'io a s'bouc*, en version originale ! Dans une ambiance chaleureuse, décorée d'objets et jeux chinés dans les brocantes, cet estaminet propose une cuisine typique de la région, avec une carte tout en ch'ti. Sur la carte, des plats typiques du Nord, avec des produits de qualité : la carbonnade flamande accompagnée de délicieuses frites en tête… Si vous avez encore un peu de place pour le dessert, n'hésitez pas à goûter la tarte au citron meringuée.

LE RELAIS DE L'ECHAUGUETTE €€

Chemin de Honnecourt
LES RUES-DES-VIGNES
✆ 03 27 70 71 83

Ouvert tous les jours le midi (sauf le mercredi), jeudi, vendredi et samedi soir. Carte environ 20 €.

Une adresse bien connue des habitants des Rues-des-Vignes, où il fait bon bien manger : c'est le Relais de l'Échauguette. Ici, honneur est fait à la gastronomie du Nord et à ses plats typiques, parfois revisités avec un talent certain : velouté de chicon, pommes caramélisées et chips de lard, crispy de poulet au maroilles, burger à la tome de Cambrai fumée ou encore la classique (et réputée) carbonnade flamande figurent ainsi à la carte, qui est elle-même régulièrement renouvelée.

ESNES

Petite commune du Nord, Esnes est un lieu habité depuis le XIe siècle. On dénombre aujourd'hui environ 700 habitants. C'est son château qui fait la renommée d'Esnes. C'est d'ailleurs une étape à ne pas manquer dans votre parcours, si vous êtes à la recherche de belles découvertes ! Édifiée par Alard d'Esnes en 1007, cette bâtisse installée en plein milieu du village permet une véritable plongée dans le Moyen-Age. A noter quelques éléments remarquables comme le pigeonnier, le porche, la grosse tour, le cachot, ainsi qu'une très belle façade intérieure du XVIIe siècle. Un cimetière militaire britannique est également au cœur du village.

CHATEAU D'ESNES

1, rue du Château
✆ 06 82 14 51 44
www.chateau-esnes.fr

Ouverture d'avril à octobre (dates et horaires sur le site Internet). Visites libres et guidées. Adulte 5 €, enfant 3 €.

Ce château est classé monument historique et pour cause. En plein milieu du village, le château d'Esnes fut construit au XVe siècle. Restauré au XVIIIe siècle, il conserve néanmoins des tours rondes, le pigeonnier, le cachot, le porche… Vous pourrez alors profiter d'une rando histoire, à pied ou à vélo dans les environs. C'est une véritable plongée dans le Moyen Âge et cette ambiance médiévale vous charmera au plus haut point. Le château vous propose également une salle d'exposition sur le thème des frontières. Parking libre en face du château.

LE CATEAU-CAMBRÉSIS

Situé entre deux grandes voies romaines, le point stratégique du Cateau-Cambrésis, sur la route des grandes invasions, eut une destinée mouvementée. Ce n'est qu'en 1678 que le traité de Nimègue rattache Le Cateau-Cambrésis à la France. A noter que le peintre Henri Matisse y est né en 1869 : un magnifique fonds est rassemblé au musée Matisse. Parmi les bâtiments remarquables, le palais Fénelon, construit en 1770 pour les archevêques de Cambrai par l'architecte de la Bourse parisienne, Théodore Brogniart. Une promenade s'impose en son jardin, dessiné dans le style de Le Nôtre en 1766. Bref, une escale au Cateau ravira les amoureux de patrimoine.

HOTEL DE VILLE ET LE BEFFROI

1, rue Victor Hugo
✆ 03 27 84 00 10
https://www.lecateau.fr/

En plein centre-ville, à admirer de l'extérieur. Carillon et éclairages nocturnes.

Situé au cœur de la rue principale du Cateau-Cambrésis, l'hôtel de ville (et son beffroi) est un bâtiment remarquable qu'il est impossible de manquer dans le paysage urbain ! Édifié à partir de 1553 (1705 pour le beffroi), il possède de remarquables aspects architecturaux qui ne sont pas sans rappeler le style flamand comme le triangle faîtier du pignon dit « à pas de moineau ». Le carillon, qui date de 1716, sonne encore et encore, rythmant la vie du Cateau de ses notes !

AGENCE D'ATTRACTIVITÉ CAMBRESIS TOURISME - CATEAU

24, place du Général de Gaulle ✆ 03 27 84 10 94
www.tourisme-lecateau.fr

Ouvert tous les jours sauf dimanche et mardi (9h-12h30 et 14h-18h). Boutique avec produits locaux.

L'Agence d'attractivité Cambrésis Tourisme située au Cateau est le départ obligé pour votre séjour dans ce qui est officieusement le très beau pays de Matisse. Vous trouverez toutes les informations habituelles, avec la documentation, les cartes, les conseils toujours avisés et personnalisés des conseillers de séjour. Le bonus : la boutique très bien achalandée avec de nombreux produits régionaux. Idéal pour craquer en dernière minute pour une délicieuse spécialité du Cambrésis !

MUSÉE MATISSE ★★★

Place du Commandant-Richez
✆ 03 59 73 38 00
https://museematisse.fr

Ouvert du mercredi au lundi de 10h à 18h. Visites commentées le week-end et pendant les vacances scolaires.

Ce musée a été créé par Matisse lui-même, dans sa ville natale. Le peintre a offert dès le départ 82 œuvres qui constituent les collections permanentes. D'abord exposées dans l'hôtel de ville, les œuvres ont été déménagées dans les années 1980 dans un palais du XVIIIe siècle, qui était en réalité l'ancienne résidence de l'archevêque Fénelon. Celui-ci avait été construit par Théodore Brongniart, architecte de la Bourse de Paris. Ce très beau lieu a été augmenté d'une extension en 2002 afin de parfaire l'accueil du visiteur et des œuvres. Une belle réussite. Aujourd'hui, en plus des œuvres de Matisse, on peut y admirer des œuvres d'Auguste Herbin (l'un des plus grands peintres de l'abstraction) mais aussi la donation Tériade qui compte 590 œuvres, dont la très belle *Grande femme III* de Giacometti. Le parcours à travers l'œuvre de Matisse est un cheminement dans la couleur, la somptuosité des matières, la beauté des modèles, la passion du dessin et l'amour de la poésie. L'exposition permanente couvre la carrière de l'artiste depuis sa toute première œuvre, *Atelier du tisseur picard*, qu'il peint en 1895, jusqu'aux dernières feuilles gouachées et collées en référence à son séjour tahitien. Chaque œuvre est émouvante et raconte sa vie avec beauté et talent. Au total, ce sont 783 œuvres que vous découvrirez dont 479 dessins, 26 peintures et même 19 objets personnels comme son violon ou son manteau chinois. Des expositions temporaires sont organisées tout au long de l'année pour vous offrir encore plus de beauté artistique. Un musée à ne pas manquer si vous passez par Le Cateau-Cambrésis ou dans les environs. Décentralisé, il a le mérite de présenter des œuvres que l'on n'a pas l'habitude de voir si l'on n'habite pas dans une grande ville. Et pour clôturer votre visite, profitez un peu du parc avant de rentrer chez vous. Composé de 175 arbres et de deux magnifiques rangées de tilleuls tricentenaires, le parc est une œuvre à lui tout seul. Sa composition a été savamment pensée. Le pente naturelle du terrain vers La Selle avait même été inversée pour donner une harmonie parfaite aux lieux. Deux sculptures y ont été déposées en 1951 par l'État : la *Femme allongée* de Marius Cladel (1947) et le *Nu* de Louis Dejean. Vous pourrez également profiter d'une aire de pique-nique pour une pause déjeuner bucolique au cœur de cette belle harmonie. Enfin, pour continuer la visite chez vous et si vous voulez des informations sur une œuvre qui vous a marqué, vous pouvez retrouver les collections en ligne sur le site Internet du musée.

LES SOUTERRAINS DU CATEAU

place du général de gaulle
✆ 03 27 84 10 94

Visite guidée d'une heure. Billetterie en ligne et tarif unique de 7 €. Planning sur le site Internet.

Visiter le Cateau-Cambrésis d'une façon décalée et surprenante, cela vous dit ? Si tel est le cas, foncez réserver vos billets pour suivre ensuite le guide sous terre, dans les souterrains du Cateau ! Dans ce très dense réseau placé sous le centre-ville, vous apprendrez tout ce qu'il y a savoir sur la grande Histoire et les petites histoires de ces cavités millénaires. Pensez à bien vous équiper (chaussures chaudes recommandées) et laissez-vous emporter !

LE CARRE DES ARTS €€

9, rue cuvier
✆ 06 10 60 80 06

Ouvert toute l'année. Grandes chambres (lit double ou double lit simple). A partir de 70 € pour deux personnes.

Une immense maison d'une beauté indécente, qui se cache derrière une porte cochère en apparence innocente : c'est le secret du Carré des Arts, une maison d'hôtes d'exception tenue par Patrick et Valérie. Ici, on se sent chez soi : l'accueil est franc et naturel, la décoration de toute beauté et on a l'impression d'évoluer dans un décor de rêve ! La salle de bains est immense, bien aménagée. Les chambres sont coquettes, confortables et garantissent un repos assuré, que nul son ne vient briser. Bref, avec un emplacement idéal, c'est LE bon plan logement !

ESTAMINET DU MUSÉE €

21, place du Commandant-Richez
✆ 03 27 07 06 56

Ouvert tous les midis (sauf le mercredi) ainsi que le samedi soir. Cuisine typique. Plats de 11 à 18 € (environ).

Christine Blas vous accueille dans son estaminet typique de ch'Nord, en face du musée Matisse. Les menus annoncés aux tableaux noirs vous mettront d'entrée l'eau al'boucque ! On y retrouve bien entendu de nombreuses spécialités de la région comme la flamiche au maroilles, l'andouillette à l'avesnoise, le potjevleesh... Sinon il y a aussi des plats rythmés par le marché quotidien du chef. Une ambiance conviviale et un joli décor à l'ancienne ! Très bon rapport qualité-prix et une valeur sûre du Cateau-Cambrésis, à ne pas rater si vous recherchez l'authenticité.

BRASSERIE VIVAT €€

16, rue du Marché-aux-Chevaux
✆ 03 27 07 19 19
https://brasserievivat.fr/

Ouvert du mardi au dimanche le midi et soir. Formule midi à 23 €. Carte environ 17 €. Très belle sélection de bières.

C'est au cœur de cette magnifique ancienne abbaye bénédictine rénovée en brasserie que s'est établi la Brasserie du Cateau. Ici, la cuisine est locale, saisonnière, généreuse et de qualité, accompagnant merveilleusement bien les douze bières Vivat disponibles à la pression. Côté carte, c'est épicurien et du Nord : welsh, tarte au maroilles, filet de poulet gratiné et autres pavés de bœuf. Les desserts ne sont pas en reste et donnent autant envie : tarte au sucre maison, coupe de ch'nord ou un café gourmand. L'endroit idéal pour (se) faire plaisir !

L'HOSTELLERIE DU MARCHE €€

45, rue de Landrecies
✆ 09 50 10 96 05
https://www.hostellerie-du-marche.com/

Ouvert tous les jours midi (12h-14h) et soir (19h-22). Menu de 21 à 27 €. Menu enfant à 12 €. Carte environ 20 €.

Une cuisine fraîche, faite maison avec des ingrédients bio et locaux, le tout pour une carte efficace parsemée de bonnes surprises : c'est ce que propose le restaurant de l'hôtel L'Hostellerie du Marché, au Cateau-Cambrésis. Au programme des réjouissances culinaires : un très chouette burger de bœuf à la délicieuse tome de Cambrai, une souris d'agneau mais aussi un filet de Saint-Pierre rôti à la crème d'ail de toute beauté ! Le service est souriant et efficace et l'accueil tout ce qu'il y a de plus courtois. Une adresse à garder au chaud dans le froid du Nord !

LE RESTAURANT DU MUSEE MATISSE €€

17, place du Commandant Edouard Richez
✆ 03 27 84 02 65
www.tourisme-cambresis.fr

Ouvert tous les jours (sauf le mardi). Carte à environ 15 €. Fait aussi bar. Accueil énergique et souriant.

« Ici, on ne fait que du fait-maison et nous en sommes fiers ! « : dès que l'on s'approche du Restaurant du Musée Matisse le ton est donné et on sait à quoi s'attendre. Pas de chichis : l'accueil se fait avec le sourire et les habitués saluent les touristes de passage quand ils rentrent dans la salle du restaurant. À la carte du restaurant, classiques et plat du jour se côtoient avec bonheur, du pavé de bœuf au chou fumé, souvent accompagnés par les délicieuses frites maison.

LE SAINT MATTHIEU

7, Place du Commandant Edouard Richez
www.le-saint-matthieu.fr

Ouvert tous les jours (sauf le mercredi) à partir de 10h. Musique live, bières pression, retransmissions sportives.

Une adresse phare du Cateau-Cambrésis, ouverte jusque tard dans la nuit le week-end et qui a vu passer des générations entières de jeunes (et moins jeunes) venus danser au son des concerts régulièrement organisés. Repris récemment après une période de fermeture, le Saint Matthieu offre une jolie sélection de bières à des tarifs raisonnables et offre des retransmissions sportives lors des grands évènements, ce qui en fait un lieu idéal pour supporter son équipe préférée. Bref, une valeur sûre de la vie nocturne du Cateau, qu'il ne tient qu'à vous de tester.

CAUDRY

Caudry est une petite ville au charme discret et à l'histoire très riche. Caudry est surtout la cité de la dentelle. La ville a en effet connu un essor exceptionnel grâce à l'industrie des tulles, dentelles et broderies mécaniques. Durement éprouvée par les guerres, la ville en est pourtant ressortie plus forte, modernisant sans cesse cette industrie qui fait sa renommée. Aujourd'hui labellisée « ville et métiers d'art », Caudry attire les curieux dans son très beau Musée de la Dentelle. A noter que les géants de la ville, Batisse et Laïte, sont respectivement tisseur et raccommodeuse, c'est dire l'importance du textile dans la ville.

BASILIQUE SAINTE-MAXELLENDE

17-19, rue roger salengro
✆ 03 27 70 09 67

Visite tous les jours en dehors des horaires de culte. Gratuit.

Immanquable à Caudry lors d'une visite, la basilique Sainte-Maxellende est dédiée à la sainte éponyme, une jeune Caudrésienne qui fut martyrisée par Harduin d'Amerval au VIIe siècle. Édifice de style gothique bâti entre 1887 et 1890, il est encore un lieu de pèlerinage pour les aveugles et malvoyants. Parmi ses aspects remarquables, on notera les trois cloches joliment nommées Vox Dei, Pax et Maxellende. Ne ratez pas les deux rosaces : elles comportent chacune 4 600 pièces de verre !

MUSÉE DES DENTELLES ET BRODERIES

Place des Mantilles ✆ 03 27 76 29 77
musee-dentelle.caudry.fr

Ouvert en semaine (de 9h à 12h et de 14h à 17h). Week-end et jours fériés de 14h30 à 18h. Fermé le mardi. Entrée 3 €.

Le musée est installé dans l'ancienne fabrique Carpentier qui date de 1898, un bâtiment typique de l'architecture industrielle de la fin du XIXe siècle, en brique, avec une structure métallique agrémentée de grandes fenêtres. Il présente une collection technique avec la chaîne de fabrication de la dentelle sur métier Leavers ainsi qu'une collection de textiles. N'hésitez pas à poursuivre votre découverte de la dentelle en allant « shopper » dans les magasins d'usines de la ville !

AGENCE D'ATTRACTIVITE DU CAMBRESIS - CAUDRY

Place du Général-de-Gaulle ✆ 03 27 70 09 67
www.tourisme-cambresis.fr

Ouvert tous les jours, sauf le dimanche. Renseignements, informations, boutique (avec produits du terroir).

« Loin du stress, proche de l'essentiel. » Où se loger ? Où se restaurer ? Quels sont les essentiels à visiter ? Ici, vous trouverez réponses à toutes vos questions, et plus encore. L'agenda saura vous donner l'envie de découvrir davantage. Intégré au théâtre de la ville, l'office de tourisme est devenu un lieu incontournable de la culture locale. Le patrimoine régional, les nombreuses animations, les bons restaurants (etc.), vous saurez tout ! Cerise sur le gâteau : la boutique !

BASE DE LOISIRS DU VAL DU RIOT

Rue Ampère
https://www.valduriot.fr/

Horaires en fonction de la saison (voir site Internet). Activités multiples (nature, pêche et balade). Restauration.

La base de loisirs du Val du Riot est un endroit polymorphe. On y vient pour s'évader, se ressourcer, respirer à pleins poumons et se créer une petite bulle, le temps d'une balade. Créée dans une double optique ludique et pédagogique, on peut aussi bien y découvrir la faune et la flore que jouer dans les aires de jeux, s'éveiller à la culture ou même se surprendre dans l'espace colombophile, avec le pigeonnier capsule. Les deux étangs artificiels permettent de pêcher (carpe et truite).

NOS BALADES

AUTOUR DE MAUBEUGE

- **Total :** 68,3 km
- **Durée :** entre 3h25 et 6h50 (10 à 20 km/h)
- **Difficulté :** huit côtes, moyennement va lonné.

LIEUX	Km partiel	Km cumul	Routes
MAUBEUGE	0	0	Place des Nations, Avenue Franklin-Roosevelt, Avenue du Parc, Boulevard Pasteur, D107, D195B, Rue de Paradis
LOUVROIL	4,1	4,1	D959, D295
FERRIÈRE-LA-GRANDE	3	7,1	D27, D436
FERRIÈRE-LA-PETITE	3	10,1	Rue d'Obrechies
DIMECHAUX	5,5	18,6	D27
LEZ-FONTAINE	3,2	21,8	CV
SARS-POTERIES	2,7	24,5	D80
FELLERIES	4	28,5	D104, D963
SOLRE-LE-CHÂTEAU	7	35,2	D962
HESTRUD	5	40,2	D280
COUSOIRE	6	46,2	D80, CV
AIBES	4,3	50,5	D963, CV
COLLERET	3	53,5	D159
MARPENT	5	58,5	D336
ROCQ	1,5	60	D336
BOUSSOIS	2,5	62,5	D959
ASSEVENT	2,5	65	D959, rue Casimir-Fournier
MAUBEUGE	3,3	68,3	Place Vauban

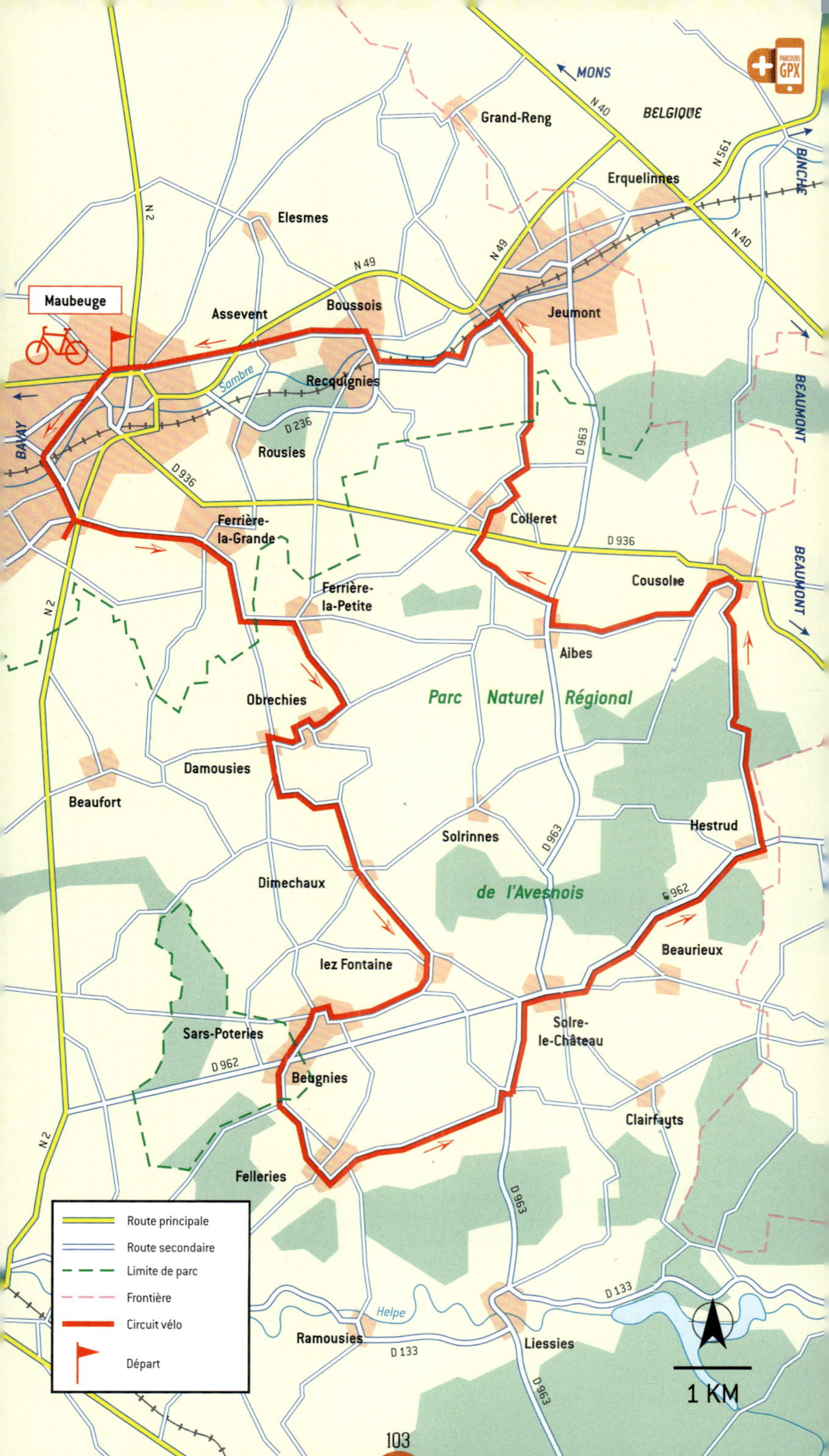

MONS
BELGIQUE
PARCOURS GPX
Grand-Reng
Erquelinnes
N 40
N 561
BINCHE
N 2
Elesmes
N 49
Maubeuge
Assevent
Boussois
Jeumont
Sambre
Recquignies
BAVAY
D 236
Rousies
D 963
BEAUMONT
D 936
Ferrière-la-Grande
Colleret
Cousolre
Ferrière-la-Petite
Aibes
Obrechies
Parc Naturel Régional
de l'Avesnois
Damousies
Beaufort
Hestrud
Solrinnes
Dimechaux
D 962
Beaurieux
Iez Fontaine
Sars-Poteries
Solre-le-Château
Beugnies
Clairfayts
Felleries
Route principale
Route secondaire
Limite de parc
Frontière
Circuit vélo
Départ
D 133
Helpe
Ramousies
Liessies
1 KM

MAUBEUGE ★

Maubeuge est une ville d'histoires et d'Histoire ! Fondée il y a quatorze siècles, elle connaît de nombreuses périodes qui ont forgé son identité. Actuellement, Maubeuge entame sa reconversion dans les industries de pointe. Elle a obtenu la création d'une antenne universitaire et d'une scène nationale : le Théâtre du Manège. La salle Sthrau est également un emblème culturel de la ville. Soucieuse de la préservation de son environnement, Maubeuge est la première ville-porte du Parc naturel régional de l'Avesnois. Ville fleurie reconnue au niveau régional, elle est avant tout une ville verte qui manie avec talent le concept de « campagne à la ville ».

LA SALLE STHRAU

4, rue Georges Paillot
✆ 03 27 68 61 99

Cette désormais salle d'expositions, célèbre auprès des habitants, a connu bien des changements durant l'Histoire. Construite au XVIIe siècle, elle est d'abord la chapelle du collège des Jésuites, puis devient salle de bal, écurie et musée. Détruite pendant la Première Guerre mondiale, elle est reconstruite par les frères Lafitte dans un esprit Art déco et accueille des spectacles de danse et de musique. Fermée pendant des années par mesure de sécurité, elle rouvre en 2018 et propose de belles expositions et animations tout au long de l'année.

ÉGLISE SAINT-PIERRE-ET-SAINT-PAUL ✝

13, avenue Franklin-Roosevelt
✆ 03 24 64 69 18
Accueil paroissial 1, rue de Valmy.

Ici, le plan a abandonné la traditionnelle croix pour une forme de cloche. Entièrement réalisée en béton armé, surmontée d'un imposant clocher en briques de verre, terminée en 1958, elle est l'œuvre de l'architecte André Lurçat, urbaniste moderniste convaincu, qui y a celé des allusions à la fin prochaine de la religion. Dans cette perspective, il l'a prévue neutre (vitraux abstraits, etc.) afin d'éventuellement pouvoir la reconvertir en salle de spectacles !

OFFICE DE TOURISME SAMBRE-AVESNOIS

Place Vauban
✆ 03 27 62 11 93
www.partagetonsecret.com
Ouvert du lundi au samedi de 9h à 12h30 et de 13h30 à 17h.

Pour visiter Maubeuge et ses environs, rendez-vous à l'office de tourisme Sambre-Avesnois. Dans ce grand bâtiment aux abords des fortifications, vous pourrez découvrir tout ce que propose la ville, mais aussi la communauté de communes Sambre-Avesnois ! Très moderne et actif, l'office de tourisme propose des box et coffrets cadeaux réalisés par leurs prestataires. L'occasion de profiter de la région de manière insolite sans se soucier de l'organisation. On ne peut qu'apprécier !

MOULIN TABLETTE

Boulevard Pasteur
✆ 03 27 62 11 93
Fermé au public.

En général, les moulins se situent en pleine campagne. Ici, c'est tout le contraire, puisque le Moulin Tablette se trouve en plein milieu de plusieurs immeubles, au cœur de la ville de Maubeuge. Construit sur un monticule naturel à partir de 1799, isolé sur les hauteurs du Petit Bois, il s'est ensuite retrouvé peu à peu entouré de constructions. Il a la particularité d'être un modèle unique en Europe de moulin à colombage intérieur. Son nom vient du surnom donné à son dernier meunier. Il ne manquera pas d'attirer votre regard si vous passez par là.

FORTIFICATIONS DE VAUBAN

Place Vauban
✆ 03 27 62 11 93
www.maubeuge-tourisme.fr
Accès libre. Circuit audioguidé « Les fortifications » à télécharger gratuitement. Renseignements office.

Sentinelle du Pré Carré des villes fortifiées du Hainaut, Maubeuge possède encore les deux tiers du mur d'enceinte imaginé par le génial Vauban. Du zoo à l'étang Monier, vous passerez par tous les plus beaux vestiges de ces fortifications, tout en déambulant dans un cadre verdoyant et bucolique. Après la visite audioguidée des remparts, vous aurez la chance de partir en voyage sous la ville de Maubeuge. Ces espaces, anciens systèmes défensifs, peuvent aujourd'hui être visités. Une balade aux allures de parc d'attractions, la culture en plus !

UN MOMENT CHEZ BACCHUS €€

7, route d'Avesnes
© 03 27 60 49 35
Ouvert du mardi au vendredi le midi et le soir ; le samedi soir ; le dimanche midi.
Voici une très belle adresse ! Une cuisine de qualité et un personnel aux petits soins font de ce restaurant un incontournable à Maubeuge. La décoration de la salle manque peut-être toutefois de convivialité. On apprécie davantage la terrasse qui donne sur un beau cadre verdoyant. Dans l'assiette, on met en valeur les produits de la mer et de la terre avec goût et subtilité. La carte est courte, ce qui assure des produits toujours frais. On accompagne les plats d'un des vins de la belle sélection proposée par l'établissement.

LA ROTONDE €€

16, Avenue Albert 1er © 03 27 64 80 13
www.larotondemaubeuge.fr
Ouvert du mardi au dimanche de 11h30 à 14h30 ; du mercredi au samedi de 19h à 21h30. Carte : 30 € environ.
Bel établissement aux allures de brasserie parisienne, La Rotonde vous propose une cuisine basée sur des produits frais. Le menu change donc chaque jour. Vous pouvez également piocher dans la carte qui mélange terroir et gastronomie à l'image du « croque-monsieur saveur à la truffe » ou le « carpaccio de Saint-Jacques vinaigrette aux fruits de la passion ». Vous pouvez également y commander des huîtres, des viandes triées sur le volet et des poissons bien cuisinés. Le dimanche c'est menu unique, pour se laisser porter par l'inspiration du moment. Plaisir garanti !

FERRIÈRE-LA-PETITE

Ferrière-la-Petite appartient à l'agglomération Maubeuge-Val de Sambre. D'après les registres, le village est occupé depuis le VIe siècle. Il se développe véritablement au XVIIIe avec l'industrie du grès salé puis à nouveau au XIXe siècle avec l'exploitation du marbre dans les alentours. Le nom de la commune n'a pas été donné au hasard. A l'instar de sa grande sœur Ferrière-la-Grande, elle doit son nom aux mines de fer qui ont été exploitées pendant des décennies. Pendant votre visite, notez le calvaire de 1820, ainsi que le monument aux morts, très nombreux dans la région. A noter également la présence de la Voie verte de l'Avesnois.

MUSÉE DE LA FAÏENCE ET DE LA POTERIE ★

Cours des Potiers
© 03 27 62 79 60
www.lacourdespotiers.fr
Du mardi au vendredi de 9h à 12h et de 13h à 17h. Gratuit jusqu'à 16 ans. Entrée : 2 €.
Inauguré en 1994, ce musée est installé dans l'ancienne poterie Lambert. La ville a compté jusqu'à deux cents potiers à l'apogée de son activité, entre le début du XVIIIe et la fin du XXe siècle. Durant la visite, vous découvrirez l'histoire de la poterie, ici à Ferrière-la-Petite. Ensuite, vous aurez la possibilité d'aller admirer les vitrines de grès et de faïence datant des XVIIIe et XIXe siècles mais aussi l'atelier qui propose une démonstration de tournage.

AUX GRÈS DE LA RUELLE €€

16, rue Kléber-Delaporte
© 03 27 64 39 20
www.gitefl p.fr
Gîtes de France (3 épis). Pour 6 personnes (92 m², 2 chambres). A partir de 380 € la semaine. Animaux acceptés.
Situé dans le Parc naturel régional de l'Avesnois, ce gîte est coquet, calme et bien situé. Bien équipée et très agréable, la bâtisse donne sur une terrasse et une cour. Le tout entouré d'une pelouse close privée de 200 m² avec salon de jardin, une table de ping-pong et des vélos à disposition (la Voie verte de l'Avesnois passe à proximité). Si vous souhaitez visiter les environs, n'hésitez pas à demander conseils au propriétaire. Entre forêts, bocages et rivières, le Parc naturel régional appelle à la détente et aux loisirs.

SARS-POTERIES

Durant des siècles la poterie puis la verrerie ont fait l'histoire économique et la vie du village de Sars-Poteries qui en a gardé la trace dans son toponyme, sur un site occupé depuis la préhistoire – on y a d'ailleurs découvert des mégalithes. L'industrie verrière tint une grande place pendant près de cent cinquante ans, à partir du début du XIXe siècle avec les verreries d'En Bas et d'En Haut (elles comptèrent jusqu'à 800 ouvriers), qui fermèrent définitivement en 1937. Subsiste aujourd'hui le Château Imbert, ancienne maison du directeur, qui accueille aujourd'hui les collections du musée du Verre. Vous pouvez en outre apprécier deux belles églises.

LE MOULIN À EAU DELMOTTE ★

13, route de Dimont ✆ 03 27 61 60 01

Ouvert dimanche et jours fériés du 1er avril au 1er novembre de 15h à 19h. Juillet-août, tous les après-midi sauf mardi.

Un endroit rempli de charme, d'Histoire et d'authenticité ! Laissez-vous bercer par l'écoulement de l'eau et par le cliquetis des gouttes. C'est reposant, calme et dépaysant. Ce moulin à eau a gardé l'intégralité de son mécanisme : le seul à l'avoir fait dans la région et il date du XVIIIe siècle ! C'est fascinant de comprendre cet astucieux mécanisme, d'essayer de déjouer les secrets de sa fabrication et de son fonctionnement. Tout est actionné par la force de l'eau, et cela, sur quatre niveaux. Une halte obligée lors de votre parcours à vélo.

MUSVERRE

76, rue du Général de Gaulle

✆ 03 59 73 16 16

http://musverre.lenord.fr

Ouvert du mardi au dimanche de 11h à 18h. Fermé le lundi. Gratuit jusqu'à 26 ans. Adulte : 6 €. Visite guidée. Boutique.

Le musée met en avant l'histoire industrielle verrière de Sars-Poteries aux XIXe et XXe siècles. On y retrouve une impressionnante collection de « bousillés », des objets en verre du quotidien conçus par les ouvriers des verreries du village. D'autres objets, venant cette fois-ci d'artistes contemporains, viennent compléter cette collection. Des expositions temporaires, des ateliers et des stages de verre sont également proposés. Vous découvrirez aussi une autre fierté de la région avesnoise : la pierre bleue, avec laquelle il est construit.

LE PAVÉ DE SARS €€

126, rue Jean Jaurès

✆ 03 27 61 63 20

www.restaurantlepave.fr

Ouvert du mercredi au vendredi et le dimanche de 12h à 14h30 ; le vendredi et le samedi de 19h à 22h30.

Une ambiance chaude, conviviale et intimiste vous attend à l'intérieur du Pavé ! Sur la carte se mélangent cuisine traditionnelle et plats typiques de la région. La carte se renouvelle tous les deux mois en fonction des produits de saison. De quoi avoir de la fraîcheur et du renouveau dans l'assiette ! L'établissement propose aussi un service de traiteur ainsi que des cours de cuisine. Apprenez les principales techniques de l'art culinaire français. Enfin, vous pourrez profiter du magasin de vins et spiritueux. Un établissement complet à ne pas manquer !

FELLERIES

Felleries, dont l'existence est attestée dès le IXe siècle, est resté jusqu'à la Révolution un village de clairière ceinturé par la forêt. Cette prédominance des arbres et le manque de fertilité des terres labourables ont très tôt conduit les habitants à développer une économie à partir de la seule ressource qui paraissait inépuisable : le bois. A Felleries, l'exploitation de la forêt favorise l'apparition de spécialités : tourneurs, fabricants de salières, boîtes ou tèles (bols) s'installent ici et permettent son expansion. Felleries est l'un des principaux centres du département de production d'articles en bois nommés, en terme local, les bois jolis.

MOULIN ET MUSÉE DES BOIS JOLIS ★

18, rue de la Place

✆ 03 27 59 03 46

Fermé du 1er novembre au 1er mars. Ouvert du mardi au samedi de 14h à 18h. Ouvert les 2e et 4e dimanches. Adulte : 4 €.

Ce musée jouit d'une atmosphère magique au sein d'un ancien moulin à eau datant du XVe siècle. Pendant la visite, vous pourrez admirer la mise en route des roues du moulin et regarder le blé se transformer en farine. Observez également une belle collection d'objets et de jouets ainsi qu'une exposition sur le métier du bois. Il est possible de prolonger la visite avec un parcours sur un sentier forestier, le cheminement le long de la Belleuse et une démonstration de tournage de bois.

GÎTE AUX ÉCUREUILS €€

1er, rue Grand-Mont

✆ 03 27 59 03 06

Gîtes de France (3 épis). Pour 3 personnes (65 m², 1 chambre). À partir de 250 € la semaine. Wifi gratuit. Lave-linge.

Dans le Gîte aux Écureuils tout est prévu pour que vous passiez un bon séjour à la campagne ! Profitez de l'extérieur grâce au barbecue qui n'attend plus que vos grillades et au mobilier de jardin pour passer de belles soirées dehors. Vous serez au plus près des animaux grâce à la présence de nombreux oiseaux mais aussi, bien sûr, des écureuils, sans oublier des biches. Tout proche, vous pourrez vous rendre au centre aquatique ainsi qu'à un parcours d'accrobranche sans oublier le musée Matisse au Cateau-Cambrésis. Un beau séjour au vert !

SOLRE-LE-CHÂTEAU

Le village n'a plus vraiment de château à montrer – il en reste quelques pierres sur la place, mais tout fut détruit pendant la Révolution –, en revanche s'y dresse toujours une remarquable église du XVe siècle avec un énorme clocher penché. A proximité de Solre, ne manquez pas Lez-Fontaine et son théâtre de verdure où sont régulièrement organisés des événements, Beaurieux et son château, et la chapelle d'Epinoy. C'est également à Solre que s'est installé le Conservatoire du Patrimoine religieux de l'Avesnois qui fait partie de l'écomusée. De plus, il s'agit d'une très agréable escale dans le cadre de différents circuits cyclotouristiques.

HESTRUD

Le village fut probablement fondé au temps de l'occupation romaine, mais on ne trouve trace de son existence qu'en 866, lorsque *Haistrudis villa* est mentionnée comme appartenant à l'abbaye de Lobbes (Belgique). Plusieurs fois saccagé dans l'histoire, tantôt par le duc de Brabant (1185), tantôt par les troupes du roi Henri II ou lors des batailles entre Français et Autrichiens entre 1793 et 1795, le village, comptant aujourd'hui près de 300 habitants, valorise largement son patrimoine transfrontalier avec son musée consacré à la douane.

OFFICE DE TOURISME DU CŒUR DE L'AVESNOIS

Grand-Place
✆ 03 27 59 32 90
www.coeur-avesnois.fr
Ouvert le lundi, le mardi, le vendredi et le samedi de 10h à 12h30 et de 14h à 18h30.

Installé dans le prestigieux édifice de la Halle aux Draps, l'office de tourisme vous fera découvrir les points d'intérêt de la dizaine de communes autour de Solre, du joli pays et de ses vallées au cœur du Parc naturel régional de l'Avesnois. Outre les richesses patrimoniales de Solre, parmi lesquelles le kiosque à musique, ou l'hôtel de ville l'office de tourisme vous propose également des circuits sur les traces de l'habitat traditionnel avesnois.

MUSÉE DE LA DOUANE ET DES FRONTIÈRES ★

960, rue de Beaumont
✆ 03 27 59 28 48
Ouvert du mercredi au dimanche de 10h à 19h. Le lundi de 10h à 15h. Adulte : 4 €.

Le village d'Hestrud, premier village français après la frontière, compta jusqu'à 14 familles de douaniers. Dans un ancien poste reconstitué, ce musée évoque l'histoire des douanes et, à travers elle, celle de toute une région. On y retrouve plusieurs objets utilisés par les douaniers : appareil à contrôler le fil, moule à cigares, tenues et képis. Un petit rappel pour ceux qui ont oublié le temps des frontières physiques entre la Belgique et la France.

LA FERME AUX CHARMES €€

5, Hameau Le Quartier
✆ 06 76 33 45 37
https://la-ferme-aux-charmes.fr
4 chambres. Chambre double à partir de 75 €.

Profitez d'une belle situation en pleine campagne pour vous reposer dans l'une des quatre chambres d'hôtes de La Ferme aux charmes. Sandrine et François ont complètement réaménagé et décoré avec goût d'anciens logements de douaniers. Confortables et spacieuses, les chambres vous apporteront tout ce dont vous aurez besoin pour une bonne nuit de repos. Vous serez en outre à proximité de la station du Val Joly pour profiter de toutes ses attractions de plein air. Le petit-déjeuner, à base de produits bio et faits maison, est un vrai plus.

CAFÉ DU MUSÉE DE LA DOUANE €

960, rue de Beaumont
✆ 33 3 27 59 28 48
www.cafemuseedeladouane.fr
Ouvert le lundi de 10h30 à 15h ; du mercredi au samedi de 10h30 à 21h ; le dimanche de 11h à 18h. Menus de 12 € à 22 €.

Aux portes de la frontière belge, dans un cadre champêtre se trouve ce café-brasserie traditionnel. C'est l'endroit idéal pour faire une halte gourmande : vous y mangerez de la rillette, des pâtés campagnards, de l'andouillette, des escargots, des feuilletés, des salades... tout en appréciant la présence de pièces de musée, retraçant la vie douanière d'antan et la chronologie de la frontière franco-belge. Dès les beaux jours, appréciez le charme des bords de la Thure !

NOS BALADES

LE CALAISIS

- **Total :** 62,5 km
- **Durée :** entre 3h05 min et 6h10 min (10 à 20 km/h)
- **Difficulté :** six côtes, moyennement vallonné.

LIEUX	Km partiel	Km cumul	Routes
CALAIS	0	0	Pont Jacquard, pont Georges V, boulevard Clemenceau, rue Royale, rue de la Mer, pont Hénon, avenue Poincaré, digue Gaston Berthe, D940
BLÉRIOT-PLAGE	3,7	3,7	D940
SANGATTE	6	9,7	D940
CAP BLANC NEZ	3,5	13,2	D940
ESCALLES	1,5	14,7	D243
PEUPLINGES	4	18,7	D243
BONNINGUES-LES-CALAIS	2,8	21,5	D243
PIHEN-LES-GUÎNES	3	24,5	D243
LANDRETHUN-LE-NORD	2,5	27	D231, D250
CAFFIERS	2,5	29,5	D250
FIENNES	2	31,5	D127
GUÎNES	5,5	37	D215, D231
ARDRES	9	46	D228E1, D228, CV, D248
LES ATTAQUES	8	54	D248, Chemin de Halage
LE PONT DE BRIQUES	3,5	57,5	Chemin de Halage
COULOGNE	1,5	59	D247, quai d'Amérique, quai Gustave-Lamarle, quai du Commerce, rue Jean Jaurès
CALAIS	3,5	62,5	Place du Soldat-Inconnu

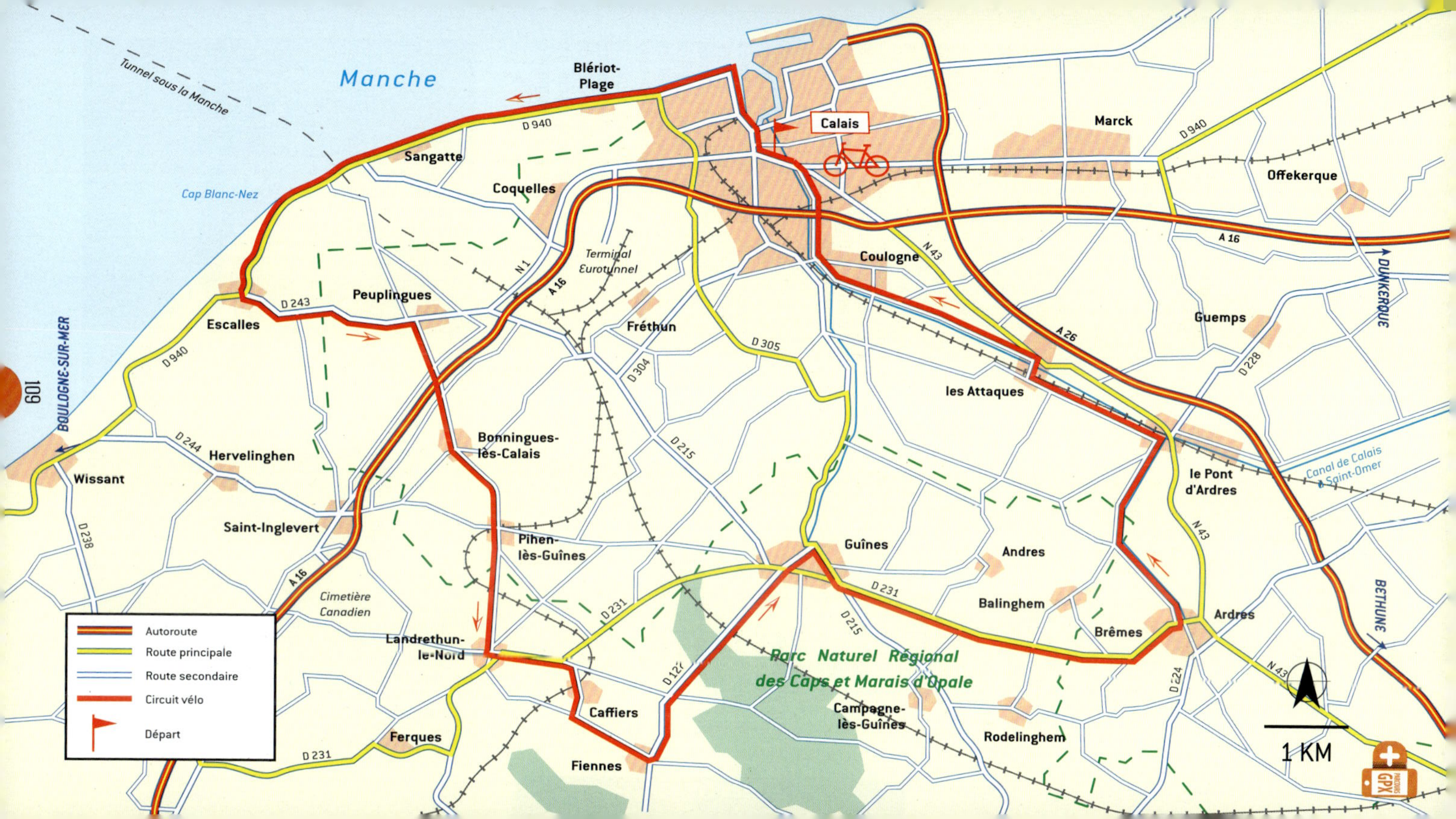
Manche
Tunnel sous la Manche
Cap Blanc-Nez
Blériot-Plage
Calais
Marck
Offekerque
Sangatte
Coquelles
Terminal Eurotunnel
Coulogne
Guemps
DUNKERQUE
Peuplingues
Escalles
Fréthun
les Attaques
BOULOGNE-SUR-MER
Wissant
Hervelinghen
Bonningues-lès-Calais
Saint-Inglevert
Pihen-lès-Guînes
Guînes
Andres
le Pont d'Ardres
Canal de Calais à Saint-Omer
Balinghem
Brêmes
Ardres
BETHUNE
Cimetière Canadien
Landrethun-le-Nord
Caffiers
Fiennes
Ferques
Campagne-lès-Guînes
Rodelinghem
Parc Naturel Régional des Caps et Marais d'Opale
1 KM
A 16
A 26
N 43
N 1
D 940
D 243
D 305
D 304
D 215
D 231
D 244
D 238
D 228
D 224
D 127
Autoroute
Route principale
Route secondaire
Circuit vélo
Départ
PARCOURS GPX

CALAIS ★★

C'est l'une des villes côtières les plus peuplées du département du Pas-de-Calais. Elle occupe une situation géographique privilégiée, facilitant ses liaisons rapides avec la Grande-Bretagne (Douvres n'est qu'à 43 km !). La ville est célèbre pour sa dentelle datant du début de la révolution industrielle à fin du XVIIIe siècle. Calais est aussi un excellent point de départ pour des petites et grandes randonnées. Des chemins de 15 à 20 km longeant la côte relie les caps, et pour les plus courageux le GR120, appelé le sentier du littoral, longe les 193 km des côtes du littoral depuis Bray-Dunes à la frontière belge jusqu'à la baie d'Authie.

Histoire

La situation géographique de Calais, proche de l'Angleterre, a fait de la ville un lieu militaire stratégique depuis les temps médiévaux. A partir de 1226, le comte de Boulogne, Philippe Hurepel, fait fortifier la ville convoitée par les Anglais. De ces fortifications, il ne reste aujourd'hui que quelques forts dont la Tour du Guet, le plus vieux bâtiment de la ville. Au Moyen Age, Calais a été occupée par les Anglais pendant plus de 200 ans, jusqu'en 1558 où elle est finalement libérée par le duc de Guise. La ville a également été occupée un temps par les Espagnols à la fin du XVIe siècle. Relativement épargnée en 1914-1918, elle est en revanche détruite à plus de 70 % lors de la Seconde Guerre mondiale.

BEFFROI DE L'HÔTEL DE VILLE ★★

Place du Soldat-Inconnu
✆ 03 21 46 20 53
www.calais.fr
BS mardi-dimanche 10h-12h et 14h-17h30. HS tlj 10h-12h et 13h30-17h30. Adulte : 5 €. Enfant (5 à 18 ans) : 3 €. Visites.

La construction de ce beffroi fut décidée en 1885, en même temps que celle du nouvel hôtel de ville, pour concrétiser la réunion des communes de Calais et de Saint-Pierre. Après un arrêt des travaux pendant la Grande Guerre, il fut achevé et inauguré en 1925. Il se targue donc d'être le plus moderne des beffrois classés de la région. Quatre chevaliers recouverts de feuilles d'or fixent les quatre points cardinaux à son sommet, au-dessus des 4 cadrans de son horloge. Sa girouette est un dragon, gardien traditionnel des trésors. Son carillon électrique actuel joue toujours l'air de la *Gentille Annette*, dû au compositeur Boieldieu (1775-1834), créé au début du XIXe siècle. Contrairement à d'autres bâtiments plus anciens, sa tour est entièrement vide. Seul un escalier meublait l'intérieur : il n'était emprunté que par le technicien chargé de mettre l'horloge à l'heure d'hiver ou d'été. En 2012, qui fut l'année de son ouverture au public, plus de 15 000 personnes ont gravi ses 175 marches ou profité de l'ascenseur translucide pour atteindre le chemin de ronde. Du haut de ses 75 mètres, le beffroi permet une vue panoramique sur la ville et les alentours. La visite guidée est appréciable pour observer les traces de l'évolution historique de la ville. Il est d'ailleurs possible d'effectuer des visites couplées avec l'hôtel de ville. Avec 22 de ses pairs, le beffroi de Calais a été inscrit par l'Unesco au patrimoine mondial de l'Humanité, rien que ça !

Calais.

NOS BALADES

LES BOURGEOIS DE CALAIS ★★

Place du Soldat-Inconnu
www.calais.fr
En accès libre.

C'est l'une des œuvres les plus célèbres de Rodin ! Commandée par la ville à l'artiste, la sculpture en bronze était installée à l'origine, en 1895, face au parc Richelieu. Elle ne rejoindra la place de l'hôtel de ville qu'après la Seconde Guerre mondiale. Cette sculpture immortalise le sacrifice de six bourgeois qui, en 1347, après un siège éprouvant, remettent à Edouard III, roi d'Angleterre, les clés de la ville. Ils auront la vie sauve grâce à l'intervention de Philippa de Hainaut, l'épouse du souverain. L'œuvre est saisissante de réalisme et fascinante !

FERME DES AIGRETTES

181, allée de la Découverte
MARCK
✆ 03 21 00 72 00
Ouvert tous les jours. Gratuit. Accès libre. Visites guidées sur réservation : 4 €. 10 €/famille.

Le centre social et culturel Cousteau intègre les locaux de cette ferme typique du XIXe siècle et son parc boisé de 5 hectares. Activités nature pour petits et grands autour des animaux, des végétaux, du patrimoine et de l'environnement. Vous pourrez préparer le goûter des animaux et assisterez aux soins avec un animateur. En dehors de sa présence, il est interdit de les nourrir. Vous pouvez juste leur cueillir des herbes et des pissenlits. Ateliers de fabrication de produits de toutes sortes. Egalement découverte de l'apiculture et du jardinage.

CITADELLE DE CALAIS ★★

Avenue Pierre-de-Coubertin
En accès libre.

Après la reconquête de Calais, en 1558, l'ancien château médiéval est rasé et une vaste citadelle mieux adaptée aux nécessités de la guerre est édifié de 1560 à 1571, avec l'aide de Vauban. Devenue espagnole de 1596 à 1598, la Citadelle servit de résidence officielle aux gouverneurs jusqu'en 1636. Centre de la résistance de la ville pendant l'invasion allemande de mai 1940, elle est contrainte de se rendre après un siège de 36 heures. On peut toujours y voir les fossés et les courtines, la porte de Boulogne et la porte de la Ville ou de l'Hermitage !

FORT NIEULAY

Avenue Roger-Salengro
✆ 03 21 34 33 34
Se renseigner auprès de l'office de tourisme pour les visites.

Agréable lieu de promenade à l'ouest de la ville et bien visible lorsque l'on arrive de Boulogne-sur-Mer, le fort Nieulay est un ouvrage conçu par Vauban ! C'est le seul fort-écluse qu'il construisit. Doté d'épais murs de briques et bâti sur pilotis, disposant de trois écluses et pouvant loger jusqu'à 28 officiers et 480 soldats, le fort devient alors la pièce maîtresse du système de défense de Calais. Ce superbe exemple d'architecture militaire, bien conservé, est devenu aujourd'hui un magnifique lieu de promenade à ne pas manquer lors d'un séjour à Calais !

CITÉ DE LA DENTELLE ET DE LA MODE DE CALAIS ★★

135, quai du Commerce ✆ 03 21 00 42 30
www.cite-dentelle.fr
Saison haute (1er avril-31 octobre) : 10h à 18h sauf le mardi. Collections permanentes et temporaires : 7 €.

Située dans le quartier Saint-Pierre, cœur historique de la dentelle de Calais, la Cité de la dentelle et de la mode a été aménagée dans une usine authentique, typique des années 1870. Les collections sont réparties dans six galeries où sont évoqués les savoir-faire et les techniques, l'histoire économique et sociale, les usages mais aussi les aspects les plus contemporains de la dentelle (mode, design, arts appliqués…). Tous les secrets de fabrication sont dévoilés au visiteur.

MUSÉE DE MÉMOIRE 1939-1945 ★

Parc Saint-Pierre ✆ 03 21 34 21 57
musee-memoire-calais.com
Vacances scolaires : 11h-17h sauf mardi et dimanche. Mai à septembre 7j/7 de 10h à 18h. Durée moyenne de visite : 1h30.

Près de la gare et du centre-ville, le musée de mémoire 1939-1945 est un haut lieu historique qui servait de poste de commandement à la marine de guerre pour le port de Calais et de centre de transmission pour tout le nord-ouest de la France. 21 salles d'exposition sont à découvrir, avec des uniformes, armes et des drapeaux… Toute l'histoire de la ville et de sa région, de septembre 1939 à la libération en septembre 1944, y est retracée. Un service d'audioguidage est disponible.

NOS BALADES

MUSÉE DES BEAUX-ARTS

25, rue Richelieu ✆ 03 21 46 48 40
www.calais.fr
Basse saison : du mardi au dimanche 13h-17h.
Haute saison : du mardi au dimanche 13h-18h.
Gratuit jusqu'à 5 ans.

Plusieurs collections de peintures, de dessins, de sculptures et de photographies du XVIe au XXIe siècle y sont exposées sur plus de 1 600 mètres carrés. Au rez-de-chaussée, la salle Rodin est consacrée aux œuvres du célèbre sculpteur, avec des études et des variantes autour du Monument des Bourgeois de Calais. Le musée possède également des peintures anciennes flamandes et des aquarelles anglaises. Futée : l'application numérique mba Calais téléchargeable sur votre smartphone propose plus de 200 images, des vidéos et la présentation de plus de 70 artistes.

L'ARDOISE €

29, place d'Armes
✆ 03 21 36 64 13
Ouvert du lundi au samedi de 12h à 14h30 et de 19h à 22h/23h. Dimanche 12h-22h non-stop. Plats de 14 à 23 €.

L'Ardoise propose une gastronomie décontractée ! En entrant, installez-vous dans les canapés pour l'apéro (la formule comprend une assiette de calamars ou une planche de charcuteries italiennes), puis passez à table pour déguster des plats bien travaillés, mais aussi des classiques avec des burgers et salades. Les plats changent suivant les saisons. Le cuisinier soigne la présentation des assiettes et l'ambiance est toujours jeune et sympathique. La bonne idée de l'établissement est aussi de proposer des Grands crus au verre. Réservation préférable le week-end.

COMPAGNIE DU DRAGON

201, avenue Winston Churchill
✆ 03 66 62 60 00
www.compagniedudragon.com
Le dragon circule tous les jours avec rotations toutes les heures. Adulte : 9,50 €. Enfant : 7,50 €. Gratuit - de 4 ans.

Osez chevaucher le dragon ! 15 m de haut, 25 m de long et 72 tonnes, ce dragon longe le front de mer jusqu'à Blériot-Plage : une manière originale de prendre de la hauteur pour apprécier le paysage. Le dragon de Calais crache du feu, émet de la fumée et de la brume, lance de l'eau. Il peut se lever, se coucher, battre des ailes. Ce colosse de bois, de cuir et de métal avance d'un pas alerte allant jusqu'à 4 km/h. Après avoir apprivoisé la bête, rien de tel qu'une pause gourmande dans L'Antre du Dragon. Une bête à admirer de loin ou de l'intérieur !

LA BONNE AUBERGE €€

512, route de Guînes
BRÊMES
✆ 03 21 35 41 09
Logis. Ouvert toute l'année. Hôtel 7 chambres. Ouvert tous les jours. Menus de 21 à 30 €.

A quinze kilomètres de Calais, une jolie adresse qui fait de la tradition sa meilleure carte. Napperons en dentelle, bouquets de fleurs, meubles anciens, papier-peint rose et frises, l'ambiance d'antan a un charme suranné, qui va de pair avec une cuisine de terroir et de qualité qui vous comblera. « Côté Mer » ou « Côté Terre », les plats sont raffinés et élégamment présentés. A noter qu'un hôtel se cache aussi derrière cette jolie façade, vous offrant des chambres tout confort avec vue sur le jardin. Un beau coup de cœur, à proximité du lac d'Ardres !

LE CERCLE DE MALINES €€€

12, rue de Malines
✆ 03 21 96 80 65
www.lecercledemalines.fr
5 chambres (dont 1 familiale 4 pers.). Chambre simple dès 80 €, double de 90 € à 170 €. Petit déjeuner inclus.

Dans cet ancien hôtel particulier situé dans une rue calme du centre de Calais, on est reçu comme un prince ! Voyez un peu : salon de jardin, spa... Décorée et remise au goût du jour par la maîtresse des lieux, cette ancienne demeure de dentellier a été imaginée et édifiée en 1884. Quatre chambres et une suite, décorées de manière unique, sont proposées par la pétillante Stéphanie. Une service de massage en chambre vous est proposé. Le petit-déjeuner est copieux et servi en terrasse si le temps le permet. Préparez-vous à vivre un agréable séjour !

BROODOVEN MARCK €€

191, allée de la Découverte - **MARCK**
✆ 03 91 91 50 84
le-broodoven.business.site
Ouvert le mardi de 11h30 à 15h, du mercredi au vendredi midi et soir, samedi de 11h30 à 22h30, dimanche de 11h30 à 19h.

Installé dans une ancienne ferme entièrement rénovée avec l'architecture traditionnelle de la région, aux murs en pierres apparentes jointoyées, le restaurant de Marck Broodoven offre un cadre champêtre avec une belle terrasse ensoleillée très agréable. La décoration intérieure est sympathique et l'accueil cordial. La cuisine est résolument flamande de type estaminet avec, selon l'inspiration du moment, carbonnade flamande, potjevleesch, hotch-potch, stoemp et waterzoï... On aime la cuisine dépaysante et le côté familial et chaleureux.

AU CÔTE D'ARGENT €€

1, digue Gaston-Berthe
✆ 03 21 34 68 07
www.cotedargent.com
Fermé le lundi et mercredi et dimanche soir. Menus de 22 à 48 €. Carte : 25 € environ. Formules à 22 € (le midi).

Au Côte d'Argent, le poisson est roi ! Les amateurs de viande ne sont toutefois pas oubliés. Sandrine est capitaine en salle et offre un service irréprochable. Bertrand, qui a fait ses classes chez des grands de la gastronomie française (Lasserre, La Tour d'Argent et Paul Bocuse) cuisine avec passion tous les poissons et fruits de mer : homard d'Audreselles, saint-jacques, filet de turbot, médaillon de lotte avec sa julienne de légumes… La décoration du restaurant vous invite à prendre le large et on embarque volontiers pour un savoureux voyage !

LE RESTAURANT DU CAP €€

4, place de la Mairie - **ESCALLES**
✆ 03 21 85 25 10
www.restaurantducap.com
Ouvert du mercredi au lundi le midi ; du vendredi au dimanche le soir. Formule du midi : 24 € (menu végétarien à 18 €).

René Vieillard est heureux de vous accueillir dans son restaurant, installé de manière privilégiée au pied du cap Blanc-Nez, au cœur d'Escalles. Sur la route des Caps, c'est une adresse bien connue des estivants. La carte classique sied bien à l'endroit : elle oscille plaisamment entre plats de viande, poissons et fruits de mer. Quelques exemples à la carte : gigot de lotte à l'armoricaine, moules-frites ou cuisse de canard... Un menu végétarien est aussi proposé ! Les enfants trouveront leur bonheur avec la « moulette marinière » du menu Moussaillon.

BOULANGERIE FRED

120, boulevard Jacquard
✆ 09 50 41 46 27
www.boulangeriefred.fr
Ouvert du lundi au samedi de 7h à 19h ; le dimanche de 7h30 à 13h30.

Située à l'angle du boulevard Jacquard et de la rue Jean Jaurès, la boulangerie Fred de Calais vous propose toutes sortes de pains à l'ancienne ainsi que de nombreux pains spéciaux, en boules, miches et la célèbre baguette Rétrodor. Son choix de pâtisseries n'est pas en reste avec la tartelette crumble abricot ou encore la tarte au chocolat bien connue des habitués, où une fine couche de crème vanille vient recouvrir la ganache. Elle offre aussi un service de traiteur – gamme chaude ou froide – bien commode lors de vos évènements festifs à la maison.

CHOCOLATERIE DE BEUSSENT

16, rue du Commandent Mengin
✆ 03 21 96 20 07
www.choco-france.com
Ouvert du lundi au samedi de 10h à 12h30 et de 14h à 19h. Dès 9h30 le jeudi et le samedi. Dimanche de 9h30 à 13h.

Fondée en 1985, la maison de Beussent n'a plus rien à prouver en matière de chocolat... Fabriqués de manière artisanale, dans le plus grand respect de la matière première, ses produits ont un goût caractéristique apprécié des connaisseurs. Les chocolatiers de l'enseigne sont parmi les rares professionnels de France à maîtriser la fabrication de A à Z : du choix des fèves de cacao jusqu'au conchage, tout est fait maison. Beussent possède sa propre plantation en Équateur ! Passez en boutique pour découvrir les œuvres faites par ces artisans avec ce noble matériau.

ESCALLES

Village côtier situé à seulement 13 km de Calais et à 29 km de Boulogne-sur-Mer, Escalles est idéalement situé et principalement connu pour son majestueux cap Blanc-Nez, la falaise la plus au nord de l'Hexagone. Elle est devenue ainsi une destination idéale pour partir à la découverte de la région, à pied comme à vélo. Pendant votre découverte du Calaisis, notez la présence de la fameuse piste cyclable "La Vélomaritime", qui longe la côte française et qui traverse Escalles. Le village est également traversé par le très joli sentier des douaniers, partie du GR 20. Ne passez pas à côté de l'église Saint-Maxime et du pigeonnier de la Grand'Maison.

Promontoire au Blanc-Nez.

CAP BLANC-NEZ

www.lesdeuxcaps.fr

En accès libre.

Le cap Blanc-Nez se trouve sur la commune d'Escalles, un petit village niché dans un merveilleux vallon, à 10 kilomètres au sud de Calais et à une vingtaine de kilomètres au nord de Boulogne-sur-Mer. Le site impressionne par sa vue imprenable sur d'interminables plages. Les falaises les surplombent du haut de leurs 134 mètres. Les collines crayeuses ont conservé une lande balayée par les embruns des vents du nord-ouest et parsemée de cratères de bombes de la Seconde Guerre mondiale. Le site du cap Blanc-Nez est caractérisé par une flore très diversifiée. Le chou marin (ancêtre des choux cultivés) en est certainement le plus représentatif. Les amoureux du grand air peuvent suivre le circuit balisé qui longent les falaises jusqu'au Dover Patrol, point culminant du cap, où est érigé un obélisque en hommage à cette patrouille de Douvres chargée durant la guerre 1914-1918 de draguer et de surveiller le détroit. De là-haut, par temps clair, la vue sur les côtes anglaises est superbe, tout comme les couchers de soleil. Le cap Blanc-Nez forme avec le cap Gris-Nez, situé 10 kilomètres plus au sud, le site naturel des Deux-Caps, labellisé Grand Site de France depuis 2011. Depuis le cap Blanc-Nez, vous pourrez randonner jusqu'à Wissant en longeant le littoral, soit par le haut des falaises si la marée est haute, soit par les plages de sable lorsque la marée est basse.

▶ **Il est possible de rejoindre le site du cap Blanc-Nez** ainsi que le celui du cap Gris-Nez en empruntant à la haute saison la ligne de bus Oscar.

L'ESCALE*** €€

4, rue de la Mer

✆ 03 21 85 25 00

www.hotel-lescale.com

Logis. Chambre double dès 95 € ; chambre triple dès 140 €.

L'Escale est un hôtel calme et chaleureux bien fleuri l'été, avec court de tennis, terrain de boules et des jeux pour enfants. Vous aurez la possibilité de louer des VTT pour sillonner les chemins de randonnée à deux pas de là ! Cet établissement de charme propose un ensemble de deux gîtes indépendants situés au pied du cap Blanc-Nez, à 700 mètres de la plage, orientés plein sud, pouvant accueillir jusqu'à 8 personnes chacun et d'une surface intérieure de 115 m². Au menu du restaurant, cuisine traditionnelle et spécialités de poissons à déguster en terrasse.

LA GRAND'MAISON €€

Hameau de la Haute-Escalles

✆ 03 21 85 27 75

www.lagrandmaison-capblancnez.com

5 chambres. Chambre double de 70 € à 90 €. Petit déjeuner inclus.

Jacqueline et Marc Boutroy vous accueillent dans un charmant corps de ferme, à deux pas du Cap Blanc Nez, joyau de la Côte d'Opale, région très recherchée pour ses nombreux GR à travers champs et en bord de mer. Cet établissement à la déco romantique de style anglo-saxon propose chambres d'hôtes, plusieurs gîtes et des studios pouvant accueillir d'une à dix personnes. Les petits déjeuners à la française sont servis dans la véranda ou devant la cheminée en hiver. Ici, on profite de la campagne et des animaux, avec la possibilité d'escapades à poney en famille.

LES FALAISES €

18, rue de la Mer

✆ 03 21 36 86 13

www.lesfalaises-capblancnez.com

Ouvert du jeudi au mardi le midi et le soir. Menu unique à 33 €. Menu enfant : 11 €. Terrasse.

Au pied du cap Blanc-Nez, à 200 mètres de la plage, le resto Les Falaises mérite le détour ! La grande terrasse ensoleillée réjouira les visiteurs aimant profiter des rayons du soleil. A l'intérieur, la décoration est simple et plaisante. La carte propose une petite sélection de viandes, de poissons, des plateaux de fruits de mer et des moules-frites. Les spécialités de la maison sont le bœuf cuit sept heures avec les petits légumes oubliés et le cabillaud en croûte de chorizo avec son émulsion de persil. Simple, frais et bien cuisiné.

LE RESTAURANT DU CAP €€

4, place de la Mairie

✆ 03 21 85 25 10

www.restaurantducap.com

Ouvert du mercredi au lundi le midi ; du vendredi au dimanche le soir. Formule du midi : 24 € (menu végétarien à 18 €).

René Vieillard est heureux de vous accueillir dans son restaurant, installé de manière privilégiée au pied du cap Blanc-Nez, au cœur d'Escalles. Sur la route des Caps, c'est une adresse bien connue des estivants. La carte classique sied bien à l'endroit : elle oscille plaisamment entre plats de viande, poissons et fruits de mer. Quelques exemples à la carte : gigot de lotte à l'armoricaine, moules-frites ou cuisse de canard... Un menu végétarien est aussi proposé ! Les enfants trouveront leur bonheur avec la « moulette marinière » du menu Moussaillon.

GUÎNES

Reliée à Calais par le canal de Guînes creusé en 1669, la commune présente un intérêt touristique indéniable. Le cadre de vie y est agréable et le patrimoine naturel des plus riche grâce à sa forêt domaniale et au marais de Guînes occupant tout le nord de la commune. L'offre touristique est fournie : camping, restaurants et l'office de tourisme du Pays d'Opale rue Georges Clemenceau. Le musée vivant du village Saint-Joseph est à visiter absolument, ainsi que la Tour de l'Horloge. Côté nature, n'hésitez pas à vous enfoncer dans la vaste forêt domaniale en suivant l'un des nombreux sentiers de randonnée balisés. Une vraie bouffée d'oxygène !

LA TOUR DE L'HORLOGE ★

Rue du Château
✆ 03 21 19 59 00
www.tour-horloge-guines.com

Basse saison : du dimanche au vendredi de 14h à 18h. Haute saison : tous les jours de 10h à 18h30. Adulte : 6 €.

La Tour de l'Horloge vous fait remonter le temps sur les traces de Sigfrid le Viking, d'Henri VIII et de François Ier. Construite en 1763 sur une ancienne motte féodale, elle abrite depuis 2002 un centre d'interprétation historique. Profusion de bruits, d'odeurs et de matières... Ici on goûte et on touche pour se plonger dans la vie d'autrefois. Vous vous mettrez dans la peau des Vikings en embarquant à bord d'un drakkar grandeur nature. Des malles de déguisements sont à disposition des enfants afin qu'ils puissent devenir chevaliers et princesses !

LA FORÊT DE GUÎNES

www.mairie-guines.fr

Accès libre toute l'année. Tenir compte des périodes d'ouverture de la chasse.

La forêt domaniale de Guines est une jolie forêt de 785 hectares. A pied ou à vélo, les enfants peuvent se défouler en toute sécurité tandis que les plus grands profitent de la sérénité des lieux. Les connaisseurs apprécieront aussi, en saison, la richesse en champignons comestibles. A noter que la forêt abrite en son cœur un site historique classé : la colonne Blanchard, dressée au point d'arrivée lors de la première traversée de la Manche en ballon en 1785. On y accède au terme d'une agréable randonnée de 3 kilomètres, sur le sentier dit du « Bois de Ballon ».

L'AUBERGE DU COLOMBIER €€

RD 231 ✆ 03 21 36 93 00
www.aubergeducolombier.com

7 chambres. Chambre double de 66 à 90,50 €. Petit déjeuner : 9 €. Wifi gratuit. Restauration.

L'Auberge du Colombier et son restaurant, La Ferme Gourmande, vous invitent dans le parc boisé d'une propriété du XVIIIe siècle. Bordé d'eau, le domaine allie charme et modernité. L'hôtel est calme et agréable. Côté restaurant, de belles surprises apparaissent dans l'assiette. À la fois recherchée, colorée et régionale, la cuisine est gourmande. Si le temps le permet, installez-vous en terrasse où vous pouvez admirer un pigeonnier seigneurial. Grâce au camping de la Bien Assise attenant, vous aurez accès à une piscine couverte, et à d'autres activités.

SAINT-JOSEPH VILLAGE

2450, Premier-Banc
✆ 03 21 85 08 58
www.st-joseph-village.com

Ouvert du 1er avril au 15 octobre. Ouvert de 10h à 18h (jours d'ouverture selon la saison). Adulte 11,50 €. Enfant 7 €.

À visiter absolument ! Ce village vous plonge dans le passé avec une reconstitution parfaite de ruelles, échoppes, lieux de vie du début du XXe siècle à l'époque des moulins. Toute la famille se retrouvera propulsée en 1900, au bord des étangs du marais, pour une promenade à la fois ludique, instructive, nostalgique ou joyeuse ! La reconstitution est bluffante : cet atypique écomusée rural à grande échelle dispose même d'un estaminet et d'une guinguette. Comptez trois bonnes heures pour faire le tour de cet étonnant village. On adore !

SENTIER DU BOIS DE BALLON

✆ 03 21 35 73 73
www.paysdopale-tourisme.fr

Longueur : 3 km. Durée : 1h15.

Prenez le départ de la maison forestière de Guînes pour une courte randonnée. Le sentier du Bois de Ballon doit son nom à la réussite de la première traversée de la Manche en ballon par l'aéronaute J.-P. Blanchard en 1785. Parti de Douvres, il parvint à atterrir en bordure de la forêt domaniale de Guînes ; la colonne Blanchard perpétue le souvenir de cet événement. En chemin, vous trouverez un parcours aventure avec ponts de singe, balançoires géantes et une tyrolienne de 120 mètres !

ARDRES

Petite ville pleine de charme située à une vingtaine de kilomètres dans l'arrière-pays de Calais. Au Moyen Âge, le chemin qui reliait Saint-Omer à Guînes traversait une petite éminence sablonneuse au sommet de laquelle se trouvait un cabaret. Les voyageurs venaient y boire la liqueur de Cérès. Cet endroit s'appelait Ardre, ce qui signifiait pâture. Occupée pendant dix-sept ans par les Anglais, Ardres devint capitale de l'Ardrésis en 1377. Elle hérita alors d'une devise qui lui tient toujours à cœur : *Brave et fidèle*. François Ier y passa en 1515, à l'occasion de l'épisode du Camp du Drap d'Or, où il s'entretint avec le roi anglais Henri VIII.

© OLIVIER LECLERCQ

Fête de la « Belle Roze ».

MAISON DE LA NATURE

Rue des Rainettes
✆ 03 21 82 89 27
https://eden62.fr
Basse saison : mar-ven 14h-17h. Haute saison : mar-ven 10h-12h et 14h-17h ; dim 15h-18h. Octobre-mars : sur réservation.

La Maison de la Nature a fêté en 2018 ses vingt ans d'existence ! Venez la découvrir au cœur du site des lacs d'Ardres. Cette maison typique du marais, le potager et la mare, sont un cadre idéal pour une promenade en plein air. Faune et flore locales de ces milieux humides se révéleront à vous lors de cette instructive et agréable visite pédagogique. A voir aussi le jardin médicinal et son hectare et demi de sous-bois, de mare et de prairie. L'été, certains dimanches, l'association Circéa initie les visiteurs à l'utilisation des 250 plantes médicinales du jardin.

LA FERMETTE DU LAC €€

115, avenue du Rossignol
✆ 03 21 97 60 67
www.lafermettedulac.com
Chambre double à partir de 70 €.

La fermette est typique de la région avec ses tuiles flamandes ! La façade est en torchis (mélange ancestral d'argile, de paille et de chaux). Les trois chambres (Romance, Nature et Campagne) sont installées dans les anciennes étables et possèdent leur propre entrée, salle de bain et WC privatifs. Les deux plus grandes chambres se présentent sur deux niveaux : hall, salle de bains et WC au rez-de-chaussée et l'espace chambre mansardée à l'étage. Les lieux sont entretenus avec goût et l'accueil bienveillant. Le plus : la jolie vue sur le lac d'Ardres.

LE MANOIR DE BOIS EN ARDRES €€

1530, rue de Saint-Quentin
✆ 03 21 82 48 00
https://manoirboisenardres.fr
Dès 100 € la nuit selon hébergement (suites, chambres ou gîtes).

Si vous êtes fan de l'univers d'Harry Potter ou à la recherche d'un hébergement insolite à côté de Calais, le Manoir de Bois-en-Ardres est fait pour vous ! Les jeunes sorciers tomberont sous le charme des suites décorées avec goût sur le thème de la sorcellerie ou encore d'un Magic Bus avec de nombreux couchages. Pour les moldus ou ceux qui recherchent simplement la tranquillité, optez pour la caravane américaine, le cottage anglais ou encore la petite cabane.

RESTAURANT CHEZ FANNY €€

45, esplanade du Maréchal-Leclerc
✆ 03 21 35 41 23
chez-fanny-restaurant.business.site
Ouvert midi et soir sauf mercredi, fermé samedi midi et dimanche soir. Carte : 20 € environ. Formule midi : 15 €.

Chez Fanny, on mange sous le regard des monstres sacrés que sont de Funès, Bourvil et Fernandel. L'ambiance est douce et un peu jazzy et la responsable est charmante. Faites-vous plaisir avec quelques escargots, le pavé de bœuf et du poisson de la côte : la région est propice à la dégustation de produits du terroir et de la mer. La carte reste variée et regorge de produits régionaux (bières locales, escargots de Choquel...). Il y en a pour tous les goûts et le rapport qualité-prix se retrouve dans l'assiette. Fanny et Bernard seront ravis de vous recevoir.

LE BOULONNAIS

- **Total :** 75,9 km
- **Durée :** entre 3h45 et 7h30 (10 à 20 km/h)
- **Difficulté :** dix côtes, assez vallonné.

LIEUX	Km partiel	Km cumul	Routes
BEFFROI DE BOULOGNE-SUR-MER	0	0	Rue de l'Oratoire, rue d'Aumont, boulevard Eurvin, boulevard du Prince-Albert, rue des Pipots, rue Nationale, rue Victor-Hugo, rue Faidherbe
PONT MARQUET	1,4	1,4	D236
LE PORTEL	2	3,4	D236, D119
EQUIHEN-PLAGE	3,5	6,9	D119
ECAULT	2,5	9,4	D119
LE CHOQUEL	2,5	16,9	CV, Rue des Lacs, D113E
HARDELOT-PLAGE	5	16,9	D113E, CV
ECAMES	7	23,9	CV, D240, D52
MOURLIGHEN	2,5	26,4	D52
CARLY	1,3	27,7	D52
SAMER	4	31,7	D52, D215
WIERRE-AU-BOIS	1,3	39	D215, D341
DESVRES	7	46	D127, RF, D254
CRÉMAREST	6	52	D254
LA CAPELLE-LÈS-BOULOGNE	7	59	D233E2
PERNES-LÈS-BOULOGNE	3,5	62,5	D233
PITTEFAUX	1,4	63,9	D233
WIMILLE	4,5	68,4	D233
WIMEREUX	2	70,4	D940, D233e, rue Regnault, route de la Poterie
LA POTERIE	2,5	72,9	Route du Chemin Vert
COLONNE DE LA GRANDE ARMÉE	1	73,9	Rue Napoléon, D96, route de Paris, avenue Charles-de-Gaulle, rue de la Porte-Neuve, rue de Lille
BEFFROI DE BOULOGNE-SUR-MER	2	75,9	Place Godefroy-de-Bouillon

PARCOURS GPX
SAINT-OMER
AIRE-SUR-LA-LYS
D 224
N 42
D 341
D 127
D 52
D 215
D 940
D 119
N 1
A 16
1 KM
Colembert
Henneveux
Menneville
Desvres
le Wast
Cremarest
Longfosse
Wierre-Effroy
Conteville-lès-Boulogne
Bellebrune
Wirwignes
Questrecques
Wierre-sur-Bois
Samer
MONTREUIL
Pernes-lès-Boulogne
la Capelle-lès-Boulogne
Parc Naturel Régional des Caps et Marais d'Opale
Carly
Pittefaux
Hesdin-l'Abbé
Hesdigneul-lès-Boulogne
Baincthun
PARIS
CALAIS
Wimille
Saint-Martin-Boulogne
Saint-Léonard
ETAPLES
Isques
Condette
Saint-Etienne-au-Mont
Outreau
Wimereux
Boulogne-sur-Mer
Hardelot-Plage
Equihen-Plage
Côte d'Opale
Manche
Autoroute
Type autoroutier
Route principale
Route secondaire
Circuit vélo
Départ

BOULOGNE-SUR-MER ★★★

Boulogne-sur-Mer est le premier port de pêche français. Labellisée Ville d'art, d'histoire et de culture, c'est une cité portuaire et balnéaire animée qui gagne à être connue. Très touchée pendant la Seconde Guerre mondiale, c'est une ville qui a su se reconstruire. Sa gastronomie justement réputée, avec ses divers marchés colorés et ses nombreux restaurants de poissons et fruits de mer, conforte la qualité de son accueil. La ville se déploie sur deux niveaux, la ville haute, sur une colline, qui abrite son quartier historique avec un riche patrimoine architectural, et la ville basse, au niveau de la mer, avec le centre-ville et son front de mer.

Tourisme

Boulogne abrite également l'un des derniers châteaux forts encore sur pied dans les Hauts-de-France. Ce château comtal qui entoure la ville haute accueille aujourd'hui le musée d'histoire. Aussi, la basilique Notre-Dame et sa crypte ne manqueront pas de passionner les férus d'histoire. Et les sportifs ne seront pas en reste puisque trois forêts vous ouvriront de beaux chemins de randonnée, que l'on fait aisément à pied ou à vélo. Ensuite, côté mer les sports nautiques sont, bien évidemment, à l'honneur. Enfin, de nombreuses festivités sont organisées par cette ville dynamique dont la Fête de la mer, le Festival de la Côte d'Opale, se déroulant en juillet, ou encore le festival de la BD. N'hésitez pas à vous rapprocher de l'OT pour connaitre l'agenda.

BASILIQUE NOTRE-DAME-DE-BOULOGNE ET LA CRYPTE ✞

Rue de Lille

✆ 03 21 87 81 79

Ouvert du mardi au dimanche. Tarif 6 €, réduit 3 €.

Avec son dôme et sa coupole, culminant à 100 m de hauteur et à la position décentrée, Notre-Dame de Boulogne constitue un ensemble monumental qui domine la ville de sa silhouette singulière ! Au Moyen Âge, l'abbaye Notre-Dame était un important centre de pèlerinage fondé sur la tradition d'une statue miraculeuse de la Vierge venue s'échouer sur le rivage.

Succédant à l'église médiévale construite par Ide de Lorraine vers 1100 et détruite en 1798, la basilique Notre-Dame est l'œuvre d'un Boulonnais, l'abbé Haffreingue, architecte autodidacte qui l'édifia à partir de 1827. Le chantier initial ne prévoyait qu'une partie centrale, où se situe actuellement le chapelle de la Vierge, mais à la faveur du rayonnement apporté à l'entreprise, c'est une église complète qui voit le jour en 1856. En 1879, Notre-Dame est érigée en basilique. La crypte a été redécouverte au XIXe siècle lors des travaux de reconstruction de la cathédrale. Avec plus de 100 mètres de longueur et ses 1 400 m² qui s'étendent sous toute la superficie de la basilique, la crypte aux dimensions considérable est l'une des plus vastes de France. Le dédale de galeries qui la composent abrite les vestiges de l'église romane du XIIe siècle ainsi qu'un trésor d'art sacré, dont le reliquaire du Saint-Sang, offert par Philippe le Bel en 1308. Chaque année, un spectacle son et lumières retrace l'histoire de Boulogne, mise en scène dans le décor hors-norme de la cathédrale. Réservation obligatoire !

BEFFROI DE BOULOGNE 📷 ★

Place Godefroy de Bouillon

✆ 03 21 87 80 80

www.ville-boulogne-sur-mer.fr

Accès au rez-de-chaussée gratuit du lundi au vendredi. Visite aux étages en juillet et août : 3 €.

Haut de 35 mètres, construit sur l'ordre du comte de Boulogne à la fin du XIIe siècle, ce donjon fut cédé au début du XIIIe aux bourgeois de la ville qui en firent leur beffroi, symbole des libertés communales. Il avait pour fonction d'accueillir la cloche qui rythmait la vie du village. L'étage octogonal date du XVIIIe siècle. Le beffroi fut le seul monument de la ville épargné par les bombardements de la Seconde Guerre mondiale. Il a été classé en 2005 au patrimoine mondial de l'humanité par l'Unesco, tout comme les autres beffrois de la région.

CHÂTEAU-MUSÉE DE BOULOGNE-SUR-MER 🏛

1, rue de Bernet

✆ 03 21 10 02 20

musee.ville-boulogne-sur-mer.fr

Ouvert de mardi à dimanche : 9h30-12h30/14h-17h30. Tarif 7 € ; Réduit 5 €, gratuit - de 16 ans.

Ce musée est abrité par le château fort du XIIIe siècle érigé par le comte Philippe de Hurepel. C'est le premier château fort en Europe construit sans un donjon traditionnel. Les collections vous feront voyager à travers le monde : archéologie grecque et égyptienne, ethnographie extra-européenne, beaux-arts et arts décoratifs, histoire locale. Et une unique collection de masques sugpiak, une ethnie d'Alaska toujours vivante. La salle comtale accueille les expositions temporaires.

NOS BALADES

CHÂTEAU COMTAL ET FORTIFICATIONS

1, rue de Bernet ✆ 03 21 10 02 20
http://musee.ville-boulogne-sur-mer.fr
Musée ouvert tous les jours sauf le mardi. Horaire selon saison. Entrée 7,50 €.

Partez à la découverte de la ville haute, qui domine la mer à l'abri de ses fortifications ! Elle cache des trésors, comme la cathédrale, le beffroi et le château comtal, qui accueille les collections du musée de Boulogne-sur-Mer. Vous pourrez parcourir librement les douves et les remparts de cette importante forteresse érigée au XIIIe siècle par le comte Philippe de Hurepel. Le château comtal est un polygone irrégulier où à chaque angle se dresse une tour. Il possède deux portes, une vers la ville, une vers la campagne. Il ne possède pas de donjon, tendance architecturale de l'époque. Seule la salle comtale, symboliquement la pièce la plus importante du château, demeure dans son état d'origine, les autres parties ont été transformées, rehaussées, et des fenêtres ont été percées aux XVIIIe et XIXe siècles. A l'époque de François Ier, une partie est doublée pour le protéger des conquérants anglais. En vain. Boulogne ne redeviendra française qu'en 1550. Au XVIIIe siècle, il est transformé en caserne, fonction qu'il conservera jusqu'en 1944.

Côté visite, ne manquez pas les souterrains dont la partie la plus spectaculaire est la muraille gallo-romaine, mais aussi la salle de la Barbière. Le château possédait un réseau de chemins de ronde dont il ne subsiste aujourd'hui que ceux portions.

Chaque week-end à 14h et tous les jours pendant les vacances, vous pourrez profiter d'un visite accompagnée : ce château médiéval n'aura plus de secrets pour vous ! Réservation conseillée.

CHÂTEAU D'HARDELOT ★★

1, rue de la Source - **CONDETTE** ✆ 03 21 21 73 65
www.chateau-hardelot.fr
Fermé en janvier. Ouvert du mardi au dimanche de 10h à 12h30 et de 13h30 à 18h (17h15 l'hiver). Tarif : 3 € et 5 €.

Lors de votre visite d'Hardelot, vous apprécierez sûrement son château ! Sur les vestiges d'un château du XIe siècle, un manoir fut bâti au XIXe, que l'on restaura en 2014 après que le site fut devenu le siège de l'Entente cordiale franco-anglaise. C'est dire la richesse des lieux ! Un dialogue autour des relations des deux pays au travers des siècles se noue au cours de la visite : le mobilier et les pièces exposées célèbrent cette tumultueuse amitié. Autour de la bâtisse s'étendent des jardins anglais et des jardins de la Renaissance. Au total, six bosquets ont été conçus selon des styles différents (François Ier, Henri VIII, etc.). Depuis 2015, le Centre Culturel de l'Entente cordiale est doté d'un théâtre élisabéthain, seule salle de ce type en France. Le projet, réalisé par l'architecte Andrew Todd, a reçu l'approbation de la reine Elizabeth II lors d'une visite en France en 2014. Cette salle de 400 places permet d'accueillir une programmation artistique variée.

Un salon de thé vous permettra de vous poser un instant lors de cette très riche visite. Ici aussi, on n'oublie pas le clin d'œil à nos amis britanniques, puisque l'on y sert quelques gourmandises originaires d'outre-Manche. Envie d'un *tea time* ? C'est ici que vous pourrez passer un agréable moment. Plutôt envie de vous dépenser ? Suivez la Becque pour rejoindre les Dunes d'Ecault.

Bon à savoir : sur place, un parking à vélos vous permettra de laisser votre deux-roues pour aller vous promener jusqu'à la plage ou dans les dunes !

LE FLORELLE

Embarquement quai Gambetta
✆ 06 48 49 42 26
www.boulogne-promenade-en-mer.com
Ouvert de mi-avril à mi-septembre. Fermeture possible en cas de mauvais temps. Ouvert du mardi au dimanche de 10h à 18h.

Le *Florelle*, navire de 98 places, vous conduit au cœur du plus grand port de pêche de France, en partageant, le temps d'une promenade en bateau, l'univers des marins, de la pêche et de l'activité portuaire. La visite d'une heure est commentée par le capitaine. D'autres promenades (plus longues) sont proposées pendant la saison. Le *Florelle* propose aussi des parties de pêche sur réservation préalable. Le départ est possible à partir de cinq inscriptions. Larguez les amarres pour la découverte de sites magnifiques par mer et des expériences inédites !

CHAMBRE D'HÔTES DU CHÂTEAU €€

1, rue de Bernet
✆ 07 50 94 04 23
Ouvert toute l'année. 4 chambres : à partir de 130 € la nuit, petit déjeuner inclus. Piscine intérieure chauffée.

La Chambre d'hôte du Château est une jolie bâtisse du XVIIe siècle qui propose des hébergements tout confort. Vous tomberez sous le charme de cette demeure aux 5 chambres élégantes avec du mobilier et une atmosphère d'autrefois. Vous pourrez vous détendre dans la piscine intérieure chauffée. Le petit déjeuner est pour sa part copieux. Située au cœur de la vieille ville, face au château musée, la position est idéale pour découvrir Boulogne-sur-Mer, la basilique Notre-Dame et Nausicaá.

NAUSICAÀ ★★★

Boulevard Sainte-Beuve
✆ 03 21 30 98 98
www.nausicaa.fr
Haute saison ouvert tous les jours de 9h30 à 20h. Adulte à partie de 28,50 €. Enfant de 3 à 12 ans à partir de 21,50 €.

Nausicaà est le plus grand aquarium d'Europe avec 10 millions de litres d'eau, 60 mètres de long sur 35 mètres de large, où se côtoient 1 600 espèces, dans plus de 17 000 m^3 d'eau ! Pendant une journée, venez découvrir tous ses secrets et ses trésors à travers deux parcours immersifs et ludiques. Le site est entièrement dédié à la découverte et à la sensibilisation de la protection de l'univers marin, en reproduisant l'île de Malpelo au large de la Colombie, qu'ils soutiennent aussi afin d'y préserver la biodiversité. Véritable tour du monde, depuis la mer du Nord, la Méditerranée, les Tropiques, en passant par les côtes californiennes, la forêt immergée, peuplée de caïmans et de poissons d'eau douce. Émerveillez-vous en entendant le chant des oiseaux tropicaux, et découvrez les piranhas, caïmans, raies, arawanas et arapaïmas qu'abrite la forêt. Ne manquez pas l'exposition Marina où, au travers des jeux, des expériences et des découvertes, vous comprendrez l'importance de l'océan dans notre vie quotidienne. Entrez en contact avec les lions de mer dans un tunnel de verre. Vous pourrez les observer dans un bassin d'un million de litres d'eau, donnant l'impression d'être immergé dans l'océan. Puis, remontez à la surface pour voir ces animaux exceptionnels, dans la reconstitution de leur habitat, entre falaises et constructions en bois. Guidés par les soigneurs, ils s'élancent pour leur entraînement physique ou médical, permettant de veiller sur leur épanouissement physique et mental.

Montez à bord de la Thalassa pour vivre une expérience unique d'une campagne océanographique, à bord d'un navire de l'Institut Français de Recherche pour l'Exploitation de la Mer, l'*Ifremer*. De l'embarquement à quai jusqu'à la cabine, du trait de chalut jusqu'à la salle de tri du poisson, appréhendez le travail des scientifiques à bord, en découvrant les différents espaces de la Thalassa reconstitués en taille réelle, assis sur les gradins, devant une baie vitrée de 100 m^2, offrant une vision incroyable sur le paysage marin de la haute mer. Inspiré par l'île de Malpelo, située au large de la Colombie, vous observerez la raie manta évoluant au milieu des bancs de poissons, ainsi qu'une quarantaine d'espèces de poissons, requins et raies, points d'attraction majeurs de l'exposition Voyage en Haute Mer. Plongez dans L'œil du Climat, pour un spectaculaire voyage sur 430 m^2 de projection du sol aux murs et une immersion sonore, pour vivre les effets du réchauffement climatique. Une immersion pour comprendre votre pouvoir d'agir au quotidien.

RESTAURANT FLEUR DE SEL €€

90, quai Léon-Gambetta ✆ 03 21 30 07 41
Ouvert du dimanche au mardi de 12h à 14h ; du jeudi au samedi de 12h à 14h et de 19h à 21h. Carte : 17,50 € environ.

Bien qu'il se fasse discret sur le port de Boulogne, le restaurant Fleur de Sel figure parmi les incontournables de la ville ! Très apprécié pour sa décoration chic et sa vue panoramique sur le port et la mer, sa cuisine est recherchée et irréprochable, toujours pour un prix raisonnable. Son ardoise, évoluant chaque jour, fait honneur aux produits frais. Recommandations de la maison : le délice de homard et crabe sur lit de poireaux crunchy de cajou et mangue ! Une adresse à retenir pour un tête-à-tête en amoureux ou un moment de détente en famille.

L'ÎLOT VERT €€€

36, rue de Lille
✆ 03 21 92 01 62
www.lilotvert.fr
Ouvert du mardi au samedi midi et soir. Réservation recommandée. Menu à 60 €. Plat à la carte 20 € environ. Terrasse.

Voici une table d'exception nichée dans les rues du centre historique de Boulogne-sur-Mer ! Tony Régnier, le chef, y travaille avec modernité et délicatesse le meilleur du terroir et de la mer. La carte réduite garantit aux gourmands fraîcheur des mets. C'est un réel bonheur que d'y dîner dans le patio qui donne son nom à cet îlot vert… Les menus en trois ou quatre plats vous emmènent pour un voyage culinaire (exemple : asperges et œuf mimosa, canard des Dombes avec betteraves et myrtilles, puis pour finir un riz au lait et sa nougatine…).

MARCHÉ AUX POISSONS

Boulevard Gambetta
Tous les jours.

A quelques pas seulement du centre-ville de Boulogne-sur-Mer, le marché aux poissons est un endroit unique : le long du quai Gambetta, les étals, tenus par les familles des pêcheurs, proposent en direct les poissons et les crustacés tout juste sortis du bateau. Au rythme des marées, les pêcheurs débarquent leurs poissons et crustacés sur les quais et les vendent directement sous les petits abris prévus à cet effet. Des étals sont ouverts tous les jours, la fraîcheur est garantie, on ne peut s'y tromper. Vous trouverez de tout !

NOS BALADES

EQUIHEN-PLAGE

Cette petite station familiale et tranquille, juste au sud de Boulogne, est appréciée des artistes et de ceux qui recherchent nature et tranquillité en bord de mer. C'est le pays des quilles en l'air, une curiosité pittoresque que l'on retrouve dans plusieurs habitations de pêcheurs, qui retournaient leurs barques pour s'en faire une maison. Le parc des Hures est un site agréable avec des étangs, un boulodrome, un parcours sportif et une piste de bicross. Le sentier pédestre ou la piste cyclable d'Outreau donnent accès à de superbes points de vue. C'est aussi un endroit idéal pour pêcher la moule ou se promener sur les plages de sable fin.

LE BOUQUET €€

4, rue Charles-Cazin
© 03 21 92 25 21
le-bouquet-restaurant.business.site
Ouvert du mardi au samedi le midi et le soir ; le dimanche midi. Menus de 25 € à 37 €. Menu enfant : 13 €.

Quel cadre grandiose face à la mer ! Installé dans la commune d'Equihen-Plage, Le Bouquet est une adresse à retenir pour sa vue exceptionnelle sur la Côte d'Opale. Ce restaurant est spécialisé dans les plats du terroir, et particulièrement dans les poissons et les fruits de mer. A la carte, de délicieuses spécialités : soupe de poissons, cassolette de Saint-Jacques... Sans oublier de nombreuses recettes de moules et le fameux welsh du Nord composé de pain, jambon, moutarde et fromage fondu dans la bière. Une jolie adresse à retenir.

PLAGES DE EQUIHEN-PLAGE

© 03 21 99 05 43
www.ville-equihen-plage.fr

La plage est agréable pour bronzer, se promener ou encore faire tout un tas d'activités sportives et maritimes. Mais le plus surprenant ici, c'est certainement la bibliothèque municipale qui s'investit chaque été en juillet et août dans l'opération « Une plage à la page ». Pendant cinq semaines, les enfants et les adultes sont accueillis sur le stand, situé sur l'esplanade Charles de Gaulle, à côté du centre de services. Chaque jour, du lundi au vendredi, des animations sont proposées : spectacles, concours de dessin, séances de lecture...

DESVRES

Desvres bénéficie d'une renommée internationale grâce à la production de ses remarquables poteries, céramiques et faïences richement décorées. De nos jours, quelques artisans perpétuent le savoir-faire et la tradition séculaire du fait-main tout en créant des objets contemporains. Ils sont pour la plupart regroupés dans le Village des Métiers d'Art, à cheval sur la commune limitrophe de Longfossé. Vous aurez la possibilité de leur rendre visite pour admirer leur savoir-faire et craquer pour une de leurs œuvres. Mais c'est en visitant le Musée de la Céramique que vous pourrez découvrir toute l'étendue de la richesse de cette production artisanale.

CAMPING MUNICIPAL DE LA FALAISE*** €€

Rue Charles Cazin
© 03 21 31 22 61
www.camping-equihen-plage.fr
Ouvert du 23 mars au 31 octobre 2023. Forfait 2 personnes 24,70 € la nuit.

À 150 m de la plage, le camping municipal de la Falaise doit son originalité à la possibilité de dormir dans les fameuses quilles en l'air, sortes de bateaux retournés typiques du village. Son cadre verdoyant, ses équipements et sa vue imprenable sur la Côte d'Opale en font un véritable lieu de détente pour la famille. Du haut de la falaise, le camping domine la plage. Ses installations modernes, sa salle de jeux et une aire de service pour camping-cars justifient ses 3 étoiles !

MUSÉE DE LA CÉRAMIQUE ★

Rue Jean-Macé
© 03 21 83 23 23
www.musee-ceramique-desvres.com
Ouvert du mardi au dimanche et jours fériés. Gratuit jusqu'à 8 ans. Adulte 5 € (réduit 4 €). Enfant (de 8 à 18 ans) 4 €.

À visiter absolument à Desvres, le Musée de la Céramique a ouvert ses portes en octobre 2012. Connu jusque-là sous le nom de Maison de la Faïence, il est devenu un véritable musée, avec un équipement scientifique et culturel. Avec plus de 600 pièces exposées et une dizaine de salles, il met en scène 300 ans de savoir-faire en matière de production céramique à Desvres, du XVIIe siècle à nos jours. Des témoignages d'ouvriers, de faïenciers et de leurs descendants enrichissent le parcours muséographique ainsi que des tablettes tactiles et audioguides.

LE VILLAGE DES MÉTIERS D'ART DE DESVRES

5189, chaussée Brunehaut ✆ 03 21 99 60 20
www.vmad.fr

Du mardi au samedi de 9h à 12h et de 14h à 18h. Visite libre et gratuite. Visite guidée payante (5 €) pour les groupes.

Créé pour encourager et sauvegarder les métiers d'art, le village accueille une dizaine d'artisans, créateurs de bijoux et de mobilier en bois, ébénistes, sculpteur ou céramistes. Ils ont trouvé dans la pépinière d'entreprises un lieu pour développer leurs activités en profitant de conseils et de deux fours où cuire sculptures et céramiques. Les visiteurs pourront comprendre l'actualité de certains métiers d'art et apercevoir des artisans dans l'exercice quotidien de leur métier.

LE CLOS DES BRASSEURS €€€

73, rue de Montreuil - **SAMER** ✆ 03 21 92 33 33
www.clos-des-brasseurs-restaurant.fr

Fermé le lundi, mardi soir et mercredi soir. Menus dès 16,50 €.

Pour sa bonne cuisine et sa belle carte des vins, entre autres, Le Clos des Brasseurs a obtenu en 2016 une assiette (à défaut d'une étoile) d'un célèbre guide gastronomique qui trouve au lieu un petit côté « canaille » ! Une juste reconnaissance pour Luc Maillart, passionné de bonne chère et de bonne bière. Il dirige également la brasserie La Silviacus, qui jouxte le clos. Désormais, côté cuisine, les mets sont des plats de brasserie, inventifs et copieux, qui font la part belle aux produits de la région. L'ambiance est sympathique et le service efficace.

FERME-AUBERGE DU BLAISEL €

385, rue de la Lombarderie - **WIRWIGNES**
✆ 03 21 32 91 98
www.fermeaubergedublaisel.com

3 chambres. Chambre double 80 €, triple 100 € petit déjeuner inclus. Restaurant ferme auberge, menu à partir de 11,50 €.

Veaux, vaches, poulets, faisans, canards... Bienvenue pour un séjour au cœur de la ferme, qui ravira les petits et les grands. Les trois chambres confortables de ce gîte labellisé (3 Epis) ont vue sur la cour de la ferme. L'établissement dipose de chambres pour deux à quatre personnes. Le plus : la possibilité de manger le midi et le soir au sein de la ferme auberge. C'est Monsieur qui se met aux fourneaux pour préparer du filet de canard au cidre, poulet aux noisettes ou encore du rôti de porc aux pruneaux... Pensez à réserver.

LA FERME DU WINT

Rue du Wint
BRUNEMBERT
✆ 03 21 32 30 67
www.lafermeduwint.fr

Ouvert du lundi au jeudi de 9h à 12h et de 14h à 19h ; le vendredi et le samedi de 9h à 19h.

Entre Lumbres, Licques et Desvres, au cœur d'un terroir riche en saveurs, allez faire un saut à la ferme du Wint. La famille Leduc y produit moult produits de qualité, dont d'excellents cidres, des jus de pomme et divers fromages. Tout y est issu de leur verger et de leur exploitation laitière et tout y est bio depuis 1998 ! Et avis aux gourmets et gourmands, il est toujours bon de savoir que la gelée de cidre est absolument divine sur des crêpes... La ferme du Wint fait partie des réseaux France Passion et Bienvenue à la ferme.

DOMAINE DU BLEQUIN €€

8, route de Larré
NIELLES-LÈS-BLÉQUIN
✆ 03 21 39 68 06

Fermé du 1er novembre au 31 mars. Ouvert tous les jours le midi ; le week-end le soir. 2 gites.

Le Domaine du Blequin vous accueille au cœur du parc naturel des Caps et Marais d'Opale. Découvrez son camping classé 2 étoiles, ses parcours de pêche à la truite et son estaminet-brasserie qui ne manque pas de charme. Vous y dégusterez de bons plats régionaux grâce à une carte variant au fil des semaines. Vous y trouverez par exemple des lasagnes au saumon ou un rôti de porc et un coup de jus à la cafetière pour faire descendre tout ça ! La cuisine est simple, travaillée et réussie. Enfin les vastes étangs de pêche permettent de se divertir.

SENTIER DU MONT PELÉ

✆ 03 21 92 09 09
tourisme-desvressamer.fr

Longueur : 3 km. Durée : 1h30.

Le mont Pelé, culminant à 200 mètres d'altitude, et son voisin le mont Hulin, dominent la commune de Desvres et l'ensemble du bocage boulonnais. Partant du parking de la Maison de la Céramique, la promenade emmène les marcheurs dans un milieu humide et ombragé fait d'arbres et arbustes ainsi que de nombreux ruisseaux. Autrefois exploité pour sa craie par la Société des Ciments de France, il est aujourd'hui rendu à la nature. Comptez 1h30 de randonnée (3 km). Il existe un prolongement du sentier vers la commune de Menneville pour aller jusqu'au mont Hulin (4,5 km).

WIMILLE ★

Un simple passage dans la petite commune de Wimille charme le regard. Le temps s'y est en partie arrêté et de beaux édifices des siècles passés demeurent présents, notamment plusieurs châteaux. La grande façade de l'église Saint-Pierre-et-Saint-Paul détonne dans les rues tortueuses. Si la porte est ouverte au moment de votre passage, n'hésitez pas à y entrer : le chœur en bois chaleureux rayonne au fond de la nef en pierre. Pilâtre de Rozier et Pierre-Ange Romain, les victimes, en 1785, du premier accident aérien de l'histoire, sont enterrés dans le vieux cimetière. A noter que c'est à Wimille que la gare se trouve pour venir à Wimereux en train.

COLONNE DE LA GRANDE ARMÉE ★

Avenue de la Colonne ✆ 06 72 92 44 22
www.colonne-grande-armee.fr
Voir les horaires sur le site Internet. Fermé de mi-novembre à mi-décembre. Adulte : 4 € ; Gratuit moins de 18 ans.

En 1803, Napoléon regroupa des troupes à Boulogne-sur-Mer pour conquérir le Royaume-Uni. C'est le célèbre épisode du Camp de Boulogne. Ayant renoncé à son projet, l'empereur organisa à Wimille une cérémonie fastueuse de remise de 2 000 croix de la légion d'honneur en présence de 80 000 soldats. Aujourd'hui, un monument est érigé en son honneur : une statue en bronze de Napoléon, en uniforme de la garde, installée au sommet d'une colonne en pierre de plus de 50 mètres de haut.

LA PETITE BROCANTE €€

2, rue de Ledinghen
✆ 03 21 32 87 65
Ouvert les midis du mardi au dimanche, et mardi, vendredi et samedi soir. Formule midi : 18,50 € ; carte environ 25 €.

La Petite Brocante, une institution du coin, a été reprise cette année par un jeune couple dynamique. Toujours dans une ambiance chaleureuse à la décoration typiquement campagnarde, avec ses pierres apparentes, vieille cheminée à foyer ouvert et mobilier rustique. Côté cuisine, on déguste des produits frais de saison. La formule du midi change toutes les semaines. Les amateurs de poissons seront ravis et les fans de viandes succomberont au faux-filet de charolais maturé 8 semaines. Un très bon rapport qualité-prix pour des assiettes généreuses.

WIMEREUX ★★

Wimereux, station balnéaire élégante, située au cœur du Parc naturel régional des Caps et Marais d'Opale, était à la Belle Époque le lieu de villégiature privilégié des Lillois et des Parisiens aisés. Les trains arrivant de la capitale déversaient leur flot de touristes, pressés de rejoindre leur villa ou l'un des hôtels de la commune. Très vite, les Anglais ont eux aussi afflué, contribuant au succès de cette station balnéaire à la mode. Entre 1870 et 1930, plus de 800 villas de style anglo-normand seront construites : c'est l'époque des colombages, des balcons de bois ouvragés et des façades aux couleurs pastel. À voir également, l'église de l'Immaculée Conception et les bâtiments de la station marine ou encore quelques vestiges militaires des XVIIe et XVIIIe siècles tels la Batterie et le fort de la Crèche, les ruines du fort de Croy et le mémorial de la Légion d'honneur.

Des manifestations sportives (régates de voile, championnat de France de kitesurf...) sont organisées. Limitrophe de la commune de Boulogne-sur-Mer et porte d'entrée du Grand Site des Deux Caps, Wimereux est une station balnéaire attractive tout au long de l'année.

Les amateurs de Préhistoire pourront se rendre au site de la Pointe aux Oies et admirer les collections de Charles Belart (outils paléolithiques).

Ceux qui aiment les grands espaces naturels, pourront parcourir la zone de 410 hectares classée Natura 2000 sous l'appellation très évocatrice de Falaises et dunes de Wimereux, estuaire de la Slack, Garennes et Communaux d'Ambleteuse-Audresselles.

LA COLLINE AUX ANIMAUX

Route de Belle - **WIERRE-EFFROY**
✆ 06 28 02 59 85
Haute saison tous les jours de 10h à 18h. Basse saison du mardi au dimanche de 10h à 12h et de 14h à 17h.

En pleine nature, dans un site magnifique, venez profiter d'un parcours de découverte entre pâtures en pente, mare et étable, au milieu des animaux familiers que vous pourrez approcher au plus près. Anes, chèvres, cochons, lapins et volailles et d'autres plus atypiques, lamas, highlands, irishs-cobs. Visite guidée avec nourrissage de certains animaux et possibilité de faire une balade à poney. Petit goûter sur place. Possibilité de temps en temps d'acheter des animaux élevés sur place et nourris aux grains ainsi que des animaux d'ornement. Accueil des scolaires.

FORT DE LA CRÈCHE

Route de Terlincthun
✆ 06 37 20 22 30
www.fortdelacreche.fr
Le fort est ouvert lundi, jeudi et samedi 14h30 à 17h30. Adulte : 4 €. Enfant : 2 €. Visite autonome ou guidée.

Depuis un promontoire naturel à 76 m de haut, le Fort de la Crèche surplombe le détroit du Nord-Pas-de-Calais. Il s'agit d'une batterie de côte, dont la construction remonte à 1879. Elle servira à défendre le port de Boulogne pendant la Première Guerre mondiale. Modernisée à l'issue de celle-ci avec l'ajout de plusieurs canons et d'un puissant projecteur, elle fait partie du fameux « Mur de l'Atlantique » bâti par les Allemands sous l'Occupation. Aujourd'hui, une association organise des visites de ce site. Prévoir une petite lampe et une tenue assez chaude.

LA DÉRIVE €€

2, boulevard Alfred Thiriez
✆ 03 91 18 49 60
Ouvert du mercredi au lundi le midi et le soir. Réservation recommandée.

Dans un bâtiment restauré, La Dérive offre, avec ses baies vitrées et sa terrasse, une vue imprenable sur la mer. Côté restaurant, on vous propose une cuisine qui varie au fil des saisons. Laissez-vous tenter par le dos de cabillaud façon waterzoï ou le tartare de saumon ou le faux-filet charolais avec frites et sauce aux échalotes. Tout est maison et joliment présenté ! Côté bar, sirotez sur la terrasse face à la mer un verre parmi le large choix de cocktails présents sur la carte. Une adresse unique avec son rooftop, sa vue panoramique et ses plats succulents.

LES JARDINS DE LA BAIE DE SAINT-JEAN

Rue Sainte-Adrienne
✆ 03 21 83 27 17
En accès libre.

Les jardins botaniques de la Baie Saint-Jean se trouvent en plein cœur de Wimereux, à quelques encablures du centre-ville et de ses principales attractions. Dès l'entrée, on est ailleurs : de hautes graminées s'écartent pour vous laisser emprunter un ponton, au-dessus d'un plan d'eau sur lequel les mouettes se disputent aux canards. Enthousiasme garanti des enfants ! De là, vous pourrez déambuler dans deux hectares de jardinets, plantés et aménagés selon les saisons.

FERME DU VERT €€

555, Le Vert
WIERRE-EFFROY
✆ 03 21 87 67 00
www.fermeduvert.com
15 chambres, une suite. Chambre double à partir de 89 €. Copieux petit déjeuner.

Cette ancienne ferme napoléonienne du XIXe siècle, rénovée dans le plus pur esprit boulonnais, offre détente et confort. Ici, vous trouverez des chambres calmes et douillettes, idéales pour se reposer et se ressourcer, dans un esprit très bucolique. Vous avez aussi la possibilité de réserver le cottage en pierre (jusque 5 personnes). La Ferme du Vert accueille un restaurant sélectionné par le *Guide Michelin* pour son très bon rapport qualité-prix (Bib Gourmand) et la fromagerie des Frères Bernard est là pour goûter à de bons fromages locaux.

SENTIER DE LA BAIE SAINT-JEAN

✆ 03 21 83 27 17
www.agglo-boulonnais.fr
Longueur : 12 km. Durée : 3h. Vérifier les marées pour le retour par la plage.

Depuis les Jardins de la Baie Saint-Jean, allez à la découverte de la jolie côte de Wimereux. Sur la route, nature et histoire se mêlent pour un panorama riche en découverte. L'architecture balnéaire du XIXe siècle et des vestiges de la Seconde Guerre mondiale côtoient un paysage composé de plages et de dunes. Peut-être croiserez-vous en chemin goélands bruns, pics-verts, faucons crécerelles et mouettes rieuses, ou encore de nombreux lapins ? Le parcours finit par rejoindre celui des dunes classées de la Slack, qui courent vers Ambleteuse et son fort Vauban. Attention, lorsqu'il fait très beau, à bien mettre votre crème solaire car la chaleur se ressent bien dans les dunes. À l'intérieur des terres, plantations de pins et marais d'eau douce accueillent une autre faune et une autre flore. Vous finirez par rejoindre la Slack, à suivre jusqu'à son embouchure au niveau du très emblématique Fort d'Ambleteuse. C'est une des plus belles randonnées à faire dans le coin, pour la diversité de ses paysages. A certains moments, on se croirait dans le sud de la France ! Elle est aussi idéale en fin de journée, pour profiter de belles lumières dorées et faire un pique-nique face au soleil couchant.

▶ **Le départ se fait depuis les Jardins de la Baie Saint-Jean.** Cette randonnée est accessible à tous les niveaux et tous les publics. Dans un premier temps, vous devrez rejoindre la D940 et suivre les balises « Sentier de la Baie Saint-Jean ». L'itinéraire se fait en boucle, sur 2 à 3 heures environ.

NOS BALADES

LE TOUQUET

- **Total :** 61,3 km
- **Durée :** entre 3h05 et 6h10 (10 à 20 km/h)
- **Difficulté :** six côtes, peu vallonné

LIEUX	Km partiel	Km cumul	Routes
LE TOUQUET PARIS-PLAGE	0	0	Avenue du Verger, avenue de la Paix, boulevard Daloz, avenue François-Godin, D144
STELLA-PLAGE	6,5	6,5	D144
MERLIMONT-PLAGE	3	9,5	D144E3
MERLIMONT	3	12,5	D940
LE BOUT-D'AIRON	1,4	13,9	D940
BAGATELLE	1,4	15,3	D940
BERCK-SUR-MER	5,5	20,8	D917
RANG-DU-FLIERS	5,5	26,3	D143E2
AIRON-SAINT-VAAST	3	29,3	D143E2, D143E1, D918, D144
SORRUS	5,3	34,6	D144, D917
SAINT-JUSTIN	2,7	37,5	D917, avenue du Général-Leclerc
MONTREUIL	1,5	38,8	D139
LA CALOTTERIE	4	42,8	D146
BEUTIN	2	44,8	D146
BRÉXENT-ENOCQ	2	46,8	D146E1, D145
TUBERSENT	2,5	49,4	D145
COURTVILLE	2	51,4	D145
LE MOTTE	1	52,4	D113
FROMESSENT	1,7	54,1	D113
ÉTAPLES	3,2	57,3	N39
LE TOUQUET PARIS-PLAGE	4	61,3	Place de l'Hermitage

THÉROUANNE
SAMER
BOULOGNE-SUR-MER
BOULOGNE-SUR-MER
BOULOGNE-SUR-MER
ABBEVILLE
PARIS
RUE
PARCOURS GPX
Marles-sur-Canche
Montcravel
Estrée
Estréelles
Montreuil
Ecuires
Brexent-Enocq
Attin
Beutin
Obersent
Courteville
Madeleine-sous-Montreuil
Sorrus
la Calotterie
Campigneulles-les-Petites
Campigneulles-les-Grandes
Wailly-Beaucamp
Boisjean
Saint-Josse
Airon-Saint-Vaast
Etaples
Trépied
Cucq
Merlimont
Rang-du-Fliers
Verton
Berck
le Touquet (Paris-Plage)
Stella-Plage
Merlimont-Plage
Berck-Plage
Canche
D 126
D 439
D 138
N 1
N 39
D 142
D 918
D 917
D 303
A 16
D 113
D 144
D 143
D 940
Côte d'Opale
Manche
1 KM
Autoroute
Route principale
Route secondaire
Circuit vélo
Départ

STELLA-PLAGE - CUCQ

À quelques kilomètres du Touquet, Stella Plage est une charmante station balnéaire prisée par les familles. Sa belle plage de sable fin s'étend sur plusieurs kilomètres et il est possible de se garer à proximité tout au long de celle-ci. D'autre part, cette plage bénéficie d'une surveillance durant tout l'été. Pour les sportifs, la pratique du char à voile, pour conducteurs expérimentés comme pour débutants désirant apprendre, est toujours possible. Le cadre naturel et les grands espaces vous charmeront aussi. Votre plaisir est assuré en bord de plage devant ses vastes étendues dunaires.

OFFICE DE TOURISME DE STELLA-PLAGE

1397, place Jean-Sapin
✆ 03 21 09 04 32
www.stella-plage.fr

En juillet et en août : tous les jours de 9h à 12h et de 14h à 18h.

Bienvenue à l'office de tourisme de Stella-Plage, où une équipe dynamique se fera un plaisir de vous accueillir ! Les conseils et les informations sont avisés : activités nautiques, sportives, détente ou culture, vous aurez tous les renseignements demandés. L'équipe s'engage à faire de votre séjour un succès, alors n'hésitez pas à pousser la porte ! Durant toute la haute saison, de nombreuses animations sont proposées par l'Office Territorial d'Animation.

BAGATELLE ★★

RD 940
✆ 03 21 89 06 38
www.parcbagatelle.com

Ouvert d'avril à septembre, de 10h à 18h30. Tarif : adulte 28,90 €. Enfant 22,90 €.

Ouvert en 1955, Bagatelle est le premier parc d'attractions créé en France ! Ici, on vient de génération en génération. Les 30 attractions sont réparties sur 26 hectares. En été, il est d'ailleurs facile et appréciable de trouver un coin d'ombre pour se poser. Bagatelle se renouvelle sans cesse en proposant des nouveautés, des décors et zones thématiques, spectacle comique, magique et interactif. Du plus petits au plus téméraire, chacun est assuré de trouver des sensations. Sans oublier la Ferme des petits amis où il agréable de flâner en toute quiétude.

PLAGE DE MERLIMONT

✆ 03 21 94 72 18

Accès libre toute l'année. Plage surveillée : horaires selon saison.

La plage aménagée de Merlimont est parfaitement entretenue, offrant à ses visiteurs une belle étendue de sable. Elle dispose d'un vaste espace où la baignade est surveillée pendant une bonne partie de l'année. Elle se prête particulièrement bien à l'accueil de familles en recherche de loisirs de bord de mer. A moins que vous ne préfériez déambuler le long de la belle et longue promenade du front de mer offrant de belles vues sur la mer mais aussi, côté terre, sur de nombreuses jolies villas construites dans le style bien caractéristique des années 1930.

MERLIMONT

Petite commune d'environ 3 000 habitants, Merlimont est une ravissante station balnéaire au sud du Touquet. Privilégiant l'accueil des familles, son offre touristique y est très importante. Entre les loisirs nautiques et les activités nature, vous aurez fort à faire. La commune est partagée entre le village à l'est et la plage à l'ouest. Elle abrite un important massif dunaire, associé à une forêt de résineux. Station réputée pour ce paysage de dunes, l'un des joyaux naturels de la côte, Merlimont est le lieu idéal pour effectuer dse promenades dans celles-ci, le marais ou sur sa plage de 3 kilomètres. Lieu prisé pour des vacances au grand air.

CAMPING DE L'EPY** €€

1321, rue Auguste-Biblocq
✆ 03 21 94 74 15
www.campingdelepy.fr

Ouvert du 1er avril au 2 novembre. 180 emplacements. Mobil-homes pour 4 et 6 pers. Jeux pour enfants. Animaux acceptés.

Situé à proximité de la plage, du parc d'attractions Bagatelle et d'un bel étang de pêche, le camping de l'Epy se trouve au cœur d'un parc naturel, le marais de Balençon. Dans un esprit familial, le site accueille caravanes, camping-cars et offre des mobil-homes à la location. Le camping possède aussi une laverie et un bar. En haute saison, de nombreuses activités sont proposées, une aire de jeux pour les enfants (balançoire, tourniquet, table de ping-pong, terrain multisports) et la location de VTT pour aller explorer le coin.

AU COEUR DU VILLAGE €€

1, place de la Mairie - **SAINT-AUBIN**
✆ 06 21 63 01 18
https://gites-au-coeur-du-village.fr/
5 chambres ou un gîte pour 14 personnes. Nuit de 95 à 140 € la nuit, petit déj inclus. Gîte à partir de 80 € la nuit.

Patricia et Laurent vous accueillent dans cette maison qu'ils ont construite et décorée eux-mêmes avec goût. Les cinq chambres portent les noms des matériaux qu'ils ont utilisés : Bois, Métal, Verre, Brique et Béton. Certaines chambres sont familiales et une a un accès PMR. Vous pouvez aussi privatiser cette maison de 300 m^2 en un gîte pour 14 personnes. Détendez-vous dans le Jacuzzi (en supplément) après une balade dans la région ; Le Touquet n'est qu'à 15 minutes et Montreuil à 10 minutes. Un projet de construction d'autres gîtes est en cours.

HÔTEL DE PLEIN AIR SAINT-HUBERT***** €€

RD 940
✆ 03 21 89 10 10
www.sthubert62.com
Ouvert du du 1er avril au 6 novembre 2023. 22 résidences mobiles. Emplacements de 80 à 200 m2. Piscine, spa.

À ce stade, on ne parle plus de camping, mais d'hôtel de plein air tant les prestations sont nombreuses et haut de gamme. Pour rassembler tout le monde, l'espace aquatique fera l'unanimité avec une rivière à contre-courant, un petit et un grand bain intérieurs et extérieurs, 6 toboggans, 2 pataugeoires. Sans oublier le bain bouillonnant ! Côté logement, les mobil-homes possèdent tout le confort d'un chalet ou d'une maisonnette à quelques pas de la mer.

L'ESCALE €€

56, avenue de la Plage
✆ 03 21 94 71 33
Ouvert du mardi au dimanche le midi et le soir.

Ce restaurant du bord de plage est tenu par un couple d'anciens restaurateurs du Crotoy. Salvatore et Dominique y traitent les moules à toutes les sauces : marinières, crème, lardons ou encore cidre... Madame fait le voyage tous les jours pour les ramener fraîches de chez son mytiliculteur préféré. La carte brasserie est complétée par des viandes, des poissons traditionnels et des plateaux de fruits de mer en été. Il y a aussi ici de très bonnes pizzas dont une incontournable introuvable ailleurs : la pizza welsh à déguster absolument !

L'AUBERGE DU CRONQUELET €€

3, route de Montreuil - **SAINT-AUBIN**
✆ 03 21 94 60 76
www.aubergeducronquelet.fr/
Ouvert du mardi au dimanche de 12h à 14h et de 19h à 21h30. Fermé le lundi et le dimanche soir. Formule du midi : 28 €.

L'Auberge du Cronquelet séduit par sa décoration chaleureuse. Installez-vous l'hiver au coin du feu et l'été dans le jardin. Sous les poutres boisées, le chef travaille des produits frais. A la carte, ce qui vous saute aux yeux, c'est la tête de veau, la spécialité du chef. Il y a même un menu « Tête de veau ». En entrée, le cannelloni de chèvre frais vous fera de l'œil et vous succomberez aux desserts joliment travaillés. Dotée d'un vidéoprojecteur, l'une des salles peut recevoir 40 personnes pour un séminaire ou une fête familiale.

CLUB NAUTIQUE DE MERLIMONT

Boulevard de la Manche ✆ 03 21 09 08 22
www.club-nautique-merlimont.fr
De mars à décembre : ouvert 7j/7. Kayak, stand-up paddle, pédalo. Char à voile (2h) : 35 € enfant et 40 € adulte.

20 km de plage s'étendent pour votre plus grand plaisir. Les amateurs de sports nautiques seront au paradis au Club Nautique de Merlimont, labellisé école française de voile et de char à voile. Bateau, pêche, char à voile, jet-ski, kayak, stand-up paddle... Ils proposent aussi des descentes de bateau et de jet-ski. Des stages de char à voile et autres sports nautiques sont organisés toute l'année. Avec des pointes de vitesse pouvant atteindre 60 km/h : sensations fortes assurées !

RANG-DU-FLIERS

A proximité des communes du Touquet, de Montreuil-sur-Mer et de Berck-sur-Mer, Rang-du-Fliers est une ville de la Côte d'Opale, située à seulement six kilomètres de la mer. Elle offre une halte reposante et verte aux rando-cyclistes en quête de calme et de nature. La commune, dont le nom pourrait être traduit du flamand par "petite rivière" (*rin vliet*), existe depuis 1870. Comme de nombreuses voisines, elle est traversée par la Véloroute, cette piste cyclable qui longe la côte française sur des centaines de kilomètres. Parmi les monuments à voir, l'église Saint-Eugène, le monument aux morts, ainsi que le parc d'attractions Bagatelle.

CARAVANING LES GARENNES & LE FLIERS €€

Chemin blanc ✆ 03 21 84 24 46
www.garennesfliers.com

Ouvert toute l'année. 650 emplacements. Mobil-homes pour 2 à 6 personnes de 410 à 930 € la semaine. Piscine couverte.

Ici il y a deux campings ! Pour les Garennes, vous pourrez choisir entre des mobil-homes confortables et bien équipés, et des « sweet coco », des bungalows de toile, insolites et confortables. La nouveauté : l'ouverture d'une grande piscine couverte ! De l'autre côté du Chemin blanc, le Fliers propose une aire de caravaning plus paisible, avec des mobile-homes à l'année, mais en accès avec les aires de loisirs des Garennes. Le tout à deux kilomètres de la grande plage de Berck !

L'ORÉE DU BOIS**** €€

Chemin Blanc ✆ 03 21 84 28 51
www.oreedubois.fr

Ouvert du 1er avril au 31 oct. 556 emplacements avec mobil-homes, roulottes ou chalets. Wifi. Espace aquatique.

L'Orée du Bois, véritable hôtel de plein air 4-étoiles, doté d'installations modernes bien entretenues, propose des emplacements en location à la journée, au mois, et même à l'année. Tout s'accorde ici pour faire de votre séjour un agréable moment. Dans les bois ou à proximité de la plage, les animations ne manquent pas : espace aquatique (piscine couverte chauffée, piscine extérieure, sauna, hammam), pêche, parcours en forêt ou sportif... Sans oublier les soirées animées et le restaurant. Le club « Les petits loups » accueille les enfants de 6 à 12 ans.

LE PIC VERT €€

570, rue des Blart ✆ 03 21 09 57 60
www.pic-vert.fr

5 chambres. Chambre simple 89 € ; chambre double 105 €. Petit déjeuner inclus. Parking privé. Wifi.

Située à proximité de Berck-sur-Mer, Le Touquet, Montreuil-sur-Mer et à cinq minutes de la mer, la maison d'hôtes propose cinq chambres. Si la maison ne présente pas le charme particulier des bâtisses d'antan, elle bénéficie de tout le confort et de la disposition bien pensée des maisons modernes. La baie vitrée de la salle de petit déjeuner offre une vue sur le jardin tout comme le grand séjour lumineux. Les propriétaires ont pensé à tout, comme une borne de recharge pour vélos électriques et un télescope pour observer le ciel et ses trésors par temps clair !

CAMPING LES TOURTERELLES**** €€€

500, rue des Roberts
✆ 03 21 89 01 01
www.camping-lestourterelles.com

Location de fin mars à fin octobre. Chalets pour 2 à 6 personnes de 360 à 900 € la semaine. Emplacements à l'année.

Vous qui aimez la pêche, un hectare d'étang vous attend ici ! Si vous aimez l'eau plutôt pour tremper dedans, deux piscines dont une couverte feront votre bonheur, complétées par un chalet détente avec spa et sauna, un terrain de tennis et multisport, une aire de jeux, un bar, une épicerie, des animations en juillet-août pour petits et grands... C'est parfait et idéalement situé entre Berck-sur-Mer et Le Touquet, à proximité de la baie de Somme et du site des deux Caps.

MONTREUIL ★★

L'origine de la cité serait religieuse : elle tient son nom du mot latin *monasteriolum*. Sa situation éminente, 40 mètres au-dessus de la vallée de la Canche, lui permit de jouer ensuite un rôle militaire. Déambuler dans les ruelles, c'est feuilleter un livre d'histoire. Ici, le passé nous est conté par les églises, les chapelles, les hôtels particuliers et les rues pittoresques. La ville est rendue célèbre par Victor Hugo qui y place l'action du début des *Misérables*. Un magnifique son et lumière y est organisé chaque année. Divisé par les vallées de la Canche, de la Course et de l'Authie, le Montreuillois offre une grande variété de paysages.

LA CHAPELLE DE L'HÔTEL-DIEU ✝

Place Gambetta
✆ 03 21 06 10 83

Ouvert tous les jours sauf lundi de 14h à 18h pendant les grandes vacances jusqu'au 3e week-end de septembre. Tarif 2 €.

Fondé en 1200 l'Hôtel-Dieu conserva sa vocation hospitalière jusqu'en 1992. Quant à la chapelle, elle fut édifiée en 1370, puis reconstruite sous Napoléon III. De l'édifice du XVe siècle ne subsiste que le portail flamboyant. L'intérieur marie un décor baroque avec un bel ensemble de vitraux. Ses boiseries et son mobilier sont de beaux exemples de l'art sacré des XVIIe et XVIIIe siècles. Inscrite à l'inventaire supplémentaire des monuments historiques en 2000.

ABBATIALE SAINT-SAULVE ★

Place Gambetta

✆ 03 21 06 04 27

Ouverte tous les jours. Entrée gratuite.

L'abbatiale a été construite au XIIe siècle sur l'emplacement d'un monastère dédié à saint Walloy et fondé deux siècles plus tôt. Dans ses dispositions initiales, elle présentait un plan caractéristique des églises de pèlerinage, avec chœur à déambulatoire et chapelles rayonnantes. En 1467, l'édifice s'effondre à la suite d'un tremblement de terre. A peine reconstruite, l'église est incendiée lors du siège de 1537 par Charles Quint. Les moines font reconstruire la nef mais, faute de moyens, elle perd définitivement son chœur, son transept et l'étage de ses fenêtres hautes. Depuis, ses plans ont été considérablement modifiés : le bloc de façade, dernier vestige de l'édifice du XIIe, est constitué d'une tour massive, coiffée au XVIIIe siècle d'un clocher à lanternon. Son portail sculpté a été exécuté après 1467. Le trésor d'art sacré (partiellement visible) constitue l'un des plus beaux ensembles du nord de la France, avec de beaux témoignages de l'art religieux du Moyen Âge jusqu'au XIXe siècle. Après la Révolution, l'abbatiale reçoit les reliques de sainte Austreberthe dont l'une des plus belles pièces est une crosse pastorale richement ornée, réputée comme l'une des plus ancienne d'Europe (le bois a été daté du VIIe siècle). Les fonts baptismaux de l'abbatiale sont connus pour avoir été dessinés par Victor Hugo sur une lettre adressée à sa femme lors de son séjour dans la ville. L'abbatiale possède une très belle acoustique et accueille régulièrement des concerts. Le bâtiment a été classé monument historique en 1910.

CITADELLE DE MONTREUIL-SUR-MER ★★★

Rue Carnot

✆ 03 21 06 10 83

www.musees-montreuilsurmer.fr

Fermé le mardi. Ouvert tous les jours er juillet et août. Horaires variables selon les saisons. Tarif : 6 €, réduit 4 €.

Avant la citadelle, il y eut un château, bâti par Philippe Auguste au début du XIIIe siècle afin de verrouiller l'accès sensible à ce fond d'estuaire de la Canche. Au XVIe siècle, après les ravages de la guerre contre Charles Quint, Charles IX ordonne la construction d'une citadelle. Du bâtiment initial sont conservées la porte d'entrée en arc brisé et les deux tours massives qui la bardent. Du XVIIe au XIXe siècle, le site est régulièrement renforcé, notamment par Vauban vers 1670. Entre 1916 et 1919, les Britanniques y installent leur centrale de communication. La citadelle est démilitarisée en 1929, trois ans après son classement aux monuments historiques. Dans la chapelle, une exposition retrace l'histoire de la commune. Une exposition présente une sélection de collections d'art sacré conservée par la commune. Le site bénéficie également d'une machine de guerre médiévale appelé la bricole que les jeunes et moins jeunes peuvent manipuler sur demande. D'autre part, cette citadelle est classée zone Natura 2000 car elle constitue un lieu d'hibernation privilégié (et de reproduction) pour de nombreuses espèces rares et menacées de chauves-souris. Une exposition organisée en coopération avec le Conservatoire d'Espaces Naturels permet de sensibiliser les visiteurs à la grande utilité de ces espèces animales encore mal connues et sources de crainte pour beaucoup. Enfin, l'été se déroule un spectacle nocturne sur *Les Misérables*, à ne pas rater !

CHÂTEAU DE VERCHIN

VERCHIN

✆ 03 21 04 41 38

Ouvert du 1er juin au 30 septembre. Les dimanches de 14h30 à 18h. Les autres jours sur rdv.

Le château de Verchin est caché au fond d'un vallon, dans la vallée de la Lys. Il a été construit en 1760, puis restauré en 1869. On trouve à droite de la demeure principale faite de briques deux pavillons accolés et à l'extrême gauche du bâtiment se trouve une chapelle en pierre blanche. Autour du château, un parc à l'anglaise rassemble des arbres majestueux et des plantes aquatiques, ainsi qu'un jardin potager avec plus de 100 variétés de plantes et légumes. Le château de Verchin a été inscrit aux Monuments historiques en 2010 !

LA CITÉ DES ARTISANS

2, rue de la Place - **BUIRE-LE-SEC**

✆ 03 21 06 13 43

www.lacitedesartisans.com

Ouvert du mardi au vendredi de 10h à 12h30 et de 14h à 18h30 ; le week-end de 10h à 18h30.

Dans cet espace, pas moins de 86 artisans présentent leurs créations pour perpétuer la tradition ou innover. Devant vous, ils façonnent le bois, le verre, le métal, l'argile ou les plantes pour donner forme à tous types d'objets de décoration ou autres ustensiles pratiques. La gastronomie est aussi au rendez-vous avec les conserves et boissons artisanales des producteurs locaux. L'occasion pour les visiteurs de découvrir le patrimoine culturel de la région et la gastronomie du terroir aux côtés des professionnels du coin. Un lieu à l'ambiance chaleureuse.

ÉGLISE SAINT-OMER ✝ ★

VERCHIN

Cette église du XVIIe siècle de style gothique flamboyant est une curiosité architecturale célèbre pour sa tour de forme carrée, terminée avec une flèche vrillée. Elle a pris une inclinaison inquiétante. La légende dit qu'au premier mariage, le clocher s'est penché pour saluer la mariée, à la robe blanche comme sa vertu. A moins que ce ne soit le contraire et qu'il se redressera le jour où une autre vierge convolera en justes noces… On attend encore ! Les plus raisonnables parlent juste d'un défaut dans la charpente dont le bois aurait subi un mauvais séchage.

L'AUBERGE DES ETANGS*** €€

91, rue Vallée de l'Authie - **ROUSSENT**

✆ 03 21 81 20 10

Hôtel, restaurant, location de mobil-homes (entre 80 et 130 €/nuit). Chambre de 49 à 65 € par nuit.

L'Auberge des Etangs est un petit hôtel familial sans prétention où l'on est bien accueilli ! Idéalement située près des jardins de l'abbaye de Valloires et des remparts de Montreuil, l'auberge dispose également de chalets et de mobil-homes à la location pour 4 à 6 personnes juste au bord d'un étang propice à la baignade. Une structure gonflable fera le bonheur de vos enfants. Le restaurant de l'hôtel propose des plats simples, bien présentés, qui évoluent selon les saisons. Et si vous souhaitez organiser un évènement familial, un service traiteur est disponible.

LES RUES PITTORESQUES

✆ 03 21 06 04 27

www.tourisme-montreuillois.com/fr

Accès libre toute l'année. Dépliant descriptif disponible à la Maison du Tourisme et du Patrimoine.

A Montreuil-sur-Mer, les rues pittoresques sont nombreuses, témoignant d'un riche passé historique. Aimerez-vous l'atmosphère romantique de la rue du Clape-en-Haut ? Préférerez-vous l'effervescence estivale de la rue du Clape-en-Bas et de ses maisons du XVIIIe siècle, en silex et torchis ? Jadis, elle était, paraît-il, le quartier des potiers ; aujourd'hui, la commune loue ses demeures évoquant le passé à des artisans pour y installer leurs échoppes. Ne partez pas sans avoir flâné dans la célèbre Cavée Saint-Firmin, sur les pas de Victor Hugo.

DOMAINE DE FRESNOY €€

100, impasse de Fresnoy

LOISON-SUR-CRÉQUOISE

✆ 06 87 45 64 60

www.domainedefresnoy.com

Chambre double à partir de 165 €. Petit déjeuner inclus (de 8h30 à 10h). Ateliers et stages.

Besoin de vous mettre au vert ? Offrez-vous une parenthèse hors du temps au sein du domaine de Fresnoy. Ici, dans un lieu historique, entouré d'une nature revigorante, tout invite au calme et à la sérénité, à prendre soin de soi, des autres et de la nature. Le domaine de Fresnoy s'inscrit dans une démarche écoresponsable forte, proposant notamment des produits locaux et responsables. Les quatre chambres d'un grand confort offrent une vue enchanteresse sur l'extérieur. Des stages et des ateliers pour se reconnecter au vivant sont régulièrement organisés.

LA HULOTE CITADELLE €

Rue Carnot

✆ 03 21 06 10 83

Ouvert toute l'année. Nuitée entre 18 et 24 €. Petit déjeuner 8 €.

Rénovée il y a quelques années, l'auberge de jeunesse La Hulotte propose une ambiance rustique au cœur de la Citadelle dans un bâtiment du XVIIe siècle. Les quarante lits sont répartis en deux grands dortoirs, et quatre chambres de deux à six lits. La grande cuisine est entièrement équipée de façon professionnelle et les draps sont fournis. Le jardin tout autour est très agréable. Le charme des vieilles pierres et son atmosphère chargée d'histoire en font un lieu unique rempli de quiétude. Le plus : gratuit pour les moins de 2 ans !

LES HAUTS DE MONTREUIL*** €€

21-22, rue Pierre-Ledent ✆ 03 21 81 95 92

www.leshautsdemontreuil.com

25 chambres. Chambre double à partir de 106 €. Petit déjeuner 12 €. Wifi gratuit. Demi-pension. Parking payant.

A 200 mètres de la Citadelle, cet hôtel 3 étoiles et son restaurant bistronomique se trouvent dans la plus vieille bâtisse de la ville fortifiée. Elle date de 1537 ! Les chambres sont spacieuses et bien équipées, et l'accueil irréprochable. Le restaurant, Le Patio, est chaleureux et sa carte vous séduira avec ses produits du terroir. L'établissement possède de très belles caves voûtées du XVIe siècle. Coup de cœur aussi pour la magnifique terrasse d'été avec sa fontaine romantique.

NOS BALADES

LE BISTRONOME €€

26, rue d'Hérambault
© 03 21 06 04 23
www.restaurant-le-bistronome.fr
Fermé mercredi et mardi soir. Compter environ 50 € pour un repas.

Après avoir fait ses armes dans les belles adresses de la région, François Granderie ouvre sa propre enseigne avec le Bistronome : une adresse conviviale aux plats de terroir associés à la finesse d'une grande cuisine. François aime apporter un brin d'exotisme en fonction de l'inspiration du moment. Originales et savoureuses, ses associations sont à la portée de tous et de tous les budgets. Chef accompli, il se plaît à venir à la rencontre de ses convives pour leur parler de ce territoire qu'il maîtrise depuis plus de vingt ans. Bluffant !

CRÊPERIE LE CLAN DES ELFES €€

3, rue du Clape en Bas
© 06 83 71 16 66
www.creperie-leclandeselfes.fr
Ouvert du vendredi au mardi le midi ; du jeudi au lundi le soir. Concerts.

Une crêperie de charme idéalement située ! Le Clan des Elfes a trouvé refuge dans une bâtisse atypique de Montreuil. C'est dans une rue pavée du XVIIIe siècle, non loin des remparts, que vous pourrez faire une halte gourmande et musicale. Eh oui, dans cette crêperie insolite qui ravit les papilles, les oreilles ne sont pas en reste non plus. Chaque mois, des concerts et animations rythment la vie de l'établissement. Pour les amateurs de galettes bretonnes et d'ambiance conviviale !

LES REMPARTS €€

5, porte de France
© 03 21 06 01 89
www.lesremparts-montreuil.fr
Fermé mercredi. Menu à 30 €. Menu enfant 9,50 €. Formule du midi 18 €.

Les Remparts, ce sont plusieurs ambiances pour tous les moments ! On peut y prendre le petit déjeuner dans la salle à manger de l'hôtel, profiter du pub et du salon dans lesquels vous pourrez vous détendre autour d'un cocktail accompagné de canapés, squatter la terrasse pour prendre un repas ou simplement un verre… mais aussi et surtout déjeuner ou dîner au restaurant. Que l'on choisisse la carte brasserie ou celle gastronomique, on ne sera jamais déçu et le service impeccable. Voici un exemple de menu : tartare de daurade, cochon fermier, crème brûlée maison.

CHATEAU DE MONTREUIL €€€

4, chaussée des Capucins
© 03 21 81 53 04
www.chateaudemontreuil.com
A partir de 200 € la chambre double. Menu de 89 à 105 €.

Hôtel de luxe et restaurant gastronomique, le Château de Montreuil a toujours été l'une des tables les plus prisées du Pas-de-Calais. La brigade de ce très élégant château exécute, au quotidien, une cuisine qui sait susciter le ravissement. Une cuisine de saison qui met en valeur le produit, en sublimant chaque aspect et chaque saveur.. Quant au menu surprise du chef, il vous permettra de déguster sept petits mets délicieux et inspirés. Aux premiers rayons de soleil, la terrasse, entourée de parterres de fleurs et de massifs multicolores, s'offre à vous.

LA FERME DU BOIS D'ESGRANGES

Créquy
VERCHIN
© 03 21 81 13 14
Accueil de groupes toute l'année sur rendez-vous. Vente directe.

A Vercin, Sylviane et Christophe Henguelle travaillent au cœur des sept vallées, une belle région verdoyante et vallonnée. C'est dans ce cadre si verdoyant, un peu à l'écart du village, que vous trouverez leur ferme du Bois d'Esgranges. Le berger et la bergère vous accueillent et vous ouvrent leurs portes pour vous faire découvrir leur production. Du lait de leurs brebis ils fabriquent avec soin des fromages et des yaourts de mars à septembre-octobre.

LA MAISON DU PERLÉ DE GROSEILLES

50, rue Principale - **LOISON-SUR-CRÉQUOISE**
© 03 21 81 30 85
www.perledegroseille.com
Ouvert du lundi au vendredi de 10h à 12h et de 14h à 18h. Et le samedi de mai à septembre. Visite gratuite.

Le perlé a été créé en 1985 par Hubert Delobel qui a fait revivre une vieille recette de « vin de groseille ». Ici, on vous accueille en cave, on vous explique le processus de fermentation et on vous le fait déguster. Au grand air, un jardin recense 90 variétés de groseilles en libre dégustation. Et s'il vous a ouvert l'appétit, une crêperie champêtre existe sur le domaine, qui vous régalera de produits locaux ! Cinq circuits de randonnée partent de la Maison du Perlé.

ETAPLES ★

Étaples est une petite ville d'environ 11 000 habitants, avec un port de pêche dont l'activité a survécu aux invasions, incendies et bombardements lors des guerres du passé. Napoléon Bonaparte y massa une partie de son armée destinée à conquérir l'Angleterre. D'importants dégâts ont été causés par les deux guerres mondiales. Étaples paya un lourd tribut reconnu par l'attribution de la Croix de Guerre en 1920 puis une citation à l'ordre de la nation en 1945 : « Le courage de sa population, et particulièrement la ténacité de ses marins, restera un exemple pour tous les artisans du relèvement national ».
Le cimetière militaire est le plus grand cimetière des forces du Commonwealth. Un lieu émouvant et impressionnant par sa taille. Vous saurez tout sur de la vie des pêcheurs et du monde de la pêche en rendant visite au Musée de la Marine puis au Musée-Aquarium Meréis. Complétez ces connaissances en passant par le Musée de Construction navale traditionnelle.
Pour les amateurs de nature, de nombreuses balades sont possibles, au cœur de la Réserve naturelle nationale, dans la baie de Canche qui abrite une diversité de la faune et de la flore avec des espèces rares. L'accès, bien balisé, est libre à condition de respecter sa réglementation. La forêt communale, quant à elle, recèle de nombreux sentiers balisés pour des randonnées. Les moins sportifs pourront aussi prendre un grand bol d'air au milieu de cet espace naturel préservé en embarquant pour une croisière en baie de Canche. Et les amateurs de pêche peuvent aussi en profiter !

NOS BALADES

MARÉIS, CENTRE DE DÉCOUVERTE DE LA PÊCHE EN MER ★

Boulevard Bigot-Descelers
✆ 03 21 09 04 00
www.mareis.fr
Ouvert d'avril à sept : 9h30-13h et 14hh-18h. Adulte : 8 €. réduit : 6 €. Visite guidée de 1h.

Ici la pêche est une fierté locale, et c'est ce que Maréis tente de transmettre dans cette ancienne usine de fabrication de filets de pêche. La vie des hommes à bord d'un chalutier de 25 mètres est décrite mais aussi plus de 500 espèces animales, des reconstitutions de bateau à taille réelle, un quiz sur les techniques de pêche. 12 aquariums présentent la biodiversité de la Manche et de la mer du Nord. Les visites sont souvent effectuées par d'anciens marins pêcheurs.

MUSÉE DE LA MARINE ★

Boulevard de l'Impératrice
✆ 03 21 09 77 21
etaples-sur-mer.fr
Fermé le mardi et le dimanche matin. Ouvert de 10h à 12h et de 14h à 18h. Adulte 3 €, enfant 2 €.

Dans cet édifice face au port, ce musée présente, sur 600 mètres carrés, la vie et l'histoire des marins étaplois, à l'aide de documents, de maquettes, d'intérieurs reconstitués, de projections. C'est ainsi que sont décrites l'évolution du chalutage et la préparation des poissons pêchés en vue de leur commercialisation. Des bateaux en taille réelle sont aussi exposés ! Vous pourrez découvrir l'évolution de la vie quotidienne des pêcheurs, ainsi que les métiers traditionnels, aujourd'hui disparus, étroitement liés à la marine (tonneliers, charpentiers, voiliers…).

OFFICE DE TOURISME

Boulevard Bigot-Descelers
✆ 03 21 09 56 94
www.etaples-tourisme.com
Haute saison : tous les jours de 9h30 à 13h et de 14h à 18h.

Débutez votre séjour à Étaples en visitant l'office de tourisme, installé dans la Corderie, une ancienne fabrique de filets de pêche ! Son équipe dynamique vous renseignera sur toutes les activités proposées par la ville : visite du cimetière britannique, visite des peintres d'Étaples, tour architectural de la ville, parcours historique, sans oublier une croisière à bord du *Baie-de-Canche*, ou une visite au centre Maréis. Une boutique est sur place ! Aussi, l'office de tourisme propose des visites pour les groupes sur toute la Côte d'Opale et le Montreuillois.

CHANTIER DE CONSTRUCTION NAVALE TRADITIONNELLE

Boulevard Bigot-Descelers
✆ 03 21 94 23 27
www.tourisme-etaples.com
Visite libre de 9h à 11h30 et de 15h à 16h30 du lundi au samedi. Visite guidée sur réservation. Tarif unique : 2 €.

Entre 1951 et 1975, chalutiers et bateaux d'échouage en bois sont sortis de ce chantier naval. Puis l'acier s'est imposé et l'entreprise a fini par fermer... Finalement, en 1994, le chantier devient un site de préservation des savoir-faire locaux. On y fabrique et on y restaure des bateaux traditionnels. Vous pourrez également admirer des navires anciens, comme le *Charles de Foucauld*, construit ici en 1958. Renseignements et réservation par téléphone.

PORT DE PLAISANCE

Quai de la Canche
✆ 03 21 84 54 33
www.plaisance-etaples.fr

Accessible aux heures de pleine mer. Port de 250 bateaux, dont 22 places visiteurs. Tarif journée : de 9,60 à 26 €.

Situé à l'embouchure de la Canche, le port de plaisance offre une escale parfaite à deux pas du centre-ville d'Étaples-sur-Mer et de ses commerces. Il est accessible aux heures de pleine mer et propose 250 postes d'accostage (longueur maxi 12 m et tirant d'eau maxi 1,30 m). Cette escale paisible est classée Pavillon Bleu et possède 4 ancres au Gold Anchor. Sanitaires, douches, eau et électricité (220V/6A) sur les pontons, wifi, aire de nettoyage avec nettoyeur haute pression et aire de carénage, les prestations sont de qualité.

BISTROT GOURMAND €€

4, rue du Rivage
✆ 03 21 94 41 52
www.bistrot-gourmand.fr

Ouvert toute l'année. Du mardi au samedi le soir ; du mardi au dimanche le midi. Menus : 22,90 €, 23,90 € et 26,90 €.

Une large carte de cuisine de bistrot traditionnelle régionale est offerte dans cette grande et belle brasserie moderne, située à cinq minutes du Touquet. Parmi les spécialités régionales à la carte, on peut citer la ficelle picarde, le waterzoï de la mer, les moules de bouchot, la choucroute de la mer, etc. Pour accompagner le tout, une belle carte de vins et des bières à la pression. On peut aussi profiter d'une seconde carte, côté brasserie, qui propose des burgers, des welshs, de très nombreuses galettes bretonnes et des crêpes sucrées pour le dessert.

LES PIEDS DANS L'EAU €€

1, rue des Myostis
CAMIERS
✆ 03 21 84 07 97

Ouvert tous les jours de 9h à 23h. Fermé le mercredi. Formules 19 € ou 24,90 €. Le midi : 14,90 €.

Cet établissement est situé dans angle de la rue des Myosotis avec sa terrasse se déployant sur l'esplanade Sainte-Cécile. Les vues donnent sur la place et la plage ! A l'intérieur, la salle est moderne, aux teintes claires et à la décoration minimaliste. La carte propose une cuisine traditionnelle française, faite maison, très variée : burgers, welsh, moules-frites déclinées à toutes les sauces, mais aussi poissons frais ou cassoulet maison. Un accueil convivial et un service efficace feront plaisir aux plus gourmands, à deux pas de la plage de Camiers.

PLANÈTE OCÉAN €€

Quai de la Canche ✆ 03 21 09 42 92
www.planeteocean.fr

Ouvert le midi tous les jours ; le soir du mercredi au dimanche. Menus de 12,90 à 35 €. Carte : 20 € environ.

Cette grande bâtisse sur deux étages entièrement en baies vitrées offre une terrasse avec vue sur le port. Dans ce décor lumineux, on se laisse volontiers tenter par une jolie carte composée de spécialités de la mer. Plateau de fruits de mer, assiette de crevettes grises, de petites gambas, de bulots et d'huîtres normandes ou bretonnes, et l'incontournable Burger Océan... La fraîcheur est au rendez-vous dans tous les cas et le service très cordial. A noter que Planète Océan s'associe régulièrement à Maréis pour proposer des ateliers culinaires pour les touristes.

RESTAURANT AUX PÊCHEURS D'ÉTAPLES €€

Quai de la Canche ✆ 03 21 94 06 90
www.auxpecheursdetaples.fr

Haute saison : tous les jours de 12h à 14h et de 19h à 21h30. Hors saison fermé dimanche soir. Menu de 30 à 50 €.

Le restaurant de la coopérative maritime étaploise est situé juste au-dessus de la poissonnerie ! On y savoure des poissons de la région, débarqués le matin même des bateaux de pêcheurs d'Étaples. Sa carte est une ode à la mer et à ses fruits. Parmi les spécialités : langoustines terre et mer, lard fumé, fraîcheur de ratte et épinard frais en entrée ; filet de saint-pierre, crémeux d'agrumes, pamplemousse, patate douce en plat ; soufflé glacé au Grand-Marnier au dessert.

LA TABLE DE FRANCK €€

2, boulevard de Sainte-Cécile
CAMIERS
✆ 03 21 89 77 70
www.latabledefrank.fr

Ouvert du mardi au dimanche le midi. Carte : 35 € environ. Menu enfant : 9 €.

L'accueil est excellent dans ce restaurant de Camiers, situé sur le boulevard menant à la plage. La décoration de sa salle intérieure est moderne et design. Sa cuisine est traditionnelle française, à base de produits frais. Côté mer, vous aurez le choix entre la bouillabaisse du Nord et le filet de bar ! Côté viandes, optez pour un bon tartare avec des frites maison. L'établissement a la bonne idée de proposer des moules pour les enfants qui changent des nuggets habituels ! Faites-y une halte gastronomique au retour de la plage, vous ne le regretterez pas.

NOS BALADES

L'AUDOMAROIS

- **Total :** 53 km
- **Durée :** entre 2h35 et 5h10 (10 à 20 km/h)
- **Difficulté :** cinq côtes, peu vallonné.

LIEUX	Km partiel	Km cumul	Routes
CATHÉDRALE DE SAINT-OMER	0	0	Rue Henri Dupuis, Bd Vauban, Bd Guillain, D928, D198, Rue du Noir Cornet
SALPERWICK	4,4	4,4	D214E, D943
TILQUES	2,9	7,3	D214
SERQUES	3	10,3	D214
MOULLE	2	12,3	D207
MORINGHEM	5	17,3	D207, D206
ZUDAUSQUES	3	20,3	D206, D212 E2, D212
WISQUES	5	25,3	D212, D208E1, Rue de Wisques, D211
ESQUERDES	3,5	28,8	D211
HALLINES	1,9	30,7	D211
WIZERNES	1,6	32,3	D211
GONDARDENNE	0,9	33,2	D198
HELFAUT	1,3	34,5	D198, D210E
LE PARFUM DES SAPINS	1,9	36,4	D210E, D210
LA CROIX	1,8	38,2	D210
BLENDECQUES	0,8	39	D210, N43, Rue Emile Zola, Quai du Commerce, D211
ARQUES	3,6	42,6	Rue Jean Jaurès, CV, Chemin du Rihout, Route Forestière Royale, Route forestière du Fort rouge, D209
CLAIRMARAIS	5,7	48,3	D209, Rue Ringot, Rue Faidherbe, Rue Carnot, Rue Martel
MAIRIE DE SAINT-OMER	4,7	53	Place Foch

Parc Naturel Régional
des Caps et Marais d'Opale
Saint-Omer
Moulle
Serques
Nieurlet
Tilques
Salperwick
Clairmarais
Etang
de Romelaère
Moringhem
Zudausques
Tatinghem
Longuenesse
Arques
Quelmes
Leulinghem
Wisques
Setques
Wizernes
Hallines
Esquerdes
Blendecques
Helfaut
Heuringhem
Campagne-
lès-Wardrecques
Wardrecques
CASSEL
HAZEBROUCK
HESDIN
BETHUNE
THEROUANNE
Canal de Neuffossé
Aa
Au
A 26
N 42
N 43
D 928
D 213
D 300
D 211
D 77
D 933
D 225
500 M
PARCOURS GPX
Autoroute
Type autoroutier
Route principale
Route secondaire
Circuit vélo
Départ

SAINT-OMER ★★

Saint-Omer, touristique et connue pour son marais et pour son patrimoine culturel et naturel, vit le jour au début des années 900 sur les rives de l'Aa, mais ne prit son envol qu'environ deux siècles plus tard, lorsque le port fut construit, permettant ainsi la navigation de navires marins à l'intérieur des terres. La cité se développe autour du marché et du port, des fortifications entouraient le tout et protégeaient par la même occasion le château (demeure du châtelain de Saint-Omer, vassal du comte de Flandre). D'une importance stratégique et commerciale déterminante, la cité fut à maintes reprises l'objet de convoitises et d'invasions.

© PHILIPPE GRAILLE / ADOBE STOCK

Saint-Omer.

ABBAYE NOTRE-DAME ✞

24, rue de la Fontaine
WISQUES

Abbaye bénédictine féminine, cet édifice est le pendant féminin de l'abbaye Saint-Paul de la ville. Elle a été fondée en 1889 et a été construite par Paul Vilain, dans un style néo-gothique. Elle abrite aujourd'hui encore une vingtaine de religieuses dont les tâches quotidiennes sont la prière, le travail, la *lectio divina* (la lecture et la réflexion à partir des écritures saintes), la vie collective, le tout dans un silence respectueux et méditatif. Elle s'ouvre régulièrement aux femmes qui souhaiteraient s'initier aux retraites monastiques !

BLOCKHAUS D'EPERLECQUES ★★

Rue des Sarts - **EPERLECQUES** © 03 21 88 44 22
www.leblockhaus.com
Ouvert d'avril à juin et en septembre de 11h à 17h30, en juillet-août de 10h à 18h30 et en octobre de 11h à 17h. 11 €.

La forêt d'Eperlecques cacha à partir de 1943 l'un des plus gros blockhaus jamais construits par l'armée allemande. Avec 22 mètres de haut, ce bâtiment construit sur un hectare devait servir d'usine de production d'oxygène liquide et de base de lancement de fusées V2 dans le but de détruire Londres et Anvers. À l'autre extrémité du massif forestier se trouvait une base de lancement de fusées V1. Aujourd'hui, la visite sonorisée et commentée de ce témoin du passé, classé monument historique, vous replonge dans les secrets de l'armée nazie.

CATHÉDRALE DE SAINT-OMER ★★

Enclos Notre-Dame
www.cathedrale-saint-omer.org
Accès libre. Ouvert de 8h/8h30 à 17h/18h selon la saison.

Aux origines de ce majestueux édifice, celui qui donna son nom à la ville : Saint-Omer ou Audomarus (600-670), premier évêque de Thérouanne. Il fonda une chapelle à l'emplacement d'un ancien temple païen. Depuis cette époque, le bâtiment ne cessa de grandir, et de s'embellir. L'architecture telle qu'on la connaît aujourd'hui fut le fruit d'un très long labeur de la part des artisans et constructeurs locaux : plus de 300 ans de travaux ! La cathédrale de Saint-Omer, qui domine la ville depuis 1561, mélange harmonieusement les styles roman et gothique.

LA FONTAINE SAINTE-ALDEGONDE

Place Victor-Hugo
Accès libre.

Cette fontaine est l'unique reliquat de l'ancienne église Sainte-Aldegonde, ruinée par la chute de son clocher en 1800. Elle commémore l'ouverture du canal de Neufossé entre l'Aa et la Lys en 1756. Les statues, au-dessus de la niche centrale, représentent ces deux rivières. Deux des vases de la fontaine ont été taillés par François Chifflart, peintre, sculpteur et graveur audomarois. La fontaine a été classée aux monuments historiques en 1981, et restaurée entre 2009 et 2012.

GARE DE SAINT-OMER

Place du 8 Mai 1945

www.patrimoines-saint-omer.fr

Cette immense gare cathédrale est à voir, ne serait-ce que pour sa façade néoclassique parfaitement symétrique ! Édifiée en 1904, elle est inscrite à l'inventaire supplémentaire des monuments historiques et ajoute sa pierre à la richesse architecturale de la ville. Elle a dû fermer en 2011 car son plafond menaçait de s'effondrer. Rouverte depuis, les espaces ont été revus et elle accueille diverses activités dont le coworking. Aussi, sept forages ont été creusés pour que la construction soit alimentée par l'énergie géothermique.

MAISON DE L'ARCHÉOLOGIQUE

6, place de la Morinie - **THÉROUANNE**

✆ 06 43 85 15 47

www.patrimoines-saint-omer.fr

Horaires selon la saison. Entrée et visite commentée gratuites.

Thérouanne a un riche passé historique que reflètent les collections du musée. Trois sections chronologiques présentent les découvertes de la période gallo-romaine, les sites avec les plans et documents anciens et enfin la période médiévale : gravures anciennes, sceaux des évêques de Thérouanne, mais aussi pointes de flèches et boulets de canon et autres objets découverts lors des fouilles. Pour les amateurs d'histoire, ce lieu est intéressant pour découvrir des pièces uniques !

LE MARAIS

Accès libre.

S'il y a bien un incontournable pour lequel la ville de Saint-Omer est connue, c'est son marais ! Gagnées sur l'eau au fil des siècles, les terres du marais se divisent en plus de 13 000 parcelles longues et étroites parcourues par 700 kilomètres de chemins. Les habitants ont façonné et mis en valeur ces lieux et le réseau de canaux n'a cessé de se développer, jusqu'à faire de Saint-Omer un port de commerce où se sont installées des activités liées à l'eau, comme les brasseries ou les tanneries. Près de cinquante légumes y sont cultivés depuis le XIXe siècle, dont le chou-fleur et l'endive, introduits respectivement en 1750 et en 1920. Un itinéraire fluvial balisé traverse la réserve du Rommelaëre. Dans cette zone humide, vous découvrirez une faune et une flore exceptionnelles : plus de 230 espèces d'oiseaux, une centaine d'espèces de coléoptères et 300 variétés de plantes.

De nombreuses possibilités s'offrent aux visiteurs pour découvrir le marais audomarois : canoës, barques à rames ou à moteur, bateaux-promenades et bacôves, en visite libre ou guidée. La visite guidée en barque est à faire, pour repartir en connaissant tous les secrets du marais et de ses habitants. Il est bien sûr aussi possible de visiter les marais à pied, et de profiter d'une ambiance bucolique. Admirez par-ci les oiseaux au bord des berges, par-là les poissons frétillant dans une eau parfois limpide. On y croise aussi les locaux, occupés à se promener ou à discuter. Une vraie ambiance village et nature, à seulement quelques pas de la ville !

Le marais à Saint-Omer.

MUSÉE DE L'HÔTEL SANDELIN

14, rue Carnot ✆ 03 21 38 00 94
www.musees-saint-omer.fr

Ouvert toute l'année. Du mercredi au dimanche de 10h à 12h et de 14h à 18h. Adulte : 5,50 € (tarif réduit : 3,50 €).

Construit pour la comtesse de Fruges en 1776, cet hôtel de style parisien sert depuis 1904 de musée municipal. Plus de 3 000 œuvres et objets d'art allant du Moyen Âge au XIXe siècle sont présentés. Le musée rassemble de belles peintures et pièces de mobilier datant des XVIe, XVIIe, XVIIIe et début du XIXe siècles, notamment des toiles de Belly, Chifflart ou De Neuville, originaires de Saint-Omer. A voir : le parcours Céramique et la collection de pipes en terre cuite de Saint-Omer.

LES RUINES DE L'ABBAYE SAINT-BERTIN

www.patrimoines-saint-omer.fr

L'abbaye bénédictine Saint-Bertin a été construite au VIIe siècle, aux portes du marais, par des moines missionnés par Omer pour évangéliser la contrée. Elle était l'une des trois plus puissantes abbayes du nord du royaume. Elle prospéra tout au long du Moyen Âge, jusqu'à la Révolution lors de laquelle elle fut en partie détruite. En 1830, la municipalité entreprit la destruction de l'édifice en épargnant la tour occidentale, qui s'effondra trois ans après les bombardements de 1943.

LE SITE DES ÉTANGS D'ARQUES

ARQUES
✆ 03 21 12 62 30
www.ville-arques.fr

En accès libre.

Entièrement réaménagés, les étangs de Malhôve, Beauséjour et Arc-en-Ciel sont devenus un site de ressourcement au cœur de la nature, à deux pas du centre d'Arques. Pensé pour la préservation de la biodiversité suite à l'envahissement par une espèce invasive, le site accueille désormais les promeneurs et joggeurs que les pêcheurs et les ornithologues. Sentiers, observatoire, même un rucher... une parfaite illustration du bien-vivre possible entre l'homme, la faune et la flore !

OFFICE DE TOURISME DE LA RÉGION DE SAINT-OMER

7, place Victor-Hugo
✆ 03 21 98 08 51
www.tourisme-saintomer.com

Basse saison : ouvert du lundi au samedi. Haute saison : ouvert également le dimanche.

Installé au fond d'une petite cour de la place Victor Hugo, il offre une vue imprenable sur la cathédrale. Son guide touristique particulièrement réussi continue de promouvoir, de belle manière, l'Audomarois et sa très jolie « capitale » Saint-Omer. Terre d'histoire, cette région offre un patrimoine architectural remarquable remontant au haut Moyen Âge, ainsi qu'une nature foisonnante avec le marais audomarois, reconnu par l'Unesco. Site Internet très riche avec billetterie.

FAISEURS DE BATEAUX

43, route de Clairmarais
✆ 06 08 09 94 88
https://lesfaiseursdebateaux.fr

Ouvert tous les jours de 9h à 18h. Visite libre en bateau à rames : 20 €/heure. En bateau électrique : de 49 à 65 €.

Dans les faubourgs de Saint-Omer, Rémy et Vincent Colin sont les derniers fabricants d'escutes et de bacôves, bateaux traditionnels des maraîchers faits de chêne et de lin. Ils ont hérité du métier de leur grand-père et de son savoir-faire unique, qui leur a valu le prestigieux label « Entreprise du Patrimoine Vivant ». Ils vous proposent des visites guidées du marais audomarois sur leurs embarcations qu'ils guident à la perche. Il est également possible de visiter leur atelier et le chantier archéologique qui explique la reconstruction d'un bateau du XVe siècle.

LA MOTTE CASTRALE

Place Sithieu
✆ 03 21 98 08 51
www.tourisme-saintomer.com

À deux pas de la cathédrale, la motte castrale a été édifiée au Xe siècle par Baudoin Ier, comte de Flandre, pour protéger la collégiale d'éventuels agresseurs vikings. L'édifice fut longtemps le point névralgique du pouvoir politique de la région, notamment la châtellenie de Saint-Omer. En 1761, une prison militaire à la Vauban y est érigée. Aujourd'hui restauré, le site est ouvert à l'occasion d'événements exceptionnels et de festivals. Le jardin offre également des points de vue imprenables sur la ville de Saint-Omer et les alentours !

LES BELLES ÉCHAPPÉES

Chemin des Murs - **CLAIRMARAIS**
✆ 03 21 98 11 72
www.les-belles-echappees.com

Ouvert du mardi au samedi de 9h à 12h et de 14h à 18h. Location pour 2h : 26 € le Lil'Buddy et 24 € le tandem.

Ici, vous avez deux options pour découvrir la région de Saint-Omer : ou vous vous faites les mollets à vélo, tandem ou vélo beach cruiser (solex ou avec assistance électrique pour les tricheurs !) ou vous succombez au charme d'un véhicule rétro, au choix 2 CV, Combis ou Méhari. Équipé d'un road-book ou guidé par votre bon plaisir, vous allez aimer rouler ou pédaler entre forêts et marais, découvrir les caps Blanc-Nez et Gris-Nez et les sept vallées. Les paysages sont magnifiques et le plaisir est unique. Quelle que soit votre destination, l'échappée sera belle !

ABBAYE SAINT-PAUL €

50, rue de l'École - **WISQUES** ✆ 03 21 12 28 50
www.abbaye-saint-paul-wisques.com

Boutique ouverte du lundi au samedi de 11h à 12h et de 15h à 17h, dimanche de 11h30 à 12h et de 15h30 à 16h45.

Cette abbaye bénédictine, fondée en 1889, est affiliée à la congrégation de Solesmes. Les moines en furent rapidement chassés par les lois anti-catholiques en 1901. Ils se replient alors aux Pays-Bas et ne rentrent en France qu'après la Première Guerre mondiale. Dès cette époque, ils s'attachent à agrandir l'abbaye avec la chapelle des moines et la nouvelle hôtellerie. Les moines réalisent des céramiques religieuses réputées (saint patron, puzzle de catéchisme...). L'abbaye accueille les personnes en retraite monastique. Une expérience spirituelle insolite.

FERME DU BOIS GARET €

1, chaussée Brunehaut
THIEMBRONNE
✆ 03 21 95 07 97

Clévacances (3 clés). 2 chambres. De 60 à 80 € la chambre double. Petit déjeuner inclus. Animaux acceptés. Wifi.

Vos hôtes vous accueilleront dans un ancien corps de ferme agrémenté d'un jardin verdoyant. Situé à l'entrée du Bois Garet, vous appréciez le cadre bucolique reposant. L'intérieur est soigné, avec un décor rustique qui laisse cependant place au confort dans les chambres. Le grand atout du lieu, c'est la gentillesse des propriétaires, qui aiguillent sur les visites à faire dans les environs, que ce soit dans la direction de Saint-Omer ou de Boulogne-sur-Mer. La cuisine est elle aussi chaleureuse, faite de produits maison, issus du jardin et de la basse-cour.

VILLA MARGUERITE €

80, boulevard de Strasbourg
✆ 06 83 70 78 36
www.villa-marguerite.com

Chambre double à partir de 70 €. Petit déjeuner : 12,50 €.

Un séjour dans une maison bourgeoise typique du Nord, avec ses briques rouges et sa boiserie bleue : bienvenue à la Villa Marguerite ! La maison d'hôtes se trouve à seulement dix minutes à pied du centre-ville. Vous aurez le choix de dormir dans la chambre Grise avec vue sur le jardin ou la chambre Blanche avec vue sur les toits de Saint-Omer. Toutes deux, lumineuses et décorées avec soin, disposent d'une salle de bains avec douche à l'italienne et de la télévision. Pour se restaurer le soir, pensez à réserver pour goûter une cuisine à base de produits de saison.

CAMPING CHÂTEAU DU GANDSPETTE**** €€

133, rue du Gandspette - **EPERLECQUES**
✆ 03 21 93 43 93
www.chateau-gandspette.com

Fermé d'octobre à mars. Emplacement à partir de 140 €. Mobil-home 5 et 6 personnes à partir de 390 € la semaine.

Le camping Château de Gandspette propose des emplacements pour caravanes ou tentes sur de vastes emplacements ensoleillés ou ombragés pour vous installer avec votre équipement ainsi que des locations de mobil-homes tout confort dans un espace verdoyant de onze hectares dominé par son château du XIXe siècle. Les habitués s'y plaisent et reviennent chaque année. Piscine chauffée, club enfant, court de tennis, ping-pong, fitness, boulodrome, les activités ne manquent pas.

CHAMBRES D'HÔTES DES CAPS ET MARAIS D'OPALE €€

11, quai du Commerce
✆ 03 21 93 89 82
www.chambresdhotes-opale.com

Chambre simple 60 € ; chambre double 70 € ; chambre triple 105 € ; suite familiale 140 €. Petit déjeuner inclus.

C'est entre ville et marais, au bord de l'Aa, que se situe cette maison de maître de la fin du XIXe siècle. Cheminées de marbre, moulures, planchers de bois... Les deux chambres et la suite familiale au décor romantique, *so British*, sont d'un goût exquis. Un jardin clos, calme et arboré est à disposition des hôtes. Les petits déjeuners sont personnalisés avec confitures et gâteaux maison servis selon la saison à l'extérieur, dans le jardin d'hiver ou devant la cheminée.

LE GÎTE DE L'ÉRABLE €€

5, rue de l'Église
TILQUES
✆ 03 21 98 29 09
www.legitedelerable.sitew.com
Gîtes de France (4 épis). Semaine : 430 €. Week-end : 235 €. Forfait ménage : 45 €.

Au cœur de la campagne audomaroise, Dominique et Régine de Sainte-Maresville vous reçoivent chaleureusement dans un ancien corps de ferme du XVIIIe siècle, complètement rénové. Le site est réservé aux amateurs d'authenticité. La maison est lumineuse et décorée sobrement. Tout le confort est au rendez-vous. Aux alentours, de grandes balades s'offrent à vous, dans le calme et la tranquillité. À proximité de Saint-Omer et à trente minutes des plages de la Côte d'Opale, voilà l'idéal pour les amoureux de la nature et des grands espaces !

GÎTE CHEZ BATISTIN €€€

42 bis, rue de la Poissonnerie
✆ 03 21 98 37 52
Gîtes de France (2 épis). Pour 3 personnes (60 m², 2 chambres). De 230 € à 290 € la semaine selon saison.

Le gîte Chez Batistin (Ch'ti gîte) se situe au cœur de la partie consacrée par l'Unesco comme réserve biosphère du marais audomarois. Les lieux ont d'ailleurs reçu le label Panda WWF, qui caractérise des locations de vacances facilitant l'observation de la faune et de la flore. Le site est également classé L.P.O. (Ligue pour la protection des oiseaux). Les chambres sont installées dans une maison de style pêcheur, mitoyenne à celle des propriétaires, avec une toiture en partie végétale. Une barque est à votre disposition pour se balader dans les marais.

CHEZ TANTE FAUVETTE €

10, rue Sainte-Croix
✆ 03 21 11 26 08
Fermé en août. Ouvert du mercredi au samedi midi et samedi soir. Réservation recommandée. Carte : 23 € environ.

Chez Tante Fauvette, la cuisine est simple, faite à base de produits du terroir, en provenance directe du marché du jour ! Une carte limitée à trois entrées, trois plats et trois desserts. On déguste par exemple une tartelette audomaroise en entrée, un dos de lieu noir en plat et une crème maison de chocolat noir en dessert. L'ambiance est chaleureuse et conviviale, dans un décor délicieusement rétro fait d'objets de brocante et de nappes à carreaux rouges et blancs. Le chef n'hésite jamais à partager sa passion lors du service. À découvrir absolument !

LA BELLE ÉPOQUE €€

6, place Paul-Painlevé
✆ 03 21 38 22 93
www.labelleepoquesaintomer.fr
Ouvert du mardi au dimanche le soir ; le dimanche midi. Réservation recommandée. Menus de 22,50 € à 30 €.

Ce petit restaurant du centre-ville, situé à proximité immédiate de la Grand-Place, propose une cuisine traditionnelle dans une ambiance chaleureuse et rétro. La carte est aussi variée qu'alléchante, constatez plutôt : salade de magret fumé et de gésiers confits, gratinée de noix de Saint-Jacques, dos d'églefin... Voilà une cuisine comme on les aime et, ce qui ne gâte rien, les prix restent tout à fait raisonnables. Le personnel, souriant et efficace, est plébiscité à la fois par les habitués et les personnes de passage. Assurément une bonne table !

LE CLAIRE'MARAIS €€

8, place Victor Hugo
✆ 03 21 93 15 15
www.clairemarais.fr
Ouvert du jeudi au mardi de 12h à 14h ; du jeudi au samedi de 19h à 21h30. Menus de 34 à 49 €. Carte : 18 € environ.

Situé auparavant à Clairmarais, l'établissement a installé en 2017 ses fourneaux dans l'écrin de la vieille ville audomaroise. Pour un prix somme toute abordable, vous vous y sentirez l'espace d'un repas un convive des plus précieux... Du cadre, ocre, noir et turquoise, jusqu'à la table, tout est chic, classe et raffiné. Faites votre choix dans le chariot de pain et de beurre pour accompagner votre repas, puis savourez des plats savamment travaillés. Les desserts sont eux aussi très inspirés. Le menu change toutes les semaines en fonction du marché.

ESTAMINET LES 3 CAVES €€

18, place du Maréchal-Foch
✆ 03 21 39 72 52
www.restaurantles3caves.fr
Ouvert du mardi au samedi midi et soir ; le dimanche midi. Menu à 23,90 €. Carte : 20 € environ.

Dans une cave de briques, au milieu d'un mobilier ancien choisi avec goût, on déguste une cuisine authentique et résolument régionale. Si vous venez d'ailleurs, venez découvrir ici la carbonnade de Mamie Raseux, le waterzoï ou le potjevleesch maison. Avec des amis, goûtez à la potence de bœuf flambé qui vous offrira en sus un véritable spectacle ! Sinon, découvrez à la carte le dos de lieu et sa crème de betterave, le millefeuille de légumes au fromage, ou encore la salade berguoise. On peut même s'initier aux jeux flamands anciens entre les plats.

L'HISTOIRE DE €€

1, rue Henri-Dupuis
✆ 03 21 98 14 38
www.l-histoire-de-restaurant.fr
Fermé lundi soir, mercredi journée et dimanche soir. Menus de 16 à 24 €.

Au cœur de Saint-Omer, une adresse incontournable… La déco a des accents polonais et, tous les deux mois, le menu aussi : soupe aux haricots blancs et saucisse fumée, blinis aux pommes… Certains dimanches midi, le repas est dansant, il vaut mieux réserver. Au quotidien, ce couple sympathique élabore une cuisine artisanale de terroir avec des produits frais et parfois même des légumes d'antan. Signalons également les « vrais » plats pour les enfants qui sortent du steak haché frites. Excellent rapport qualité-prix. Histoire de… vous inciter à revenir !

L'INDUSTRIE €€

22, rue Louis-Martel
✆ 03 21 11 51 35
www.lindustrie-hotelrestaurant.com
Carte : 20 € environ.

Virginie et Jérémy vous recevront avec joie et professionnalisme pour vous faire découvrir des plats simples mais savoureux, autour des produits frais du terroir. Ici le fait maison est une règle de conduite, même pour le pain ! Voici quelques exemples glanés sur la carte : filet de dorade royale rôti, tartare de bœuf, finger caramel et spéculoos… La formule plateau-repas est avantageuse et propose un menu complet à petit prix. La salle peut être privatisée et un menu adapté et personnalisé vous est proposé pour tous vos événements.

À LA FERME AUDOMAROISE

26, rue Louis-Martel
✆ 03 21 88 33 41
www.alafermeaudomaroise.fr
Ouvert du mardi au samedi de 9h30 à 19h30 ; le dimanche de 10h30 à 12h30. Livraison possible (commande en ligne).

Dans cette fromagerie d'exception, vous achetez des produits laitiers régionaux faits par un maître fromager affineur, Wullus Paul Alexandre. Il utilise des laits crus dont il connaît la provenance, écarte formellement les productions avec des colorants chimiques, des exhausteurs en tout genre, des stabilisants de toute forme et met en avant un affinage en cave naturelle « à l'ancienne ». Créateur du camembert de Saint-Omer, il propose également la tome de Clairmarais ou encore le maroilles de son abbaye, et bien d'autres saveurs régionales.

CHOCOLATERIE BEUSSANT-LACHELLE

30, rue des Clouteries
✆ 03 21 12 66 82
www.choco-france.com
Ouvert du mardi au samedi de 10h à 12h30 et de 14h à 19h ; le dimanche de 9h30 à 13h.

Fondée en 1985, la maison de Beussent est devenue une référence dans la région. Ici, la fabrication est maîtrisée de A à Z : du choix des fèves de cacao jusqu'au conchage, tout est fait maison. La maison possède sa propre plantation en Équateur. Vous trouvez d'excellents bonbons au chocolat, des tablettes, du chocolat à la casse… Nous avons un faible pour les ganaches parfumées au Cointreau. Si vous voulez sortir du chocolat, la boutique propose de bons pains d'épices aux fruits.

TILQUES

Les premières mentions de la commune de Tilques remontent au Moyen-Age. Ce charmant village du Pas-de-Calais aux racines anciennes séduit encore aujourd'hui grâce à la richesse de son patrimoine. Parmi les incontournables à visiter, l'église du Sacré-Cœur, le château d'Ecou du XIIIe siècle ainsi que le château du Hoquet du XIXe siècle. Le premier lieu est emblématique de Tilques, depuis sa construction qui semble remonter à l'année 1294. L'église a traversé bon an mal an les siècles jusqu'au XIXe siècle, lorsque des travaux de reconstruction sont lancés, notamment sous la direction de Charles Leroy, architecte de la basilique de Lille.

LA FERMETTE DE MARIE GROUETTE €€

Rivière d'Écou
✆ 06 99 62 02 87
http://fermette-marie-grouette.fr
Fermé de décembre à mars. Chambre double de 88 à 94 €. Petit déjeuner inclus. Restauration.

La Fermette de Marie Grouette est un hébergement en chambre d'hôtes qui se trouve sur une île, au milieu d'un chapelet de petits îlots accessibles uniquement par voie d'eau. Des embarcations seront gratuitement mises à disposition. Déconnexion, calme, ressourcement garantis. Petit déjeuner savoureux (il faut goûter la spécialité : la tartine au maroilles trempée dans le café !), promenades au fil de l'eau, proximité avec Saint-Omer, on ne peut rêver mieux.

NOS BALADES

LE GÎTE DE L'ÉRABLE €€

5, rue de l'Église
✆ 03 21 98 29 09
www.legitedelerable.sitew.com
Gîtes de France (4 épis). Semaine : 430 € Week-end : 235 €. Forfait ménage : 45 €.

Au cœur de la campagne audomaroise, Dominique et Régine de Sainte-Maresville vous reçoivent chaleureusement dans un ancien corps de ferme du XVIIIe siècle, complètement rénové. Le site est réservé aux amateurs d'authenticité. La maison est lumineuse et décorée sobrement. Tout le confort est au rendez-vous. Aux alentours, de grandes balades s'offrent à vous, dans le calme et la tranquillité. À proximité de Saint-Omer et à trente minutes des plages de la Côte d'Opale, voilà l'idéal pour les amoureux de la nature et des grands espaces !

NAJETI HÔTEL CHÂTEAU TILQUES €€€

12, rue du Château ✆ 09 70 38 40 69
www.tilques.najeti.fr
51 chambres dont 32 luxes. Piscine. Parking fermé. Animaux acceptés. Restauration. Chambre double dès 149 €.

Le château a été construit en 1891 sur les ruines d'un manoir du XVIIe siècle dont il ne reste qu'un bras de douve, au fond du parc. Le restaurant Le Vert Mesnil, qui donne sur le parc du château, propose de belles formules le midi ainsi que des menus gastronomiques. Les à-côtés de l'hôtel sont exceptionnels, avec un chemin de balade, un court de tennis, un échiquier géant, une piscine couverte et chauffée et un service de location de vélos pour partir à la découverte du marais.

WISQUES

Détour impératif par ce petit village et ses abbayes ! L'abbaye Saint-Paul, d'une architecture remarquable avec ses tourelles, a pris place en 1889 dans un ancien château des XVe et XVIIIe siècles. Son clocher abrite la Bertine, une cloche de 2 600 kg fondue en 1470 pour l'abbaye Saint-Bertin. Le lieu conserve une activité monastique : les poteries réalisées par les moines sont en vente dans la boutique. Et si vous vous levez à l'heure de la messe, vous entendrez les chants grégoriens qui montent jusqu'aux voûtes, à 9h45 tous les jours. L'abbaye Notre-Dame, à seulement un kilomètre, est également superbe avec son panorama propice au recueillement.

© OLIVIER LECLERCQ

Abbaye Notre-Dame de Wisques.

ABBAYE NOTRE-DAME

24, rue de la Fontaine

Abbaye bénédictine féminine, cet édifice est le pendant féminin de l'abbaye Saint-Paul de la ville. Elle a été fondée en 1889 et a été construite par Paul Vilain, dans un style néo-gothique. Elle abrite aujourd'hui encore une vingtaine de religieuses dont les tâches quotidiennes sont la prière, le travail, la *lectio divina* (la lecture et la réflexion à partir des écritures saintes), la vie collective, le tout dans un silence respectueux et méditatif. Elle s'ouvre régulièrement aux femmes qui souhaiteraient s'initier aux retraites monastiques !

ABBAYE SAINT-PAUL €

50, rue de l'École ✆ 03 21 12 28 50
www.abbaye-saint-paul-wisques.com
Boutique ouverte du lundi au samedi de 11h à 12h et de 15h à 17h, dimanche de 11h30 à 12h et de 15h30 à 16h45.

Cette abbaye bénédictine, fondée en 1889, est affiliée à la congrégation de Solesmes. Les moines en furent rapidement chassés par les lois anti-catholiques en 1901. Ils se replient alors aux Pays-Bas et ne rentrent en France qu'après la Première Guerre mondiale. Dès cette époque, ils s'attachent à agrandir l'abbaye avec la chapelle des moines et la nouvelle hôtellerie. Les moines réalisent des céramiques religieuses réputées (saint patron, puzzle de catéchisme...). L'abbaye accueille les personnes en retraite monastique. Une expérience spirituelle insolite.

LA SAPINIÈRE €€€

12, route de Setques
✆ 03 21 38 94 00
www.sapiniere.net
Logis. Maître Restaurateur. Ouvert tous les jours à midi sauf lundi, et le soir sauf dimanche. Menu dès 28,50 €.

Cette très belle table située à Wisques fait les délices de ses hôtes depuis de longues années. On y déguste tout le répertoire culinaire de la région dans des plats d'une grande finesse : asperges grillées, côte de porc ou églefin en waterzoï, filet de bar ou carré d'agneau… avant de craquer sur un dessert. L'assiette est aussi belle à découvrir qu'à savourer, le service est à la fois souriant et impeccable, et quel plaisir que de satisfaire ses papilles dans la véranda qui donne sur la campagne environnante... Une grande adresse !

ESQUERDES

Le petit village d'Esquerdes appartient à la Communauté de Communes du Pays de Lumbres. Située dans la vallée de l'Aa (un cours d'eau naturel long de 56 km), on y trouve des traces de vie humaine dès le Néolithique. Son histoire et son développement sont depuis étroitement liés à l'industrie de la poudre et à celle du papier. Faites une halte dans ce village qui ne manque pas de charme et visitez ses quelques monuments : l'église Saint-Martin, le château du maréchal Philippe de Crèvecoeur des Querdes, sans oublier la poudrerie royale, créée sous Louis XIV. Si le temps vous le permet, faites une balade à pied ou à vélo dans le bois d'Esquerdes.

ARQUES

Vraisemblablement créée au VIe siècle, la ville d'Arques – ou Arkes – ne s'est développée que deux siècles plus tard grâce à l'abbaye et à ses moines. On creuse un nouveau bras à l'Aa, un moulin va pouvoir tourner, les artisans profiteront d'un courant d'eau et le commerce prendra son envol. Aussi importante stratégiquement que commercialement, la cité se voit disputée par les différents envahisseurs encouragés par l'époque belliqueuse. Finalement, le XVIIe siècle verra le retour de la ville dans le territoire français, au détriment des Espagnols qui possédaient une large partie du territoire. Vauban y appose sa patte, sous la forme du canal de Neufossé qui relie la Lys à l'Aa : Arques devient une importante ville fluviale. Un événement majeur survient au XIXe siècle avec l'implantation de la fameuse verrerie cristallerie de réputation internationale. La capitale de la cristallerie acquiert une réputation égale à celle de Baccarat. La cristallerie d'Arques, c'est l'un des dix plus grands sites industriels de France, 190 000 tonnes de sable par an, 3 millions d'articles fabriqués par jour et une production exportée à 80 %. Ce qui explique que cette industrie locale soit la première au monde pour la verrerie de table. Elle occupe d'ailleurs la place prestigieuse de « leader mondial des arts de la table ». Avant de vous rendre en ville, rendez-vous donc à la cristallerie et plongez-vous dans l'histoire de l'industrie qui fait la renommée de la ville et de ses habitants !

LE SITE DES ÉTANGS D'ARQUES

✆ 03 21 12 62 30
www.ville-arques.fr
En accès libre.

Entièrement réaménagés, les étangs de Malhôve, Beauséjour et Arc-en-Ciel sont devenus un site de ressourcement au cœur de la nature, à deux pas du centre d'Arques. Pensé pour la préservation de la biodiversité suite à l'envahissement par une espèce invasive, le site accueille désormais les promeneurs et joggeurs que les pêcheurs et les ornithologues. Sentiers, observatoire, même un rucher... une parfaite illustration du bien-vivre possible entre l'homme, la faune et la flore !

ESPACE INFO TOURISME

Place Roger-Salengro
✆ 03 21 88 59 00
www.ville-arques.fr
Ouvert du lundi au vendredi.

Y sont disponibles les documents et informations d'usage, sur le secteur comme sur la région en général. L'Espace Info Tourisme propose également une grande balade urbaine de 10 kilomètres permettant de pénétrer au cœur du patrimoine et de ne rien rater des richesses architecturales de la ville – voir Circuit des Pavés. Enfin, la mairie et l'espace tourisme organisent tous les mois une exposition mettant en lumière différentes formes d'art (peinture, sculpture, photos, tricots d'art...). Une manière de découvrir la ville d'Arques autrement !

BATEAU PROMENADE LE FONTINETTE

Place Roger Salengro
✆ 03 21 88 59 00
www.ville-arques.fr

Pour les groupes sur réservation : du 1er mars au 31 octobre. Pour les individuels : du 1er juillet au 31 août.

Vous voilà convié à une belle balade sur les eaux du canal d'Arques et du marais audomarois. Entre le ciel et la terre, les flots vous entraînent et vous invitent à la contemplation de la faune et de la flore, dont l'observation des oiseaux. La main de l'homme se fait aussi présente au passage de l'écluse des Fontinettes ou de celle des Flandres. Différents parcours sont proposés, dont l'un combine la croisière nautique, le parcours cycliste et, pourquoi pas, la randonnée !

CHEMIN DE FER TOURISTIQUE DE LA VALLÉE DE L'AA

Rue de l'Europe ✆ 03 21 12 19 19
http://cftva62.com

Ouvert de début avril à fin octobre et des trajets hors saison, plus de détails sur le site Internet. Adulte dès 8 €.

Montez à bord de ce train insolite et déplacez-vous sur les rails de l'ancienne voie ferrée Saint-Omer/Boulogne à travers le Parc naturel régional des Caps et de la Vallée d'Opale. Ludique et pédagogique, la balade est particulièrement adaptée pour les familles. Selon les dates, c'est un autorail Picasso ou un autorail Caravelle qui circule le plus souvent ainsi qu'en juillet-août un train à vapeur. Dans l'un comme dans l'autre vous effectuerez un véritable voyage dans le temps !

LE GROET DE MARIE €€

9, place Roger-Salengro
✆ 03 21 11 13 47
https://legroetdemarie.eatbu.com

Ouvert du mardi au dimanche de 12h à 14h ; le vendredi et le samedi de 19h à 21h30. Menu de 18,50 à 26 €.

Avec du houblon au plafond et une carte sous forme de grimoire, les patrons de cet estaminet plein de charme déclinent la légende de la sorcière locale, Marie Grouette. La cuisine, dans la plus pure tradition flamande, est gourmande. Parmi les grands classiques déclinés ici : le waterzooie de poisson, le potjevleesch del barrak (terrine de porc ; lapin et poulet en gelée, faite maison) ou encore la tarte à la bière Jenlain et aux spéculoos. La carte des bières est impressionnante et compte près de vingt références, avec des bières belges et régionales.

CLAIRMARAIS

Clairmarais tire son nom du latin *Clarus mariscus*, nom qu'avait donné en 1140 Bernard de Fontaine, abbé de Clairvaux, à l'abbaye qu'il venait de faire bâtir dans le marais audomarois. Il ne reste de cette abbaye que quelques pans de murs et une ferme du XVIe siècle. Depuis des siècles se perpétue la tradition maraîchère et les watergangs sont une véritable invitation à la promenade. On y croise les bacôves, ces embarcations avec lesquelles circulent encore les habitants du marais et qui permettent le transport des cultures. S'y trouve aussi le site exceptionnel de la réserve du Romelaëre ainsi que la magnifique forêt de Rihoult-Clairmarais.

LES ÉTANGS DU ROMELAERE ★

Rue du Romelaëre ✆ 03 21 38 52 95
www.eden62.fr

Ouvert du 15 mars au 15 décembre. Tous les jours sauf samedi matin. Fermé entre midi et 14h. Gratuit.

Depuis la Grange Nature, partez pour une promenade au cœur de la réserve naturelle nationale du Romelaëre (5 km maximum aller-retour). 250 espèces de plantes, 200 espèces d'oiseaux (dont plus de 70 espèces nicheuses), poissons, libellules, chauve-souris... La promenade est adaptée aux personnes à mobilité réduite grâce à un cheminement en bois sur pilotis. Des bancs tout au long du parcours vous permettent de faire une pause. Avant ou après, la Grange Nature vous accueille et vous informe sur la faune et la flore du marais et du Pas-de-Calais en général.

LA GRANGE NATURE

Rue du Romelaëre
✆ 03 21 38 52 95
www.eden62.fr

Ouvert du 15 mars au 15 nov. Lun à vend 10h-12h et 14h-17h30 ; samedi 14h-18h ; dimanche 10h-12h30 et 14h-18h. Gratuit.

Située au cœur du marais Audomarois, à deux pas de la réserve du Romelaëre, la Grange nature est un espace unique dédié aux richesses naturelles du Pas-de-Calais. Cet équipement, géré par Eden 62, vous propose de partir à la découverte des paysages, de la faune et la flore de nos espaces naturels au travers d'expositions, d'animations et de conférences qui vous sont proposées tout au long de l'année. Tout est expliqué en détail sur leur site internet, ainsi que le programme de leurs différentes activités. Allez y jeter un œil !

O MARAIS « BY ISNOR » ★

3, rue du Marais
✆ 03 21 39 15 15
www.isnor.fr

Ouvert toute l'année. Billetterie de 10h à 12h30 et de 13h30 à 18h (17h en hiver). Label Tourisme & Handicap.

Le marais audomarois, labellisé en 2013 Man and Biosphère par l'Unesco, n'aura plus de secrets pour vous ! À bord d'une barque électrique, à moteur ou à rames, d'un bateau traditionnel en bois (le bacôve), d'un bateau à passagers tout confort ou d'un canoë, vous découvrirez ses cultures maraîchères, sa faune, sa flore, son histoire et ses traditions. Des croisières gourmandes sont aussi organisées. Pour ceux qui préfèrent la terre, des vélos sont également à louer. Des aires de pique-nique, un restaurant et un gîte sont présent sur le site.

LES BELLES ÉCHAPPÉES

Chemin des Murs ✆ 03 21 98 11 72
www.les-belles-echappees.com

Ouvert du mardi au samedi de 9h à 12h et de 14h à 18h. Location pour 2h : 26 € le Lil'Buddy et 24 € le tandem.

Ici, vous avez deux options pour découvrir la région de Saint-Omer : ou vous vous faites les mollets à vélo, tandem ou vélo beach cruiser (solex ou avec assistance électrique pour les tricheurs !) ou vous succombez au charme d'un véhicule rétro, au choix 2 CV, Combis ou Méhari. Équipé d'un road-book ou guidé par votre bon plaisir, vous allez aimer rouler ou pédaler entre forêts et marais, découvrir les caps Blanc-Nez et Gris-Nez et les sept vallées. Les paysages sont magnifiques et le plaisir est unique. Quelle que soit votre destination, l'échappée sera belle !

LES BELLES ÉCHAPPÉES

Chemin des Murs ✆ 03 21 98 11 72
www.les-belles-echappees.com

Ouvert du mardi au samedi de 9h à 12h et de 14h à 18h. Location pour 2h : 26 € le Lil'Buddy et 24 € le tandem.

Ici, vous avez deux options pour découvrir la région de Saint-Omer : ou vous vous faites les mollets à vélo, tandem ou vélo beach cruiser (solex ou avec assistance électrique pour les tricheurs !) ou vous succombez au charme d'un véhicule rétro, au choix 2 CV, Combis ou Méhari. Équipé d'un road-book ou guidé par votre bon plaisir, vous allez aimer rouler ou pédaler entre forêts et marais, découvrir les caps Blanc-Nez et Gris-Nez et les sept vallées. Les paysages sont magnifiques et le plaisir est unique. Quelle que soit votre destination, l'échappée sera belle !

LE MOULIN ROUGE €€

202, Route de Saint-Omer ✆ 06 79 17 80 53
https://lemoulinrougeclairmarais.fr/

De 665 € à 805 € la semaine selon saison. 3 nuits min entre le 1er juin et le 30 septembre. Wifi. Lave-linge.

Ce n'est pas celui que l'on connaît mais une ancienne guinguette restaurant à laquelle on se rendait en bateau jusque dans les années 1980. Aujourd'hui, une passerelle rouge permet aux visiteurs de rejoindre 2 gîtes lumineux, décorés avec goût et équipés avec attention pour toute la famille. Le voisinage est cocasse - grèbes, poules d'eau, hérons – et la vue sur le marais audomarois, labellisé par l'UNESCO, y est fantastique. Les pêcheurs et amateurs de nature trouveront repos et contemplation sur le chemin de halage ou dans une barque à rames louable en été.

A L'CABANE €€

39, rue du Romelaëre
✆ 03 61 51 13 61

Ouvert du mardi au dimanche le midi et le soir. Carte : 15 € environ. Terrasse.

Depuis son ouverture en face de la Grange Nature, cette brasserie complète l'offre locale avec les 70 couverts de son restaurant et sa terrasse couverte. Le propriétaire des lieux a rénové et agrandi un ancien café, tenu à l'origine par son arrière-grand-mère ! La cuisine est traditionnelle et à base de produits frais. On trouve sur l'ardoise par exemple : welsh copieux et délicieux, rognons de veau, magret de canard, cuisses de grenouilles, carbonnade... Le petit plus : il n'est pas rare de se voir offrir un digestif en fin de repas !

SENTIER DE LA CUVETTE

✆ 03 21 98 08 51
www.tourisme-saintomer.com

Longueur : 16,5 km. Durée : 4h.

Depuis la Maison du Romelaëre, partez à la rencontre du pays audomarois ! Cette promenade vous mène dans les marais et dans la forêt domaniale de Rihoult, qui s'étend tout de même sur près de 1 200 hectares. Hérons cendrés, sangliers, chevreuils, rapaces nocturnes trouvent refuge dans cet espace mêlé d'eau, d'herbes hautes et d'arbres. À la sortie de la forêt, prenez le temps d'admirer l'église édifiée au XIXe siècle dans la commune de Clairmarais et l'ancienne abbaye cistercienne. Bon à savoir des aires de pique-nique jalonnent la promenade.

LE BASSIN MINIER

- **Total :** 75,7 km
- **Durée :** entre 3h45 et 7h35 (10 à 20 km/h)
- **Difficulté :** quatre côtes, peu vallonné.

LIEUX	Km partiel	Km cumul	Routes
LENS	0	0	Boulevard Basly, Avenue Maes, D58E2
LIÉVIN	4	4	D58E2
SOUCHEZ	5	9	D57
ABLAIN-SAINT-NAZAIRE	3	12	D57
GOUY-SERVINS	4,5	16,5	D57
SERVINS	1,5	18	D57E1, D57, D65
HERSIN-COUPIGNY	5,5	21,5	D65
NOEUX-LES-MINES	4	25,5	D936, CV
MAZINGARBE	4	29,5	D75
VERMELLES	3	32,5	D39
BÉNIFONTAINE	7	39,5	D39
VENDIN-LE-VIEIL	3	42,5	D39
ANNAY	1,6	44,1	D39
HARNES	3	47,1	D39, D46
COURRIÈRES	3,5	50,6	D46
OIGNIES	3,5	54,1	D160, D306, D160
DOURGES	5,5	59,6	D161
HÉNIN-BEAUMONT	5	64,6	D39
MONTIGNY-EN-GOHELLE	1,8	66,4	D39
HARNES	3,3	69,7	D162E, D162
LOISON-SOUS-LENS	3	72,7	D162, D162E, Route de Lille, Rue Lannoy
LENS	3	75,7	Place Jean Jaurès

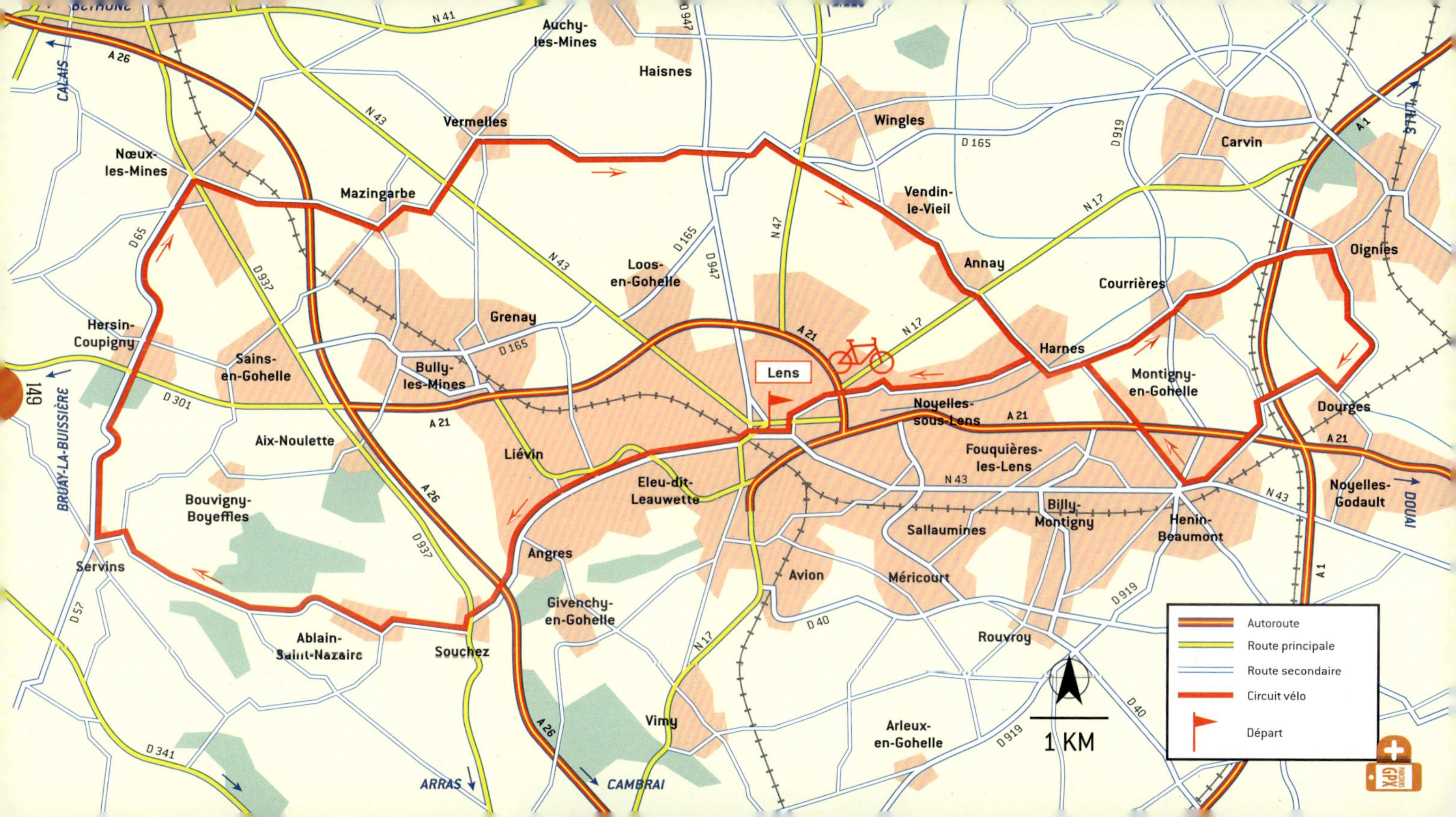

Lens
Vermelles
Nœux-les-Mines
Mazingarbe
Hersin-Coupigny
Sains-en-Gohelle
Bully-les-Mines
Grenay
Loos-en-Gohelle
Aix-Noulette
Liévin
Eleu-dit-Leauwette
Bouvigny-Boyeffles
Servins
Ablain-Saint-Nazaire
Souchez
Angres
Givenchy-en-Gohelle
Vimy
Avion
Méricourt
Sallaumines
Billy-Montigny
Rouvroy
Arleux-en-Gohelle
Noyelles-sous-Lens
Fouquières-les-Lens
Henin-Beaumont
Noyelles-Godault
Dourges
Montigny-en-Gohelle
Harnes
Courrières
Oignies
Carvin
Annay
Vendin-le-Vieil
Wingles
Haisnes
Auchy-les-Mines
CALAIS
BRUAY-LA-BUISSIÈRE
ARRAS
CAMBRAI
DOUAI
LILLE
A 26
A 21
A 1
N 43
N 17
N 47
N 41
D 947
D 165
D 937
D 65
D 301
D 57
D 341
D 40
D 919
Autoroute
Route principale
Route secondaire
Circuit vélo
Départ
1 KM
PARCOURS GPX

LENS ★

Lens connaît jusqu'au Ve siècle une domination romaine. De 863 à 1191, Lens fut ensuite sous la domination des comtes de Flandre. Rattachée au comté d'Artois, la ville obtint au XIIIe siècle une charte communale en faveur des bourgeois de la part du roi Louis VIII. La ville fut le théâtre de nombreux conflits comme la guerre de Trente Ans. Mais Lens n'entre véritablement dans l'Histoire que par le biais de la grande épopée du charbon au milieu du XIXe siècle. En 1852, Lens n'est qu'un petit bourg agricole de 3 000 habitants. Avec la découverte du charbon, elle voit sa population multipliée par 12 en à peine 100 ans et atteint alors 36 000 habitants.

CIMETIÈRE MILITAIRE NATIONAL ALLEMAND ★★

Rue de l'Égalité
CARVIN
Entrée libre toute l'année.

De nombreuses nationalités payèrent leur écot en morts sur les terres du nord de la France et les Allemands ne furent pas les moindres. Situé à seulement quelques kilomètres du front, le cimetière de Carvin a été créé dès 1914. Y sont enterrés 6 113 soldats allemands et trois prisonniers russes. Les noms de quelques personnalités y sont inscrits dans la pierre, comme ceux du baron de Turkheim, du baron Xylander de la famille royale de Bavière et celui d'un certain Rothschild.

LES GRANDS BUREAUX DE LA SOCIÉTÉ DES MINES DE LENS

Avenue Elie-Reumaux
✆ 03 21 67 66 66
www.tourisme-lenslievin.fr
Horaires d'ouverture des jardins : de 9h à 18h l'été, de 10h à 17h l'hiver.

Datant de 1930, les anciens Grands Bureaux de la Société des Mines de Lens abritent aujourd'hui la Faculté des Sciences Jean Perrin. Avec ses 81 m de façade, c'est le bâtiment le plus imposant de la ville avec son style flamand à l'extérieur et Art déco à l'intérieur ! C'est d'ici que s'organisait tout le travail dans les mines de charbon (transport, commercialisation, etc.) mais aussi la vie quotidienne des familles des mineurs (logement, œuvres sociales).

LE LOUVRE - LENS ★★★

99, rue Paul-Bert
✆ 03 21 18 62 62
www.louvrelens.fr
Ouvert du mercredi au lundi et les jours fériés de 10h à 18h (dernière visite à 17h15). Parc ouvert tous les jours.

Le Louvre-Lens a été inauguré en décembre 2012 et s'est brillamment implanté dans l'ancien bassin minier du Nord-Pas-de-Calais. En quelques années, il est devenu le deuxième musée régional le plus visité. Ce bâtiment de verre et de lumière a été conçu par le cabinet d'architectes japonais Sanaa et abrite une sélection d'œuvres prestigieuses du tout aussi prestigieux Louvre-Paris. L'espace phare du musée ? Sa remarquable « Galerie du Temps ». Sur 3 000 m² d'un seul tenant de 120 mètres s'y découvrent 5 000 ans d'Histoire (de l'invention de l'écriture au milieu du XIXe siècle) et d'histoires. Malgré l'absence d'ouverture sur l'extérieur, cet étonnant espace possède une atmosphère apaisante. Les œuvres sont bien espacées, ce qui permet une déambulation fluide au gré des trésors qui se portent à l'œil du visiteur. L'application du musée vous permet également d'en apprendre plus sur les œuvres et de bénéficier de nombreuses fonctionnalités. Chaque année, à la date anniversaire de sa création, le musée renouvelle les œuvres présentées et permet au visiteur de découvrir de nouveaux trésors à chacune de ses visites. Dans son prolongement, le Pavillon de verre, baigné de lumière naturelle, invite à une pause face au parc aménagé par la paysagiste française Catherine Mosbach. Le centre de ressources, très fourni, au cœur du hall d'accueil permet de s'approprier pleinement les lieux pour celles et ceux qui le souhaitent. Des expositions temporaires sont régulièrement programmées. En 2021, c'était la richesse des œuvres de Pablo Picasso qui a permis de se replonger dans les œuvres de ce maître incontesté de l'art et de découvrir la force des liens noués entre Picasso et le Louvre. Le Louvre-Lens s'adresse également tout particulièrement aux enfants et aux familles avec un accueil adapté et des visites guidées à partir de 9 mois (!). Lieu de culture et de découvertes, le Louvre-Lens est aussi un lieu de gastronomie ! Le chef étoilé (et originaire de la région !) Marc Meurin y a installé son atelier. Là, il invente une cuisine audacieuse, élégante et savoureuse. Avis aux esthètes gastronomes donc ! Et parce qu'il faut toujours penser futé, voyagez en train et demandez le pass transport Louvre-Lens lors de la réservation de votre billet. Ce pass comprend un aller-retour dans la même journée à destination de Lens au prix d'un aller simple sur présentation du billet d'entrée au musée pour le trajet retour. Le transfert entre la gare de Lens et le musée se fait grâce à une navette gratuite qui assure deux trajets par heure.

LE PARC DE LA GLISSOIRE

AVION

Ouvert toute l'année.

Le Parc de la Glissoire est la porte d'entrée du vaste projet d'urbanisme « la Chaîne des Parcs » qui vise à transformer l'ancien archipel noir en vaste coulée verte. Il tire son nom de la rivière la Glissoire qui alimentait autrefois les étangs de la région. S'étendant sur près de 60 hectares, le parc compte de nombreux sentiers de randonnée et surtout six lacs, pour le plus grand bonheur des pêcheurs et des amateurs d'activités aquatiques. Le parc s'adresse à tous. Il est aujourd'hui un lieu de préservation pour une faune et une flore variées.

OFFICE DE TOURISME ET DU PATRIMOINE DE LENS-LIÉVIN

58, rue de la Gare

✆ 03 21 67 66 66

www.tourisme-lenslievin.fr

Ouvert du lundi au samedi de 9h30 à 18h.

Cet office de tourisme est animé par une équipe de passionnés qui saura vous faire découvrir les bons plans et les immanquables de cette région riche d'histoire et de patrimoine. Il est également le point de départ d'une balade pédestre qui vous conduira jusqu'au musée du Louvre-Lens (15 à 20 minutes). L'office propose un espace numérique avec tablettes tactiles en libre consultation. Dans la boutique, vous pourrez trouver livres, cartes postales et autres produits du terroir.

LENS, MINE D'ART DÉCO

99, rue Paul Bert

✆ 03 21 67 66 66

www.tourisme-lenslievin.fr

Une visite chaque jour du mercredi au dimanche de 14h30 à 16h15. Adulte : 4 €.

Partant du musée du Louvre-Lens, la visite permet d'abord d'appréhender cet ancien site d'extraction du charbon sur lequel s'est bâti l'appendice du célèbre musée parisien. Votre guide évoquera le chemin parcouru jusqu'à cette architecture moderne faite de verre et de métal. Vous prendrez ensuite une navette gratuite et rejoindrez le cœur de la ville de Lens. Vous y découvrirez un patrimoine Art déco affirmé dont le plus parfait exemple est peut-être la gare construite après la Grande Guerre et qui rappelle étrangement... une locomotive.

HÔTEL BOLLAERT LENS*** €€

13 C, route de Béthune

✆ 03 21 78 30 30

www.espace-bollaert.fr

54 chambres. Chambre double à partir de 89 €. Parking inclus. Animaux acceptés. Séminaires. Wifi gratuit. Restauration.

Cet hôtel est idéalement situé en face du célèbre stade du RC Lens, à seulement quelques mètres du non moins célèbre musée du Louvre-Lens. Aussi, une navette pourra vous emmener vers le centre-ville et ses principaux bars et restaurants. L'établissement vous propose des chambres soignées (de simple à triple) à la décoration moderne et sobre. Avec son restaurant La Pause gourmande, qui pourra vous faire découvrir les saveurs de la région, il est une étape d'un bon rapport qualité-prix pour visiter en toute quiétude Lens et ses environs.

LENSOTEL*** €€

VENDIN-LE-VIEIL

✆ 03 66 88 25 29

www.lensotel.com

Qualité Tourisme. Logis. 70 chambres. Chambre simple dès 90 € ; chambre double dès 98 €.

Cet hôtel niché au cœur d'une zone commerciale propose des chambres de standing, simples et doubles, standards ou supérieures. Toutes sont décorées avec élégance et raffinement, dans un esprit moderne et tendance. L'hôtel offre l'accès à un jardin clos et à une piscine extérieure, très agréables aux beaux jours. Le restaurant de l'établissement est un choix on ne peut plus agréable pour vos déjeuners ou dîners. Proche du Louvre-Lens et des différents axes routiers, le Lensotel est un point de chute idéal pour découvrir la région.

CHEZ CATHY €

220, rue Paul-Bert

✆ 06 23 31 40 29

Ouvert du mercredi au lundi de 10h à 16h. Menus de 8,50 € à 18,50 €.

Cette brasserie-friterie en briques rouges est une institution lensoise dont la réputation n'est plus à faire ! Située juste en face du Louvre Lens, c'est le lieu idéal avant ou après la visite. Dans ce restaurant familial qui vous accueille avec le sourire, vous avez le choix entre le côté brasserie et le côté friterie. Au menu, les traditionnels potjevleesch ou carbonnade, accompagnés des irrésistibles frites maison au gras de bœuf, et pour finir une mousse au chocolat maison. Les plats sont copieux avec un très bon rapport qualité-prix. Comme à la maison !

L'AUBERGE DE LA COULOTTE €€

133, boulevard Henri-Martel
AVION
✆ 03 21 42 36 72
www.aubergedelacoulotte.com
Ouvert du mardi au vendredi et le dimanche le midi ; le vendredi et le samedi le soir.

L'Auberge de la Coulotte travaille en majorité avec des producteurs locaux, et cela se sent dans l'assiette : la cuisine est réalisée avec des produits de saison et de la région, et elle se décline en différents plats d'inspiration traditionnelle, des conchiglioni aux escargots à la crème d'ail aux rognons de veau, en passant par la fameuse andouillette d'Arras de Chez Becquart. Le cadre contemporain et le service discret ne font qu'ajouter au charme des lieux ! A noter que le restaurant propose également un service traiteur.

LE PAIN DE LA BOUCHE €€

41 bis, rue de la Gare
✆ 03 21 67 68 68
lepaindelabouche.fr
Ouvert tous les jours midi et soir, même les jours fériés, sauf le dimanche soir.

Cet estaminet met à l'honneur les plats typiques de la région (carbonnade flamande, potjevlesh, welsh...), mais, contrairement à d'autres, ici, la spécialité, c'est la faluche ! La faluche, un petit pain rond et moelleux à la croûte bien blanche, vous sera servie gratinée et accompagnée d'une salade. Elle se décline en une vingtaine de variantes différentes. Le cadre rappelle les cuisines d'antan : boîtes colorées et cafetières de nos grand-mères. Tous les mois ou presque, un concert est donné, en toute intimité. Vérifiez la date sur le site Internet !

LA TABLE DES AMIS €€

5, place Jean-Jaurès - **CARVIN**
✆ 03 21 69 33 15
www.latabledesamis.fr
Ouvert du lundi au vendredi le midi. Ouvert le vendredi et le samedi soir sur réservation. Menus dès 20,90 €.

Philippe Buffetaud, d'origine périgourdine, a fait ses armes dans de nombreux restaurants étoilés. Accompagné de son épouse Sylvie, ils ont dirigé pendant près de douze ans une autre grande table de Carvin : Le Charolais. Désireux de poursuivre ses œuvres dans un cadre plus petit et cosy, il crée La Table des Amis en 2010. Bien placé sur la Grand Place de Carvin, l'établissement fait la part belle aux produits frais et au fait maison. L'accueil y est chaleureux et amical, rien de guindé ni de pompeux. Une table d'exception qui mérite le détour !

PÂTISSERIE JEANSON

42, place Jean-Jaurès
✆ 03 21 28 24 21
www.patisserie-jeanson.com
Ouvert du mardi au samedi de 8h30 à 19h ; le dimanche de 8h30 à 13h30.

Jean-Claude Jeanson, Maître Pâtigoustier, régale les gourmands avec ses chocolats et ses pâtisseries. Arrêtez-vous un instant dans le salon de thé pour découvrir des nouveautés régulières qui mêlent astucieusement saveurs et textures, toujours en lien avec les traditions de la région. Les créations sont aussi savoureuses qu'élégantes, à l'exemple des « trois chocolats » ! Mais on y trouve également des plats à emporter, qui changent chaque jour. Le menu est mis en ligne chaque semaine sur la page Facebook. À tester d'urgence pendant votre passage à Lens !

DOMAINE DE L'ABEILLAU

14, rue du Pré
AIX-NOULETTE
✆ 03 21 29 42 74
www.abeillau.fr
Ouvert du mardi au samedi de 14h à 19h. Gratuit pour les individuels. Boutique.

Dans le cadre d'un jardin situé au cœur des collines de l'Artois, un apiculteur passionné vous invite à découvrir le monde merveilleux des abeilles. En complément des explications délivrées par cet apiculteur enthousiaste, une exposition sur l'homme et l'abeille à travers les âges vous est proposée. A travers une ruche vitrée vous observerez le travail incessant des ouvrières et le rôle des mâles. A l'issue de la visite vous pourrez bénéficier d'une dégustation de différents miels. Dans la boutique vous retrouverez l'ensemble des produits de la ruche.

STADE BOLLAERT-DELELIS

Avenue Alfred-Maes
https://boutique.rclens.fr

Fleuron et emblème de la région, le stade Bollaert-Delelis, tout de blanc vêtu, s'élève au cœur de ce bassin minier tel le phœnix qui renaît de ses cendres. Construit en 1932, ce stade s'est refait une beauté et a vu en grand pour l'Euro 2016 ! Il porte le nom de deux personnalités qui ont marqué l'histoire de la Ville. Félix Bollaert, directeur de la Compagnie des Mines de Lens et André Delelis, maire de la ville de 1966 à 1998, qui permit à Lens de devenir propriétaire de son stade. Aujourd'hui, il peut accueillir jusqu'à 38 000 personnes.

LIÉVIN

Liévin a un passé archéologique indéniable. De nombreux vestiges de l'époque néolithique puis romaine et gallo-romaine en témoignent. Jusqu'au XIXe siècle, Liévin est un petit village artésien, qui vit essentiellement de l'agriculture. Mais en 1857, la découverte de quatre couches de houille va métamorphoser l'économie et le paysage de la commune. Liévin connaît la fièvre de la recherche houillère, la joie de la découverte et jouit d'une certaine prospérité à travers l'extraction. La population augmente régulièrement jusqu'à la Première Guerre mondiale (25 698 habitants en 1914). Les deux guerres toucheront particulièrement la cité...

Histoire

A Liévin, c'est le charbon qui permis de faire face aux difficultés au fil des années... jusqu'à la période de la récession. De 1960 à 1980, 60 puits de mine sur les 67 existant ferment dans le Nord Pas-de-Calais. Le dernier puits de Liévin en exploitation ferme au lendemain de la catastrophe terrible du 27 décembre 1974, à Saint-Amé où 42 mineurs périssent dans ce terrible accident. Aujourd'hui, la ville offre une reconversion économique tournée vers la diversification. La vie culturelle y est bien développée – cinémas, salle de concert, théâtre... – ainsi que le sport, avec le stade couvert régional, siège de manifestations d'athlétisme d'envergure internationale entre autres et événements culturels.

HÔTEL DE VILLE

45, rue Edouard-Vaillant

✆ 03 21 44 89 89

http://lievin.fr

Après la Première Guerre mondiale, la mairie de Liévin profite de la reconstruction pour édifier de grands bâtiments somptueux, afin de répondre à l'accroissement de la population du fait de l'activité minière. C'est à Jean Goniaux qu'est confiée la construction de l'édifice inauguré en 1926. Le beffroi donne tout son cachet à cette mairie de style éclectique construite en béton armé. A l'intérieur, dans l'escalier d'honneur, se trouvent de magnifiques vitraux, exaltant le travail à la mine, du peintre verrier lillois Alfred Labille.

L'AUBERGE LIÉVINOISE €

10, rue Florimond-Lemaire

✆ 03 21 72 69 63

Ouvert tous les jours le midi et le soir. Non-stop. Menus de 11 € à 26 €.

Si vous souhaitez goûter la cuisine traditionnelle d'une vraie brasserie, faites un détour par l'Auberge liévinoise. Située à Liévin, en plein cœur de l'ancien bassin minier, cet établissement vous accueille chaleureusement dans un décor de bois et de briques rouges. En hiver, le feu de cheminée réchauffe la grande salle et vous aurez peut-être la chance de déguster de la viande tournée à la broche. Le patron, Jean-Paul Dambrine, est un hôte dynamique qui prend beaucoup de plaisir à vous mettre dans l'ambiance de la maison !

LE CLUB BISTRONOMIQUE €€

Rue du Conseil-d'État

✆ 03 21 44 99 47

www.le-club-bistronomique-lievin.fr

Ouvert tous les jours le midi ; du mercredi au samedi le soir. Menus de 39 € à 49 €. Formule du midi : 24 €.

Situé à quelques centaines de mètres du cœur de ville et de la zone commerciale, ce bistro chic, installé au sein de la concession automobile Alfa Romeo, mérite une visite. Dans un cadre moderne et une ambiance intimiste, vous goûterez une cuisine de saison préparée avec beaucoup d'originalité. A la carte, œuf parfait, magret de canard, médaillon de veau.. Les plats sont très bien présentés, un vrai plaisir pour les yeux ! Ajoutez à tout cela un accueil chaleureux et vous aurez envie de revenir en famille ou entre amis. Une adresse de choix !

LE MARCHÉ COUVERT DE LIÉVIN

17, rue Faidherbe

Ouvert du mardi au dimanche de 9h à 13h.

Voici un endroit vivant, convivial et dynamique où règne une effervescence incomparable ! Ce marché est un endroit de vie, où vous pouvez faire vos courses sans vous soucier de la qualité. Ici, tous les produits sont frais et de qualité. Vous y découvrirez des fruits et légumes, de la viande, du poisson, du fromage, des produits du terroir, du pain, des fleurs... Et pour ceux dont ce n'est pas le fort, ils pourront toujours attendre leurs proches ou faire une pause au bar des halles !

SOUCHEZ

On retrouve des traces d'habitation à Souchez depuis l'Antiquité ! Depuis le village a été maintes fois détruit. Au Moyen Age, Souchez est notamment dévastée par la Flandre, en guerre contre Philippe Auguste, en 1213, puis une nouvelle fois en 1303. La guerre de Cent Ans n'épargne pas la commune. Au XXe siècle, Souchez se retrouve au cœur des batailles de l'Artois, pendant la Grande Guerre. La ville est entièrement détruite en 1915. "Le village a disparu" écrit Henri Barbusse dans *Le Feu*. Parmi les incontournables à visiter, le jardin du cimetière de Lorette, ainsi que le bénitier en pierre, que vous pourrez admirer dans l'église Saint-Aignan.

LE DOMAINE DES LOUPS €€

31, rue du Docateur Wagon
✆ 06 32 62 27 21
http://ledomainedesloups.com/
4 chambres. Chambre double à partir de 119 €. Petit déjeuner : 12 €.

Entouré d'un parc arboré, le Domaine des Loups vous attend pour un moment tout confort. Vous serez seulement à quelques minutes de l'Anneau de la Mémoire qui commémore le centenaire de la Première Guerre mondiale. Les chambres sont décorées sobrement et avec beaucoup de goût. On vous conseille la « Seuls au Monde » pour sa terrasse privative très agréable. La maison dispose d'un grand salon, dans le même thème décoratif que les chambres, ouvert sur l'extérieur. Idéal pour partager un verre après une journée de visites. Des chambres d'hôtes comme on les aime !

CIMETIERE DE LA VALLEE DES ZOUAVES

Chemin des Ecouloirs
✆ 03 21 21 77 00
www.cwgc.org

Le Cimetière de la Vallée des Zouaves tient son nom des régiments français qui se sont battus dans la commune pendant la Grande Guerre. Aménagé au printemps 1916, il sert jusqu'en 1917. C'est la Commonwealth War Graves Commission (CWGC) qui est en charge de la commémoration de près de 1 700 000 membres des forces du Commonwealth qui perdirent la vie lors des deux guerres mondiales. Les sépultures et mémoriaux sont répartis dans plus de 23 000 sites à travers plus de 150 pays.

ABLAIN-SAINT-NAZAIRE

L'histoire de cette petite commune du Pas-de-Calais est intimement liée à la grande Histoire et notamment celle du premier conflit mondial. Ablain-Saint-Nazaire abrite en effet la nécropole nationale de Notre-Dame-de-Lorette où reposent 45 000 combattants. Durant la Grande Guerre et pendant un an, de l'automne 1914 à celui de 1915, des affrontements sanglants entre combattants français et allemands ont lieu sur la colline de Lorette. Le bilan est impressionnant : 188 000 soldats, dont 100 000 français, ont perdu la vie en défendant le territoire. La nécropole se distingue par sa tour-lanterne de 52 mètres de haut et par sa chapelle basilique.

MÉMORIAL 14-18 NOTRE-DAME-DE-LORETTE ★★

102, rue Pasteur ✆ 03 21 74 83 15
https://memorial1418.com
Ouvert du mardi au dimanche de 10h à 13h et de 14h à 17h. Gratuit. Audioguide : 3 €. Fermé en janvier.

Dans une architecture de cubes noirs qui rappellent les blockhaus, le musée retrace les événements meurtriers qui émaillèrent les 90 kilomètres de front que comptait la région Nord-Pas-de-Calais. Il évoque aussi le quotidien de la population sous l'occupation allemande ainsi que celui des soldats de toutes nationalités impliqués dans le conflit. Le Centre est situé au pied de la Nécropole de Notre Dame-de-Lorette et son Anneau de la Mémoire. Une visite d'une grande force émotionnelle.

ANNEAU DE LA MÉMOIRE ★

Colline de Notre-Dame-de-Lorette
✆ 03 21 74 83 15
www.memorial1418.com
Accès libre jusqu'à 23h.

Construit en 2014 pour les 100 ans de la Grande Guerre, cet Anneau de la Mémoire est le seul monument existant en France pour célébrer ce centenaire. Cette construction elliptique d'un périmètre de 345 m² regroupe les noms de quelque 600 000 soldats tombés sur les 90 kilomètres de front du Nord-Pas-de-Calais, lors de la Première Guerre mondiale, sans distinction de nationalité ou de religion. Œuvre imposante de l'architecte Philippe Prost, cet anneau est érigé sur la plus grande nécropole de France, haut lieu de recueillement.

MUSÉE VIVANT 14/18 ★

Colline Notre-Dame-de-Lorette
✆ 03 21 45 15 80
www.musee1418.com
Ouvert tous les jours de 9h à 19h sauf Noël et jour de l'An. Adulte : 5 € ; Enfant : 3 €.

Le Musée vivant 14/18 qui se situe sur la colline de Notre-Dame-de-Lorette célèbre le centenaire de la Grande Guerre. La Colline a vu se dérouler l'une des batailles d'Artois les plus violentes. Afin d'appréhender ce conflit, le musée a fait les choses en grand. A l'aide de plus de 3 000 objets d'époque, de costumes, de casques, et de reconstitutions (champs de bataille, tranchées et barbelés), les visiteurs sont replongés dans les moments forts de cette terrible guerre. Tout y est fait pour comprendre l'ampleur de ces combats.

NÉCROPOLE NATIONALE NOTRE-DAME DE LORETTE ★★★

Colline de Notre-Dame-de-Lorette
✆ 03 21 45 15 80
D'octobre à mars de 8h30 à 16h15. D'avril à mai de 9h à 17h30. De juin à août de 9h à 18h30. En septembre de 9h à 17h30.

Haut lieu de la mémoire nationale des armées. La colline de Notre-Dame-de-Lorette est l'un des sites les plus disputés durant la Première Guerre mondiale. Dominant la plaine arrageoise, elle offre un point de vue exceptionnel sur le bassin minier. D'octobre 1914 à octobre 1915, les combats ne vont pas cesser. Français et Allemands vont sans relâche chercher à contrôler ce point stratégique. Près de 100 000 hommes vont y être tués ou blessés. C'est sur ce lieu emblématique de la Grande Guerre que s'élève aujourd'hui la plus importante des nécropoles nationales françaises. Plus de 40 000 corps y sont rassemblés dont la moitié, non identifiés, reposent dans huit ossuaires. Cette nécropole comporte en son centre une basilique néo-byzantine, œuvre de l'architecte lillois Louis-Marie Cordonnier, et une tour-lanterne de 52 mètres. Depuis le 11 novembre 2014, un mémorial international, en forme d'anneau, rappelle le souvenir des 580 000 soldats de toutes nationalités tombés en Artois et en Flandres, à proximité immédiate de la nécropole. Adossée à l'anneau de la mémoire et au centre d'interprétation de Souchez, la nécropole nationale de Notre-Dame-de-Lorette est ancrée dans un territoire fortement marqué par la Première Guerre mondiale. Entre le 1er mars et le 30 novembre, période au cours de laquelle la Garde d'honneur est présente dans la nécropole, vous pouvez vous adresser aux gardes d'honneur pour qu'ils vous guident dans la visite des lieux.

ESTAMINET DE LORETTE - ABRI DES VISITEURS €€

Hameau de Notre-Dame-de-Lorette
✆ 03 21 45 29 07
www.estaminet-de-lorette.com
Ouvert du jeudi au mardi et les jours fériés de 9h à 18h30.

L'établissement se trouve sur la colline de Notre-Dame-de-Lorette. Il s'agit d'un estaminet d'après-guerre qui officie sur l'un des plus grands sites historiques de la Première Guerre mondiale. Dans l'assiette, on déguste une cuisine traditionnelle et familiale qui fait la part belle aux spécialités de la région : carbonnade flamande, potjevleesch, flamiche au maroilles sont des incontournables. La maison fait également salon de thé et sert de délicieuses pâtisseries maison.

FERME AUBERGE DU PRÉ MOLAINE

9, rue Lancino
✆ 03 21 45 20 01
Bienvenue à la Ferme. Réservation impérative. Chambres d'hôtes.

Voici une adresse sympathique et chaleureuse où il fait bon séjourner. Alliant restauration, réception et chambres d'hôtes, la Ferme-auberge du Pré Molaine est une enseigne complète. Dans un cadre reposant, l'équipe vous accueille amicalement et vous propose de déguster les fameux légumes issus de la production de la ferme, ainsi que ses viandes de porc et de volaille, vraiment savoureuses. Et comme on y est si bien, pourquoi ne pas prolonger l'expérience avec une chambre d'hôtes ?

SERVINS

Ce village du Pas-de-Calais fait partie de la communauté d'agglomération de Lens-Liévin. Plusieurs monuments sont à découvrir à Servins, à l'image de la chapelle Hannedouche ainsi que la flèche à crochets de l'église Saint-Martin. Cette dernière se distingue par son intérieur de style rocaille et par sa fameuse flèche à crochets. Pendant votre balade à vélo à la découverte du bassin minier, vous trouverez des ouvrages similaires dans les villages voisins, tels Béthonsart ou Mingoval. Les passionnés d'histoire apprécieront de savoir qu'au XVIIIe siècle plusieurs nobles de Servins ont servi le roi et ont reçu à ce titre des lettres de chevalerie.

HARNES

La commune de Harnes constitue une étape verte dans votre découverte de la région. Elle abrite notamment le bois de Florimond, véritable poumon vert qui offre plus de 200 espèces de plantes ainsi que 76 espèces animales. Votre escale à Harnes sera également l'occasion d'en savoir plus sur l'histoire locale. Outre l'excellent Musée de l'École et de la Mine qui retrace l'histoire du charbon, la ville accueille le Musée d'Histoire et d'Archéologie. Cet établissement, créé en 1971, met en lumière les deux guerres mondiales et leurs conséquences locales, à travers des collections d'archives, de documents originaux et de photographies anciennes.

OIGNIES

A 25 kilomètres au sud de Lille, la ville d'Oignies est célèbre pour sa situation géographique particulière en plein cœur du bassin minier, qui a longtemps fait vivre la région. Aujourd'hui, résolument tournée vers le futur, la commune s'appuie néanmoins sur son passé pour, d'une part, faire connaître ce pan de son histoire mais également pour se dynamiser. En témoignent le Centre de la Mine et du Chemin de fer, et la fosse du 9-9 bis, dite Declercq-Crombez, qui mélange son patrimoine minier et des manifestations artistiques. L'église Saint-Barthélemy et l'église Saint-Joseph méritent également le détour lors de votre visite de la ville.

NOS BALADES

MUSÉE DE L'ÉCOLE ET DE LA MINE ★

24, rue de Montceau-les-Mines
✆ 03 21 75 38 97
www.museedelamine.org

Ouvert le mardi et le jeudi de 14h à 18h. Gratuit. Dons appréciés. Visite guidée (sur réservation uniquement).

Né dans les années 1990, le musée de l'Ecole et de la Mine retrace l'histoire du charbon. Envie de tout savoir sur la vie quotidienne du mineur ? Ce musée interactif permet de faire la visite de plusieurs galeries souterraines et entrer dans une salle de classe typique de l'ancien temps. Plus loin, des galeries de mine et des salles présentant des scènes d'époque, ont été reconstituées. Si le musée est gratuit, les dons des visiteurs permettent son entretien et sa survie !

CENTRE DE LA MINE ET DU CHEMIN DE FER

Rue Emile-Zola
✆ 03 21 69 42 04
www.cmcf-oignies.com

Visites sur réservation uniquement.

Au cœur de l'ancienne fosse n° 2, ce centre vous raconte l'histoire de la mine et du chemin de fer, deux emblèmes de la région. Au Musée de la Mine, vous découvrirez des reconstitutions de chantiers, du matériel d'époque et des photos, archives et maquettes des fosses du Nord. Au Centre de la Mine et du Chemin de Fer, des trains de toute échelle parcourent d'extraordinaires circuits. Dans le parc, vous pourrez voir de vraies locomotives vapeurs sur un parcours de plus de 700 mètres.

LA TOQUE BLANCHE €€

45, rue de Montceau
✆ 03 21 20 03 05
www.latoqueblancheharnes.fr

Ouvert du mardi au dimanche. Menus de 24 € à 48,50 €. American Express, Chèque Vacances, Chèque Restaurant.

Comme le nom de l'établissement l'indique, le chef Jean-Jacques Boets arbore fièrement la toque blanche, symbole d'une cuisine traditionnelle et gastronomique de qualité. Ici, il y en a pour tout le monde, de l'ouvrier pressé aux touristes en quête de plats du terroir. La carte est alléchante, savoureuse et variée, et les plats servis dans une ambiance simple et intimiste : pièce de bœuf, escargots, salade landaise, ris-de-veau, sole meunière, pavé de loup de mer, feuilleté de pétoncles, crottin de chèvre chaud... Vos papilles vont danser la gigue.

LE GITE DE LA GAILLETTE €

1, rue Ernest-Renan
✆ 06 60 06 80 97

Pour 2 personnes (1 chambre). A partir de 320 € la semaine.

Installé au cœur du bassin minier, ce gîte de charme pour deux personnes séduit par son cadre en pleine nature. La famille Mansion vous accueille dans ce petit hébergement comprenant une chambre avec un lit deux personnes et une salle de bains avec sanitaires séparés. Dans le séjour, un coin cuisine et un coin salon avec accès Internet et télévision. A l'extérieur, vous pourrez profitez des nombreuses installations : une terrasse privative, un terrain de pétanque et une table de ping-pong. Idéal pour une halte de plusieurs jours dans la région !

AUTOUR D'ARRAS

- **Total :** 74 km
- **Durée :** six côtes, moyennement vallonné
- **Difficulté :** entre 2h45 et 5h30 (10 à 20 km/h)

LIEUX	Km partiel	Km cumul	Routes
BEFFROI D'ARRAS	0	0	Place des Héros, Rue Delansorbe, Rue Héronval, Rue des Quatre Crosses, Rue Lenglet, D3
ACHICOURT	2,5	2,5	D3, D30
WAILLY	4	6,5	D30, D34
RIVIÈRE	3,5	10	D34E, D7
BEAUMETZ-LÈS-LOGES	2,9	12,9	D34
GOUY-EN-ARTOIS	4,5	17,4	D66
FOSSEUX	2,5	19,9	D59
BARLY	2	21,9	D59
SOMBRIN	3,5	25,4	D79
GRAND RULLECOURT	2	27,4	D81
BLAVINCOURT	3,2	30,6	D81
LIGNEREUIL	1,4	32	D77
GIVENCHY-LE-NOBLE	2,5	34,5	D8
AVESNES-LE-COMTE	4	38,5	D339
HABARCQ	7	45,5	D61
MONTENESCOURT	1,8	47,3	D61, D56
GOUVES	1,4	48,7	D56
AGNEZ-LÈS-DUISANS	2,5	21,2	D56
DUISANS	1,8	53	D56, D339
ETRUN	2,5	55,5	D55
MAROEUIL	1,4	56,9	Chemin de Bray, Route de Maroeuil, D49, Chemin de la Cavée, Rue du Général Barbot
MONT-SAINT-ELOI	3,9	60,8	CV, D49
NEUVILLE SAINT-VAAST	**5,5**	**66,3**	D49E1, CV, D63, N17, D264, Rue Salengro, Rue Saint-Aubert, Rue des Agaches, Rue des Teinturiers
CATHÉDRALE D'ARRAS	**7,7**	**74**	Square Saint-Waast

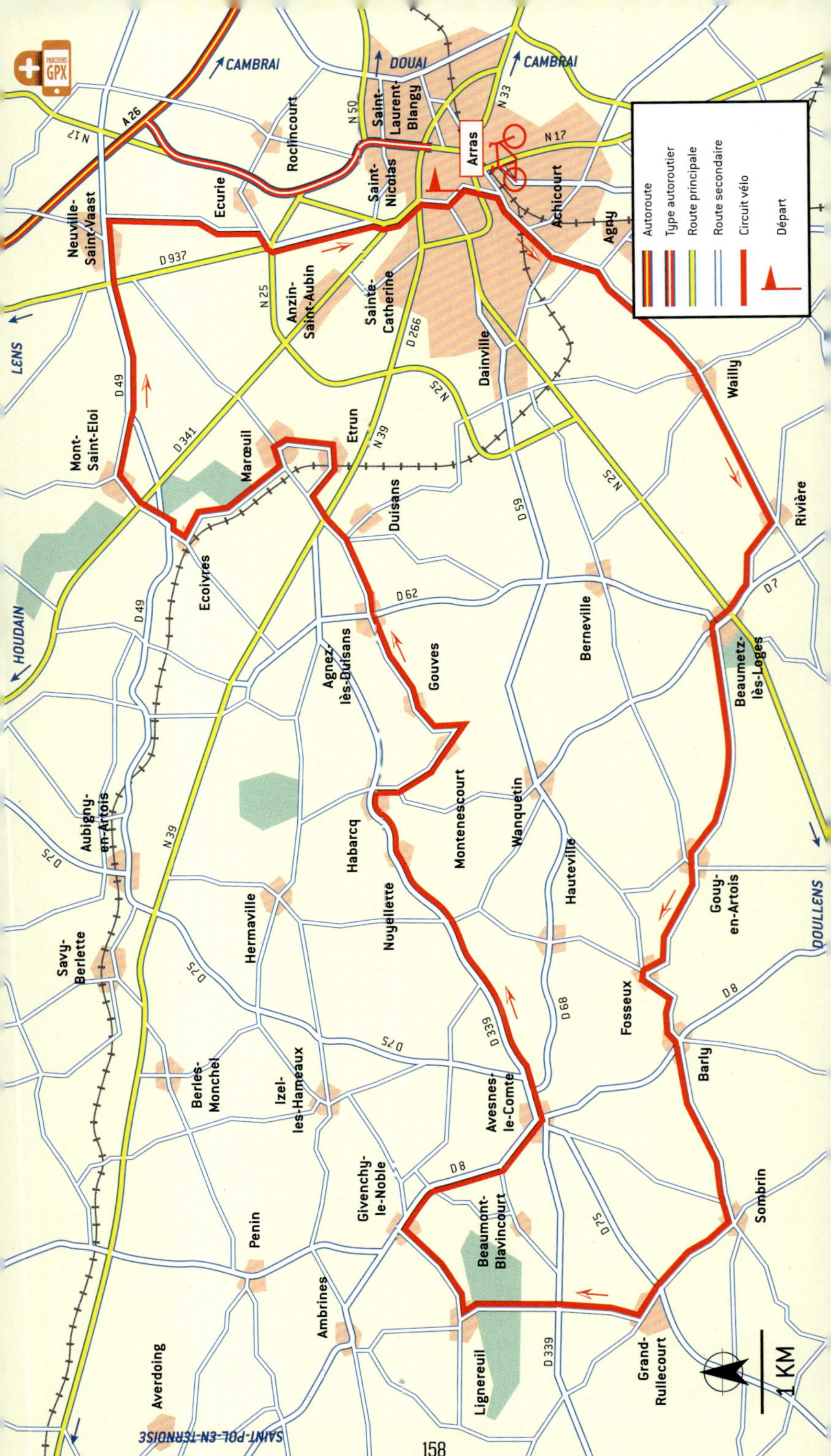
PARCOURS GPX
CAMBRAI
DOUAI
CAMBRAI
A 26
N 17
N 50
N 33
N 17
Roclincourt
Saint-Laurent-Blangy
Arras
Saint-Nicolas
Achicourt
Agny
Neuville-Saint-Vaast
Ecurie
D 937
N 25
Anzin-Saint-Aubin
Sainte-Catherine
D 266
Dainville
LENS
D 49
Mont-Saint-Eloi
D 341
Marœuil
Etrun
N 39
N 25
Wailly
Duisans
D 59
N 25
Rivière
Ecoivres
D 62
Berneville
D 7
HOUDAIN
D 49
Agnez-lès-Duisans
Gouves
Beaumetz-lès-Loges
Aubigny-en-Artois
D 75
N 39
Hermaville
Habarcq
Montenescourt
Wanquetin
Hauteville
Nuyellette
Gouy-en-Artois
DOULLENS
Savy-Berlette
D 75
D 339
D 68
Fosseux
D 8
D 75
Berles-Monchel
Izel-les-Hameaux
Avesnes-le-Comte
Barly
D 8
Givenchy-le-Noble
Beaumont-Blavincourt
D 75
Sombrin
Penin
Ambrines
D 339
Averdoing
Lignereuil
Grand-Rullecourt
1 KM
SAINT-POL-EN-TERNOISE
Autoroute
Type autoroutier
Route principale
Route secondaire
Circuit vélo
Départ

ARRAS ★★★

Chef-lieu du Pas-de-Calais, Arras connut un âge d'or économique grâce au commerce des draps, lesquels s'exportèrent jusqu'en Orient. Au XIIIe siècle, Arras devint l'un des plus grands centres littéraires d'Europe, grâce, notamment, aux poètes Jehan Bodel et Adam de la Halle. Au XIVe siècle, la fabrication des tapisseries de luxe atteignit un degré de perfection tel que le mot « arrazi » se mit à désigner une tapisserie dans le monde entier. Mais la ville n'était pas reconnue uniquement pour ses tissus. Après avoir gardé captive Jeanne d'Arc durant quelque temps, Arras fut le théâtre en 1435 du traité de paix de la guerre de Cent Ans.

CATHÉDRALE D'ARRAS ★★

2-12, rue des Teinturiers
www.arraspaysdartois.com
Fermé du 1er janvier au 1er mars. Ouvert du mardi au dimanche.

De style néo classique, cette cathédrale fut érigée à partir de 1778. Cet impressionnant édifice donne une juste représentation du rôle économique et spirituel qu'il a joué à travers les siècles dans le rayonnement artistique et culturel de la ville. Comme de nombreux monuments d'Arras, la cathédrale fut grandement détruite lors des bombardements de la Première Guerre mondiale puis totalement reconstruite en 1934. Classée aux Monuments historiques, elle comprend un transept large de 52 mètres et long de 102 mètres et abrite quelques trésors.

BEFFROI ET HÔTEL DE VILLE ★

Place des Héros ✆ 03 21 51 26 95
www.arraspaysdartois.com
Ouvert tous les jours. Dernière montée 30 minutes avant la fermeture. Adulte : 3,30 € (tarif réduit 2,20 €).

Surplombant l'hôtel de ville, le beffroi est inscrit depuis le 15 juillet 2005 sur la liste du patrimoine mondial de l'UNESCO et a été élu Monument Préféré des Français. Vous pourrez monter à la première couronne du beffroi grâce à un ascenseur (suivi d'une quarantaine de marches). Perché à 55 mètres de hauteur, vous profiterez de la vue spectaculaire sur la ville et ses environs. L'édifice est surmonté d'un lion, un hommage à Louis XIV qui rattacha la ville d'Arras à la France.

CITÉ NATURE ★

25, boulevard Robert-Schumann
✆ 03 21 21 59 59
www.citenature.com
Ouvert du mardi au vendredi de 9h à 17h30, le week-end de 14h à 18h. Adulte 7 €. Enfant 3 €. Visite guidée (2 € suppl).

Installée en 2005 dans les bâtiments Art déco d'une ancienne fabrique de lampes de mineurs, transformée par le célèbre architecte Jean Nouvel, Cité Nature est un centre culturel et scientifique dans l'esprit de la Villette, entièrement consacré aux questions que l'on se pose sur la nourriture et l'agriculture, la nature et la santé. 2 500 m² d'expositions permanentes sont consacrés à l'environnement, les aliments, les techniques dans l'histoire et jusqu'à nos jours. 1 600 m² sont dédiés à de grandes expositions temporaires. Une chouette visite à faire en famille !

CARRIÈRE WELLINGTON ★★

Rue Arthur-Delétoille
✆ 03 21 51 26 95
www.carrierewellington.com
Ouvert du mardi au dimanche de 10h à 12h30 et de 14h à 18h. Adulte : 9 € ; réduit : 4,50 €. Fermé du 1er au 20 janvier.

Novembre 1916, les Britanniques préparent l'offensive qui aura lieu le 9 avril 1917 à 5h30 du matin. Leur idée : faire relier par les tunneliers néo-zélandais les carrières d'extraction de craie de la ville pour créer un véritable réseau de casernes souterraines. Descendez à 20 mètres de profondeur pour découvrir ce lieu stratégique qui fut aussi le lieu de vie quotidien des soldats de la Grande Guerre. Au mois d'avril, ne ratez pas la cérémonie qui rend chaque année hommage aux soldats britanniques et du Commonwealth ayant participé à la bataille d'Arras.

DESTINATION COLLINES ET PLAINES D'ARTOIS

Les offices de tourisme de Lens-Lievin et d'Arras se sont unis pour créer « Destination Collines et Plaines d'Artois », dont le but est de transmettre la mémoire liée à la Première Guerre mondiale en mettant en avant les sites de mémoire des Collines et Plaines d'Artois (Nécropole Notre-Dame-de-Lorette, mémorial de Vimy, carrière Wellington...). Ce territoire, traversé par la ligne de front, a connu d'importantes batailles et pertes humaines de plusieurs nationalités entre 1915 et 1918.

PLACE DES HÉROS ★

Avec son architecture impressionnante aux maisons toutes identiques, la place est souvent considérée comme la place préférée des Français. Dès le XIIe siècle, la place était connue sous le nom de Petit Marché, car elle regroupait les halles corporatives. Au Moyen Âge, les trouvères y donnaient leurs représentations théâtrales. Les enseignes qui ornent les devantures des maisons datent d'ailleurs du XIVe ou du XVe siècle. Sur la face nord, on peut repérer, partant de la rue des Trois-Visages jusqu'à la rue de la Taillerie, le Limaçon, les Trois Coquelets, la Sirène, l'Amiral, la Salamandre et la Licorne. Au XVIe siècle, un édit de Philippe II interdit de bâtir dans la ville d'Arras à moins que les murs ne fussent faits de pierre ou de brique, sans aucune saillie sur les rues. Cela donne aujourd'hui un ensemble de 155 façades de style baroque flamand que l'on trouve nulle part ailleurs.

Allez-y surtout mercredi et samedi matin, jours de marché. Il fait partie des plus grands et typiques de France avec ses 200 étals de produits frais et artisanaux. Le beffroi haut de 75 mètres, surmonté d'un lion d'or, situé à l'extrémité de la place, symbolise l'héroïsme de ses habitants. Presque entièrement détruite durant la Seconde Guerre mondiale, elle a été reconstruite à l'identique. En 1945, les lieux ont pris le nom de place des Héros, en hommage aux résistants arrageois fusillés pendant la Seconde Guerre mondiale. La place a été totalement restaurée en 2010 : chaque pavé a été retiré, poli puis replacé !

OFFICE DE TOURISME DES LOISIRS ET DES CONGRÈS

Place des Héros
✆ 03 21 51 26 95
www.arraspaysdartois.com
Ouvert tous les jours. Horaires variables selon les saisons.

Situé sur la place des Héros, le cœur historique de la ville, l'office de tourisme est le point de départ de la montée du beffroi, de la visite des Boves ou de celle des magnifiques salles protocolaires. Sur place, des « conseillers en séjour » vous aideront à concocter votre programme. Les City Pass permettent de visiter les principaux sites à prix réduit et en toute liberté. Ils sont valables un an et s'achètent sur place ou en ligne sur le site de l'office de tourisme !

LA CORNE D'OR €

1, place Guy-Mollet
✆ 03 21 58 85 94
www.lamaisondhotes.com
5 chambres. Simple de 110 à 130 €, double de 125 à 145 €, triple de 155 à 165 €. Petit déjeuner inclus. Wifi.

Installée dans un hôtel particulier datant du XVIIIe siècle en plein centre historique d'Arras, La Corne d'Or est un lieu où les touristes en quête d'histoire viennent se ressourcer. Vous serez accueilli par Philippe et Rodney. L'établissement se compose de 2 chambres, 2 suites (avec kitchenette) et d'un loft. Baroque, Nature ou dite des Anges, la dénomination vous éclairera sur l'atmosphère qui présidera vos nuits. Le petit déjeuner gourmand est particulièrement savoureux ! N'hésitez pas à faire une halte dans ce lieu riche et précieux.

APPARTEMENTS DU BEFFROI** €€

3, place des Héros
✆ 06 31 28 32 08
www.arras-hotel-diamant.com
Réservation. Appartement disponible dès 16h. Départ 11h. A partir de 112 € la nuit.

Profitez d'un week-end à Arras en logeant dans l'un de ces appartements dotés de tout le confort et l'équipement nécessaires. Vous vous sentirez comme à la maison. Les logements proposés, spacieux, vont de 50 à 72 m². Le plus petit pourra accueillir jusqu'à 4 personnes et le plus grand 6. Le plus de ces appartements ? La vue ! En effet, idéalement situés dans l'hypercentre, vous pourrez profiter d'une magnifique vue sur le beffroi et sur la place (et cela sans nuisance sonore !).

LE DOMAINE DES LOUPS €€

31, rue du Docateur Wagon - **SOUCHEZ**
✆ 06 32 62 27 21
http://ledomainedesloups.com/
4 chambres. Chambre double à partir de 119 €. Petit déjeuner : 12 €.

Entouré d'un parc arboré, le Domaine des Loups vous attend pour un moment tout confort. Vous serez seulement à quelques minutes de l'Anneau de la Mémoire qui commémore le centenaire de la Première Guerre mondiale. Les chambres sont décorées sobrement et avec beaucoup de goût. On vous conseille la « Seuls au Monde » pour sa terrasse privative très agréable. La maison dispose d'un grand salon, dans le même thème décoratif que les chambres, ouvert sur l'extérieur. Idéal pour partager un verre après une journée de visites. Des chambres d'hôtes comme on les aime !

DOMAINE NATUREZA €€

3, rue de la Blanchisserie
ROEUX
✆ 06 22 30 67 13
https://domainenatureza.fr

Ouvert de février à décembre. 6 cabanes de 2 à 4 pers. Tarifs de 220 à 300 € la nuit. Jacuzzi et petit déjeuner inclus.

Natureza, signifiant nature en brésilien, est un vrai lieu de dépaysement ! Parmi les 6 lodges, celle sur l'eau, le chalet famille, la cabane du pêcheur ou celui perché à 7 m de haut. Toutes les cabanes ont un bain bouillonnant privatif (sauf le hobbit qui a un sauna avec vue sur le lac), d'une salle de bains et tout le confort nécessaire. Il y aussi la suite Momento de 70 m² avec sauna, bain bouillonnant XXL et une terrasse. Massages, location de vélos électriques, et livraison de repas sont proposés.

CHÂTEAU DE COUIN €€€

11, rue Principale - **COUIN**
✆ 03 21 58 98 67

Clévacances (4 clés). 3 chambres. Chambre double à partir de 125 € ; suite à partir de 145 €. Petit déjeuner : 13 €.

Cette authentique demeure restaurée du XVIIIe siècle conserve son charme de jadis avec ses appartements décorés dans un style XIXe siècle. Que vous choisissiez l'étage noble (au 1er avec vue sur le parc) de la Chambre noire (nommée ainsi pour ses boiseries, portes et fenêtres entièrement noires !), ou que vous préfériez la conception caractéristique de l'Entresol, vous profiterez du confort authentique d'une vaste chambre au plafond haut, aux boiseries d'époque et aux tentures rééditées par une maison parisienne d'après des catalogues d'époque Napoléon III.

CHEZ BICHETTE €€

1, Boulevard de Strasbourg
✆ 03 21 16 19 47
https://chezbichette.com/

Ouvert le midi du mardi au samedi et vendredi et samedi soir. Formule à 24 et 32 €, plats 17 €.

Bienvenue Chez Bichette, un bistrot-boutique comme on aime ! On y vient pour prendre un café le matin, déjeuner à midi, prendre un goûter l'après-midi, ou acheter confitures, gâteaux ou autres douceurs côté épicerie. Les plats sont également à emporter. A la carte, vous trouverez de l'onglet de veau, de la poitrine de cochon à la bière ou du thon rouge mi-cuit. En dessert : cheesecake, Paris-Brest, ou biscuits maison. Aux beaux jours la terrasse vous accueille aussi pour boire un verre de vin ou une bière locale. Bref, Chez Bichette, on peut venir à toute heure !

L'ÉPICURIEN €€

8, place du Maréchal Foch
✆ 03 21 23 53 67
www.restaurant-epicurien.eu

Ouvert du lundi au samedi de 12h à 14h ; jeudi, vendredi et samedi de 19h à 22h. Fermé le dimanche. Carte 25 € environ.

L'Épicurien, voilà un nom qui donne envie d'entrer ! Vous y découvrirez une jolie cuisine créative « qui ne songe qu'au plaisir », dans laquelle les produits locaux et de saison se taillent une belle part de la carte : que ce soit le black tiger en tempura avec ses légumes croquants et sa mayonnaise au curry, les grillades du matelot avec aïoli et tomates rôties et confit de fenouil. Tous les plats sont élaborés à la demande. La carte change tous les mois. Quant à l'emplacement, il est idéal, sur la jolie place de la Gare et à quelques minutes à pied du beffroi.

L'ŒUF OU LA POULE €€

13, rue des Balances
✆ 03 21 24 69 81
http://loeufoulapoule.fr

Ouvert du lundi au samedi le midi ; vendredi et samedi le soir. Carte : 20 € environ. Formule midi : 16 €. Terrasse.

Coup de cœur pour ce charmant restaurant ! Dans un décor à l'ancienne où dominent le bois et un rouge chaleureux, Gabriel, le chef, vous propose des plats traditionnels revisités avec le meilleur des produits régionaux et souvent bio. Tout est entièrement faits maison. On aime le concept du plateau sur lequel vous est apporté en une fois l'intégralité de votre repas, entrée, plat en cocotte et dessert dans son petit bocal. La carte change toutes les semaines et la formule du midi tous les jours. Goûtez absolument à la poule au pot ou au poulet en trois cuissons.

LE PETIT RAT PORTEUR €€

11, rue de la Taillerie
✆ 03 21 51 29 70

Ouvert du mardi au samedi de 12h à 14h et de 19h à 22h ; le dimanche de 12h à 14h. Terrasse. Salle en cave.

Entre les deux places d'Arras se niche le Petit Rat Porteur... Ne le manquez surtout pas ! Au-delà de sa façade, c'est une ambiance de charme, surtout dans sa cave voûtée ô combien typique des lieux. On y savoure les plats de la région, tels que le welsh, l'andouillette et le potjevleesch. Le maroilles est aussi à l'honneur dans bon nombre de plats, en croustillant en entrée ou en sauce sur le poulet en plat pour notre plus grand plaisir. Le foie gras est maison, comme tous les plats de la carte, et de la première fraîcheur.

PÂTISSERIE THIBAUT

50, place des Héros
✆ 03 21 71 53 20
Ouvert du mercredi au samedi de 8h à 19h ; le dimanche de 8h à 13h. Salon de thé.

Sébastien Thibaut est bien connu à Arras ! Sa maison, qui fait aussi salon de thé, sert de délicieuses pâtisseries. Dégustez les délices que sont le Petit Rat en chocolat (l'une des mascottes de la ville) ou le Cœur d'Arras à l'ancienne… C'est vraiment exquis ! Hormis ces spécialités, la boutique propose tout un choix de chocolats, pâtisseries, délicieuses gaufres fourrées, quiches, tartes salées et pains divers. Le midi, profitez des quiches et autres petits plats traiteur chauds pour déguster simplement sur le pouce une collation dans un cadre sympathique.

AU GÎTE DU TREUIL

24, rue du Treuil
MONCHY-AU-BOIS
✆ 03 21 07 19 95
www.augitedutreuil.fr
Produits de la ferme et gîte 2 chambres.

Vous logerez dans l'ancien grenier à paille d'une ferme toujours en activité qui peut recevoir jusqu'à 5 personnes (deux lits doubles et un lit d'appoint). Réaménagé et décoré sobrement, il vous permet de vous immerger dans la vie de la ferme si le cœur vous en dit, mais possède également sa propre entrée privative. Francine et Jean-Claude Lefranc y pratiquent l'élevage de vaches et la transformation de produits laitiers : à vous les délicieux fromages frais nature ou aux fruits, les mousses au chocolat et les fameuses tartes au libouli.

ACHICOURT

Ville de la communauté urbaine d'Arras, Achicourt a su préserver les habitations typiques de la région qui en font son charme. Parmi les incontournables, ne manquez pas son moulin de la Tourelle, un moulin à vent datant du XIVe siècle, reconstruit à l'identique dans les années 1990. Il est à ce jour l'un des derniers moulins à vent en activité. La visite vaut le détour : une fois en haut du moulin, vous pourrez profiter d'une belle vue sur les alentours et pourrez même apercevoir la cathédrale d'Arras ! Un autre moulin était installé dans la commune d'Achicourt : le moulin Hacart, malheureusement détruit par des obus pendant la Grande Guerre.

CHEMIN DE HÂLAGE DU CANAL DE LA SCARPE

✆ 03 21 51 26 95
www.af3v.org

Cette Voie Verte sur le chemin de halage le long du canal de la Scarpe est un vrai plaisir à parcourir ! Le cadre est si bucolique qu'on en oublierait presque que l'on fait de l'exercice… Praticable à pied ou à vélo, celui du canal de la Scarpe prend la forme d'une voie de huit kilomètres qui est idéale pour les sportifs du dimanche ou les familles qui souhaitent profiter du grand air. Cette Voie Verte possède un revêtement stabilisé en dolomie, praticable par tous types de vélos mais pas par les rollers. Elle est éclairée sur environ 2 km à Saint-Laurent-Blangy, où il existe un passage sous la D42. Il n'y a pas de fléchage de la Voie Verte mais des boucles de randonnées piétonnes l'empruntent. Si vous démarrez de Fampoux (le départ se situe rue de l'Ecluse), Athies ou Saint-Laurent-Blangy, elle se présente comme une excellente option pour rejoindre le centre-ville d'Arras : vous atteindrez la rue Louis Blanc ou le boulevard Robert Schuman par un agréable chemin champêtre. C'est un moyen pour rejoindre ces villages en toute sécurité et plusieurs parcs naturels viendront notamment rythmer vos foulées ou coups de pédales. D'autres chemins sont en projet ou déjà en construction comme celui entre l'Aquarena et la darse Méaulens. Pour la petite histoire, l'aménagement de ce chemin avait aussi pour vocation de créer un couloir écologique et paysager visant à améliorer la biodiversité car la vallée de la Scarpe accueille une très forte diversité d'oiseaux.

LE MOULIN DE LA TOURELLE

Rue du 19-Mars-1962
✆ 03 21 71 68 68
Fermé du 15 décembre au 15 janvier. Adulte : 3 €. Enfant (jusqu'à 14 ans) : 2 €.

Achicourt est depuis 1361 une terre de moulins, bien que seul celui-ci soit encore en activité ! Reconstruit en 1994 sur les fondations d'un moulin-tour détruit pendant la Première Guerre mondiale en 1915, il produit une farine artisanale en grande quantité. Quatrième moulin de France classé, il se visite seul ou en groupe, tout au long de l'année. Les visites et l'animation lors des fêtes sont assurées par les guides et meuniers bénévoles de l'association des Amis du Moulin de la Tourelle d'Achicourt. Une visite insolite à découvrir !

GRAND-RULLECOURT

Petit village de 381 habitants, Grand Rullecourt fait partie de la communauté de communes des Campagnes de l'Artois. Quelques monuments sont à voir dans cette commune qui ne manque pas de cachet, à l'instar du château bien sûr, mais également de l'église Saint-Léger ainsi qu'une galerie de souterrains récemment mis au jour. Une découverte inattendue et insolite ! Si le château actuel date du XVIIIe siècle, il a été construit à la place du château historique dont il ne reste malheureusement plus rien. Pendant votre balade, vous apprécierez l'agréable parc arboré avec ses arbres rares. Une jolie halte à faire pendant votre parcours à vélo.

CHÂTEAU DE GRAND-RULLECOURT

3, Place du château
✆ 03 21 58 06 37
www.chateaux-chambres-hotes.com
Ouvert toute l'année.

Ce majestueux château fort en pierres de taille et briques saura vous charmer par sa prestance et son histoire. De nombreux personnages historiques y ont séjourné ou y sont passés (Jeanne d'Arc, Georges VI, le comte Vallerand...). Aujourd'hui, en visite ou en chambres d'hôtes (100 euros pour deux personnes), ce monument vous accueille pour vous transmettre la qualité de son service. Vous y découvrirez un endroit hors du temps à la décoration authentique et soignée. Un vrai petit bijou.

NEUVILLE-SAINT-VAAST

Situé entre Arras et Lens, Neuville-Saint-Vaast compte environ 1 500 habitants. Totalement détruit lors de la Première Guerre mondiale, le village s'est patiemment relevé de ses cendres tel un phœnix et s'est reconstruit, c'est la raison pour laquelle l'oiseau est devenu son emblème aujourd'hui. La commune se repère de loin grâce à son clocher et ses jolies maisons des années 1920 et 1930 qu'apprécient les visiteurs. Outre le musée de la Targette, le village abrite la Nécropole nationale de la Targette et la Nécropole militaire allemande de la Maison Blanche, où reposent les dépouilles de combattants de la Première et de la Seconde Guerre mondiale.

LE MONUMENT DES FRATERNISATIONS

En bordure des nécropoles françaises et britanniques de La Targette sur la route de Marœuil (RD55).
Gratuit.

Le Monument des Fraternisations a été édifié pour revivifier le souvenir d'un événement étouffé par l'histoire. À Noël 1915, des soldats français et allemands fraternisèrent face à l'horreur de la guerre. Pour quelques heures, les combats cessèrent, puis cet élan d'humanité sombra alors que les combats reprenaient. Louis Barthas écrivit dans ses *Carnets de guerre* : « Peut-être un jour, sur ce coin de l'Artois, on élèvera un monument pour commémorer cet élan de fraternité. »

MUSÉE MILITAIRE DE LA TARGETTE

48, route Nationale ✆ 03 21 59 17 76
www.musee1418.com
Ouvert tous les jours de 9h à 19h. Adulte : 4 €. Enfant : 2 €. Durée de la visite 30 minutes. Cadeaux et souvenirs.

Situé sur l'ancienne ligne de front, le musée a élu domicile à cet endroit historique, sur la nationale, où une guerre de position a éclaté pendant plus de quatre ans. Les grands passionnés d'Histoire et notamment de la Première Guerre mondiale vont être ravis de se rendre dans ce musée authentique et fidèle à cette période historique grave, qui campe également la position d'hommage aux victimes de guerre et aux combattants. Vous y découvrirez plus de 3 000 pièces d'époque.

NÉCROPOLE MILITAIRE ALLEMANDE DE LA MAISON BLANCHE

D 937
✆ 03 21 51 26 95
www.explorearras.com

La nécropole militaire allemande de la maison blanche a été créée à la fin de la Grande Guerre, entre 1919 et 1923, à l'initiative des autorités françaises. Il s'agit de la plus grande nécropole militaire allemande en France. Ici reposent 44 833 soldats allemands dont 840 qui n'ont jamais été identifiés et reposent dans une fosse commune. La composition générale du site rappelle la place importante que tient la nature dans la mythologie germanique.

AUTOUR DE SOISSONS

- **Total :** 64,8 km
- **Durée :** entre 3h15 et 6h30 (10 à 20 km/h)
- **Difficulté :** neuf côtes, moyennement vallonné

LIEUX	Km partiel	Km cumul	Routes
CATHÉDRALE DE SOISSONS	0	0	Place Mantoue, rue de Panieu, rue Racine, avenue Thiers, avenue du Général-de-Gaulle
BELLEU	3	3	Rue de Belleu, D6, rue d'Orcamps, route de Septmonts
SEPTMONTS	4	7	D95
NOYANTS-ET-ACONIN	1,8	8,8	D95, D177
BERZY-LE-SEC	3	11,8	D177, D173
COURMELLES	1,8	13,6	D1590, D944
SACONIN-ET-BREUIL	6,5	20,1	D94, D
DOMMIERS	6	26,1	D172
SAINT-PIERRE-AIGLE	3	29,1	D17
COEUVRES-ET-VALSERY	4	33,1	D17
LAVERSINE	2	35,1	D17
AMBLENY	4,5	39,6	D17, D1160
RESSONS-LE-LONG	4	43,1	CV, D2
LA VACHE NOIRE	1	47,1	D2
VIC-SUR-AISNE	7	48,1	D91
PORT-FONTENOY	4,5	52,6	D91
FONTENOY	1,2	53,8	D91
OSLY-COURTIL	3	56,8	D91
COURTIL	2	58,8	D91
POMMIERS	1,5	60,3	D91, boulevard Edouard-Branly, avenue de Pasly, rue de Bordeaux, boulevard Pasteur, rue du Faubourg-Saint-Christophe, rue de la Buerie
CATHÉDRALE DE SOISSONS	4,5	64,8	Place Mantoue

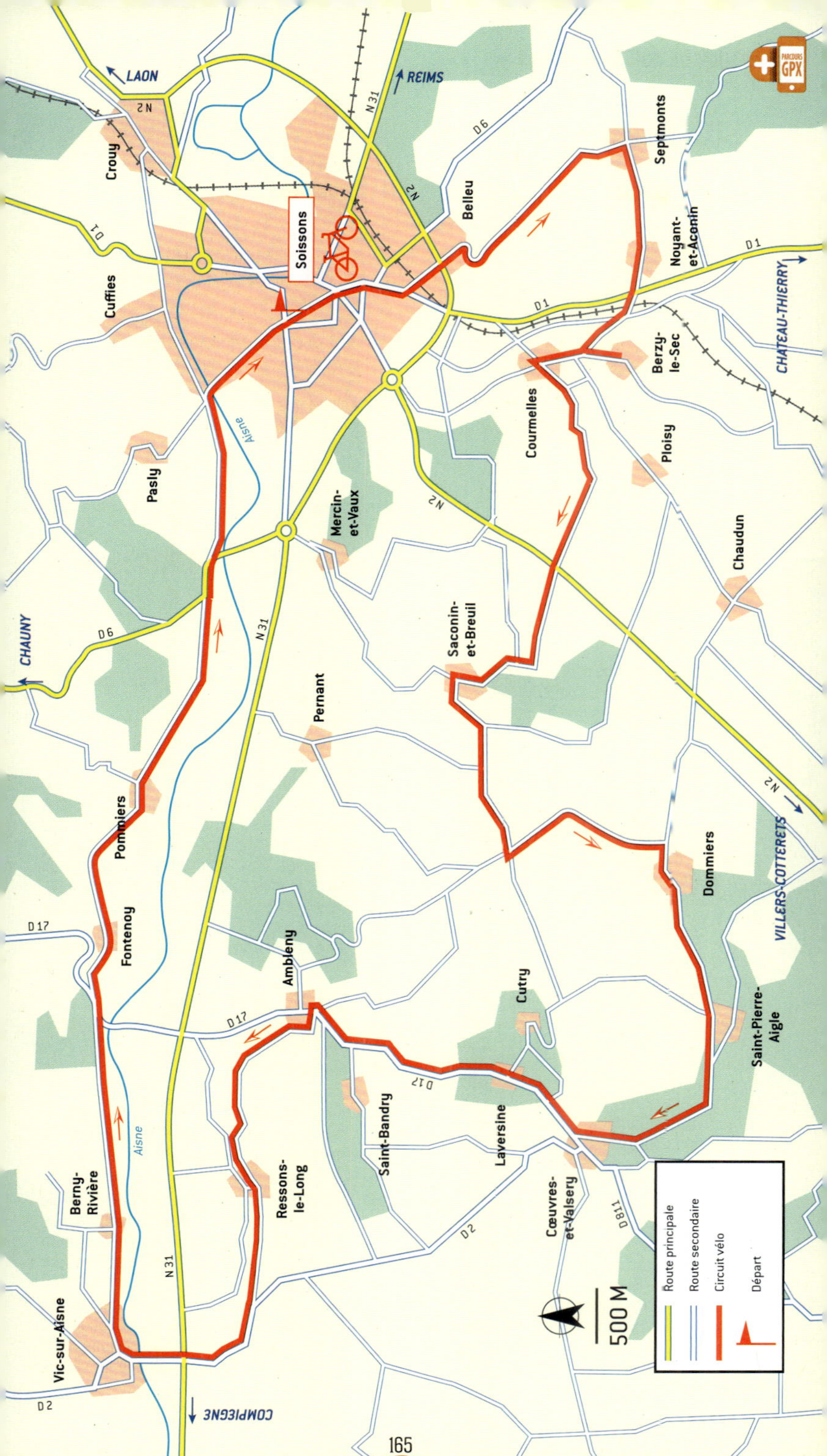
LAON
REIMS
PARCOURS GPX
N 2
N 31
D 6
Crouy
Soissons
Belleu
Septmonts
Noyant-et-Aconin
D 1
CHATEAU-THIERRY
Cuffies
D 1
Berzy-le-Sec
Courmelles
Ploisy
Aisne
Pasly
Mercin-et-Vaux
N 2
Chaudun
CHAUNY
D 6
N 31
Saconin-et-Breuil
Pernant
Pommiers
N 2
VILLERS-COTTERETS
Dommiers
D 17
Fontenoy
Ambleny
Cutry
Saint-Pierre-Aigle
D 17
Saint-Bandry
Laversine
Berny-Rivière
Aisne
Ressons-le-Long
Cœuvres-et-Valsery
D 811
D 2
N 31
Vic-sur-Aisne
D 2
COMPIEGNE
500 M
Route principale
Route secondaire
Circuit vélo
Départ

SOISSONS ★★

La ville est connue pour ses célèbres cocos (haricots blancs). Mais surtout Soissons est liée au « Vase de Soissons » et à la question « Qui a cassé le vase de Soissons ? » qui signifiait, pour les écoliers d'autrefois, un châtiment qui allait bientôt tomber ! Le fait remonterait au roi franc Clovis qui demanda un jour un certain « vase » à l'un de ses soldats, qui plutôt que de le lui donner, le défonça à coup de hache. Un an plus tard, passant en revue ses troupes, le roi Clovis, reconnaissant le rebelle, et au prétexte que sa tenue n'était pas très militaire, lui trancha d'un coup la tête en prononçant : « Souviens-toi du vase de Soissons ! ».

ABBAYE SAINT-JEAN-DES-VIGNES ✞ ★★★

Rue Saint-Jean
✆ 03 23 93 30 56
www.tourisme-soissons.com

Ouvert toute l'année de 9h ou 10h jusqu'à 17h ou 18h selon les saisons. Horaires précis sur le site Internet. Gratuit

L'abbaye Saint-Jean-des-Vignes est un incontournable de la ville de Soissons ! Cette abbaye fut l'une des plus riches du Moyen Âge. Fondée en 1076 par Hugues Le Blanc (seigneur de Château-Thierry). Aujourd'hui, les ruines ont conservé d'élégantes flèches qui culminent à 75 m, les rendant intrigantes. À l'intérieur, un remarquable réfectoire à deux vaisseaux dont la rénovation fait éclater la pierre blanche tandis que les vitraux illuminent de couleurs bleues et vertes la pièce. Descendez quelques marches et déambulez dans les caves voûtées où une atmosphère est propice à laisser pérégriner votre imagination. Les extérieurs sont tout aussi remarquables. Une partie du cloître du XIIIe siècle est resté intact, gargouilles et sculptures vous regardent avec attention. Le jardin est un véritable havre de paix. Dans ce haut lieu historique vous aurez toutes les informations nécessaires pour comprendre l'histoire de la ville de Soissons. En effet, ici est installé le Centre d'Interprétation de l'Architecture. Il prend place dans l'ancien logis de l'abbé, entièrement restauré, lui aussi. Les secrets de l'abbaye sont délivrés par des panneaux explicatifs pour en comprendre toute la richesse et les ennuis qu'elle a connus au fil des siècles. Au centre, une maquette transparente permet de voir toute la grandeurs de ce monument religieux. Vous y trouverez également une boutique et toutes les informations nécessaires concernant le patrimoine de la ville.

CATHÉDRALE SAINT-GERVAIS-ET-SAINT-PROTAIS ✞ ★★

23, rue des Déportés et Fusillés
✆ 03 23 53 17 37
www.tourisme-soissons.fr

Accessible toute l'année, en fonction des offices. Gratuit. Visite guidée à 5 € sur réservation à l'Office de tourisme.

Symbole vibrant de l'art gothique rayonnant (XIIe-XIVe siècle), la cathédrale regorge de trésors et appartient au cercle des sept grands édifices gothiques de Picardie. Depuis sa façade inachevée s'ouvre une nef qui illustre la phase classique du gothique. Alors que le bras sud du transept et sa disposition originale en hémicycle évoquent les subtilités du premier art gothique. Elle se visite en toute liberté ou en visite guidée (selon programme) pour accéder tout en haut de la tour !

CHÂTEAU DE SEPTMONTS ★

33, rue des Allées
SEPTMONTS
✆ 03 23 74 95 35
www.amisdeseptmonts.net

Le donjon est ouvert tous les jours du 2 mai au 30 septembre de 9h à 19h.

Ancienne propriété des évêques de Soissons, l'édifice est entouré d'une enceinte polygonale cernée de douves. Si sa première construction remonte au XIIe siècle, l'édifice actuel remonte au XVIIIe siècle. Gravés dans la paroi de son remarquable donjon du XIVe siècle figurent des noms illustres et anonymes : "Victor Hugo et Juliette 29 juillet 1835" côtoie les patronymes ou initiales de jeunes soldats. Autrefois clos de jardins, de vignes et de garennes, son vaste parc, comporte un verger conservatoire de pommiers, une vigne et un jardin de plantes aromatiques.

LA CRYPTE DE L'ABBAYE SAINT-MÉDARD

3B, place Saint-Médard
✆ 03 23 53 17 37
www.ville-soissons.fr

Sur réservation auprès de l'Office de tourisme. Visite possible le samedi à 14h30. 5 €/personne.

Voici le plus ancien monument de la ville. Cette crypte pré-romane datant du IXe siècle est l'ultime vestige de l'abbaye éponyme. Elle recueillait alors les tombeaux de l'évêque saint Médard mais également de Clotaire et Sigebert, les fils et petit-fils de Clovis. La crypte se compose d'une dizaine de chapelles desservies par un couloir central. En 1791, l'abbaye est vendue comme bien national et sera quasiment détruite. Une visite guidée s'impose en ce lieu intemporel !

NOS BALADES

MUSÉE D'ART ET D'HISTOIRE - ST LÉGER ★★

2 rue de la Congrégation
✆ 03 23 59 91 20
Expositions, animations thématiques, ateliers, visites guidées. Ouvert tous les jours sauf le lundi. Entrée 3 €.

Le musée d'art et d'histoire prend place dans l'ancienne abbaye St-Léger créée au XIIe siècle. Les murs accueillent aujourd'hui un parcours archéologique de plus de 5 000 ans d'histoire et présente l'histoire de la Ville tout en accueillant une salle d'expositions temporaires. Vous déambulerez au sein de ce lieu historique pour y découvrir aussi les beautés qui subsistent de cette abbaye : le cloître, la salle capitulaire, la crypte et surtout l'église en croix latine.

OFFICE DE TOURISME DU GRAND SOISSONS

16, place Fernand Marquigny ✆ 03 23 53 17 37
www.tourisme-soissons.com
Ouvert toute l'année. Haute saison : tous les jours ; basse saison : du lundi au samedi. Boutique avec produits locaux.

L'office de tourisme de Soissons et son équipe vous renseignera et vous suggéra tout ce qu'il y a à voir, faire et à tester sur le Soissonnais ! Il vous proposera la découverte d'un riche patrimoine chargé d'histoire grâce à des visites guidées à réserver sur place, par téléphone ou sur le site Internet. Une boutique avec des produits du terroir met à l'honneur des producteurs locaux et vous permet de découvrir le célèbre haricot de Soissons, mais aussi quelques gourmandises.

LE MOULIN DE LAVAL €€

3, rue de Soissons - **CUISY-EN-ALMONT**
✆ 03 23 55 90 88
chambre-hote-soissons.jimdo.com
3 chambres (pour 2, 4 et 5 pers). Chambre double à partir de 75 € pour deux. Petit déjeuner inclus. Gîte à la semaine.

Philippe et Elisabeth Heyd vous accueillent dans un ancien moulin à huile du XVIIIe siècle, idéalement situé entre Compiègne et Soissons. La demeure est superbe, et les alentours propices à l'exercice d'une douce oisiveté. Les adeptes de tourisme vert et historique, ou encore les citadins en recherche de repos, ne pourront pas mieux trouver que cet authentique havre de paix. Les chambres et la dépendance, toutes garnies de poutres apparentes, sont claires et meublées avec goût. Une très belle adresse familiale à recommander aux esthètes en mal de poésie.

BEST WESTERN PLUS HÔTEL DES FRANCS**** €€€

62, boulevard Jeanne-d'Arc ✆ 03 60 71 40 00
www.hoteldesfrancs.fr
Ouvert toute l'année. Accueil 24h/24. 70 chambres. Chambre double de 96 € à 189 €. Hammam, piscine, soins bien-être.

De la chambre standard à la Deluxe, le confort s'allie au design contemporain, le tout dans un environnement moderne où la lumière inonde les espaces de vie très agréables. La literie promet de douces nuits et vous pourrez profiter aux beaux jours de la terrasse, face à l'abbaye Saint-Jean des Vignes. Les amoureux apprécieront les soins bien-être, la piscine intérieure, le hammam et les offres spéciales. Un établissement de standing avec une excellente table : Le Relais des Vignes.

LE CORSAIRE €

14, rue de la Bannière
✆ 03 64 18 20 61
Du mardi au samedi de 12h à 14h et de 19h à 23h. Réservation recommandée. Carte : 12,50 €. Menu du jour : 13,40 €.

À l'abordage ! Cette petite crêperie mérite une escale entre moussaillons. Attention, le navire n'est pas bien grand : une salle agréable au mobilier de bistrot et une petite terrasse déployée devant la façade. La carte aux trésors, avec les meilleures galettes du coin, recèle quelques destinations originales (comme du roquefort associé à du magret), et aussi des contrées plus rares comme l'andouille de Guémené. Les matelots gourmands, qu'ils préfèrent le salé ou le sucré, seront ravis devant la cargaison contenue dans les galettes. Mille sabords, c'est copieux !

LE BISTROQUET €€

4, rue Charpentier
✆ 06 06 66 77 01
Ouvert du mardi au samedi le midi ; du jeudi au samedi le soir. Réservation recommandée.

Dans une ambiance cocooning et chaleureuse, les propriétaires vous accueillent en plein centre ville de Soissons. Ici, un repas tout en saveur grâce à une carte exquise et des formules du midi qui changent constamment. La carte propose autant de mets simples qu'originaux et de très bonne qualité tels que l'entrecôte, la soupe de langoustine ou encore la souris d'agneau. Ici, c'est une cuisine avec de la crème fraîche, du beurre et surtout beaucoup d'amour ! De qualité et avec un accueil parfait, c'est tout ce que l'on demande à un bon restaurant.

CORNÉ PORT ROYAL

21, rue du Collège
✆ 03 23 55 28 99
www.corneportroyal-soissons.fr
Ouvert du mardi au samedi de 9h à 19h. Boutique et restauration (salades, pâtisseries). Menu à 12 €.

Chez Corné Port Royal, c'est toujours avec le même plaisir que l'on déguste toutes ces variétés de thé. Toute proche de la cathédrale Saint-Gervais-Saint-Protais, cette belle enseigne propose aussi des tartines chaudes ou des salades gourmandes où tout est fait maison. Mais ce n'est pas tout ! Cet établissement fait la part belle aux spécialités locales vous pourrez ainsi découvrir ou redécouvrir le pavé de Soissons, les douceurs de Saint-Jean, les croquants de la Cathédrale ou les vases de Soissons en pâte d'amande. Difficile de ne pas craquer !

SAINT-PIERRE-AIGLE

Les habitants du village de Saint-Pierre d'Aigle ont longtemps vécu des travaux des champs et de l'exploitation forestière. Pendant la Grande Guerre, les chars Renault partent d'ici pour rejoindre la bataille de la Marne. Dans les années 1970, Saint-Pierre-d'Aigle voit sa population diminuer de façon drastique. Ces dernières années, la tendance s'est inversée avec la venue de nombreux citadins attirés par le calme du village et sa proximité avec Soissons et la région parisienne. La commune se distingue par sa jolie église Saint-Pierre et par son monument aux morts. Le village est également connu pour sa carrière de pierre française.

BELLEU

On retrouve les premières mentions de la commune de Belleu dès le Moyen Age, en 1143. Son nom, qui signifie « beau lieu », lui aurait été attribué en raison du beau panorama qu'elle offre sur la vallée de l'Aisne et la ville de Soissons, toute proche. Pendant votre balade à vélo dans les alentours de Soissons, prenez un temps pour flâner dans les rues de Belleu. Classée aux Monuments historiques, l'église Saint-André ne manque pas de charme, tout comme le manoir du Fief des Tournelles qui se distingue par ses deux belles tourelles. Enfin, le long de la voie ferrée, vous pourrez voir le mémorial des déportés de la Seconde Guerre mondiale.

AMBLENY

Ce petit village de l'Aisne est principalement connu pour son donjon haut de 28 mètres construit au Moyen Age, en 1140, et seul vestige de la forteresse de l'époque. Au fil des siècles, la petite cité d'Ambleny s'est développée et s'est notamment illustrée à la fin du XIXe siècle par la fabrication de fleurs artificielles, une industrie prospère et très à la mode à l'époque. En effet, la commune comptait alors une fabrique de peignes et de brosses, ainsi qu'une fabrique de fleurs artificielles. Cela a duré jusqu'à l'entre-deux-guerres. Aujourd'hui, l'architecture de la commune se distingue par ses maisons à pignons à échelons, typiques du département.

LE GRENADIN €€

19, route de Fère-en-Tardenois
✆ 03 23 73 20 57
www.restaurant-grenadin.com
Ouvert du mardi au dimanche le midi ; le mardi, le vendredi et le samedi le soir. Formule du midi : 22 €.

Avec plus de 30 ans d'existence, cette table réputée située non loin du centre-ville offre le choix entre une belle salle au charme rustique et une autre au décor sobre et lumineux. On y apprécie la cuisine gastronomique, élaborée à partir de produits frais et de saison. Le chef propose de jolis classiques de la gastronomie française, ainsi qu'un choix varié de plats à base de poisson, la spécialité du Grenadin. A chaque mois son menu et ses produits ! La porte sur le jardin s'ouvre l'été et donne sur une terrasse bien agréable.

PARC CANOPÉE

✆ 06 10 47 53 02
Mai et juin : le week-end ; juillet, août et septembre : tous les jours. Enfant 12 €, ado 15 €, adulte 20 €.

Dans le parc d'Ambleny, ce parc d'accrobranche assure le plein d'émotions pour les petits et les grands ! Accompagnés par l'équipe du lieu, dynamique et toujours souriante, vous vous adonnerez aux joies des parcours dans les arbres, à travers 13 pistes situées entre 2 et 20 m de hauteur. Passerelles, pont népalais, rondins volants, tyroliennes... Sensations fortes garanties ! Tout ici est réuni pour ravir les passionnés de nature et de dépense physique ! Des parcours avec cabanes et une piste de luge d'été sont proposés pour les plus petits à partir de 3 ans.

DE LAON AU CHEMIN DES DAMES

- **Total :** 77,6 km
- **Durée :** entre 4 h et 8 h (10 à 20 km/h)
- **Difficulté :** neuf côtes, assez vallonné

LIEUX	Km partiel	Km cumul	Routes
CATHÉDRALE DE LAON	0	0	Rue de Cloître, rue Pourrier, place des Frères-Le-Nain, rue Enguerrand-Quarton, Porte d'Ardon, D54
ARDON	3	3	D967
BRUYÈRE-ET-MONTBÉRAULT	4	7	D967
MONTBÉRAULT	1,8	8,8	D967
MONTHÉNAULT	3	11,8	D967
CHAMOUILLE	1,8	13,6	D19
NEUVILLE-SUR-AILETTE	6,5	20,1	D19
CHERMIZY-AILLES	6	26,1	D19, D886
ABBAYE DE VAUCLAIR	3	29,1	D886
FERME D'HURTEBISE	4	33,1	D895, D18
CRAONNE	2	35,1	D18
CRAONNELLE	4,5	39,6	D18, D895
FERME D'HURTEBISE	4	43,1	D18
CERNY-EN-LAONNOIS	1	47,1	D18
LE PANTHÉON	7	48,1	D15
PARGNY-FILAIN	4,5	52,6	D15
BASSIN DE MONAMPTEUIL	1,2	53,8	D15, CV
CHAVIGNON	3	56,8	D653
LES BRUYÈRES	2	58,8	D653, D15, D5
CHAILLEVOIS	1,5	60,3	CV
MERLIEUX-ET-FOUQUEROLLES	4,5	64,8	D510, D654
MONTBAVIN	3	66,8	D654
ROYAUCOURT	1,3	68,1	D652
BOURGUIGNON	0,6	68,7	D652
MONS-EN-LAONNOIS	1,7	70,4	D652, D5
CATHÉDRALE DE LAON	7,2	77,6	Porte de Soissons, rue Saint-Martin, rue Thibesard, rue du Bourg, rue Châtelaine,place du Marché, place Gautier-de-Mortagne

LA FERE
SAINT-QUENTIN
Laon
A 26
D 7
D 977
N 44
D 181
Cessières
Suzy
Clacy-et
Thierret
Mons-
en-Laonnois
D 967
N 2
Montaigu
REIMS
Bruyères-
et-Montbérault
Festieux
Merlieux-
et-Fouquerolles
Royaucourt
Anizy-
le-Château
Nouvion-
le-Vineux
D 5
Chaillevois
Canal de l'Oise à l'Aisne
Arrancy
Aizelles
Pinon
Pancy-
Courtecon
D 18
Chavignon
Chevregny
Bassin de
Monampteuil
Neuville-
sur-Ailette
Chermizy-Ailles
D 15
Corbeny
1 KM
Trucy
Pargny-Filain
Ailette
Parc Nautique
de l'Ailette
Forêt
de Vauclair
SOISSONS
Autoroute
Route principale
Route secondaire
Circuit vélo
Départ
D 895
Craonne
Braye-
en-Laonnois
Cerby-
en-Laonnois
Craonnelle
Oulches-
la-Vallée-Foulon
PARCOURS
GPX

LAON ★★

Patrimoine architectural et naturel inestimable. Visible à plusieurs kilomètres à la ronde, la cité altière de Laon défie bois, plaines et forêts qui l'entourent. Campée sur une butte à une centaine de mètres d'altitude, « Belle île en terre », ainsi fut-elle longtemps surnommée, a de quoi fasciner. Sur le plateau, les 7 kilomètres de remparts semblent vouloir garder jalousement les merveilles de son passé. On peut y admirer pas moins de quatre-vingt-quatre monuments historiques dont une cathédrale magnifique. La promenade intra-muros, d'une richesse architecturale et artistique remarquable, touchera même les plus insensibles aux vieilles pierres.

MUSÉE D'ART ET D'ARCHÉOLOGIE

32, rue Georges-Ermant ✆ 03 23 22 87 00

www.ca-paysdelaon.fr

Ouvert toute l'année sauf les jours fériés. Horaires variables en fonction de la saison. Gratuit jusqu'à 16 ans.

C'est le fameux gisant-transi de Guillaume de Harcigny du XIVe siècle qui ouvre les collections du musée avant de poursuivre avec les civilisations méditerranéennes, l'archéologie régionale et des salles consacrées aux Beaux-Arts. Vous trouverez ici l'une des premières collections de vases, figurines et sculptures grecques. La Préhistoire, l'époque gallo-romaine et le Moyen Age sont passés au peigne fin sans oublier les peintures et objets d'art décoratif du XVe au XIXe siècle.

CATHÉDRALE NOTRE-DAME DE LAON ★★

Place du Parvis Gautier de Mortagne

✆ 03 23 20 28 62

www.tourisme-paysdelaon.com

Ouverte de 8h30 à 19h. Accès gratuit à l'intérieur de l'édifice. Visite payante des hauteurs : tarif office de tourisme.

Joyau du gothique primitif (1155-1235), avec ses cinq tours historiées et un riche intérieur - orgues, vitraux, la cathédrale Notre-Dame se caractérise par sa grande luminosité due en partie à la pierre blanche calcaire caractéristique des environs, mais également aux grandes ouvertures qui jalonnent la nef. Le visiteur sera touché par la grâce de la ville haute. Pour découvrir la cathédrale à votre rythme, elle se visite avec un audioguide qu'on loue à l'office de tourisme voisin.

PORTE D'ARDON

Promenade de la Couloire

✆ 03 23 20 28 62

Accès libre toute l'année. Gratuit.

L'histoire veut que Roland, le neveu de Charlemagne, emprunta cette porte en cachette pour quitter la ville de Laon en 778 avant de rallier Roncevaux où il mourra. Le monument a été remanié plusieurs fois au cours des siècles, avant d'acquérir au XVIIIe siècle son apparence actuel. Avec ses deux tourelles, cette porte a l'allure d'un petit château. Elle s'appelait autrefois la porte de Royée, puisqu'elle ouvrait l'accès au premier palais royal édifié à proximité et aujourd'hui disparu. On la connaît actuellement sous son nom d'Ardon.

HÔTEL-DIEU ★

Place du Parvis Gautier-de-Mortagne

✆ 03 23 20 28 62

www.tourisme-paysdelaon.com

Ouvert toute l'année aux horaires de l'office de tourisme. Gratuit.

C'est le plus ancien hôtel-Dieu conservé du nord de la France. Son accès est gratuit et se fait par l'office de tourisme qu'il héberge en son rez-de-chaussée dans l'ancienne salle des malades. Profitez de votre passage à ce dernier pour admirer l'architecture de ce remarquable édifice. Sa construction date du XIIIe siècle, et malgré l'épreuve du temps, il a conservé toute sa superbe. Au sous-sol, en particulier, vous pourrez découvrir la belle salle gothique Bernard de Clairvaux. Ce bâtiment est inscrit à l'inventaire général du patrimoine culturel.

LA PORTE DE SOISSONS ET LA TOUR PENCHÉE ★

Rue Pierre Curie

✆ 03 23 20 28 62

Gratuit. Accessible toute l'année en visite libre.

Autre merveille dont la ville a le secret : la porte de Soissons a été construite au début du XIIIe siècle. Démolie à l'arrière en 1895, le visiteur peut découvrir l'architecture complète du monument, et notamment la magnifique salle voûtée à l'étage. Quelques mètres plus loin, l'équivalent picard (toute proportion gardée) de la tour de Pise : la tour Dame Eve. Elle a en effet déviée de son axe d'origine, ce qui lui confère aujourd'hui une originalité appréciée des touristes.

SECRETS SOUS LA VILLE

Office du tourisme de Laon

✆ 03 23 20 28 62

https://www.tourisme-paysdelaon.com

Ouvert toute l'année : 11h, 14h, 15h et 16h. Durée 1 h. Gratuit jusqu'à 6 ans. Audioguide adapté aux enfants.

Une visite familiale, immersive et excitante ! Vous plongerez dans les entrailles de la ville et remonterez le temps. Direction une quarantaine de millions d'années en arrière pour traverser les époques dans les dédales de la montagne couronnée. Les vidéos et effets sonores sont à couper le souffle tandis que l'histoire se décline sur des panneaux descriptifs et au travers de films. Une heure pour passer de l'aube des origines aux soubresauts de la grande Histoire. Attention, certaines images projetées peuvent heurter la sensibilité du jeune public.

LES SOUTERRAINS « PERCHÉS » DE LA CITADELLE ★

Départ de l'Office de tourisme, place du Parvis-Gautier-de-Mortagne. ✆ 03 23 20 28 62

www.reservation-paysdelaon.com

Visites tous les jours à 11h, 14h, 15h et 16h. Billets à l'office de tourisme. Adulte 8 €. Enfant 4 €. Visite guidée.

Creusés dans un plateau calcaire de 70 hectares, les souterrains de Laon forment un véritable labyrinthe. Vous pourrez les découvrir grâce au tout nouveau « circuit des souterrains ». Modernisé, celui-ci est plus immersif que l'ancien grâce à des vidéos et divers effets sonores. En même temps, cette visite est plus ludique grâce aux panneaux didactiques et au film de clôture. Vous sera ainsi retracée, avec l'aide d'un audioguide, toute l'histoire de Laon depuis la nuit des temps.

OFFICE DE TOURISME DU PAYS DE LAON

Place du Parvis-Gautier-de-Mortagne

✆ 03 23 20 28 62

www.tourisme-paysdelaon.com

Horaires variables en fonction des saisons. Brochures, renseignements, audioguides, visites guidées.

L'Office de Tourisme du Pays de Laon vous accueille pour découvrir tous les secrets et trésors de la ville et de son territoire grâce aux applications numériques et aux nombreuses visites guidées. Profitez de votre passage pour admirer l'intérieur de l'Hôtel-Dieu, le plus ancien conservé dans le nord de la France. Sa construction remonte au milieu du XIIIe siècle. Au rez-de-chaussée, vous trouverez un plan en relief du XIXe siècle et une « mine » de renseignements !

CIRCUITS DÉCOUVERTE DE LAON

Place du parvis Gautier de Mortagne

✆ 03 23 20 28 62

www.tourisme-paysdelaon.com

Horaires d'ouverture de l'office de tourisme. A faire en liberté avec livret (1 € ou 2 €). Achat en ligne possible.

Ces circuits vous permettent de découvrir Laon sous différents aspects. « Les Visages du pouvoir » vous proposent de remonter le temps et de vous retrouver au cœur de la Montagne Couronnée, puissante cité du XIIe siècle au fil de 18 panneaux d'interprétation. « Par monts et merveilles » mène vos pas autour du Chemin des Dames et de Laon. Un carnet de route avec des propositions d'itinéraires routiers et de belles balades pédestres qui vous feront découvrir le riche passé du Laonnois !

GÎTES DU CHÂTEAU €€

3, rue des Vendangeoirs - **BOURGUIGNON-SOUS-MONTBAVIN** ✆ 06 80 95 64 71

www.gitesduchateau.com/

Ouvert toute l'année. Pour 7 personnes (215 m², 6 chambres). De 420 € à 720 € la semaine selon saison.

Bienvenue chez Nicole et Joël ! Le Vendangeoir et La Fontaine, leurs deux grandes maisons bourgeoises mitoyennes transformées en gîtes n'attendent que vous ! En vacances, avec toute votre tribu, le plaisir est assuré. Avec une grande terrasse et une piscine extérieure, accessible du 1er mai au 30 septembre, vous découvrirez un agréable et vaste espace de vie, au sein d'un parc de de près d'un hectare. Pour les plus citadins, pas d'inquiétude, le centre-ville de Laon n'est qu'à 6 km. A signaler, les deux gîtes peuvent être évidemment loués indépendamment.

HOTEL DE LA BANNIÈRE DE FRANCE*** €€

11, Rue Franklin Roosevelt

✆ 03 23 23 21 44

www.hoteldelabannieredefrance.com

Accueil 24h/24. 18 chambres. Chambre double à partir de 86 €.

Particulièrement bien situé au cœur de la cité médiévale, cet ancien relais de poste du XVIIe siècle s'est modernisé et dispose aujourd'hui de chambres élégantes et confortables, dans un décor plutôt contemporain. Le restaurant, uniquement ouvert le soir, a gardé un style plus bourgeois et feutré pour coller à une belle cuisine traditionnelle. Celle-ci est réalisée en fonction des saisons tout en alliant des produits locaux et frais à la cuisine française, de l'entrée jusqu'au dessert.

MAISON SÉRAPHINE €€

17, rue Saint-Martin
✆ 06 09 23 09 06
www.maisonseraphine.com

Séjour à partir de 2 nuits. 5 chambres. Toute la maison à 690 €/nuit (frais de ménage en sus). Petit déjeuner inclus.

Cette charmante maison du XIXe siècle peut accueillir jusqu'à une quinzaine de personnes pour un séjour hors du temps ! Elle est située à seulement 1h30 de Paris, dans le village de Laon. Que ce soit pour se poser en famille ou pour un photo shoot de marque, cette ancienne auberge est le décor rêvé. En effet, ses 320 m² sont décorés de couleurs pastel, ce qui lui donne cette ambiance féérique. Tous les objets et meubles sont placés savamment par les hôtes, Claire et Pierre (qui offrent aussi des formations de décoration d'intérieur).

L'AGORA €

8, place du Marché aux Herbes
✆ 03 23 20 29 21
www.creperieagora.fr

Ouvert midi et soir (fermé le mercredi en basse saison). Plat du jour 10,90 €.

Un endroit comme on les aime ! L'Agora est un lieu de rencontre incontournable des Laonnois depuis plus de 38 ans. Installez-vous en salle ou préférez la terrasse pour manger ou juste boire un verre en profitant de la vue sur la cathédrale. Cette crêperie vous fera chavirer par ses compositions salées ou sucrées, mais pas que : l'établissement propose également une carte brasserie aux plats copieux et savoureux. Salade rustique, tarte au maroilles, jambon braisé et sa sauce chasseur, sans oublier de généreuses crêpes. Service souriant compris dans le prix !

L'ESTAMINET SAINT-JEAN €

23, rue Saint-Jean
✆ 03 23 23 04 89
www.estaminetsaintjean.com

Mercredi et dimanche midi, ouvert midi et soir toute la semaine, fermé le lundi. Plat du jour 8,50 € (9,50 € samedi).

C'est avec un large sourire que le chef Matthieu, digne représentant du département du Nord, vous accueille dans son estaminet. Les lieux sont à l'avenant : simples, clairs, boisés, chaleureux. Sur le mur, l'ardoise vous invite à choisir entre différents plats, tous plus alléchants les uns que les autres. A peine installé, on imagine déjà la flamiche, le poulet ou la goyère au maroilles. On sert en effet ici une cuisine savoureuse, faite maison, avec des légumes bio de saison, frais, locaux, et surtout avec zéro déchet. Une éthique au service du plaisir.

LA CHÈVRERIE DE BRUYÈRES

Fort de Bruyères - **BRUYÈRES-ET-MONTBÉRAULT**
✆ 06 22 08 61 80
www.lachevreriedebruyeres.fr

De mars à octobre : pendant les vacances, visite guidée tlj sauf le lundi. Hors vacances, les samedis et dimanches.

D'emblée, ce qui frappe, c'est l'écrin dans lequel se situe la chèvrerie pédagogique : un fort datant de 1878. Passé le porche et après avoir franchi des passages voûtés, la chèvrerie, toute de bois vêtue, vous attend. Béatrice vous accueille pour une visite en deux volets. Le premier, théorique : biologie, élevage, fabrication des fromages, le second, pratique : brossage, biberons des chevreaux (février et mars), foin pour les adultes, traite. A noter : les chevreaux mâles ne finissent pas à l'abattoir mais en éco-pâturage. Aucun doute, ici on aime les chèvres !

CONFISERIE AMANDINE

27, rue Châtelaine
✆ 03 23 79 08 32

Ouvert du lundi au samedi de 9h30 à 13h et de 14h30 à 19h ; le dimanche de 14h à 19h. Commande en ligne possible.

Tout le monde se presse à la Confiserie Amandine pour découvrir la spécialité locale ! Les pavés de Laon, ces chocolats pralinés fondants entourés de meringue sont un délice à déguster. Karine Cerf vous accueille avec le sourire dans sa boutique depuis 1978 et vous propose de nombreuses autres diableries, comme les pavés au goût caramel, parfumés à l'orange et au cognac, les biscuits rose de Reims... De la confiserie, des dragées, des produits locaux qui raviront les touristes de passage ! Faites-vous plaisir et régalez vos amis avec les paniers cadeaux.

MARCHE DES PRODUITS DU TERROIR

Cloître de l'abbaye Saint-Martin
✆ 03 23 20 28 62

Chaque troisième vendredi du mois, de 15h à 19h au cloître de l'Abbaye Saint-Martin.

Un cadre exceptionnel et de bons produits régionaux cultivés avec passion : que demander de plus ? Chaque troisième vendredi du mois, le marché des produits du terroir invite les amoureux de la gastronomie à un moment agréable, au sein de l'exceptionnel cloître en pierres de l'abbaye Saint-Martin. Vous pourrez y remplir vos paniers de divers produits du terroir : légumes, miels, pâtés... Idéal pour les adeptes de la gourmandise et de l'esprit locavore.

BOUCONVILLE-VAUCLAIR

Au nord-ouest de Craonne, Bouconville-Vauclair est une commune rurale située sur site vallonné et entouré par la forêt de Vauclair. Reconstruit depuis, le village fut totalement détruit durant la Première Guerre mondiale. Vous pourrez y visiter les ruines de l'abbaye de Vauclair, ancienne abbaye de moines cisterciens, qui se trouvent au sud du village. La guerre est ce qui a conduit à sa destruction, l'abbaye se trouvant non loin du tristement célèbre Chemin des Dames. La commune compte également dans son patrimoine l'église Saint-Crépin et Saint-Crépinien, la ferme d'Hurtebise et un réseau de tranchées qui est classé aux Monuments historiques.

CRAONNELLE

Craonnelle se trouve au sud-ouest de Craonne, sur la D18 qui fait également partie du Chemin des Dames. Entre les deux, la nécropole nationale de Craonnelle, créée en 1920, abrite près de 4 000 dépouilles de soldats tombés lors des combats du Chemin des Dames, ainsi que plusieurs tombes de combattants belges et du Commonwealth. A l'ouest du village, en atteignant le plateau, on trouve le Monument des Basques, ou mémorial de la 36e division d'infanterie, érigé en 1928. L'église Sainte-Benoîte, datant de 1932, constitue le dernier point d'intérêt de cette petite commune.

L'ABBAYE DE VAUCLAIR ✝ ★

Étang des Moines

Accès libre.

Cette abbaye cistercienne du XIIe siècle fut régulièrement rongée par les guerres, mais ses vestiges restent impressionnants, comme le silence des lieux ! Aujourd'hui en ruines, on peut tout de même parcourir la salle capitulaire, le réfectoire, des pans de forteresse et d'église, mais les fouilles ne sont pas achevées. Son jardin de plantes médicinales, qui marque l'emplacement de l'ancienne infirmerie monastique, permet de découvrir plus de 200 espèces de plantes aux vertus bienfaisantes. A découvrir également le verger conservatoire de variétés fruitières.

MONUMENT DES BASQUES ★

D18

https://www.chemindesdames.fr/

Accès libre 24h/24. Gratuit.

Érigé en 1928 en mémoire des soldats du Sud-Ouest qui composaient la 36e Division d'Infanterie, le Monument des Basques, ouvrage du sculpteur Claude Grange, est à voir car il est très original ! En effet, l'identité basque de ces combattants venus des communes de Mont-de-Marsan, Pau, Bayonne et Targes est soulignée par un paysan portant béret et costume traditionnel. L'homme tourne alors le dos au champ de bataille, en direction du pays natal. Une représentation étonnante qui va à l'encontre de l'« héroïsation » militaire d'alors.

LA FORÊT DE VAUCLAIR

✆ 03 23 27 76 76

La forêt domaniale de Vauclair, gérée par l'Office National des Forêts, regroupe sur plus de 1 000 hectares de nombreuses espèces de feuillus : des chênes (dont l'un d'entre eux été planté à l'époque de Louis XIV !), des hêtres, des frênes ainsi que des résineux tels le pin noir, le pin sylvestre, l'épicéa... De nombreux chemins de randonnées invitent à découvrir la richesse de cette forêt, qui se parcourt aussi en visites guidées avec l'Office national des forêts le dimanche. Un incontournable pendant votre découverte de la région.

NÉCROPOLE NATIONALE DE CRAONNELLE

RD 18

www.chemindesdames.fr

Accès libre et gratuit, du lever au coucher du soleil.

La nécropole nationale de Craonnelle a été créée en 1920, alors qu'un cimetière avait déjà été aménagé ici durant la guerre. Elle rassemble 3 934 corps : tous sont des combattants tombés lors des batailles du Chemin des Dames, entre 1914 et 1918. 24 soldats britanniques, dont 7 identifiés, et 2 soldats belges sont parmi ceux qui reposent en ce lieu. A noter, dans le cimetière communal voisin, le monument funéraire de la famille Descubes Saint-Désir, édifié sous forme de temple grec.

CERNY-EN-LAONNOIS

De nombreux monuments dédiés à la mémoire des soldats tombés pendant la Première Guerre mondiale sont à découvrir à Cerny-en-Laonnois. La chapelle tout d'abord, à l'intérieur de laquelle on trouve de nombreuses plaques commémoratives. En face, la lanterne des morts, qui fait briller une flamme symbolisant le sacrifice de ceux tombés sur les champs de bataille. De l'autre coté de la route se trouve la nécropole nationale de Cerny-en-Laonnois dans laquelle reposent plus de 5 150 combattants français et 54 combattants russes. Une nécropole allemande qui abrite 5 125 dépouilles jouxte la nécropole nationale.

CHAPELLE - MÉMORIAL DU CHEMIN DES DAMES ✝ ★

D18 CD

www.chemindesdames.fr

Ouvert toute l'année. Accès gratuit.

De nombreux monuments dédiés à la mémoire des soldats tombés pendant la Première Guerre mondiale sont à découvrir à Cerny-en-Laonnois. La chapelle tout d'abord, à l'intérieur de laquelle on trouve de nombreuses plaques commémoratives. En face, la lanterne des morts, qui fait briller une flamme symbolisant le sacrifice de ceux tombés sur les champs de bataille. De l'autre coté de la route se trouve la nécropole nationale dans laquelle reposent plus de 5 000 combattants français.

LE POILU €

7, Grande-Rue ✆ 06 45 47 05 11

www.lepoilu-restaurant.com

Ouvert le mercredi de 10h à 21h ; du jeudi au dimanche de 10h à 23h. Carte : 25 € environ (poutine à partir de 9,50 €).

Installé au cœur de Cerny-en-Laonnois, Le Poilou est un bar-restaurant sans prétention qui est néanmoins assez connu par les habitants des environs. L'établissement est également très fréquenté par les touristes de passage sur le Chemin des Dames, notamment par les motards. Au menu de cette charmante petite brasserie quelques plats qui tiennent au corps : de la poutine, des hamburgers maison, de la marmiflette, de l'andouillette 5A, des entrecôtes accompagnées de leur sauce au maroilles maison… Un régal pour les papilles dans une ambiance toujours conviviale.

PARGNY-FILAIN

A Pargny-Filain dans l'Aisne, vous pourrez découvrir l'église Saint-Pierre ainsi que le canal de l'Oise à l'Aisne. La commune a été un des lieux importants lors de la bataille de l'Ailette qui eut lieu en juin 1940 et s'acheva avec la prise de Soissons par les troupes allemandes. Pendant votre visite, passez à la Royère, un point de vue situé sur les hauteurs de Pargny-Filain, qui offre un panorama imprenable sur la région environnante, notamment sur la vallée de l'Aisne et les forêts environnantes. Un endroit incontournable pour les randonnées et les activités de plein air. Un sentier de randonnée mène à la Royère depuis le centre de la commune.

LE PANORAMA DE LA ROYERE

Au croisement entre la D18 et la D152, vous bénéficierez sur le site dit de « La Royère » d'un panorama unique sur la vallée de l'Ailette, Pargny-Filain et le bois de la Bove. Outre cette vue exceptionnelle, vous y trouverez également cinq panneaux, qui vous renseigneront sur les combats qui eurent lieu dans les environs, ainsi qu'un fossé en béton, évoquant les tranchées dans lesquelles les poilus se déplaçaient durant la Première Guerre mondiale. Une agréable halte à faire pendant votre visite de la région et votre passage à Pargny-Filain !

MA BELLE PROVENCE €€

2, route Du Lac

✆ 03 23 22 75 97

www.restaurant-aisne-gastronomique.com

Ouvert du mardi midi au dimanche soir de 11h30 à 15h et de 18h30 à minuit.

Un des plus belles étapes gourmandes du secteur ! Ma Belle Provence est une déclaration d'amour à la cuisine du sud de la France… Cependant, pas de sectarisme à la carte, et si l'on y trouve bien quelques compositions qui sentent le soleil (salade de chèvre de Provence, marmite de queues d'écrevisses à la provençale, etc.), on y goûte tout autant un pavé de brie chaud pané ou encore un véritable ris de veau périgourdin. Le restaurant prépare également ses foies gras et ses saumons fumés maison, qu'il est possible de commander 72 heures à l'avance.

AUTOUR DE CHÂTEAU-THIERRY

- **Total :** 75,3 km
- **Durée :** entre 3h45 et 7h30 (10 à 20 km/h)
- **Difficulté :** cinq côtes, moyennement vallonné.

LIEUX	Km partiel	Km cumul	Routes
CHÂTEAU-THIERRY	0	0	D3
BRASLES	2	2	D3
GLAND	3	5	D3
MONT-SAINT-PÈRE	4	9	D3, D4
MÉZY-MOULINS	1,4	10,4	D4
CRÉZANCY	2,5	12,9	D4
SAINT-EUGÈNE	3,5	16,4	D851
MONTHUREL	1,4	17,8	D85
CELLES-LES-CONDÉ	2	19,8	D20, D4
CONDÉ-EN-BRIE	1,6	21,4	D20, D86
COURBOIN	6	27,4	D86
VIFFORT	5,5	32,9	D86
ESSISES	3	35,9	D863
LA VILLE-CHAMBLON	2,5	38,4	D861
MONT-CEL-ANGER	4	42,4	D861, D15
VIELS-MAISONS	2,5	44,9	D16
LA FÉROTTERIE	5,5	50,4	D16, D11
NOGENT-L'ARTAUD	4,5	54,9	D86
PAVANT	3	57,9	D82
CHARLY-SUR-MARNE	2,5	60,4	D969
AZY-SUR-MARNE	8,5	69,3	D969
ESSÔMES-SUR-MARNE	3,5	72,8	D969
CHÂTEAU-THIERRY	2,5	75,3	CV

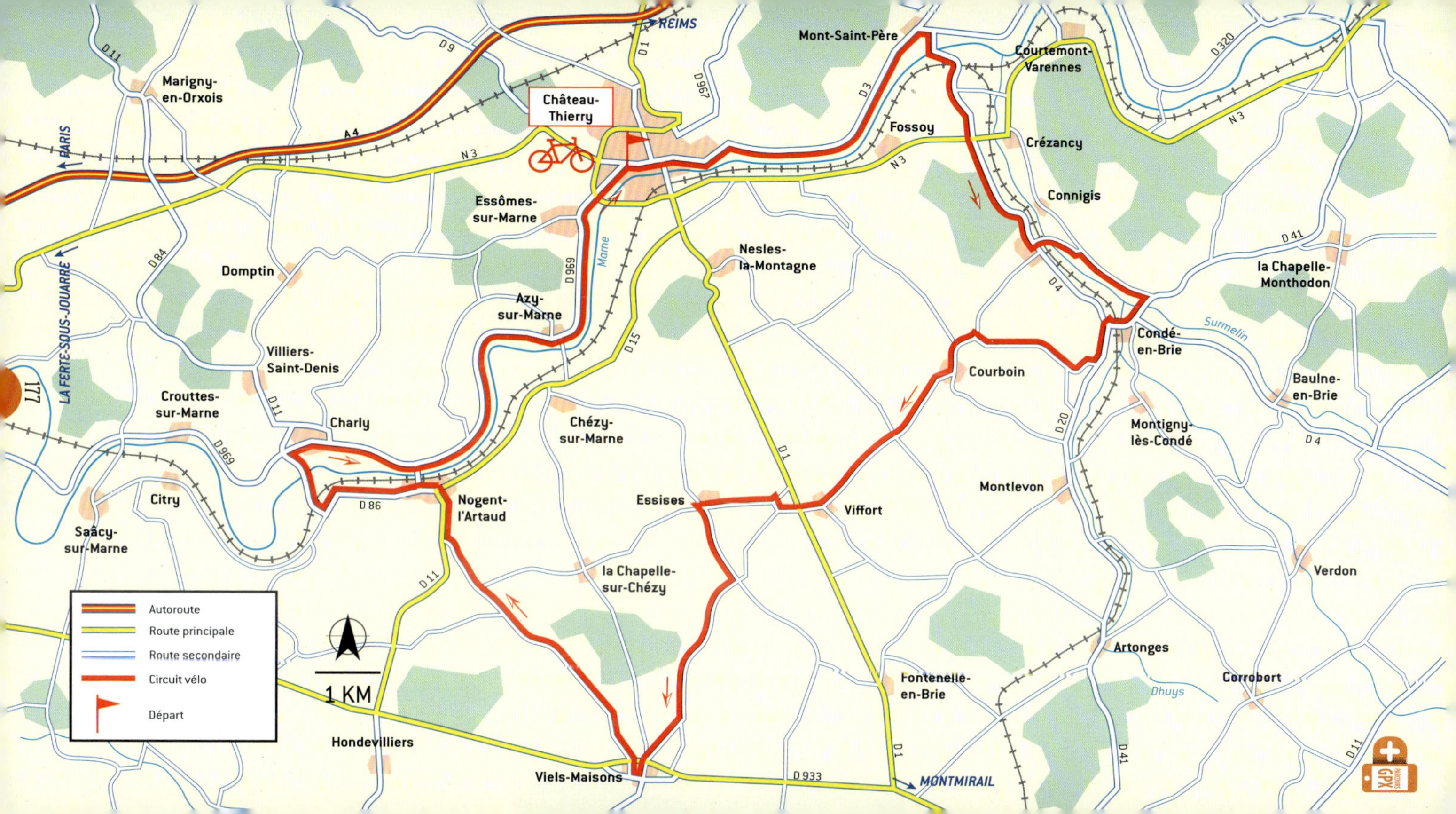

Château-Thierry
REIMS
PARIS
LA FERTE-SOUS-JOUARRE
MONTMIRAIL
Marigny-en-Orxois
Mont-Saint-Père
Courtemont-Varennes
Fossoy
Crézancy
Connigis
Essômes-sur-Marne
Nesles-la-Montagne
Domptin
Azy-sur-Marne
la Chapelle-Monthodon
Condé-en-Brie
Surmelin
Villiers-Saint-Denis
Crouttes-sur-Marne
Charly
Courboin
Baulne-en-Brie
Chézy-sur-Marne
Montigny-lès-Condé
Citry
Nogent-l'Artaud
Essises
Viffort
Montlevon
Saâcy-sur-Marne
la Chapelle-sur-Chézy
Verdon
Artonges
Corrobert
Dhuys
Fontenelle-en-Brie
Hondevilliers
Viels-Maisons
Marne
A 4
N 3
D 1
D 3
D 4
D 9
D 11
D 15
D 20
D 41
D 84
D 86
D 320
D 933
D 967
D 969
1 KM
Autoroute
Route principale
Route secondaire
Circuit vélo
Départ
PARCOURS GPX

CHÂTEAU-THIERRY ★

Cette région du sud de l'Aisne décline les plaisirs sur une large palette, des productions de champagne de la vallée de la Marne aux plateaux du Tardenois, des souvenirs de Paul Claudel ou La Fontaine aux châteaux de Condé-en-Brie ou de Fère-en-Tardenois. Le château de l'intitulé deviendra un lieu de résidence des comtes de l'Aisne au Moyen Age. La ville fut considérée pour son intérêt militaire avant de devenir un enjeu pour les seigneurs. Entre les batailles et les aléas de l'histoire, la ville continue son expansion. Après les épreuves des guerres, la cité millénaire doit son revirement à l'implantation d'industries agroalimentaires, du champagne…

CHÂTEAU DES PRINCES DE CONDÉ, BOURBON & SAVOIE ★

4, rue du Château
CONDÉ-EN-BRIE
✆ 03 23 82 42 25
www.chateaudeconde.fr
Ouvert d'avril à novembre. 12 € et 8 €.

En parcourant les pièces somptueuses du château de Condé, vous pénétrerez du même coup dans la grande Histoire qui vit naître, avec la personne de Louis Ier de Bourbon (1530-1569), la Maison des princes de Condé, de sang royal mais d'âme huguenote. Les visites sont adaptées à tous les publics et restent ludiques. La visite s'achève par une chasse au trésor dans le parc. En 2022, deux nouveautés avec un grand spectacle sur la chevalerie, et les 400 ans de Jean de La Fontaine.

ABBATIALE SAINT-FERREOL ★

Place Saint-Ferréol
ESSÔMES-SUR-MARNE
✆ 06 08 68 69 52
www.abbatiale.org
Entrée libre.

Édifiée dans la première moitié du XIIIe siècle, dans le pur style gothique, l'église mérite le détour. Le chœur et le transept s'élèvent majestueusement sur trois niveaux. Un point remarquable : les 38 stalles en chêne pourvues de dorsaux sculptés dans le style Renaissance, des sujets symboliques y sont représentés avec des scènes de vie profane. Les imposantes corbeilles des piliers de la nef et du transept, et les tombeaux de deux abbés sont autant de points sur lesquels s'attarder. A noter : le splendide tableau intitulé *La Colère de Noé*.

CIMETIÈRE AMÉRICAIN AISNE-MARNE BELLEAU ★

Bois Belleau - **BELLEAU**
✆ 03 23 70 70 90
Fermé les 25 décembre et 1er janvier. 7j/7 9h-17h. Visite guidée (gratuite, pour les groupes et sur rendez-vous).

Entre le 1er et le 26 juin 1918, le bois Belleau a été le théâtre d'une des plus terribles batailles de la Première Guerre mondiale. Le sol du sous-bois porte encore les traces de cette bataille qui fut l'un des tous premiers engagements du corps expéditionnaire américain. Le nombre de soldats tués au bois Belleau avoisine les 8 000 victimes. La 2e Division américaine comportait une brigade entière de marines, d'où le surnom donné à ces lieux : « bois de la brigade de marine ».

LES AIGLES DE CHÂTEAU-THIERRY ★★

Cours Renan ✆ 03 23 71 16 17
www.aigles-chateau-thierry.com
Visite libre 2/3 €, représentations 6/9 € (15h et 17h), fauconnier d'un jour 15/25 €. Ouvert en fonction des saisons.

Avec 70 spécimens dans les airs, le spectacle donné sur l'esplanade du château médiéval donne le tournis. Voyage enchanteur au cœur d'un amphithéâtre naturel, les oiseaux frôlent le spectateur et les enfants adorent. Découvrez toute la puissance des rapaces en les approchant au plus près tout en profitant de nombreuses activités tel qu'un parcours de filets qui vous fait toucher la cime des arbres ! De la simple visite au spectacle, tout est possible ! Même devenir un fauconnier !

ÉGLISE DE LA NATIVITÉ DE LA SAINTE VIERGE

Rue de l'Église
BONNEIL
✆ 03 23 82 88 72
www.bonneil.fr
Accès gratuit. Horaires variables. Lieu de prière.

Implantée dans un des plus beaux sites de la vallée de la Marne, cette église classée Monument historique depuis plus de cent ans a probablement été bâtie au XIIe siècle. Pourtant, son architecture, qui se compose d'une nef, d'un transept et d'un chœur, évolue jusqu'au XVIe siècle. Le chœur, la croisée du transept, ainsi que le portail datent de la fin du XIIIe siècle. A l'intérieur, vous pourrez observer de nombreux objets, dont un fragment de vitrail du XVIe siècle.

MÉMORIAL AMÉRICAIN DE LA CÔTE 204 ★

Route du Monument

Ouvert toute l'année. Gratuit.

Surplombant la ville de Château-Thierry, ce monument commémore l'engagement des troupes américaines de la Première Guerre mondiale. À l'ouest de Château-Thierry, le monument offre une vue étendue sur la Vallée de la Marne et domine une terrasse paysagée. D'un côté, des statues symbolisant les États-Unis et la France unis par une longue amitié et de l'autre un aigle d'une dimension impressionnante. Sous cette sculpture est gravé : « le temps ne ternira pas la gloire de leurs exploits ».

LA ROUTE TOURISTIQUE DU CHAMPAGNE

✆ 03 23 83 51 14

5 circuits fléchés à découvrir toute l'année. Cartes disponibles dans les offices de tourisme et dans certains domaines.

Les routes touristiques du champagne, ce sont des circuits fléchés permettant de découvrir le paysage, entre vignobles champenois et coteaux. De la Côte des Bars, à la montagne de Reims en passant par la vallée de la Marne, ce sont plus de 90 km à parcourir au départ de Château-Thierry. L'idéal ? Suivre la rive gauche de la Marne et revenir par la rive droite pour découvrir des villages pittoresques, des caves de champagne et de nouveaux paysages à couper le souffle.

MUSÉE DU TRÉSOR DE L'HÔTEL DIEU ★

11, rue du Château ✆ 03 23 84 32 86

www.museehoteldieu.fr

Visite guidée à 10h et 14h30, mercredi au samedi en basse saison (dimanche en haute saison). Gratuit -18 ans, 8 €/pers.

Fondé au Moyen Âge par la reine Jeanne de Navarre, le site de l'Hôtel-Dieu est devenu un musée exceptionnel. Sur 1 500 m², découvrez plus de 1 300 œuvres d'art : orfèvrerie, peintures, sculptures, estampes, faïences, mobilier, objets ethnologiques... 18 salles d'exposition passionnantes à parcourir pour découvrir tous les siècles de notre histoire depuis le Moyen Âge ! Avec pas moins de douze pièces classées aux monuments historiques, c'est une visite guidée à ne pas manquer !

VESTIGES DU CHÂTEAU MÉDIÉVAL ★

Cours Renan ✆ 03 23 83 51 14

www.chateau-thierry.fr

Entrée libre 7j/7 dès 9h. Fermeture à 17h d'octobre à février, à 19h de mars à mai et à 20h de juin à septembre.

Implanté au cœur de la cité, le Chasteau de Thierry est un des fleurons de l'architecture défensive médiévale. Plus de mille ans que cet impressionnant édifice domine la vallée. Il possède les plus grandes cuisines médiévales d'Europe, à visiter en 3D grâce à une application de réalité augmentée. Le parc arboré de 2 hectares est ouvert toute l'année et propose une grande variété de roses. Le Casteloscope vous embarque pour explorer l'histoire remarquable du lieu : à ne pas rater !

MUSÉE JEAN DE LA FONTAINE ★

12, rue Jean-de-la-Fontaine

✆ 03 23 69 05 60

www.museejeandelafontaine.fr

Tarifs 5 € et 3 €.

La maison natale de l'écrivain, construite en 1559 (qu'il vendit à 53 ans pour monter à Paris), abrite le musée qui lui est consacré. C'est en 1876 que la maison se transforma en musée à la gloire du fabuliste, grâce à la Société Historique et Archéologique de la ville de Château-Thierry. Le cabinet de travail de La Fontaine peut y être observé, au premier étage. Les heureux visiteurs redécouvrent enfin toutes les fables grâce à d'innombrables supports : dessins, gravures, peintures...

MAISON DU TOURISME LES PORTES DE LA CHAMPAGNE

2, place des Etats-Unis

✆ 03 23 83 51 14

www.lesportesdelachampagne.com

Ouvert toute l'année en fonction des saisons. Informations, boutique, visites guidées.

La Maison du Tourisme Les Portes de la Champagne est un lieu lumineux et accueillant. Propice à la découverte du territoire, vous y appréhenderez l'identité de ses villes, villages et paysages : lieux de mémoire, espaces boisés, patrimoine médiéval, l'art et bien sûr le champagne axonais ! Avec une cinquantaine de visites guidées, un espace scénographié et un accueil authentique et bienveillant, les portes de la Champagne n'auront plus aucun secret pour vous en y passant !

NOS BALADES

FERME D'ISSONGES €€

Rue d'Issonges - **MARIGNY-EN-ORXOIS**
✆ 03 23 70 81 63
www.maisondhotes-champagne.com
Séjour gourmand (table d'hôtes, nuitée et petit déjeuner) entre 122 et 180 €.

Cette ancienne ferme située à l'écart du village propose quatre chambres très spacieuses et au style authentique, ainsi qu'une salle avec télévision. Un salon de massage et un espace détente (spa) sont également à votre disposition : de quoi se détendre si besoin est ! Le cadre est chaleureux et convivial. On apprécie la formule « Séjour Gourmand » qui permet de profiter de l'excellente table d'hôtes. Ici, les plats sont gourmands, cuisinés avec des produits locaux. Aux environs, vous trouverez le musée Jean de la Fontaine, l'hôtel-Dieu et la vallée de la Champagne.

LE JARDIN DES FABLES €€

10, rue du Château
✆ 03 23 83 17 63
www.chambres-hotes-chateau-thierry.com
4 chambres. Chambre double à partir de 90 € ; suite à partir de 150 €. Petit déjeuner inclus.

Au centre de Château-Thierry, appréciez le charme de cette maison d'hôtes du XVIe siècle. Ici vivait la petite-fille de Jean de la Fontaine. Chaque chambre a sa décoration propre et parfois étonnante, leurs noms en témoignent : Polonaise, Florentine, Marocaine. Le cadre est chaleureux, et l'on aime prendre du temps en ces lieux avant de profiter du musée Jean de la Fontaine. Le salon et le bureau bibliothèque à votre disposition seront d'agréables refuges pour les longues soirées d'hiver. Le jardin fleuri sera le partenaire idéal de vos séjours farniente, l'été.

BEST WESTERN HÔTEL ILE DE FRANCE**** €€€

60, rue Léon-Lhermitte ✆ 03 23 69 10 12
www.hotel-iledefrance.com
Accueil 24h/24, restaurant ouvert le soir. Piscine, hammam, bain bouillonnant, sauna, salle de sport, massages.

Avec un beau panorama sur la vallée de la Marne, les chambres modernes et élégantes de cet hôtel vous charmeront. N'hésitez pas à arriver dès 15h pour profiter pleinement de tous les atouts de cet hôtel : les enfants seront ravis de plonger dans la piscine que vous pourrez surveiller depuis le bain bouillonnant. Sauna, hammam, salle de remise en forme et massages sont également proposés ! Le restaurant (sur réservation) dispose d'une carte variée, traditionnelle ou végane.

BRASSERIE LE SAINT-JEAN €

5, place Jean-de-La-Fontaine
✆ 03 23 83 00 52
Brasserie ouverte tous les jours de 10h à 22h30. Menu enfant à 7,90 €, plat du jour à 11 €, menus de 14,90 à 16,90 €.

Les amateurs de brasseries parisiennes seront ravis de retrouver un cadre convivial connu. L'ambiance est chaleureuse et les gourmands seront heureux d'apprendre qu'ici les chips et les frites sont fraîches et servies sur planches. Les gourmets, eux, se délecteront des traditions culinaires françaises (os à moelle, andouillette ou poisson). Vous pourrez déguster tout cela face à la Marne, depuis la salle, la véranda ou la terrasse. Bref, du goût, des ingrédients frais, des recettes fidèlement réalisées et un cadre idyllique, spacieux et clair : que du plaisir !

LE MANOIR €

21, route Nationale
ROMENY-SUR-MARNE
✆ 03 60 41 99 07
Bar, caviste et restaurant. En semaine, restauration le midi (le soir de mai à septembre). Formule entre 12,50 et 15 €.

Un menu du jour unique, signe d'une cuisine de qualité et maison ! Un esprit familial et un accueil chaleureux font de ce bar-restaurant le lieu propice pour passer un bon moment. La carte et les formules mettent en avant des produits frais du terroir ainsi qu'une belle sélection de vins de la Champagne et de la Bourgogne. N'hésitez pas à demander conseil pour trouver le meilleur accord mets-vins. Une cuisine généreuse et goûteuse, le résultat en bouche vaut le détour. Aux beaux jours, la terrasse se révèle très agréable. Parfait pour se détendre !

L'ADRESSE RIVE DROITE €€

7-9, rue Drugeon-Lecart
✆ 03 60 38 12 96
www.ladresserivedroite.eatbu.com
Du mardi au dimanche, midi et soir (jeudi et dimanche uniquement le midi). Formules du jour de 17,50 à 21,50 €.

Un cadre élégant, raffiné, *cosy* et moderne. Le menu du jour présenté sur l'ardoise annonce une cuisine française traditionnelle aux notes locales. De même, la somptueuse carte des vins attire inévitablement l'attention, vous avez la possibilité de prendre de nombreux crus au verre. Les plats sont généreusement servis, avec un réel souci de dressage : idéal, surtout quand les plats sont goûteux et les cuissons sont parfaites. Tout est fait maison : du burger à la raclette au poulet au gorgonzola, en passant par les frites et les repas *veggie* ! A découvrir.

CONDÉ-EN-BRIE

Chef-lieu d'un canton de 27 communes, Condé, « confluent » en latin, est encore appelée « le pot de chambre de la Brie ». Plusieurs vallées s'y rencontrent en effet : le Surmelin, la Verdonnelle et la Dhuys, rivière choisie en 1866 par la ville de Paris pour son alimentation en eau potable. Sur les plateaux, terre de culture et d'élevage, des fermes jadis fortifiées ressortent du paysage. Une promenade agréable attend le visiteur qui ne pourra que tomber sous le charme de ce village typique, ancienne bourgade gallo-romaine et propriété des sires de Coucy.

L'OUVRÉE €€

3, Grande Rue

✆ 03 23 69 49 72

Bar à vin : ouvert toute la semaine avec planches, restauration le midi (sauf mercredi) et vendredi et samedi soir.

La porte est toujours grande ouverte à L'Ouvrée pour déguster des spécialités bourguignonnes, la terre natale de la nouvelle patronne. Si vous ne le saviez pas, une ouvrée correspond à 4,28 ares en Bourgogne, des terres généralement plantées de vignes. Alors ne vous étonnez si, à la carte des vins, Côte-de-Nuits, Saint-Romain et Hautes-Côtes-de-Beaune viennent accompagner des classiques de la bistronomie. La carte est riche en saveurs, avec des produits maison, et change très régulièrement ! De quoi se régaler dans une ambiance qui ne manque pas de convivialité !

LA FONTAINE DES SENS

27, rue Carnot

✆ 03 23 69 82 40

www.la-fontaine-des-sens.fr

Ouvert du mardi au samedi de 9h à 12h30 et de 14h à 19h30 ; le dimanche matin uniquement.

Une cave qui a de quoi mettre tous vos sens en éveil ! À La Fontaine des Sens, vous trouverez une vaste gamme de vins des quatre coins de France et d'ailleurs, des vins insolites, des champagnes de petits producteurs et de grands domaines, mais aussi des spiritueux : rhum, whisky et armagnac pour les amateurs d'alcools forts. Qui dit vin dit aussi fromage ! Côté épicerie finie, la maison vous propose aussi une sélection de fromages affinés, d'épices, d'huiles et de produits du terroir, tous les ingrédients pour agrémenter et parfaire votre dégustation.

CHÂTEAU DES PRINCES DE CONDÉ, BOURBON & SAVOIE ★

4, rue du Château

✆ 03 23 82 42 25

www.chateaudeconde.fr

Ouvert d'avril à novembre. 12 € et 8 €.

En parcourant les pièces somptueuses du château de Condé, vous pénétrerez du même coup dans la grande Histoire qui vit naître, avec la personne de Louis Ier de Bourbon (1530-1569), la Maison des princes de Condé, de sang royal mais d'âme huguenote. Les visites sont adaptées à tous les publics et restent ludiques. La visite s'achève par une chasse au trésor dans le parc. En 2022, deux nouveautés avec un grand spectacle sur la chevalerie, et les 400 ans de Jean de La Fontaine.

PÂTISSIER CHOCOLATIER SYLVAIN CHEVILLOTTE

71, Grande Rue

✆ 03 23 83 23 08

Ouvert du mardi au samedi de 8h à 12h30 et de 14h30 à 19h, le dimanche de 7h à 13h. Fabrication artisanale, sur place.

Sylvain Chevillotte est un expert dans la création de desserts et de chocolats de qualité. Il est spécialisé dans la fabrication de pâtisseries fines et de chocolats avec des ingrédients de qualité supérieure. Il offre une large gamme de produits allant des gâteaux et des chocolats classiques aux desserts plus complexes et originaux. A goûter : le chocolat Le Fabuleux, à l'effigie de Jean de La Fontaine, qui mélange avec délicatesse nougatine, praline et chocolat noir. Un délice !

LES CANARDISES DES 3 VALLÉES

2, rue du Cahot

✆ 03 23 82 74 96

www.canardises.fr

Ouvert du jeudi au samedi de 9h à 19h. Ouvert les autres jours sur rendez-vous.

Depuis 1995 chez Fanny et Bertrand Fagot, vous trouvez le canard sous toutes les formes : en foie gras, en magret, confit, ou en plat cuisiné. Le tout préparé maison avec un savoir-faire reconnu. La maison est d'ailleurs devenue une référence sur le secteur. En boutique, une seule envie tenaille : se mettre à table et goûter tous ces divins mets. A noter, chaque année (en juin et décembre), le couple organise des portes ouvertes et propose une visite unique de son exploitation.

NOS BALADES

VIELS-MAISONS

Cette petite commune de l'Aisne, de quelque 1 200 habitants, s'est longtemps appelée « Vieux-Maisons ». Viels-Maison fait partie de l'histoire de la France : le roi Louis XVI y passa avec sa famille lors de l'épisode de la fuite à Varennes, avant d'être arrêté. Quelques monuments sont à voir dans la commune, notamment l'église Sainte-Croix, dont le porche fut construit au XIIe siècle, la fontaine du XVIIIe siècle et les incroyables jardins du bourg, au chevet de l'église, qui valent le détour. Le village est également reconnu pour le château de Viels-Maisons, dont une partie du parc est remarquable, classé aux Monuments historiques.

NOGENT-L'ARTAUD

Nogent-l'Artaud est située le long de la Marne (rive gauche) au sud du département à la limite de la Seine-et-Marne. La commune comporte plusieurs monuments à découvrir : l'abbaye royale Sainte-Claire (1299), l'église Saint-Germain datant du XIIIe siècle et classée au titre des monuments historiques, le château de la Source... Entourée de forêts et de vignobles, la commune est un cadre de vie agréable à 55 min de Paris. De nombreuses manifestations locales sont organisées tout au long de l'année. Retrouvez l'agenda de tous ces événements sur le site de la mairie. À faire : le passage du sentier de grande randonnée GR 14 avec des itinéraires balisés.

EGLISE SAINTE-CROIX

Pour les amateurs de patrimoine religieux, voilà un nouvel endroit où s'arrêter pendant votre visite à vélo de la commune Viels-Maison ! En apparence, rien de véritablement flamboyant dans cette église Sainte-Croix, plutôt modeste, mais l'édifice est cependant un beau témoignage de l'évolution de l'architecture religieuse ! En effet, on distingue par moins de trois styles distincts dans sa construction : roman, gothique et Renaissance. L'église Sainte-Croix de Viels-Maison se compose d'une nef, d'un transept et de deux chœurs.

L'INSTINCT €€€

6, place du Marché
✆ 03 64 13 68 12

Ouvert du mercredi midi (fermé le mercredi soir) au dimanche midi. Menu de 30 à 42 €. Carte 26 € environ.

Un cadre élégant et moderne pour déguster des plats revisités par le chef ! La carte change souvent et la particularité du service, c'est que vous choisissez le type de menu : en deux temps, trois temps ou même quatre temps si vous optez pour le fromage. De l'entrée jusqu'au dessert, goût et raffinement sont au cœur de cet établissement. Les produits sont au maximum locaux comme le bœuf produit à quelques encablures. Un accueil agréable, une cuisine exceptionnelle et une présentation qui frôle avec l'art, tout est là pour une aventure gustative extraordinaire !

LES JARDINS DE VIELS-MAISONS

11, place du Marché
✆ 03 23 82 62 53
www.jardins-vielsmaisons.net

Ouvert de juin à septembre de 14h à 18h sauf mercredi et jeudi. Adulte 8 €.

Certains artistes parviennent, avec leur grain de folie, à réenchanter le quotidien ! C'est le cas de Sonja Gauron, architecte-paysagiste, qui à la demande de Bertrande de Ladoucette a dessiné avec audace les jardins de Viels-Maisons. Il est de loin préférable de se laisser aller à la flânerie. Si on devait malgré tout en sélectionner un, le jardin romantique, qui n'est pas sans rappeler sous un certain angle son homologue de Giverny, aurait toutes ses chances !

LES BALCONS DE LA MARNE

Gare de Nogent-l'Artaud
www.randonner.fr

44,2 km. 12h45 de randonnée.

Voici une belle et très longue randonnée pour les marcheurs confirmés : 12h45 de balade étalées sur deux journées au cœur du vignoble d'appellation champagne. Vous découvrirez nombreux points de vue qui devraient vous laisser de jolis souvenirs. Depuis Nogent-l'Artaud, vous remontez la Marne jusqu'à Chézy pour suivre l'aqueduc de la Dhuys. Faites étape à Château-Thierry où vous pouvez visiter la maison de Jean de La Fontaine. Empruntez alors la direction de l'abbatiale gothique d'Essômes-sur-Marne et arpentez les chemins en corniche pour de jolies découvertes !

CHARLY-SUR-MARNE

Première commune viticole du département, Charly-sur-Marne étend ses coteaux sur plus de 320 hectares d'appellation. Le pinot meunier s'y épanouit avec vigueur puisqu'il représente pas moins de 80 % de la surface. Cette bourgade de 2 500 habitants incite au farniente bucolique. Les coteaux s'empruntent au gré de sentiers, la Marne déploie ses charmes et la rue des faubourgs de Villiers vaut le coup d'œil pour ses vestiges de l'ancien couvent des Cordeliers. Tout ici invite à vivre au son des bulles de champagne. La vigne a d'ailleurs sa propre foire chaque année durant deux jours en septembre.

ÉGLISE SAINT-MARTIN

Place du Général de Gaulle

✆ 03 23 82 05 86

www.soissons.catholique.fr

Ouvert tous les jours. Accessible toute l'année. Lieu de prière.

Érigée en l'honneur de saint Martin entre le XIIIe et le XIVe siècle, l'église propose de découvrir des fonts baptismaux datant du XIIIe siècle provenant de l'abbaye de Saint-Jean-des-Vignes de Soissons. Malheureusement, la flèche en ardoise qui surmontait le clocher quadrangulaire est aujourd'hui disparue. Les lieux vous permettront de découvrir un bel ensemble de peintures en triptyque : *La Vie de la Vierge*. Les vitraux quant à eux, proviennent de la chapelle Bon-Secours : ils datent du XIXe siècle et évoquent la vie de Jésus.

TOUR NAPOLÉON ET TOMBEAU CORNETTE

12, avenue Fernand-Drouet

✆ 03 23 82 09 26

www.champagne-bernard-naude.com

Visite uniquement sur rendez-vous auprès du producteur de champagne. Sur site privé. Gratuit.

Sur une exploitation de champagne, voici une curiosité dédiée à la mémoire de l'Empire napoléonien. Au détour de l'avenue Fernand-Drouet se trouve cette tour énigmatique, érigée en 1830 par Amand-Prosper Cornette, ancien officier du Premier Empire. A son sommet, trône fièrement une statue de Napoléon, regard en direction des Invalides ainsi qu'une girouette représentant un officier à cheval et le défilé d'une troupe. Au fond de la propriété, se trouve le tombeau du commandant Cornette.

ESSÔMES-SUR-MARNE

En longeant les bords de Marne on arrive à Essômes, un petit village entre deux coteaux plantés de vignes. La commune est traversée par la rivière de la Marne et compte environ 2000 habitants. Essômes-sur-Marne est riche d'un patrimoine historique et culturel, à l'image de l'Abbatiale Saint-Ferréol. Il s'agit d'un édifice religieux datant du Moyen Âge, construit au XVe siècle, considéré comme l'un des plus beaux exemples de l'architecture gothique en Picardie et classé monument historique depuis 1841. L'Abbatiale Saint-Ferréol possède un riche décor intérieur, notamment des chapiteaux sculptés, des statues et des vitraux remarquables.

ABBATIALE SAINT-FERREOL ★

Place Saint-Ferréol

✆ 06 08 68 69 52

www.abbatiale.org

Entrée libre.

Édifiée dans la première moitié du XIIIe siècle, dans le pur style gothique, l'église mérite le détour. Le chœur et le transept s'élèvent majestueusement sur trois niveaux. Un point remarquable : les 38 stalles en chêne pourvues de dorsaux sculptés dans le style Renaissance, des sujets symboliques y sont représentés avec des scènes de vie profane. Les imposantes corbeilles des piliers de la nef et du transept, et les tombeaux de deux abbés sont autant de points sur lesquels s'attarder. A noter : le splendide tableau intitulé *La Colère de Noé*.

CHÂTEAU DE LA MARJOLAINE*** €€

27, hameau d'Aulnois

✆ 03 23 69 77 80

www.chateaumarjolaine.com

5 chambres (dont 2 suites). Chambre double de 105 € à 200 € ; suite à partir de 200 €.

C'est dans un cadre racé et boisé, entre coteaux plantés de vignes et vallée de la Marne, que s'élève le château de la Marjolaine. L'établissement de charme propose 5 chambres, dont 2 suites, qui raviront les voyageurs en quête d'apaisement. Entre le parc arboré, la piscine extérieure chauffée, les vélos mis à disposition gratuitement, la qualité des équipements et le personnel aux petits soins, tout est pensé pour vous mener sur le chemin délicieux de la détente.

SAINT-QUENTIN ET LE VERMANDOIS

- **Total :** 86 km
- **Durée :** entre 4h et 8h (10 à 20 km/h)
- **Difficulté :** dix côtes, assez vallonné

LIEUX	Km partiel	Km cumul	Routes
BASILIQUE DE SAINT-QUENTIN	0	0	Rue Raspail, rue des États-Généraux, rue du Président-Kennedy, rue du Blanc-Mont, rue de Fayet, D57
FAYET	4	4	D57
FRESNOY-LE-PETIT	2,5	6,5	D57
PONTRU	3	9,5	D57, D33
VADENCOURT	3,5	13	D33
VERMAND	4	17	D33, D73
VILLEVÊQUE	3	20	D73, D733
ETREILLERS	4,5	24,5	D33, D32
SÉRAUCOURT-LE-GRAND	7	31,5	D72
ESSIGNY-LE-GRAND	5,5	37	D72
BENAY	3	40	D72
CERISY	1,5	41,5	D72, D342
MOY-DE-L'AISNE	2,5	44	D34
BERTHENICOURT	2,5	46,5	D34
MÉZIÈRES-SUR-OISE	1,5	48	D571
CHÂTILLON-SUR-OISE	2	50	D571
SISSY	1,5	51,5	D58
RIBÉMONT	3	54,5	D13, D12, D13, D574
REGNY	5	59,5	D571, D13, D70, D68
FONTAINE-NOTRE-DAME	8	67,5	D70
FONSOMMES	3,5	71	D67
ESSIGNY-LE-PETIT	2,5	73,5	D67, D714
REMAUCOURT	2,5	76	D714
LESDINS	1	77	CV, D8, D672, D675
OMISSY	3	80	D675, D679
BASILIQUE DE SAINT-QUENTIN	6	86	Rue de l'Isle, rue de Lyon

Saint-Quentin
Bernes
Vendelles
Pontruet
Gricourt
Fayet
Lesdins
Remaucourt
Fonsommes
Montigny-en-Arrouaise
Fontaine-Notre-Dame
Bernot
Morcourt
Vermand
Caulaincourt
Holnon
Homblières
Harly
Beauvois-en-Vermandois
Savy
Mesnil-Saint-Laurent
Origny-Sainte-Benoite
Etreillers
Gauchy
Roupy
Grugies
Itancourt
Fluquières
Foreste
Sissy
Mézières-sur-Oise
Ribemont
Urvillers
Seraucourt-le-Grand
Essigny-le Grand
Villers-le-Sec
Artemps
Benay
Moy-de-l'Aisne
Alaincourt
Surfontaine
Tugny-et-Pont
Saint-Simon
Clastres
Ham
AMIENS
LA CAPELLE
SOISSONS
REIMS
CALAIS
CAMBRAI
A 26
A 29
N 29
N 44
D 8
D 12
D 13
D 29
D 32
D 33
D 44
D 70
D 72
D 121
D 930
D 1
Somme
Oise
Autoroute
Route principale
Route secondaire
Circuit vélo
Départ
1 KM
PARCOURS GPX

SAINT-QUENTIN ★★

La ville remonte à la légende de Quintinus, apôtre romain. Mal aimé, il est fait prisonnier, exécuté et jeté dans les marais. 55 ans plus tard, la légende dit qu'une Romaine aveugle retrouve la vue grâce aux restes de Quintinus. Le village pieux connaît l'essor, la conquête espagnole, les guerres. Celle de 1914-1918 laisse un champ de ruines. Reconstruite, la ville se pare de l'exubérance de l'Art déco : anciennes Nouvelles Galeries, hôtel de ville, façades... Les années 1920 laissent une empreinte indélébile. De l'avant-guerre, il reste deux monuments indétrônables : la basilique de style gothique et la façade de l'hôtel de ville datant de l'époque médiévale.

© DAVID HUGHES - FOTOLIA

L'hôtel de ville de Saint-Quentin.

BASILIQUE DE SAINT-QUENTIN ★

1, rue de Labon

✆ 03 23 67 05 00

Ouvert toute l'année. Visite libre, avec audioguide ou guidée (renseignements auprès de l'Office de Tourisme).

Cette ancienne collégiale de chanoines, située en centre-ville, reçut le titre honorifique de basilique en 1876. Cet imposant édifice gothique aux chœur et proportions remarquables est souvent pris pour la "7e cathédrale de Picardie". La basilique figure parmi les plus grandes églises françaises. Sa construction commencée au XIIe siècle a duré près de 300 ans. La basilique est un lieu de renommée internationale du fait de son pèlerinage important voué à saint Quentin.

HÔTEL-DE-VILLE DE SAINT-QUENTIN ★

Place de l'Hôtel-de-Ville

✆ 03 23 67 05 00

Visite avec audioguide à 2 € ou en visite guidée à 4,50 €. Renseignements à l'Office de Tourisme.

Sur la grande place, découvrez ce monument classé dont la construction fut achevée en 1509. De style gothique flamboyant, la façade est composée de 173 sculptures fantaisistes. Démons et merveilles ornent cette façade médiévale, dernier vestige de cette époque. A l'intérieur, la salle des mariages avec sa vaste cheminée est à coupée le souffle, tout comme la salle du Conseil Municipal, de style Art déco, dont les lampes et le bois donnent une ambiance magique à la Harry Potter.

LA MAISON DU TEXTILE ★

54, rue Roger-Salengro

FRESNOY-LE-GRAND

✆ 03 23 09 02 74

Fermé en janvier. Ouverte du mardi au vendredi de 10h à 13h et de 14h à 17h et le samedi de 14h à 18h. Adulte : 7 €.

Ce musée est implanté dans une ancienne entreprise de textile, secteur industriel florissant dans la région à la fin du XIXe et dans la première moitié du XXe siècle. Le visiteur y découvre 28 métiers à tisser Jacquard et de nombreux exemples de ce qu'ils ont permis de produire. Les techniques de tissage et de broderie sont présentées en détail et des pôles d'animation et de démonstration permettent de s'exercer à quelques-uns des métiers du secteur. Une visite à faire en famille, un livret d'activités étant distribué aux enfants !

MUSÉE DES BEAUX-ARTS ★

28, rue Antoine Lécuyer

✆ 03 23 06 93 98

Gratuit jusqu'à 18 ans. Adulte : 5 €. Tarif réduit : 2,50 € (sous conditions). Visites guidées possibles.

Vous souvenez-vous de cette tête avec le béret sur les billets de 50 francs ? C'était celle de Maurice Quentin de La Tour, enfant chéri de la ville et portraitiste de Louis XV. Ses œuvres et l'art du pastel, présentés dans des salons colorés, sont les perles de ce musée des Beaux-Arts. Peintures italiennes, nordiques et françaises ainsi que des sculptures sont aussi exposées. Aujourd'hui, le sous-sol met en lumière l'art de la fin du XIXe siècle jusqu'à l'entre-deux-guerres, un art où la liberté et le talent s'expriment vivement. Une visite pleine de couleurs !

MUSÉE DES PAPILLONS

14, rue de la Sellerie
✆ 03 23 06 93 93
Fermé le lundi et certains jours fériés, se renseigner. Gratuit jusqu'à 4 ans. Adulte à 3 €. Enfant (5 à 17 ans) à 2 €.

Le musée des Papillons propose 5 espaces dédiés à cet insecte majestueux. Dès votre entrée, vous découvrirez une œuvre poétique légère et aérienne sur le thème des papillons. Dans une scénographie totalement repensée, alliant informations historiques, biologiques et patrimoniales, vous irez de surprise en surprise. Un lieu qui dévoile l'univers des insectes et qui enchantera petits et grands où écoute, observation à la loupe, puzzles, maquettes mais aussi table numérique, écrans dynamisent la visite pour un parcours ludique et coloré.

PARC D'ISLE ET SON ÎLE SAUVAGE

Avenue Léo-Lagrange
✆ 03 23 05 06 50
Parc ouvert, haute saison de 8h-20h et basse saison de 8h-18h. Isle Sauvage : 10h30-19h (17h en basse saison). Gratuit.

Envie de détente et de nature ? Le parc d'Isle vous offre, au détour d'une promenade, des points de vue remarquables sur la Réserve Naturelle Nationale des Marais d'Isle ; mais aussi des aires de jeux, de pique-nique et le parc animalier. L'Isle Sauvage accueille des suricates, perroquets, ouistitis ou encore des wallabys. La Maison du Parc vous accueille et vous invite à la découverte d'un patrimoine naturel insoupçonné au travers de nombreuses animations et expositions.

LES SOUTERRAINS

3, rue Emile Zola
✆ 03 23 67 05 00
www.destination-saintquentin.fr
Programme de visites par la Direction du patrimoine, réservations à l'office de tourisme. Visites guidées de 3 à 6 €.

Il y a des lieux tenus secrets, même pour certains habitants. C'est dans ces lieux que sont inscrites les histoires les plus lointaines. Tel est le cas des souterrains. Une trappe qui s'élève au milieu de la rue, c'est comme cela que vous y accéderez. Quelques marches plus bas, le guide vous contera les anecdotes de ce labyrinthe en briques et terre battue, lieu de passage à l'époque médiévale et d'occupation pendant 1914-1918. Sans oublier les cachots royaux du XVIIe siècle, non loin de là, qui racontent un autre siècle tout aussi passionnant de la ville.

LE BOUDOIR €

Avenue Léo Lagrange
✆ 03 23 05 30 30
Ouvert le mardi, le mercredi, le vendredi et le samedi le soir ; du mardi au vendredi le midi.

En plein centre-ville, le Boudoir conjugue astucieusement une formule qui plaira à tous : accueil souriant et chaleureux, cuisine délicate faite de produits frais et de saison le tout dans un cadre agréable, cosy et intimiste ! Ici, les produits locaux sont privilégiés. Que demander de plus ? La cuisine traditionnelle promet de jolies découvertes, avec une carte qui change tous les mois au gré des envies. Le restaurant propose également un menu adapté aux enfants. Un endroit parfait pour se restaurer en famille, sur place ou à emporter.

LE TROUBADOUR €€€

5, place du Palais-de-Justice
✆ 03 23 64 86 51
Ouvert du mercredi au dimanche le midi ; du mercredi au samedi le soir.

Voilà un établissement qui ne paye pas de mine de l'extérieur mais qui mérite vraiment une halte gourmande ! Plébiscité par sa clientèle, il vaut mieux réserver avant de s'y rendre. A l'intérieur, le cadre est agréable et le service attentionné. La carte du chef, Maître Restaurateur, saura vous séduire. Sa cuisine, goûteuse, est traditionnelle, élaborée à base de produits frais et saupoudrée de notes originales. Les assiettes sont généreuses et soigneusement présentées. La carte est à la hauteur avec des plats concoctés suivant l'inspiration du chef.

JEAN TROGNEUX CHOCOLATIER

1, rue Saint-André
✆ 03 23 62 21 11
www.trogneux.fr
Ouvert du lundi au samedi de 9h à 19h.

Six générations que cela dure ! Le premier de la lignée, Jean-Baptiste Trogneux, boulanger-pâtissier, s'est installé en 1872 au centre-ville d'Amiens où se tient toujours la confiserie-chocolaterie. Son fils a mis au point la fameuse recette du macaron d'Amiens, qui demeure le produit phare de la maison et le gâteau préféré de la ville. On fait ici le plein de chocolats à l'effigie de Maurice Quentin de La Tour mais aussi de Pavés de la Basilique ou de la Pierre de l'Hôtel de Ville.

NOS BALADES

LA PLAGE DE L'ÉTANG D'ISLE

Avenue Léo Lagrange ✆ 03 23 06 30 44
www.saint-quentin.fr
Du premier au dernier jour des vacances scolaires, de 14h à 19h. Gratuit avec programme d'animations pour les enfants.

La Plage de l'Étang d'Isle est un endroit magique pour passer des moments inoubliables en famille. La réserve naturelle des marais, toute proche, donne l'illusion d'être en pleine nature. Vous pourrez sauter dans l'étang pour vous rafraîchir en toute sécurité, la baignade est surveillée ! Et si vous êtes plus aventurier, louez une embarcation à pédales ou profitez du beach-volley, des jeux d'eau, du ping-pong, des activités manuelles ainsi que de nombreuses animations.

CHÂTILLON-SUR-OISE

Petite commune de seulement 130 habitants traversée par la rivière de l'Oise, Châtillon-sur-Oise n'est située qu'à quelques kilomètres de la ville de Saint-Quentin. Le village ravira tous les amoureux du tourisme vert et des activités de plein air, sur terre et sur rivière. L'Église Sainte-Marie-Madeleine est l'un des principaux monuments de la commune de Châtillon-sur-Oise. Elle a été construite à la fin du XIe siècle dans un style roman, avec des éléments gothiques ajoutés un siècle plus tard. Pendant votre passage, admirez également l'oratoire à l'entrée de la ville, et le monument aux morts. Une cascade et un étang complètent la visite.

VADENCOURT

Abbaye, château, église, maisons sculptées... Le tout dans un paysage de bocage typique de la région ! Bienvenue à Vadencourt. Voilà quelques-unes des curiosités patrimoniales qui attendent le visiteur lors de son passage dans ce village, situé à seulement 15 kilomètres au nord-est d'Amiens. Cette petite commune de l'Aisne de quelque 800 habitants est entourée par la forêt et traversée par l'Oise. Les premières mentions de la commune datent du Moyen Age, plus précisément de 1132, avec l'orthographe Wadencourt. Sur place, ne manquez pas l'abbaye de Bohéries, l'ancienne abbaye cistercienne, ainsi que les maisons de Nicolas Grain, aux détails sculptés.

L'ÉTABLE D'ELODIE €

1, rue d'En Haut
✆ 06 88 19 45 27
www.letable-delodie.fr
Chambre simple à partir de 55 € ; chambre double de 65 €. Petit déjeuner inclus. Table d'hôtes sur demande

L'Étable d'Élodie propose deux chambres d'hôtes joliment aménagées dans une ferme familiale à quelques kilomètres de Saint-Quentin. Le Pigeonnier et La Bergerie sont décorées avec goût et précision. De style Louis-Philippe ou Louis XVI, rarement avons-nous constaté autant de raffinement pour une telle gamme de prix ! Les amoureux se sentiront seuls au monde dans ces cocons de douceur. Pour parfaire le séjour, profitez de l'excellence de la table d'hôtes proposée par Élodie dans l'ancienne étable rénovée uniquement sur demande.

L'ABBAYE DE BOHÉRIES

Hameau de Bohéries
✆ 03 23 61 15 38
www.vadencourt.com/page27
Ouvert toute l'année. Sur rendez-vous. CB non acceptée.

Fondée au Moyen Age, en 1143, et classée Monument historique, cette abbaye cistercienne de Vadencourt est désormais la propriété de l'artiste peintre, Kim Rebholz. Dans cette abbaye de Bohéries, vous pourrez alors découvrir l'univers de ce personnage. Ici, vous aimerez l'immensité et la beauté du parc qui invite à la détente. Observez alors les mares, les ruisseaux, la végétation et même la faune sauvage, au sein des fortifications de l'abbaye. Un détour original à ne pas manquer pendant votre balade en vélo dans le Vermandois !

FONTAINE-NOTRE-DAME

Le village de Fontaine-Notre-Dame est une commune du département de l'Aisne de seulement 380 habitants. Il est situé dans un paysage rural très paisible. Il est peu probable que vous y fassiez une halte, mais sachez que l'église de la Nativité-de-la-Sainte-Vierge est l'un des principaux monuments de la commune. Elle a été construite au XIXe siècle dans un style néogothique, et se distingue par ses nombreux vitraux remarquables. Le cimetière de l'église est également un lieu intéressant à découvrir si vous y êtes sensible à l'art funéraire : il contient des tombes datant du XIXe siècle ainsi que des monuments funéraires de style néogothique également.

AUTOUR DE COUCY-LE-CHÂTEAU

- **Total :** 42 km
- **Durée :** entre 2h05 et 4h10 (10 à 20 km/h)
- **Difficulté :** quatre côtes, peu vallonné.

LIEUX	Km partiel	Km cumul	Routes
COUCY-LE-CHÂTEAU	0	0	D5, D937
FOLEMBRAY	4	4	Chaussée de Brunehaut
ROND D'ORLÉANS	4,5	8,5	RF, chemin du Rond d'Orléans
SINCENY	3	11,5	D6, rue Charles Bégard, route d'Autreville, rue Bernard-Lefèvre
AUTREVILLE	2,5	14	Rue Victor-Brochard, rue du Calvaire
BICHANCOURT	2,5	16,5	D56
LE LAC D'ARBLINCOURT	1,2	17,7	D56
SAINT-PAUL-AUX-BOIS	4,3	22	D1530, CV
LA RUE DE NOYON	1	23	D934
BLÉRANCOURT	4	27	D934
TROSLY-LOIRE	6	33	D934
GUNY	3	36	D934, D5, avenue de Framlingham, avenue d'Altenkessen, Côte de la Porte de Soissons
COUCY-LE-CHÂTEAU	6	42	Place de l'hôtel de ville

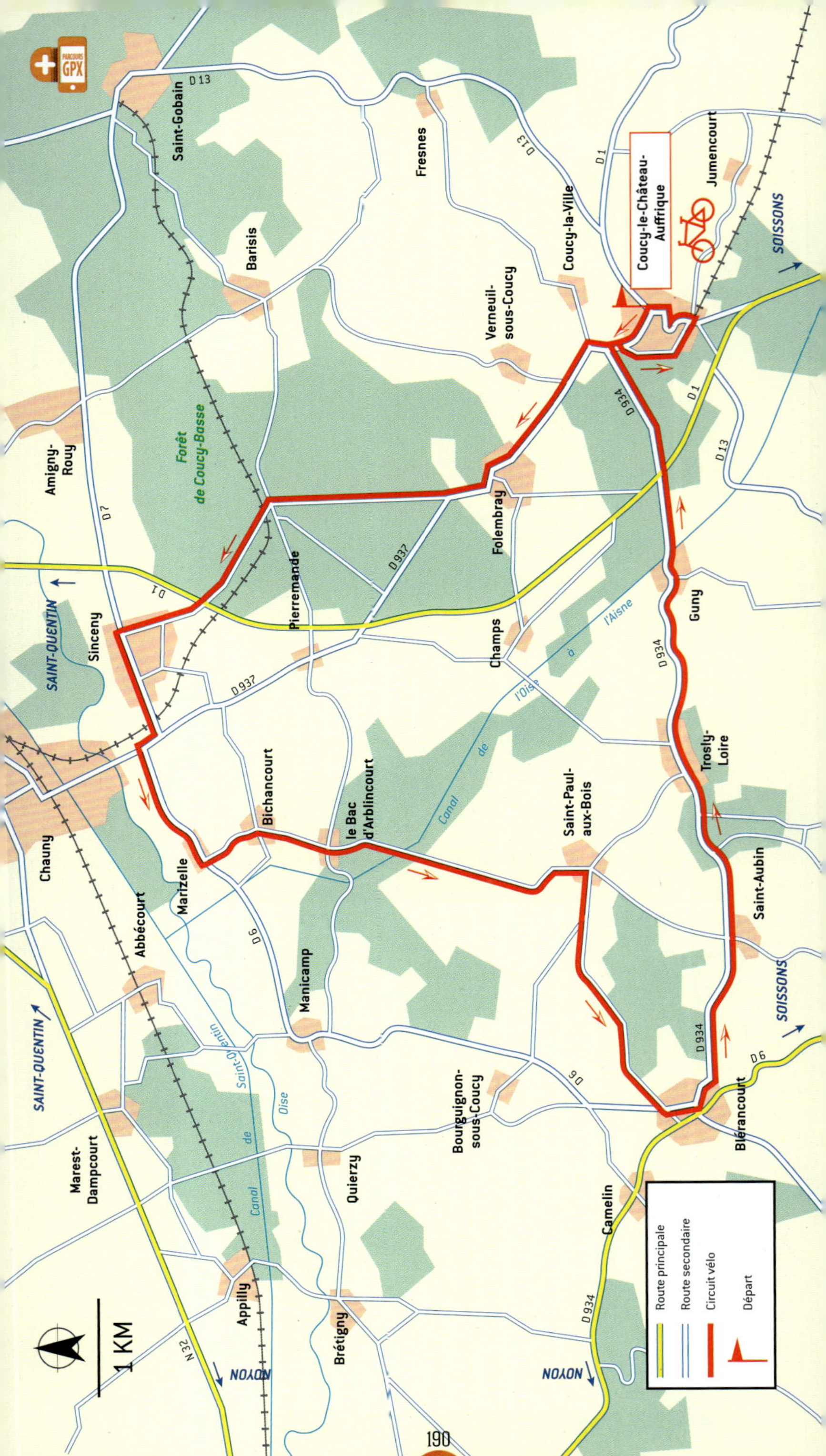
PARCOURS GPX
Saint-Gobain
D 13
Fresnes
D 13
D 1
Coucy-le-Château-Auffrique
Jumencourt
SOISSONS
Coucy-la-Ville
Barisis
Verneuil-sous-Coucy
Amigny-Rouy
Forêt de Coucy-Basse
D 934
D 1
D 13
Folembray
D 7
D 937
Pierremande
SAINT-QUENTIN
Sinceny
D 1
Champs
Canal de l'Oise à l'Aisne
Guny
D 934
D 937
Chauny
Bichancourt
le Bac d'Arblincourt
Saint-Paul-aux-Bois
Trosly-Loire
Marizelle
Abbécourt
Saint-Aubin
D 6
Manicamp
SOISSONS
D 934
SAINT-QUENTIN
Canal de Saint-Quentin
Oise
Bourguignon-sous-Coucy
D 6
D 6
Blérancourt
Marest-Dampcourt
Quierzy
Camelin
Appilly
Brétigny
N 32
NOYON
NOYON
D 934
1 KM
Route principale
Route secondaire
Circuit vélo
Départ

COUCY-LE-CHÂTEAU-AUFFRIQUE

« Roi ne suis, ne prince, ne duc, ne comte aussi, je suis le sire de Coucy ». Enguerrand III (1182-1242) avait raison d'être si fier puisqu'il a érigé le plus grand château médiéval jamais construit en Europe ! D'où que l'on vienne, l'édifice impose sa majesté sur la vallée de l'Ailette. Situé à 15 kilomètres de Laon, Coucy est un village à la fois intime et ouvert sur le monde, un lieu résolument attachant. Après la découverte des tours et des portes fortifiées de la ville, le visiteur peut emprunter le chemin de ronde et constater la magie qui opère sur les lieux. L'actuel château et l'enceinte sont donc dus à Enguerrand III, sire de Coucy.

DOMAINE NATIONAL DU CHÂTEAU DE COUCY ★

Rue du Château ✆ 03 23 52 71 28

www.chateau-coucy.fr

Ouvert 10h-13h et 14h-18h30 (de septembre à fin avril fermeture à 17h30). Adulte 6 €. Gratuité sous conditions.

Visitez le majestueux château de Coucy et découvrez plus de 2 km de remparts qui entourent l'enceinte fortifiée, les quatre tours circulaires et les imposants donjons de 20 mètres de diamètre sur 40 mètres de haut. Ce chef-d'œuvre architectural a été conçu au XIIIe siècle et agrémenté au XIVe siècle avant d'être restauré par Viollet-le-Duc au XIXe siècle. Il a subi de lourdes destructions lors de la Grande Guerre mais découvrir ces vestiges médiévaux est un passage obligé dans l'Aisne.

LA TOUR MUSEE

8, rue des Vivants

✆ 03 23 52 22 22

Ouvert toute l'année du vendredi au lundi et le mercredi de 14h à 18h. Adulte : 6 €.

La visite de la tour-musée vient en complément de celle du château. Elle vaut le détour, rien que pour admirer les deux étages de la tour de garde, édifiée au XIIIe siècle, dans laquelle a été imaginé le parcours de visite. On y découvre entre autres plusieurs maquettes : celle du site du château, tel qu'il était il y a un siècle, mais aussi une du donjon. Sans oublier des costumes ou documents d'époque. A noter la magnifique vue qu'offre la terrasse de la tour sur le paysage environnant ! Une visite incontournable à Coucy-le-Château-Auffrique.

COUCY AUX FLAMBEAUX

✆ 03 23 52 44 55

www.amvcc.com

Septembre/octobre (dates sur le site), visite guidée de 20h à 23h30. Adulte : 11 € ; enfant : 7,50 € ; gratuit -5 ans.

Vous nous direz : « Encore une visite guidée ! ». Oui, certes, mais une visite guidée de cette nature, vous n'en ferez certainement pas tous les jours ! Alors suivez-nous : vous voilà parti en compagnie d'un guide chevronné et en chemin vous rencontrerez des personnages semblant tout droit sortis du passé : trouvères, conteurs ou conteuses, chevaliers en arme, gentes dames et nobles sires tels qu'Enguerrand III ! La visite s'effectue en plus à la lueur des torches et s'achève par une délicieuse soupe traditionnelle : la garbure.

HÔTEL BELLEVUE €€

2, porte de Laon

✆ 03 23 52 69 70

www.hotel-bellevue-coucy.com

Ouvert toute l'année. Check in dès 17h. Parking privé sécurisé. 9 chambres. Soirée étape +15 €. Restau La Pomme d'Or.

L'Hôtel Bellevue vous accueille au cœur de la cité médiévale de Coucy-le-Château, à deux pas de la Porte de Laon, l'ouvrage défensif le plus massif de la ceinture urbaine. L'établissement dispose de neuf chambres confortables et modernes. Ici, le bien-être est au rendez-vous. Les pièces sont spacieuses, décorées avec goût et chaleur, le mobilier et la literie sont à l'avenant. Le rapport qualité-prix est tout à fait équilibré, avec, ce qui ne gâche rien, un service de qualité. Le plus de l'hôtel : son restaurant La Pomme d'Or, juste à côté...

NOYON ★

On visite Noyon surtout pour son histoire qui remonte à l'époque gallo-romaine, encore bien visible au musée du Noyonnais, mais aussi à travers les remparts gallo-romains. Cité de saint Éloi, des sacres de Charlemagne et d'Hugues Capet, le diocèse de Noyon s'impose comme l'un des plus importants de France durant l'ère capétienne. La cité se développe et on voit alors la construction (1145-1235) d'une des premières cathédrales gothiques. Figure du protestantisme, Jean Calvin est né à Noyon en 1509, donnant ainsi une réputation internationale à la commune. La ville sera durement éprouvée par des bombardements à la fin de la Première Guerre mondiale.

NOS BALADES

ABBAYE NOTRE-DAME D'OURSCAMP ✝ ★

Place Saint-Eloi
CHIRY-OURSCAMP
✆ 03 44 75 72 00
www.serviteurs.org
Ouvert du mardi au dimanche de 9h à 12h et de 14h à 18h. Gratuit jusqu'à 18 ans. Adulte : 3 €.

Avec une belle lumière, vous apprécierez le charme de cette abbaye en ruine. Il subsiste suffisamment de pierres pour que l'imaginaire se prête à la reconstruction virtuelle de l'abbaye. Le lieu invite à la méditation et force le respect. Pillée pendant la guerre de Cent Ans, transformée en filature au XIXe siècle, endommagée par des obus français en 1915, l'ancienne abbaye cistercienne n'a pas été épargnée ! De l'église abbatiale du Moyen Age, il ne subsiste qu'une partie du chœur et du transept. Mieux conservés, les bâtiments conventuels des XVIIe et XVIIIe siècles, qui ne se visitent pas, portent sur le fronton l'ours qu'aurait fait travailler saint Eloi. Dans l'aile de Gesvres, logent aujourd'hui les frères de la congrégation des serviteurs de Jésus et de Marie qui ont redonné une fonction religieuse à l'abbaye en 1941. A voir aussi, la grande chapelle du XIIIe siècle où sont célébrés les offices, ancienne infirmerie et « salle des morts » : les moines cisterciens y assistaient leurs frères agonisants, déposés, selon la tradition, sur une couche de cendre en forme de croix. Le romantisme de ce site est dû en partie à un beau programme d'insertion. Les moines ont fait travailler plus de 300 personnes en insertion. En 2019, l'abbaye a même reçu le prix national « Patrimoine emploi » de la Fondation du Patrimoine. Cette démarche de restauration a déjà permis de restaurer les vitraux et la toiture de la grande chapelle, les fresques médiévales et des allées.

CARRIÈRES DE MONTIGNY 📷

MACHEMONT
✆ 03 44 76 43 22
www.lescarrieresdemontigny.fr
Ouvert de juin à septembre. Adulte : 5 €. Enfant (jusqu'à 16 ans) : 2,50 €.

C'est un site atypique et surprenant comme on les aime. Quand on arrive sur ce site isolé, on entre dans un monde souterrain chargé d'histoire, ou plutôt d'histoires au pluriel. On retrouve ici des habitats troglodytes, la marque d'anciennes activités d'extraction de pierres (utilisées pour la construction des grands boulevards parisiens), des traces bien visibles de la présence de soldats de la Première Guerre mondiale (belles sculptures et inscriptions), ou encore un passé de champignonnière. Les visites commentées sont passionnantes.

CATHÉDRALE NOTRE-DAME ✝ ★★

Rue de l'Evêché
Ouvert tous les jours. Gratuit.

Située en plein cœur du centre-ville, la cathédrale vaut le coup d'œil ! Elle est la plus ancienne cathédrale gothique du nord de la France : elle a beaucoup souffert pendant la Révolution, ce qui explique le peu de décoration dans l'édifice. Cependant, ne passez pas à côté du mur de lumière qui vient de l'architecture du transept. Passez le pas de la petite chapelle attenante Notre-Dame de Bonsecours : les murs ressemblent à de la dentelle. N'oubliez pas d'observer le mobilier liturgique ancien, il est rare et exceptionnel !

MUSÉE DU NOYONNAIS 🏛 ★

7, rue de l'Evêché ✆ 03 44 09 43 41
www.ville-noyon.fr
Ouvert du mardi au dimanche de 10h à 12h et de 14h à 17h. Fermeture à 18h du 1er avril au 31 octobre. Adulte : 4,50 €.

Ce musée est à la fois un musée d'art, d'archéologie et d'histoire. Grâce à un nouveau parcours inauguré au cours de l'année 2021, le visiteur est plongé dans les collections patrimoniales de Noyon et découvre à travers quatre thématiques la richesse de la vie noyonnaise : un musée pour raconter l'histoire ; l'évêque et son palais ; de destructions en reconstructions ; Noyon, le Noyonnais, les Noyonnais. Le visiteur est captivé par cette rétrospective qui remonte de l'époque gallo-romaine à nos jours. Admirez le jeu d'échec du XIe siècle sculpté en bois de cerf !

Cathédrale Notre-Dame.

MUSÉE JEAN CALVIN ★

6, place Aristide-Briand
✆ 03 44 44 03 59
www.ville-noyon.fr
Ouvert du mardi au dimanche. Billet jumelé avec le musée du Noyonnais. Entrée : 4,50 € ou 3,50 € en tarif réduit.

La ville bénéficie d'une renommée internationale chez les protestants ! Jean Calvin est né à Noyon le 10 juillet 1509. Le musée dévoile la personnalité du réformateur. Dans ce musée, on retrace l'un des apports fondamentaux de la Réforme : la traduction de l'Évangile dans la langue profane permettant ainsi au plus grand nombre d'accéder à la parole divine. On découvre ainsi une collection de bibles rares imprimées au XVIe siècle. La Bible d'Olivétan (réalisée en 1535) constitue un exemplaire unique, une référence jusqu'au siècle dernier.

QUARTIER EPISCOPAL

La cathédrale et le quartier épiscopal constituent l'un des centres d'intérêts majeurs de Noyon : il s'impose comme l'un des plus complets et des mieux conservés du Nord de la France. Il se compose de cinq édifices : le réfectoire pourvu d'un grenier et d'un vaste cellier voûté d'ogives, la salle capitulaire (l'actuelle sacristie), l'officialité (la prison et la salle de justice), le bâtiment du Trésor et la Bibliothèque du Chapitre, exceptionnelle, construite à partir de 1506 et aujourd'hui l'une des plus anciennes bibliothèques à pans de bois d'Europe !

LE GALWAY €

13, place Aristide-Briand
✆ 03 44 09 20 20
www.galway-noyon.fr
Ouvert du lundi au samedi le midi ; du mercredi au vendredi le soir. Menus de 15,70 € à 18,90 €.

Cette brasserie, située entre le centre culturel Le Chevalet et la cathédrale, est idéalement placée. C'est un établissement bien connu dans la cité de Calvin et les habitués sont très nombreux à y faire leur pause déjeuner dans la grande terrasse chauffée l'hiver ou découverte l'été, alors n'arrivez pas trop tard ! On n'a pas la prétention d'y faire de la grande gastronomie mais les formules y sont simples et d'un bon rapport qualité-prix. On vient également pour le côté pub et profiter d'une bonne mousse. Le service est généralement chaleureux et très efficace !

BLÉRANCOURT

Entre Noyon et Coucy-le-Château-Auffrique se trouve la commune de Blérancourt. Son patrimoine est très riche. Sont notamment à découvrir : l'église de Blérancourdelle (commune rattachée à Blérancourt en 1968), l'hôtel de ville, un baraquement typique de la reconstruction post-Première Guerre mondiale, le moulin vert, la maison de Saint-Just, le château, l'église Saint-Pierre-ès-Liens de Blérancourt qui fut construite aux alentours de 1537, sous l'impulsion de Guillaume Lanvin, seigneur de Blérancourt et écuyer du roi, ainsi que différentes places et fontaines, le musée Franco-Américain et les jardins du nouveau monde.

MUSÉE FRANCO-AMÉRICAIN DU CHÂTEAU DE BLÉRANCOURT

Château de Blérancourt ✆ 03 23 39 60 16
museefrancoamericain.fr
Tous les jours, (sauf mardi) de 10h30 à 12h30, de 14h à 18h. 6 €/pers. Jardins : 7j/7 de 8h à 19h, gratuit.

Édifié au XVIIe siècle, ce château a abrité la reine Marie de Médicis, le roi Henri IV et le cardinal de Richelieu. Ce prototype du château du Luxembourg fut choisi en 1917 par Anne Morgan, bienfaitrice américaine, comme quartier général des ambulanciers volontaires américains. Aujourd'hui, Monument historique, il abrite trois collections évoquant les relations entre la France et les États-Unis : l'origine des premières alliances, les combats côte à côte et les échanges artistiques.

LA RÉSERVE EXOTIQUE

Avenue Pasteur
✆ 06 66 85 77 39
Ouvert tous les après-midi pendant les vacances scolaires, et le dimanche matin. A partir de 6,50 €/pers.

Le Jardin exotique de Blérancourt est une véritable oasis de paix. Il abrite des espèces rares de petits primates. Ici, vous pourrez trouver des wallabys, des tortues, des lémuriens, des flamants roses ou encore des ouistitis ! Au détour des sentiers qui vous mènent à explorer les différentes régions, vous - ou vos enfants - craquerez à coup sûr sur ces adorables petits animaux qui n'en font qu'à leur tête dans ce jardin. Si vous cherchez un endroit paisible et exotique à visiter près de Blérancourt, le Jardin exotique est un choix parfait.

NOS BALADES

FORÊT DE COMPIÈGNE NORD

- **Total :** 41 km
- **Durée :** entre 2h et 4h (10 à 20 km/h)
- **Difficulté :** quatre côtes, peu vallonné

LIEUX	Km partiel	Km cumul	Routes
CHÂTEAU COMPIÈGNE	0	0	Avenue Royale
ROND ROYAL	1,1	1,1	Avenue Royale
CARREFOUR ROYAL	0,8	1,9	Route tournante du Grand Parc
CARREFOUR DU RENARD	1,8	3,7	Route Eugénie, route des Prés
LES BEAUX MONTS	3,9	7,6	Route des Prés, route de Morpigny
CARREFOUR DE L'EPERVIER	6	13,6	Route Eugénie
VIVIER-FRÈRE-ROBERT	1,3	14,9	CV, D14
VIEUX MOULIN	1,1	16	Route du Faubourg-Saint-Pierre, D547
MAISON EUGÉNIE	4,2	20,2	D547, Piste cyclable
CHÂTEAU DE PIERREFONDS	3,5	25,7	Piste cyclable
CARREFOUR ROYAL	13,1	39,1	Avenue Royale
CHÂTEAU COMPIÈGNE	1,9	41	Place du Château

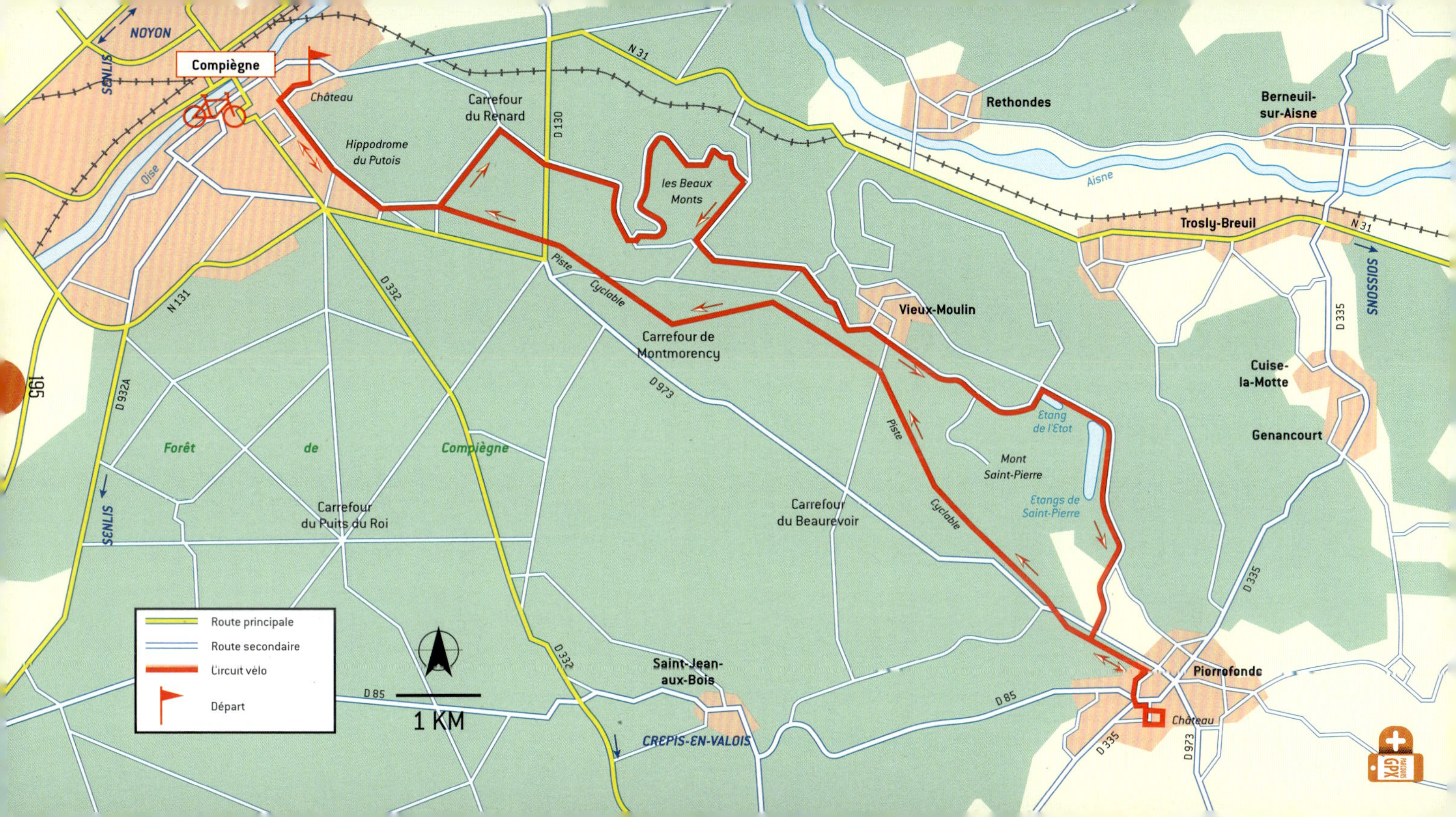
NOYON
SENLIS
Compiègne
Château
Oise
N 131
Hippodrome du Putois
Carrefour du Renard
D 130
N 31
les Beaux Monts
Rethondes
Berneuil-sur-Aisne
Aisne
Trosly-Breuil
SOISSONS
D 335
Vieux-Moulin
Piste Cyclable
Carrefour de Montmorency
D 332
D 973
D 932A
Cuise-la-Motte
Genancourt
Etang de l'Etot
Mont Saint-Pierre
Etangs de Saint-Pierre
Forêt de Compiègne
Carrefour du Puits du Roi
Carrefour du Beaurevoir
Route principale
Route secondaire
Circuit vélo
Départ
1 KM
D 85
Saint-Jean-aux-Bois
CREPIS-EN-VALOIS
Pierrefonds
Château
PARCOURS GPX

COMPIÈGNE ★★

Ville royale (choisie par Charles le Chauve qui en fit sa capitale) puis impériale (Napoléon Ier restaura le château et Napoléon III en fit sa résidence d'automne), elle fut le théâtre de la capture de Jeanne d'Arc. De ces temps anciens, elle conserve une remarquable partie médiévale qui donne à l'espace piétonnier du centre-ville un vrai charme historique. Compiègne porte plus tristement les témoignages des deux guerres mondiales, avec notamment la clairière de l'Armistice (de la Première Guerre mondiale est située en dehors de la ville, en direction de Rethondes) et le Mémorial de l'Internement et de la Déportation du camp de Royallieu.

ABBAYE BÉNÉDICTINE ✝ ★

Centre du village

SAINT-JEAN-AUX-BOIS

Ouvert du mercredi au lundi de 10h à 18h30.
Accès gratuit.

L'existence du village au milieu de la forêt domaniale est lié à l'abbaye bénédictine fondée en 1152 par la reine Adélaïde, veuve de Louis VI le Gros. Cette abbaye fut un couvent de femmes jusqu'en 1634, où elles échangèrent leur toit avec les chanoines de Royallieu, pour échapper à l'inquiétude de vivre isolées. Il ne reste que la porte fortifiée avec ses deux tourelles du XVe siècle, pour témoigner de l'enceinte qui entourait et protégeait l'abbaye. Cela constitue une charmante entrée vers les calmes jardins de la magnifique église abbatiale du XIIIe siècle !

HÔTEL DE VILLE ★

Place de l'Hôtel de Ville

L'intérieur ne se visite pas, sauf à l'occasion des journées du patrimoine ou de visites guidées.

Cet Hôtel de Ville présente une élégante architecture typique du gothique flamboyant du XVIe siècle. L'édifice fut restauré dans le courant du XIXe siècle sous l'impulsion de Napoléon III. Chaque quart d'heure, vous entendrez sonner les cloches ! Regardez au-dessus de l'horloge, ce sont trois personnages qui sont dévolus à cette tâche. Symboles de la ville, les trois « Picantins » s'appellent Langlois (en rouge), Flandrin (en bleu) et Lansquenet (en vert). Ce sont en fait les trois ennemis traditionnels de la cité : l'Anglais, le Flamand et l'Allemand.

CHÂTEAU DE COMPIÈGNE ★★★

Place du Général-de-Gaulle
✆ 03 44 38 47 00
https://chateaudecompiegne.fr

Fermé les 1er janvier, 1er mai et 25 décembre.
Ouvert tous les jours sauf le mardi de 10h à 18h.
Gratuit jusqu'à 26 ans.

Entrer dans le « palais impérial », c'est faire un retour en arrière au temps de Napoléon ! Le château est divisé en plusieurs entités qui donnent du dynamisme à la visite. Le château a la particularité d'être situé en plein centre-ville, car Charles V souhaitait acquérir des terres au sein de la ville. C'est à Louis XV que nous devons la configuration actuelle du château. Une fois les grilles majestueuses de l'entrée passées, vous obtenez facilement votre billet qu'il faudra garder précieusement pour accéder aux quatre musées. Vous gravirez ensuite de majestueux escaliers pour accéder au Musée du Second Empire, au Musée de l'Impératrice et aux appartements royaux et impériaux. Les parcours sont bien expliqués et complets. Les appartements vous font voyager entre le XVIIIe siècle et le Second Empire. Le visiteur déambule entre les pièces qui ont été toutes remeublées. Vous découvrirez dans le musée du Second Empire une grande galerie avec des peintures de Pérignon et Thomas Couture ainsi que des souvenirs de la famille impériale. La dernière salle est agrémentée de lustres et vos enfants seront ravis de découvrir les voitures d'enfants d'époque. Au sein du Musée de l'Impératrice, vous entrerez dans l'intimité des souverains : il y a notamment une série de photographies sur papier salé encaustiqué assez exceptionnelle. Nous vous conseillons de finir par le Musée national de la voiture et du tourisme : vous serez subjugué par cette salle sombre où les carrosses d'époque sont tous garés les uns à côté des autres, datant du XVIIIe siècle jusqu'au début du XXe siècle. Vous avez l'impression que les princes et princesses vont descendre de ces hippomobiles aux roues surdimensionnées. Un wagon impérial de train est également visible. Une partie de ce musée est également consacrée à l'évolution du cycle : les enfants aiment beaucoup regarder les tricycles, les vélos et les motos d'époque ! Pour finir, n'oubliez pas de passer par le parc du château, qui est accessible gratuitement à tous : Napoléon Ier souhaitait un parc naturel et ouvert sur la forêt. En 1812, le jardin a donc été complètement réaménagé par Louis-Martin Berthault, avec une forte présence arbustive. Côté pratique, pour effectuer votre visite, vous pouvez télécharger l'application du château et vous laisser guider pas à pas. Des livrets pour les enfants sont disponibles à l'accueil (à partir de 8 ans) : ils vont devenir enquêteurs le temps de la visite. Une aire de pique-nique est accessible à l'entrée du parc. Prévoyez d'y passer plusieurs heures !

MUSÉE DE L'ARMISTICE ★★

Route d'Aumont
✆ 03 44 85 14 18
www.musee-armistice-14-18.fr
Ouvert de 10h à 17h30/18h selon la saison. Adultes 7 €. Enfants de 7 à 18 ans : 5 €.

Le site a été médiatisé mondialement à l'occasion du Centenaire de l'Armistice de la Première Guerre mondiale. Pour l'occasion, la Clairière et la dalle sacrée ont été rénovées. Après vous être imprégné de l'atmosphère poignante du site, ne manquez pas la visite du Musée de l'Armistice. Il a été complètement rénové et garde en point d'orgue la réplique du wagon où a été signé l'Armistice et un taxi de la Marne depuis 2021. Ce musée présente aussi un autre épisode historique : l'Armistice du 22 juin 1940 signé ici entre le IIIe Reich et le Gouvernement Pétain.

LA SUCRERIE

12, hameau de La Sucrerie
✆ 09 81 35 69 53
Ouvert d'avril à novembre, visite guidée, ateliers, boutique.

Fermée en 1969, cette sucrerie du XIXe siècle, restaurée par des bénévoles, présente le plus ancien témoignage de l'industrie sucrière en France : la transformation de la betterave en sucre, le développement de la chimie du végétal, mais aussi le paternalisme des patrons Marguerite et Gaston Benoît, la naissance du syndicalisme, travail des femmes... Au programme, expositions permanentes, témoignages audio, et ateliers originaux, parmi lesquels fabrication du savon picard à l'huile de colza et du gel pour les cheveux avec des graines de lin.

PICARDIE FORÊTS VERTES

Carrefour Royal
✆ 06 07 54 99 26
www.picardieforetsvertes.com
Ouverture du 1er avril au 1er novembre en fonction de la météo. Réservation en semaine et hors saison par téléphone.

Placé près de l'hippodrome à l'entrée de la piste cyclable qui traverse la forêt (soit à un bon kilomètre du centre-ville) ce loueur de vélos (VTC, VTT, tandem et vélos à assistance électrique) vous attend du printemps à l'automne. On vous fournit gracieusement les plans des itinéraires et des casques et accessoires comme les bombes anti-crevaison, anti-vol... Le loueur peut mettre à disposition des cycles dans les hôtels, chambres d'hôtes ou au départ des gares. N'hésitez pas à l'appeler pour savoir si des locations en semaine ou hors saison sont possibles.

LES BEAUX MONTS €€

69, rue du Bataillon-de-France
✆ 06 10 45 65 06
www.lesbeauxmonts.fr
Chambre double 80 €. Petit déjeuner inclus. Formule gîte : à partir de 340 € la semaine.

Un gîte ouvert dans une ancienne maison de charpentier, entièrement restaurée, à cinq minutes à pied de la forêt et du château. Les quatre suites peuvent accueillir entre 2 et 4 personnes et sont meublées et décorées avec goût en présentant tout le confort nécessaire. Elles tirent leur nom des monts des massifs forestiers aux alentours : Mont du Tremble, Mont Ganelon, Mont Saint-Mard, et Mont Saint-Pierre. Le linge de lit et de toilette, l'eau, l'électricité et le ménage et le wifi sont compris. Vous pouvez donc vous installer sereinement et profiter.

HOSTELLERIE DU ROYAL-LIEU*** €€€

9, rue de Senlis
✆ 03 44 20 10 24
https://hostellerieduroyallieu.com/
Accueil jusqu'à 23h. 15 chambres de 110 € à 130 € (suites). Demi-pension : 130 € (1 pers. 170 € pour 2). Parking privé.

Lieu de charme au milieu d'un grand parc paysager, au cœur de la ville impériale, cette bâtisse à colombages du XIXe siècle accueille un établissement de référence à Compiègne. L'ambiance est ici tout en élégance, jusque dans le restaurant gastronomique, situé à quelques mètres de l'hôtel : produits du terroir et savoir-faire se mêlent pour le grand plaisir des gourmands. Les chambres ont en commun la vue sur le parc, un mobilier chic et une décoration épurée.

LE BISTROT DU CHÂTEAU €€

8, rue du Dahomey
✆ 03 44 40 13 13
www.bistrotduchateau-compiegne.fr
Ouvert du mardi au dimanche le midi ; du mercredi au samedi le soir. Réservation recommandée. Carte : 19 € environ.

On ne sait par où commencer pour décrire les attraits de cet établissement ! La situation est idéale, en plein centre-ville, dans la rue qui mène au château impérial. La configuration est agréable, avec plusieurs recoins qui permettent de se sentir dans un cadre assez intimiste. Chaque espace a son charme : la salle avec les tomettes et les superbes photos du château, celle avec le parquet et la grande vitre, la belle véranda et la petite terrasse. Les habitués viennent aussi ici pour les plats savoureux faits de produits frais.

NOS BALADES

LA BRASSERIE PARISIENNE €€

17, rue Jean-Legendre ✆ 03 44 42 29 77
www.labrasserieparisienne.com
Ouvert tous les jours de 7h30 à 23h. Terrasse.

Le nom ne vous trompera pas : vous êtes ici dans une brasserie comparable aux beaux établissements de la capitale. En couverture de la carte, on affiche fièrement le « rétro spirit ». Dans cet établissement, vous trouverez donc des banquettes de cuir, de belles lampes, une coupole stylée et de beaux pans de mosaïques redécouverts à l'occasion des aménagements. Ceux-ci ont permis d'offrir à la longue véranda plus de luminosité et plus de confort, avec une isolation impeccable. Comme pour le décor, on est aussi dans le classique de bon goût du côté de l'assiette.

ÉTANGS DE SAINT-PIERRE ★

D 547
Ouvert toute l'année. Gratuit.

Sur la route Eugénie, une étape s'impose aux étangs de Saint-Pierre ! Considérés comme l'un des plus beaux sites de la forêt de Compiègne, les trois étangs artificiels ont été creusés au XVIe siècle par les moines célestins. Ces étangs poissonneux sont toujours aujourd'hui le paradis des pêcheurs. Quel plaisir de regarder les hérons, cygnes, grenouilles, poules d'eau ou canards, et de contempler des platanes, des peupliers et un chêne âgé de plusieurs siècles. C'est aussi le point de départ de randonnées vers les monts Saint-Mard et Saint-Pierre.

LES FERLEMPINS €€

13, cours Guynemer ✆ 03 44 83 53 31
www.lesferlempins.fr
Ouvert du mardi au samedi le midi ; le mardi, le mercredi, le vendredi et le samedi le soir. Formule du midi : 29 €.

Après de délicieux moments dans cet établissement, on cherche toujours un défaut, en vain... La cuisine est inventive, avec des plats revisités qui surprennent agréablement et des associations audacieuses. La carte change souvent car elle s'adapte aux saisons : célerisotto et mimolette locale, demi-pigeonneau (servi rosé uniquement) et frites de panais, épaule d'agneau confite et son houmous de haricots de Soissons... Cette cuisine repose sur des engagements : des produits frais, du fait maison, l'utilisation de produits et savoir-faire locaux... A découvrir !

AUBERGE DU DAGUET €€€

25, rue Saint-Jean
✆ 03 44 85 60 72
http://auberge.du.daguet.free.fr
Ouvert tous les jours midi et soir. Formule du midi : 20 € (entrée + plat + café). Menus de 37 € à 95 €.

On remarque d'abord l'établissement par son décor peint sur la façade, à côté de la charmante église au clocher atypique. Les yeux apprécient ensuite le plafond peint sur le modèle de celui de la salle de garde du château de Pierrefonds. Place ensuite au plaisir des papilles avec une galantine de colvert au foie gras avec champignons de forêt confits. La réputation de l'Auberge du Daguet ne date pas d'hier, on raconte même que l'Impératrice Eugénie y serait venue prendre un thé lors de l'inauguration de l'église voisine en 1860 !

VIEUX-MOULIN

Vieux Moulin est sans aucun doute l'un des plus beaux villages de l'Oise ! Son charme, il le doit d'abord au massif forestier qui l'entoure : la magnifique forêt de Compiègne. On apprécie également les petites maisons de pierre et les belles demeures bourgeoises qui parsèment le village. Son église atypique, que l'on doit à l'architecte de Napoléon III, est également un atout. Pendant votre balade, ne manquez pas les ruines du prieuré des Célestins de Saint-Pierre-en-Chastres, ainsi que le Pavillon de l'impératrice Eugénie. Alors n'hésitez pas, venez vous promener dans cette charmante commune du Vieux-Moulin ! Vous ne le regretterez pas !

PARCOURS DE RANDONNÉE

Panneau au centre du village, au croisement des rues de Compiègne et de Saint-Jean.

Un panneau détaillé et bien illustré vous permet de découvrir les points d'intérêt du village. Parmi les incontournables, il y a bien sûr l'église Saint-Mellon, mais aussi l'ancienne gare et les superbes demeures bourgeoises. Vous pouvez longer les routes très peu fréquentées et profiter du charme des petites maisons le long de la sente du faubourg Saint-Pierre. Une particularité du village : il comprend les premières maisons dans le style du Soissonnais, c'est-à-dire en pierre avec des pas de moineaux (des sortes de petites marches le long du toit).

PIERREFONDS ★★★

En lisière de la forêt de Compiègne, Pierrefonds a conservé un authentique charme romantique. Sous le Second Empire, le village était un centre de villégiature mondain et une station thermale à la mode. S'il n'y a plus de voie ferrée depuis 1964, l'ancienne gare construite en 1884 par l'architecte Charles Lecœur témoigne du succès considérable que connut Pierrefonds pour le tourisme et la cure. En vous promenant, vous pourrez admirer les belles maisons bourgeoises, ainsi que le château de Jonval, sur les hauteurs du lac, qui inspira Alexandre Dumas pour la demeure du mousquetaire Portos. Pierrefonds, c'est aussi son château médiéval remarquable.

ÉGLISE SAINT-SULPICE

A l'angle des rues Sabatier et du Rocher.

Cette église est un attrait de plus pour cette commune de charme. Son nom est tiré de saint Sulpice le Pieux, archevêque de Bourges. Clotaire II le prit comme conseiller, aumônier et le fit évêque en 624. L'édifice d'origine romane fut construit entre 1060 et 1070 par Nivelon, premier seigneur de Pierrefonds. L'église fut ensuite reconstruite à différentes époques, puis restaurée après les bombardements de la Seconde Guerre mondiale. L'église abrite des peintures du XVe siècle et un orgue remarquable qui possède tous les timbres de l'époque du règne de Louis XIV.

CHÂTEAU DE PIERREFONDS ★★★

Rue Viollet-le-Duc ✆ 03 44 42 72 72

www.chateau-pierrefonds.fr

Basse saison : 10h-17h30. Haute saison : 9h30-18h. Adulte : 8 €. Tarif réduit : 6,50 €. Accès au parc gratuit.

Quand vous apercevrez le château après avoir traversé la forêt de Compiègne, vous direz sans doute qu'il sort tout droit d'un conte de fées ou d'un décor de film. Vous n'aurez pas vraiment tort puisque Walt Disney s'en inspira pour *La Belle au bois dormant*. Il s'agit d'un ancien château fort dont la création fut ordonnée par Louis d'Orléans en 1393. Il résiste à deux tentatives d'assaut de l'armée royale, mais le siège livré par Richelieu sur ordre de Louis XIII (1617) lui est fatal. Napoléon Ier rachète Pierrefonds en 1811, mais c'est Napoléon III qui lui redonne une seconde vie. Il confie sa restauration à l'architecte Viollet-le-Duc, connu pour ses grands chantiers comme Notre-Dame de Paris. C'est ce curieux mélange de forteresse et d'architecture élégante du XIXe siècle qui donne au château sa singularité romantique. A l'intérieur, on retrouve des salles élégantes au milieu de structures massives. Les équipes du château ont également ajouté des touches de modernité, avec une application de visite « la ménagerie fantastique » (pour découvrir le château en famille en compagnie d'animaux fantastiques) et une table tactile permettant une approche ludique. Si vous n'avez pas le temps de visiter l'intérieur, faites le tour du château par le parc (accès gratuit). Sur le parcours vous observerez des lance-pierres conservés en l'état. Une fois en haut, la vue sur le château, le village, l'étang et la forêt vaut le coup d'œil ! Un monument historique à ne pas manquer de découvrir et d'explorer.

L'EMBARCADÈRE

Chaussée Deflubé

✆ 09 52 80 12 26

www.lembarcadere-pierrefonds.fr

Ouvert 7j/7. Brasserie.

Le bateau à pédales est l'incontournable loisir romantique ou familial lors d'une journée à Pierrefonds ! L'étang est dominé par le château féerique, les belles maisons, les anciens thermes, la charmante église, l'ancienne gare pleine de cachet et la forêt... Les nénuphars, les cygnes, les canards, un héron et les poules d'eau viennent compléter le décor. Les embarcations sont grandes avec quatre sièges plus de la place devant et derrière et certaines ont des formes de cygnes. Une restauration très correcte avec vue imprenable et prisée sur le château et l'étang.

MOULIN DE ROILAYE €€

13, rue de la Pierrette

✆ 06 85 65 44 76

www.moulinderoilaye.com

Gîtes de France. Chambre double de 115 à 190 €. Petit déjeuner inclus. Table d'hôtes.

Marie et Michel vous proposent trois chambres avec des salons privatifs dans ce moulin dont les premières traces remontent à 1381. Il fut moulin à draps pour assouplir les toiles, moulin à blé en 1676, avant d'être doté au début du XVIIIe siècle de deux tournants pour l'huile et pour le grain, pour finalement arrêter son activité en 1954 et devenir une maison de plaisance. À proximité de ce havre de paix de multiples activités : vélo, golf, cheval, promenade en forêt de Compiègne. C'est un endroit propice à la détente, à quelques minutes du château de Pierrefonds.

NOS BALADES

FORÊT DE COMPIÈGNE SUD

- **Total :** 39 km
- **Durée :** entre 2h et 4h (10 à 20 km/h)
- **Difficulté :** trois côtes, peu vallonné.

LIEUX	Km partiel	Km cumul	Routes
COMPIÈGNE	0	0	Carrefour Napoléon, avenue Marigny, route du Moulin, piste cyclable
CARREFOUR DU VOL	3,65	3,65	Piste cyclable
SAINT-JEAN-AUX-BOIS	5,85	9,5	D33
CARREFOUR SAINTE-EULALIE	3	12,5	D33
CARREFOUR D33-D335	1,3	13,8	D335, CV, rue de la Poste
MORIENVAL	2,7	16,5	Rue des Trois-Couronnes, D335, CV, D332, CV
FERME DE BEAUVOIR	5,4	21,9	CV, rue du Général-Étienne
ORROUY	1,5	23,4	D116, rue du Jeu-d'Arc, CV
CHAMPLIEU	2,4	25,8	CV
RUINES GALLO-ROMAINES DE CHAMPLIEU	0,9	26,7	Chaussée de Brunehaut, route du Cor
ÉTOILE DE LA REINE	2,1	28,8	Route des Eluas
CARREFOUR DE LA MICHELETTE	2,5	31,3	Route des Eluas, route du Palis
CARREFOUR DU PUITS DU ROI	3,45	34,75	Route du Moulin, avenue Marigny
COMPIÈGNE	4,25	39	Carrefour Napoléon

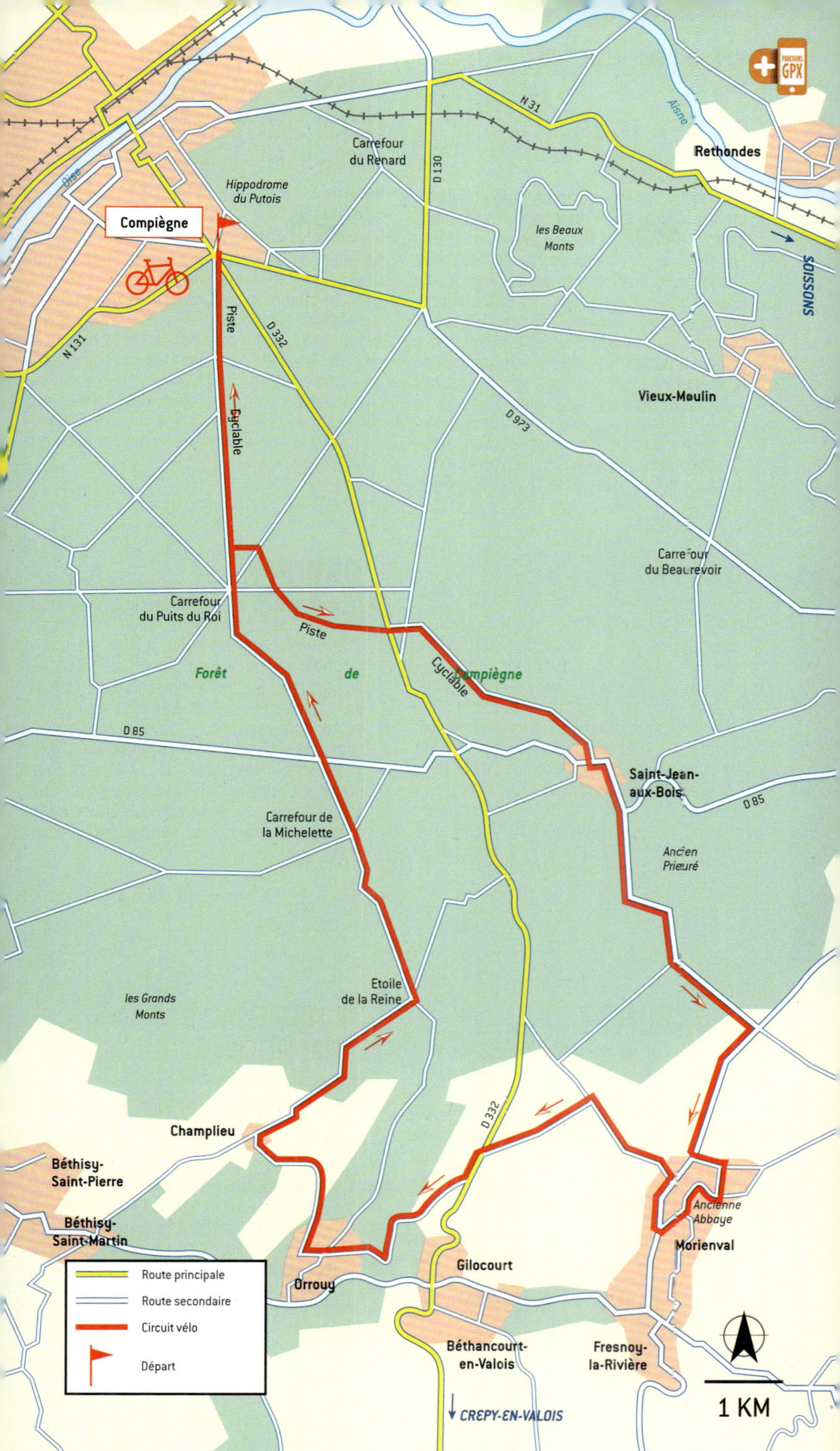
PARCOURS GPX
Oise
Aisne
Rethondes
N 31
Carrefour du Renard
D 130
Hippodrome du Putois
Compiègne
les Beaux Monts
SOISSONS
Piste Cyclable
D 332
N 131
Vieux-Moulin
D 973
Carrefour du Beaurevoir
Carrefour du Puits du Roi
Piste Cyclable
Forêt de Compiègne
D 85
Saint-Jean-aux-Bois
D 85
Carrefour de la Michelette
Ancien Prieuré
Etoile de la Reine
les Grands Monts
Champlieu
D 332
Béthisy-Saint-Pierre
Béthisy-Saint-Martin
Ancienne Abbaye
Morienval
Gilocourt
Orrouy
Béthancourt-en-Valois
Fresnoy-la-Rivière
CREPY-EN-VALOIS
Route principale
Route secondaire
Circuit vélo
Départ
1 KM

SAINT-JEAN-AUX-BOIS

Ce paisible village de moins de 300 habitants possède les ingrédients propices aux balades : une forêt majestueuse, un chêne qui serait le plus vieux de France, une belle abbatiale, une élégante porte fortifiée, de charmantes petites maisons, un arboretum, un orgue à l'acoustique superbe, de beaux concerts dans le cadre du Festival des forêts et un restaurant très réputé... Le hameau de la Brévière a également son attrait avec ses maisons de pierre, l'étang Sainte-Périne et sa maison forestière classée Monument historique. La chanson *Mon amant de Saint-Jean* doit son nom à sa composition en 1942 à l'auberge La Bonne Idée de Saint-Jean-aux-Bois.

ÉGLISE ABBATIALE NOTRE-DAME ✝ ★

Impasse de Morienval
✆ 03 44 88 61 14
Ouvert toute l'année.

Nichée dans la pittoresque vallée d'une petite rivière dénommée Automne, cette église est célèbre en raison de ses proportions imposantes et de ses trois clochers. Elle a été construite au milieu du XIe siècle pour conserver les reliques de saint Annobert, premier évêque de Sées, en Normandie. L'église est connue pour son clocher massif qui fait aussi office de porche et qui donne sur une place agréable plantée de tilleuls. En faisant le tour de l'église, un chevet typiquement roman.

ARBORETUM

Derrière l'abbaye
Ouvert toute l'année. Gratuit.

Si vous stationnez sur le parking indiqué dès l'entrée du village, vous tomberez sur l'arboretum. Cet équipement récent vous permet de vous imprégner de l'identité de la commune : le calme, l'abbaye voisine et le milieu forestier. A travers un parcours pédagogique simple, court et réussi, vous en apprendrez davantage sur le grand domaine forestier qui entoure ce charmant village. Ainsi, au delà des classiques panneaux, petits et grands peuvent s'amuser au gré des ateliers. On se prend vite au jeu de ce parcours ludique et divertissant.

ORROUY

Ce petit village de moins de 600 habitants présente bien des attraits. Situé à mi-pente d'un coteau en lisière de la forêt de Compiègne, il offre une belle randonnée (le détail du circuit de 8,5 km est disponible à l'office de tourisme de Crépy-en-Valois). Vous passerez ainsi devant un château aux toits hauts et découpés, une grande ferme, un beau site gallo-romain, une église avec un haut clocher roman, des vestiges de l'ancienne église des XI et XIIIe siècles, et des cavées (anciennes vallées étroites où une riche végétation se développe).

MORIENVAL

Située au sud de la forêt de Compiègne, à 10 kilomètres de Crépy-en-Valois, Morienval est célèbre pour son abbaye et son ancien monastère royal (qui a longtemps été considéré comme l'un des plus puissants de la région). Sa construction, qui débuta en 920, dura plus d'un siècle. L'ensemble regroupe plusieurs édifices remarquables, notamment l'église romane, les tours jumelles, le faux déambulatoire ou encore les chapiteaux sculpté dans le bas-côté de la nef. Le site a été classé sur la liste des monuments historiques très tôt, en 1840. A ne surtout pas manquer si vous êtes de passage dans la région.

SANCTUAIRE GALLO-ROMAIN DE CHAMPLIEU

A 2 km au nord du village
Ouvert toute l'année. Tous les jours. Gratuit.

Au milieu des champs, et en lisière sud de la forêt de Compiègne, on ne soupçonne pas l'existence de ce sanctuaire gallo-romain des premiers siècles de notre ère ! Oublié, il ne fut redécouvert qu'en 1850. Les sculptures du temple et une partie des trouvailles sont bien mises en valeur dans une nouvelle salle du Musée Antoine Vivenel de Compiègne. Sur la place on trouve les ruines d'un temple carré du Ier siècle et d'un théâtre du IIe siècle, ainsi que des thermes.

FORÊT D'HALATTE

- **Total :** 39,7 km
- **Durée :** entre 1h20 et 2h40 (10 à 20 km/h)
- **Difficulté :** sept côtes, moyennement vallonné

LIEUX	Km partiel	Km cumul	Routes
CATHÉDRALE DE SENLIS	0	0	Rue de Villevert, rue du Moulin, Saint-Rieul, D932
CHAMANT	2,5	2,5	Chaussée Pontpoint
CARREFOUR DE LA FUTAIE	5,9	8,4	Chaussée Pontpoint, route de la Croix-Frapotel
DOMAINE DE FRAPOTEL	2,7	11,1	Route de Crépy, rue de la Longue-Haie
PONTPOINT	2,3	13,4	D123, rue Saint-Amand
ABBAYE DU MONTCEL	3,4	16,8	Rue Saint-Amand, quai de la Pêcherie
PONT DE PONT-SAINTE-MAXENCE	0,9	17,7	Quai Deschamps, rue Ramon, rue du Stade, rue Frigaux, D120, avenue du Général-de-Gaulle
VERNEUIL-EN-HALATTE	8,5	27,2	D565
POTEAU DE FLEURINES	5,2	32,4	Route Dumas, route d'Auteuil, route de la Belle-Croix, route de la Queuede-la-Brosse
CARREFOUR DE LA QUEUE	4,3	36,7	Route d'Aumont à Senlis, rue de la Brosse, Moulin de Gué du Pont, rue de Villeret
CATHÉDRALE DE SENLIS	3	39,7	Place du Parvis

PARCOURS GPX
ROYE
N 17
Bazicourt
COMPIÈGNE
D 200
Oise
Cinqueux
D 29
Monceaux
les Ageux
D 200
Brenouille
D 29
Pontpoint
Pont-
Sainte-Maxence
Oise
Villiers-
Saint-Paul
D 120
Beaurepaire
CREIL
Verneuil-
en-Halatte
Forêt
COMPIÈGNE
Mont-la-Ville
Fleurines
Villers-
Saint-Frambourg
Aérodrome
CREIL
D 932A
N 17
d'Halatte
N 330
Ognon
Aumont-
en-Halatte
A1
Balagny
Apremont
N 330
Chamant
N 324
CHANTILLY
D 924
Senlis
Mont-
l'Evêque
Vineuil-
Saint-Firmin
Courteuil
D 330
CREPY-EN-VALOIS
Avilly-
Saint-Léonard
A1
Avilly
Nonette
D 330A
N 330
Autoroute
Route principale
Route secondaire
Circuit vélo
Départ
N 17
Forêt
de Pontarmé
1 KM
FOSSES
PARIS

SENLIS ★★

Vous devriez tomber sous le charme des ruelles pavées de Senlis. Très peu propice aux voitures, le centre-ville bourgeois est un endroit calme et agréable pour flâner au milieu des vieilles maisons ou des beaux hôtels particuliers des notables des XIIe et XIIIe siècles. Cette caractéristique architecturale demeure de nos jours l'une des particularités de Senlis. La ville se caractérise aussi par les vestiges romains (remparts, théâtres et pièces du Musée archéologique). Cette préservation miraculeuse, dans cette région meurtrie par les guerres, s'explique par l'absence de train. Cela a permis à Senlis d'être épargnée des lourds bombardements.

CATHÉDRALE NOTRE-DAME DE SENLIS ✞ ★★

3, place Notre-Dame
✆ 03 44 53 06 40
Ouverte 8h30-19h. Gratuit. Visite guidée les 3e dimanches au départ de l'office de tourisme à 15h, d'avril à octobre.

L'édifice se distingue par des dimensions moins démesurées que ses voisines picardes. Cette cathédrale a été construite en 1150 et sera consacrée quarante ans plus tard. Le style gothique initial sera remanié au XIIIe siècle. En 1504, un incendie ravage la charpente et conduit à l'effondrement des voûtes. Sa reconstruction sera l'occasion de surélever de 6 m les parties hautes, de doubler les bas-côtés de la nef et de parer les façades latérales d'un splendide décor flamboyant.

ABBAYE ROYALE DU MONCEL ✞ ★

Rue du Moncel - **PONTPOINT**
✆ 03 44 72 33 98
www.abbayedumoncel.fr
Fermé de novembre à mars.

Fondée par Philippe IV le Bel en 1309, l'abbaye a connu une histoire tortueuse. Elle fut occupée par des sœurs clarisses avant d'être vendue à la Révolution, puis devient un hôpital militaire durant la Grande Guerre, et un camp de prisonniers nazi quelques années plus tard. Elle est sauvée de l'abandon en 1984 grâce à la reprise par l'association du Club du Vieux Manoir. Aujourd'hui la visite est agréable, dans le cloître et le parc de 6 hectares. Notre coup de cœur, c'est le cellier de 500 m^2 avec des voûtes en croisée d'ogives de style gothique ! A voir !

LA FERME DE PERRINE 📷

17, rue des Bordes
MONTÉPILLOY
✆ 06 84 23 50 60
Réservation obligatoire par téléphone. 1h de visite guidée. Entrée : 5 € enfant, 6,50 € adulte.

En vous rendant à cette ferme pédagogique, vous allez devenir apprenti fermier le temps de la visite pour le plus grand bonheur des petits et des grands. Perrine, une jeune femme pétillante, vous apprendra à donner le biberon aux agneaux. Vous ferez ensuite la connaissance de Rico le veau, Mado la truie et Rachel la chèvre... Une fois tout ce petit monde nourri, on passe à la séance caresses et câlins avec les animaux dans une grande pâture : veaux, cochons, moutons... Tous ont été sauvés par Perrine, soit de maltraitance, soit de l'abattoir.

ABBAYE SAINT-VINCENT ✞

30, rue de Meaux
www.lycee-stvincent.fr
Visites pendant les journées européennes du patrimoine.

En arrivant sur site, l'image est étonnante : une abbaye royale avec un haut clocher à côté d'un vieux terrain de sport... L'explication est simple : les élèves du lycée privé Saint-Vincent occupent le site d'une abbaye dont la première construction remonte à 1066 ! L'abbaye fut construite sur décision d'Anne de Kiev, épouse d'Henri Ier. Le bâtiment est remanié aux XIIIe et XVIIe siècles. Après 1789, l'abbaye devient un bien public. En 1836, l'évêque de Beauvais achète Saint-Vincent et le transforme en internat pour garçons.

© CATHERINE FAUCHEUX

Le Parc du Château royal offre un très bel aperçu de Senlis.

NOS BALADES

MUSÉE DE LA VÉNERIE ★

✆ 03 44 29 49 93

http://musees.ville-senlis.fr

Ouvert du mercredi au dimanche de 10h à 13h et de 14h à 18h. Pass : 6 € (pour deux musées à Senlis).

Situé à quelques pas de la cathédrale, ce musée propose de découvrir le monde de la chasse à courre à travers des tableaux, tous plus admirables les uns que les autres, des hures d'une famille sanglier, des costumes de vénerie... Vous découvrirez un univers inconnu du grand public sur trois étages. Ne soyez pas effrayé de découvrir des animaux empaillés, comme ce cerf que l'on aperçoit au bout de la première galerie ou ce sanglier présent au rez-de-chaussée. On y découvre le faste de la vénerie sous l'Ancien Régime. Le personnel est très accueillant !

THÉÂTRE GALLO-ROMAIN

Visite guidée chaque 1er dimanche du mois entre avril et octobre à 15h. 9 € adulte et 7 € en tarif réduit.

Cette visite guidée est un privilège pour les visiteurs : le théâtre est un site unique dans les Hauts-de-France. Avant d'atteindre le théâtre, on vous contera l'histoire de la seule muraille gallo-romaine du nord du pays dont le plan est encore complet. Cette enceinte senlisienne a été construite à la fin du IIIe siècle pour lutter contre les invasions. Le jardin du Roy situé à proximité du château et de la cathédrale, vous donne un bel aperçu de construction. Les arènes pouvaient contenir jusqu'à 8 000 spectateurs qui assistaient au combat des gladiateurs !

LA BOHÈME €€

9-11, place Henri IV

✆ 03 44 56 63 99

www.labohemesenlis.fr

5 chambres. A partir de 105 € la nuit. Petit déjeuner inclus. Restauration.

Cinq chambre d'hôtes de 25 à 45 m² vous sont proposées à l'étage du restaurant la Bohème. Elles donnent sur la terrasse ou le jardin intérieur et sont agrémentées avec goût, avec un coin salon et une salle de bains privative. La literie est de qualité et vous serez assuré de repartir reposé, après avoir savouré un bon petit-déjeuner continental ! On ne peut que vanter le goût des propriétaires pour la décoration, avec des couleurs soigneusement choisies et harmonisées avec le mobilier et les objets. On se sent de suite à l'aise et c'est appréciable !

CABANES DES GRANDS CHÊNES €€

1, rue Nicolas de Lancy - **RARAY**

✆ 03 44 58 39 08

www.cabanesdesgrandschenes.com

À partir de 165 € la nuit. Panier-repas gastronomique : 35 €.

Une vingtaine de cabanes perchées entre 7 et 13 m dans des chênes centenaires vous attendent, chauffées, équipées d'eau, d'électricité, de salle de bains. Chaque cabane est particulière. Coups de cœur pour la Spa Cocon et la Spa Origin. Vous grimpez dans les arbres par un escalier en colimaçon pour accéder à votre cabane, à 8 m du sol, vous empruntez ensuite un pont suspendu pour rejoindre votre bain nordique perché dans un autre arbre à 6 m de haut. Un séjour vraiment original.

HOSTELLERIE DE LA PORTE BELLON*** €€

51, rue Bellon

✆ 03 44 53 03 05

Logis. 20 chambres. A partir de 95 €. Petit déjeuner 12 €.

Cet ancien relais de poste appartient depuis 2010 à la famille Bataille. Situé à l'entrée du centre-ville, vous apprécierez l'empreinte historique de la bâtisse, son charme et son caractère. Un escalier blotti dans la tour du XVIe siècle mène aux chambres cosy. Une fois vos bagages posés, vous pouvez vous déplacer uniquement à pied dans le centre-ville ! La cave du XIIIe siècle vous attend pour prendre un verre avant de rejoindre le restaurant réputé dans une ambiance chic.

CRÊPERIE ADMANI €

18, rue de Beauvais

✆ 09 63 25 33 66

Ouvert du jeudi au lundi le midi et le soir. Terrasse. Salades à partir de 13,50 €. Galettes à composer.

Ce restaurant en face de la tour historique des Bouteillers a changé de nom pour se reconvertir en crêperie. Ici, le choix de galettes est large. Les salades sont délicieuses et agréablement présentées. La terrasse se situe dans une rue peu passante, un peu à l'écart de l'effervescence du centre-ville. Coup de cœur pour la décoration de la salle. Il faut avoir son temps pour déjeuner ou dîner, même si le personnel est sympathique. Des produits découverts sur des marchés locaux sont proposés, comme le Betchup ! Les produits sont tous bio.

LE BISTROT DE SENLIS €€

9, rue Léon Fautrat
✆ 03 44 60 07 17
www.lebistrotdesenlis.com
Ouvert du lundi au samedi le midi et le soir. Fermé jeudi et dimanche. Formule midi et soir de 23 € à 29 €.

Une table ouverte qui ne désemplit pas avec tous les Senlisiens qui viennent y faire leur pause déjeuner. Il faut dire que le rapport qualité-prix y est excellent avec les plats du chef Laurent Cresta chaque jour renouvelés, comme le risotto de langoustines, la saucisse de Morteau, crémeux de lentilles et les lasagnes du bistrot… Un feu de cheminée au cœur de la salle, des murs de pierre, un décor raffiné finiront de vous convaincre et vous reviendrez dans ce bistrot à l'ancienne. Dernier plus : le service est rapide et souriant !

LA PORTE BELLON €€

51, rue Bellon
✆ 03 44 53 03 05
Ouvert du mardi au samedi de 12h à 22h. Menus de 32 € à 38 €. Formule du midi : 28 € (formule express à 21 €).

Midi et soir, les menus sont toujours attrayants avec des produits frais ! On apprécie la cuisine inventive du chef qui revisite avec succès les plats d'antan. Coup de cœur particulier pour le tartare de daurade royale, papaye verte aux saveurs asiatiques. Au menu également, des fricassées originales, comme le wok de homard. Le jardin où les tables sont éparpillées est très appréciable dès les premiers rayons de soleil printaniers : à l'abri du vent et des bruits de la rue ! Parfait pour déguster un des bons desserts du chef. Le service est efficace.

LA FERME L'ARBRE À POULE

28, rue Mortefontaine - **VILLERS-SAINT-PAUL**
✆ 06 15 29 43 14
www.larbreapoule.com
Vente à la ferme mardi et vendredi de 17h à 19h, mercredi et samedi matin. Visite hors horaires de vente. Gîte.

Un éco-lieu en permaculture. C'est une ferme pédagogique où acheter des fruits et légumes en direct et qui partage sa passion de l'élevage, du potager et du verger dans un cadre familial et chaleureux. Patrick et Magalie proposent des ateliers de soins aux animaux de la ferme et de jardinage pour vous initier au maniement des outils et vous apprendre à semer, planter et récolter selon le principe de la permaculture. Des animations sont régulièrement organisées pour les enfants le week-end, mais il faut réserver longtemps à l'avance.

PONTPOINT

Ponpoint est située au nord de la forêt d'Halatte et constitue une halte intéressante pour les randonneurs et vététistes qui s'y rendraient. La commune est à l'origine de la fusion de cinq anciens hameaux, le Moncel, Saint-Paterne, Saint-Gervais, Saint-Pierre et le Moru. Ce village-rue, c'est-à-dire que les constructions se succèdent en enfilade, est en train de devenir un vrai village avec le développement d'un centre-bourg. Parmi les incontournables, l'abbaye royale de Moncel, située à 2 kilomètres au sud-est. Ancien monastère bénédictin du XIe siècle, elle fut un lieu de pèlerinage pendant des siècles. Aujourd'hui, seules les ruines subsistent.

ABBAYE ROYALE DU MONCEL ★

Rue du Moncel
✆ 03 44 72 33 98
www.abbayedumoncel.fr
Fermé de novembre à mars.

Fondée par Philippe IV le Bel en 1309, l'abbaye a connu une histoire tortueuse. Elle fut occupée par des sœurs clarisses avant d'être vendue à la Révolution, puis devient un hôpital militaire durant la Grande Guerre, et un camp de prisonniers nazi quelques années plus tard. Elle est sauvée de l'abandon en 1984 grâce à la reprise par l'association du Club du Vieux Manoir. Aujourd'hui la visite est agréable, dans le cloître et le parc de 6 hectares. Notre coup de cœur, c'est le cellier de 500 m^{2} avec des voûtes en croisée d'ogives de style gothique ! A voir !

PONT-SAINTE-MAXENCE

Bourgade gauloise très ancienne, Pont-Sainte-Maxence est traversée en son centre par l'Oise, frontière naturelle et stratégique qui structure la cité en deux parties bien distinctes : la ville en aval du pont et celle en amont. Elle porte bien son nom car l'histoire de son pont a fortement influencé la ville. L'Oise qui traverse la ville d'Est en Ouest, voit le passage des péniches et des bateaux de plaisance. Aux beaux jours, du printemps à l'automne, de nombreux bateaux de plaisance traversent la ville et s'arrêtent le soir. La ville ambitionne de créer une halte fluviale pour accueillir ces touristes dans de meilleures conditions.

Histoire

Au cours des siècles, le pont reliant Paris aux Flandres fut âprement disputé. Le premier remonte à l'an 763. Il possédait dix arches avec un pont-levis et trois moulins, puis en 778, un péage. En 1658, le château seigneurial construit sur l'île en aval du pont fut détruit par les grandes inondations qui frappèrent la région et modifièrent le cours de l'Oise. Au XVIIIe siècle, trois arches du pont furent retirées pour faciliter le développement de la navigation sur l'Oise. Le premier pont moderne de la ville, fut construit en 1785, et fut classé Monument historique. Malheureusement, il sauta le 1er septembre 1914. Ce pont d'entre les deux guerres (achevé en 1924) fut lui bombardé le 9 juin 1940. Le pont actuel, inauguré en 1949, mesure 82 mètres de portée et possède une flèche de 14,50 mètres.

EGLISE SAINTE-MAXENCE

Place de l'Eglise

L'édifice, bien que remontant à l'époque du Moyen Age, fut construit au XVIe siècle. Elle constitue un exemple parfait de transition architecturale, en l'occurrence ici entre le gothique et la Renaissance. Si son plan suit les principes « classiques » du gothique : un chœur entouré d'un déambulatoire et de chapelles rayonnantes, les lavabos des chapelles surmontés de coquilles Saint-Jacques du chœur illustrent, en revanche, l'empreinte de la Renaissance. De même, le clocher, sur une structure gothique, possède un décor essentiellement d'inspiration Renaissance.

RESERVE ECOLOGIQUE DE L'OIS'EAU

Route l'Evêché

✆ 03 44 38 83 83

www.creilsudoise-tourisme.fr

Accès libre toute l'année. Accès à l'intérieur de la réserve sur demande.

En libre accès le long de la piste cyclable de la Trans'Oise, en suivant les panneaux vous trouverez un observatoire. En famille ou en groupe, un animateur de l'Entente Oise-Aisne vous accompagnera pour une visite unique autour des étangs en vous expliquant tout sur les inondations du site, les crues dans la réserve naturelle, la faune et la flore, ainsi que le cycle de l'eau. L'accès à l'intérieur de la réserve se fait sur demande. Une petite collation est offerte en fin de visite.

VERNEUIL-EN-HALATTE

Paisible village sur la rive gauche de l'Oise, Verneuil-en-Halatte s'est implanté aux environs du XIIe siècle en lisière de la belle forêt d'Halatte, dont les chênes réputés servirent à la construction de nombreuses charpentes d'édifices religieux des environs. Son patrimoine historique et architectural est à découvrir au fil d'une promenade. La commune est connue pour son oppidum, un site archéologique qui remonte à l'âge du fer, datant d'environ 500 av. JC., et découvert en 1873. L'église Saint-Honoré est un autre édifice remarquable. Elle a été construite au XIIeme siècle dans un style roman et particulièrement remarquable pour son décor sculpté.

MUSÉE DE LA MÉMOIRE DES MURS SERGE RAMOND ★

Place de Piegaro ✆ 03 44 24 54 81

www.memoiredesmurs.com

Ouvert du mercredi au lundi de 14h à 18h. Gratuit jusqu'à 8 ans. Adulte 5 €. Enfant 2,50 €. Visite guidée sur rdv.

Dans ce paisible village en lisière de forêt, un musée unique en Europe a été créé. Il rassemble des graffitis issus de toute la France, mais aussi d'autres pays, comme la Suède. Durant quarante ans, Serge Ramond a utilisé des pâtes à modeler pour prendre les empreintes laissées sur les murs. On retrouve ainsi des inscriptions de prisonniers de château médiévaux, des gravures de soldats durant la Grande Guerre et même des traces laissées par les hommes préhistoriques.

FLEURINES

Située au cœur de la forêt d'Halatte, à 35 minutes de Paris, Fleurines possède un riche patrimoine naturel et paysager qui en fait une ville où la vie est agréable. Elle abrite l'ancien prieuré Saint-Christophe-en-Halatte édifié au XIIe siècle, ainsi que l'église Saint-Jacques-Saint-Gilles, située sur le Chemin de Compostelle. Citons également le château de Saint-Christophe, l'obélisque du Roi de Rome et les deux fontaines dans la forêt d'Halatte au nord du village. Au cours de l'année, plusieurs événements animent la vie des habitants, comme la traditionnelle fête de la brioche, la brocante, les Feux de la Saint Jean ou encore le marché de Noël.

FORÊTS DE CHANTILLY ET D'ERMENONVILLE

- **Total :** 62,5 km
- **Durée :** entre 3h10 et 6h20 (10 à 20 km/h)
- **Difficulté :** dix côtes, moyennement vallonné.

LIEUX	Km partiel	Km cumul	Routes
CHÂTEAU DE CHANTILLY	0	0	Carrefour des Lions, D924a
CARREFOUR DE LA TABLE DE MONGRÉSIN	3,3	3,3	Route d'Hérivaux
ÉTANGS DE COMELLE	1	4,3	Route de la Fosse, route de la Loge
CHÂTEAU DE LA REINE BLANCHE	2,1	6,4	Route des Tombes
MONGRÉSIN	3,7	10,1	D924a
PONTARMÉ	2,2	13,3	Chemin des Vaches, chemin de Bois-Seigneur, D607
THIERS-SUR-THÈVE	1,8	15,1	D607
MORTEFONTAINE	5,5	20,6	D922
CARREFOUR D'ERME-NONVILLE	4,4	25	Route Longue, route Boisdhyver, D84, N330
ERMENONVILLE	4,1	29,1	CV, route du Regard, rue de Souville, chemin du Moulin, N330, CV
ABBAYE DE CHAALIS	4,1	33,2	CV
MONTLOGNON	2,7	35,9	CV
FONTAINE-CHAALIS	1,6	37,5	CV
BOREST	1,3	38,8	CV, D126
CARREFOUR DES ESPIONNES	4,8	43,6	Route Longue, rue du Pont-Urbain
VILLEMÉTRIE	7,2	50,8	Rue du Pont Urbain, ancien chemin de Meaux
SENLIS FAUBOURGS SUD	1,3	52,1	Rue de la Bigüe, rue des Jardiniers, rue de la Bretonnerie, rue du Quémiset, avenue de la Nonette, rue de Brichebay
BRICHEBAY	2	54,1	Route de Saint-Léonard
AVILLY-SAINT-LÉONARD	2,4	56,5	CV
AVILLY	1,9	58,4	D138, CV
SAINT-FIRMIN	0,9	59,3	D924
VINEUIL-SAINT-FIRMIN	1,4	60,7	D924
CHÂTEAU DE CHANTILLY	1,8	62,5	D924

PARCOURS GPX
Chantilly
Vineuil-Saint-Firmin
Saint-Firmin
Avilly
Avilly-Saint-Léonard
Courteuil
Senlis
Mont-l'Evêque
Borest
Fontaine-Chaalis
Montlognon
Ancienne Abbaye de Chaalis
Ermenonville
Ver-sur-Launette
Mer de Sable
Carrefour des Espionnes
Loisy
Forêt d'Ermenonville
Etang de l'Épine
Plailly
Mortefontaine
Thève
Nonette
Parc Astérix
Thiers-sur-Thève
Forêt de Pontarmé
Pontarmé
la Chapelle-en-Serval
Forêt de Chantilly
Mongrésin
Orry-la-Ville
Etangs de Commelles
Coye-la-Forêt
CREIL
LILLE
PARIS
MARLY-LA-VILLE
LUZARCHES
A1
N 17
N 16
N 330
D 330
D 330A
D 922
D 924
D 924A
D 44
1 KM
Autoroute
Route principale
Route secondaire
Circuit vélo
Départ

CHANTILLY ★★★

Chantilly, classée ville d'art et d'histoire, doit sa renommée internationale à plusieurs atouts. Le premier est sans doute d'être la ville du cheval, avec un superbe hippodrome accueillant le célèbre Prix de Diane (au mois de juin). Le grand public appréciera aussi les spectacles équestres des Grandes Écuries ou le Musée du Cheval. Les touristes apprécient également les longues allées d'un massif forestier de plus de 6 000 ha. De nombreuses visites guidées ou non sont proposées tout au long de l'année : l'histoire de Chantilly qui se lit à livre ouvert sur les monuments du cœur de ville, l'église Notre-Dame de l'Assomption, véritable chef-d'œuvre de l'architecture classique, le Bois-Saint-Denis, haut lieu des écuries, le patrimoine hydraulique de la commune avec ses canaux, moulins et écluses avec les réalisations d'André Le Nôtre, jardinier de génie et créateur des jardins du château... Côté gastronomie, inutile de rappeler la spécialité reconnue mondialement : la crème portant son nom et qui serait née à deux pas du superbe château. Un cuisinier débrouillard, dans la crainte de manquer de crème fraîche, aurait eu l'idée de fouetter la délicieuse denrée pour en augmenter le volume ! N'oublions pas aussi la ficelle picarde, l'agneau de pré salé, les fruits rouges du Noyonnais... Parcs et jardins foisonnent et sont un terrain de jeu idéal pour les sportifs, notamment la Cavée du Gué avec ses aménagements et la diversité de la faune et de la flore, les étangs qui ont tout autour de beaux espaces de promenade. Une ville dynamique à l'image de son office de tourisme !

ÉTANGS DE COMMELLES

COYE-LA-FORÊT

Ouvert toute l'année. Gratuit. Restauration. Boutique.

C'est l'un des lieux de balade les plus appréciés de la forêt de Chantilly. Un agréable sentier ombragé d'environ 5 km vous permet de faire le tour des quatre étangs. Pour les plus sportifs, un circuit de 12 km existe également, avec départ de la gare RER d'Orry-Coye ou de la Maison du Parc d'Orry-la-Ville. Dans cet espace naturel protégé, les pêcheurs se régalent car ces étangs sont d'anciens viviers à poissons qui furent créés par les moines de l'abbaye de Chaalis au XIIIe siècle. Le charmant petit castel, appelé aussi château de la reine Blanche, date de 1825.

CHATEAU DE CHANTILLY-MUSÉE CONDÉ ★★★

Château de Chantilly
✆ 03 44 27 31 80
www.domainedechantilly.com

Adulte : 17 €. Enfant : 13,50 € (7-17 ans). Pass domaine avec le spectacle équestre : de 24 à 30 €. Horaires sur site.

Le château de Chantilly, également appelé château-musée, détient dans ses murs un trésor inestimable légué par le duc d'Aumale à l'Institut de France. Le fils du roi Louis-Philippe a passé 23 années d'exil en Angleterre, où il a acquis de somptueuses collections de peintures, du mobilier, des livres, des manuscrits et des objets d'art. A son retour en France, il crée le musée Condé au sein du château pour exposer tous ses trésors. Actuellement, le musée est considéré comme un des premiers musées français de peintures anciennes après le Louvre. Pour entrer dans le château, il faut emprunter l'allée montante. A l'accueil, on vous proposera de télécharger sur votre téléphone une application permettant d'avoir une visite guidée en autonomie. Pendant que l'application charge, vous pourrez visionner une vidéo dans la chapelle : la voix de Stéphane Bern vous contera l'histoire du château à travers les siècles. La visite commence par le Cabinet des Livres, conçu par le duc d'Aumale afin d'abriter les ouvrages les plus précieux, tous remarquables par leur provenance, leur contenu, leur décor et leur reliure : près de 19 000 volumes et 1 500 manuscrits sont présents. Vous continuerez votre visite par la découverte des grands appartements, lieux de réception et d'habitation des princes Bourbon-Condé. Pillés en partie pendant la Révolution, ils ont été réhabilités par le duc d'Aumale. Vous y découvrirez un panel de mobiliers, d'objets d'art et de peintures de maitres. A ne pas rater : la grande singerie, qui rappelle le goût de l'Asie, à la mode au XVIIIe siècle. Ce boudoir, décoré par Christophe Huet en 1737, détient des peintures représentant les hommes sous forme de singes. Poursuivez ensuite en pénétrant dans la galerie de peintures du duc d'Aumale : près de 550 tableaux sont visibles sur des murs rouge foncé. Dans son testament, le duc d'Aumale spécifie que la présentation des peintures, typique du XIXe siècle, sur plusieurs niveaux, doit être immuable. Ainsi, aucune œuvre ne peut être prêtée. La galerie détient des œuvres de Watteau, de Delacroix, d'Ingres et de Poussin... Un régal pour les amateurs. La visite se termine par la visite des appartements privés du duc et de la duchesse d'Aumale, situés au rez-de-chaussée. On y trouve le Cabinet d'arts graphiques, avec notamment une extraordinaire collection de dessins, d'estampes et de photographies anciennes. On peut y découvrir des grands noms, comme Léonard de Vinci, Delacroix, Carmontelle...

DOMAINE DE CHANTILLY

7, rue du Connétable
✆ 03 44 27 31 80
www.domainedechantilly.com
Horaires selon la saison. Adulte : 17 €. Enfant (de 7 à 17 ans) : 13,50 €. Horaires sur le site. Restauration.

Que vous arriviez par la ville de Chantilly ou par la forêt, la vue imprenable sur le domaine vous laissera sans voix ! Vous plongerez immédiatement dans un autre temps pour vous retrouver à l'époque fastueuse du château, tandis que votre voiture vibrera en roulant sur les pavés ancestraux tout le long de la route, au même rythme que les chevaux en calèche. Entouré d'eau, le château est un bijou du patrimoine français qui saura vous subjuguer. Une fois votre voiture garée dans un des parkings jouxtant le château (tarif : 5 euros la journée), vous pourrez passer la journée sur place à pied pour découvrir le domaine : visiter le château de Chantilly et son magnifique musée Condé qui occupe l'intérieur du château, errer dans le parc allant à la découverte des jardins à la française, aller à la rencontre des animaux présents sur le site (moutons, kangourous...) et vous plonger dans l'univers magique des chevaux de Chantilly dans les Grandes Écuries. A vous de choisir si vous souhaitez déjeuner sur place ou tirer votre pique-nique de votre sac dans une des aires prévues à cet effet. Le château de Chantilly, intimement lié à l'histoire de France, n'a eu de cesse d'être agrandi et restauré par tous ses occupants depuis sa construction au Moyen Âge et ils furent nombreux : les Orgemont au Moyen Âge, les Montmorency au XVIe siècle, les Condé entre le XVIIe siècle et le début du XIXe siècle. Le duc d'Aumale, Henri d'Orléans, héritier de Louis-Henri Joseph, prince de Condé, récupère alors le château en 1830 et marque fortement l'histoire du château par sa personnalité. Il reconstruisit le Grand château rasé à la Révolution et l'enrichit de toutes ses collections d'œuvres d'art. Le duc d'Aumale offrit le château en 1886 à l'Institut de France. Le duc d'Aumale voulait faire du château un lieu d'exception ouvert au public, le pari est bien réussi. Venir au château de Chantilly, c'est sentir le vent de liberté qui y souffle. Pour les enfants, le rêve ira encore plus loin, car il est possible de louer des costumes d'époque à la boutique du château pour faire la visite. Ne vous étonnez donc pas de croiser des princes, princesses, marquis ou marquises dans le château. Ou de croiser des chevaux dans le parc avec une princesse en amazone et son prince en train de se promener. Pour prendre votre billet pour la journée, vous n'avez qu'à passer les grilles de l'entrée du parc et vous laisser guider vers la petite maison se trouvant sur la gauche. Le billet jour permet d'accéder au château-musée, au parc et aux Grandes Écuries.

GRANDES ÉCURIES - MUSÉE DU CHEVAL ★★★

✆ 03 44 27 31 80
www.domainedechantilly.com
Fermé en janvier et le mardi. Adulte : 17 € (parc, château, musée, dressage). Avec spectacle équestre de 24 à 30 €.

C'est au sein du domaine de Chantilly, à quelques pas du château, que se trouvent les Grandes Écuries. Ce chef-d'œuvre architectural datant du XVIIIe siècle a été édifié par l'architecte Jean Aubert pour Louis-Henri de Bourbon, le septième prince de Condé. Véritable palais pour les chevaux, les Grandes Écuries étaient dédiées à la chasse à courre : elles accueillaient jusqu'à 240 chevaux et 500 chiens. A la Révolution, elles sont transformées en caserne. La famille d'Orléans donne toute son importance aux Grandes Écuries en développant l'importance du cheval à Chantilly, notamment avec la création de l'hippodrome en 1834.

En arrivant, vous pourrez admirer les magnifiques sculptures de pierre ornant les frontons des Grandes Écuries. Arrêtez-vous un instant pour admirer les trophées militaires, Diane, la déesse de la chasse, et les chevaux. Une fois passé la porte, partez à la rencontre de Boléro, Cordobes, Gacelo, Séraphin, Pirate et Pépito... La Compagnie équestre des Grandes Écuries est composée de 27 chevaux, 10 poneys, 3 ânes et 1 mule. Vous pouvez les admirer, les caresser et faire connaissance avec eux, grâce à leur carte d'identité apposée devant chaque box. Vous entrerez dans le Musée du Cheval, créé en 1982 par Yves Bienaimé. Une animation audiovisuelle permet de découvrir le cheval à travers les âges, vu par l'homme. Puis, vous déambulerez pour découvrir la domestication du cheval, les implications du cheval au travail, dans les villes et à la guerre. Le monde de la chasse à courre, thème primordial à Chantilly, est également présenté au visiteur. La dernière partie de la visite est consacrée au cheval, comme outil de loisirs et de sport. On y découvre les chevaux de carrousels qui plairont aux petits et aux grands. Ce musée est autant ouvert aux néophytes qu'aux connaisseurs confirmés de cet animal. Vous y passerez un moment unique ! En plus, le cheval est présenté en action, dans le dôme de 28 mètres de haut. La Compagnie équestre propose quasi quotidiennement des animations équestres, comprises dans le prix du billet. Une cavalière explique, pendant près de 30 minutes, les bases de l'équitation et partage des exercices d'éducation du cheval. Demandez en arrivant l'heure à laquelle se déroule l'entrainement, car elle n'est pas fixe. En plus des entrainements quotidiens, il existe des animations équestres que vous pouvez découvrir sur le site Internet. Les places sont extrêmement prisées, n'hésitez pas à réserver.

MUSÉE DE LA DENTELLE DE CHANTILLY ★

34, rue d'Aumale
✆ 03 44 60 92 36
www.chantilly-dentelle.com
Ouvert du vendredi au dimanche de 14h à 18h. Adulte : 5 €. Enfant : 3 €.

Dans ce musée, l'histoire de la dentelle est à l'honneur avec la découverte des techniques et des centres de production dentellière comme Alençon ou Le Puy-en-Velay. À Chantilly, c'est la dentelle au fuseau qui était pratiquée pour orner les vêtements et accessoires des femmes. La dentelle de Chantilly était, aux XVIIIe et XIXe siècles, la principale industrie de la ville, faisant vivre plusieurs milliers de familles. Le musée programme de superbes expositions temporaires.

PARC DU CHÂTEAU ★★★★

www.domainedechantilly.com
Fermé en janvier. Ouvert tous les jours sauf le mardi. Restauration. Jeux pour enfants. Animaux. Balade en minibus 5 €.

Au cœur d'une vaste forêt et s'étendant sur 115 ha, le parc du château a été modelé par les propriétaires successifs de Chantilly. On se promène tour à tour dans le jardin français, le petit parc, le jardin anglo-chinois et le jardin anglais. Le jardin français, dessiné par Le Nôtre à la fin du XVIIe siècle, est le premier à apparaître. Depuis la terrasse du château, il ouvre une perspective sur un plan d'eau de 180 m de longueur débouchant sur le grand canal. Les parterres, les miroirs d'eau aux jets majestueux, le vertugadin, le grand canal et sa cascade font de ce jardin une merveille esthétique aussi bien qu'historique. Le jardin anglais et ses fabriques romantiques surprennent également par leur charme. Il fut dessiné sous la Restauration en 1819 par l'architecte Victor Dubois. Habité de cygnes et d'oiseaux aquatiques, son temple est un ravissement. On y découvre aussi les cascades de Beauvais, ce somptueux buffet d'eau dessiné par Le Nôtre au XVIIe siècle. Un labyrinthe de graminées a aussi été créé près du hameau. Au fil de ses allées, on découvre des édifices romantiques comme le Temple de Vénus, l'île d'Amour et le lac des Cygnes. De l'autre côté du jardin français, on pénètre dans le Hameau et son restaurant. Ces cinq maisonnettes campagnardes ont inspiré le hameau du Trianon de Marie-Antoinette à Versailles. Les enfants ne goûteront peut-être pas des heures à ce romantisme, alors amenez-les dans le grand labyrinthe végétal ou à l'aire de jeux avec ses cabanes de bois et ses saute-moutons sympathiques !

PAVILLON DE MANSE ★

34, rue des Cascades ✆ 03 44 62 01 33
www.pavillondemanse.com
Fermé en janvier. Horaires variables sur site. Gratuit jusqu'à 2 ans. Adulte : 7 €. Enfant (de 3 à 15 ans) : 3 €.

Ce petit pavillon a alimenté les « grandes eaux » du château, autrement dit les fontaines, cascades et jets d'eau qui ornaient fastueusement les jardins de Le Nôtre. Dans les grandes cascades de Chantilly, l'eau semblait venir de partout ; on disait qu'on avait créé ici un paradis aquatique ! Pour aller jusqu'à destination, l'eau issue du pavillon empruntait un canal de 2,2 km. Un formidable travail associatif a permis de remettre en mouvement la Machine des Grandes Eaux. Unique, elle se compose d'une grande roue de 7,80 m de diamètre et de six pompes.

LE POTAGER DES PRINCES

17, rue de la Faisanderie
✆ 03 44 57 39 66
www.potagerdesprinces.com
Ouvert toute l'année, horaires variables selon les saisons. À partir de 8,50 €.

On se sent ailleurs au potager des Princes ! Au fil des ambiances, la poésie nous transporte grâce aux mots et anecdotes inscrites ça et à sur les arbres. Le charme opère toujours, et on oublie assez vite que l'entrée n'est pas donnée pour accéder à ce jardin privé. Côté animations, les enfants sont ravis par les spectacles de Guignol, le petit parc animalier et le jeu de piste avec le chien de berger. Ce potager, devenu un élégant jardin avec cascades, est une initiative des incontournables princes de Condé et d'André Le Nôtre, et reprise par Yves Bienaimé.

LE CHANTILLY*** €€

9, place Omer Vallon ✆ 03 44 21 42 84
www.hotel-lechantilly.com
Accueil jusqu'à 20h. 27 chambres. Chambres à partir de 120 €. Petit déjeuner buffet : 15 €. Parking : 9 €.

C'est un ancien relais de poste construit en 1722 dont on apprécie le charme avec des poutres apparentes, du parquet, une cheminée et de la belle pierre ! Ce bel hôtel au charme authentique donne sur une place lumineuse et dégagée, avec tous les commerces et restaurants à proximité. Il vous faudra seulement un quart d'heure à pied pour aller à la gare ou au château. Vous aurez un accueil chaleureux et personnalisé dans cet établissement « cosy » où chaque détail a fait l'objet d'une attention particulière avec des matériaux nobles, parquets, bibliothèque et patio...

L'AVENUE** €€

3, avenue du Maréchal-Joffre
✆ 03 44 57 02 55
www.hotel-avenue-chantilly.com
Ouvert toute l'année. Accueil 24h/24 (avec digicode). 10 chambres. Chambre double dès 87 €. Restauration, parking.

Au cœur de Chantilly, cet hôtel vous permet de venir à pied depuis la gare (à moins de 10 min) et de vous rendre en marchant à l'hippodrome ou au château (à 15 min). Il dispose de dix chambres, pour une à quatre personnes selon le budget : des chambres sous les combles sont disponibles à petit prix. Le style est épuré, en alliant design et tendance, dans les tons taupe et chocolat. Le parking privé est bien appréciable, mais attention les places sont limitées. Bon à savoir : la brasserie est d'un bon rapport qualité-prix avec un service continu jusqu'à 23h.

AUBERGE DU JEU DE PAUME***** €€€

4, rue du Connétable
✆ 03 44 65 50 00
www.aubergedujeudepaumechantilly.fr
Accueil 24h/24 toute l'année. 92 chambres doubles et suites. Restaurant étoilé. Bain bouillonnant, sauna, animaux.

Cet hôtel 5-étoiles Relais & Châteaux bénéficie d'un emplacement exceptionnel en plein cœur du domaine de Chantilly ! Chambres et suites sont toutes décorées à la française, dans un style XVIIIe siècle. De nombreux clins d'œil et références à la cité princière sont dispersés dans l'hôtel. Deux restaurants vous sont proposés dont un étoilé. Et pour votre bien-être, un spa, un centre de remise en forme, une salle de fitness et des cabines de soin sont à disposition.

LE BOUDOIR €€

100, rue du Connétable ✆ 03 44 55 44 49
www.leboudoir-chantilly.fr
Ouvert de 10h à 18h en continu du mardi au samedi. Menus de 16 à 21 €. Tarte salée et dessert 16 €. Boutique.

Avis aux gourmands ! Vous ne résisterez pas longtemps à l'appel de la tarte abricot-pistache, du clafoutis aux griottes ou du cheesecake coulis framboise dans ce confortable salon de thé ! Au milieu de la boutique, vous apprécierez le porte-revues pour feuilleter un magazine en dégustant un goûter gourmand au chaud. On peut aussi y déjeuner avec différentes formules, notamment d'excellentes tartes salées. Si vous avez un cadeau à faire, cette boutique fourmille d'objets originaux en vaisselle et décoration. Vous pouvez aussi acheter des paniers gourmands !

LE SYLVIA €€

14, avenue du Maréchal-Joffre
✆ 03 44 57 01 46
Ouvert du mardi au samedi de 11h à 0h ; le dimanche jusqu'à 21h. Service continu. Planche apéro 7,60 €.

Le Sylvia est une institution à Chantilly depuis 1920 ! L'établissement a su conserver un style assez traditionnel, avec des références hippiques incontournables et une belle collection de siphons à crème chantilly. Vous pouvez y calmer une fringale à n'importe quelle heure ou presque (service de midi à minuit). Il est agréable de se poser sur un fauteuil moelleux pour savourer une bonne bière ou un bon chocolat viennois. On peut aussi profiter en toute saison de la grande terrasse chauffée, où l'on vous prête un plaid. Convivialité et gastronomie au rendez-vous !

MAISON DE LA PORCELAINE

1, rue de Creil
✆ 03 44 57 54 19
Ouvert du mardi au samedi de 9h45 à 12h30 et de 14h30 à 19h.

La porcelaine de Chantilly est l'une des plus connues et des plus anciennes du pays (elle est née en 1725 sous les auspices du Prince de Condé). Depuis, beaucoup de musées, en France comme à l'étranger, ont dans leur collection l'une de ces merveilleuses pâtes tendres de Chantilly. Vous découvrirez ici des reproductions des décors historiques de la Manufacture et de belles déclinaisons contemporaines. Si vous n'êtes pas spécialement amateur, les gammes de produits sont élargies aux verres et aux couverts notamment. N'hésitez pas à profiter de tarifs attractifs !

ERMENONVILLE ★

Le nom d'Ermenonville est indissociable du souvenir de Jean-Jacques Rousseau. Le philosophe y vécut les dernières semaines de son existence, invité par l'un des ses admirateurs, le marquis de Girardin. Une période heureuse dans la vie tourmentée et errante de l'auteur de la *Nouvelle Héloïse* qui aimait herboriser dans les bois qui entouraient le château de son bienfaiteur. C'est ici qu'il trouva la mort en 1778. Un autre personnage a laissé son empreinte à Ermenonville, Nélie Jacquemart-André, en léguant l'abbaye de Chaalis à l'Institut de France en 1912. Une visite à coupler avec celle des ruines très romantiques de l'abbaye cistercienne.

LA MER DE SABLE ★★

Route Nationale 330
✆ 03 44 54 00 96
www.merdesable.fr

Adulte : 29 €. Enfant : 23,50 €. En ligne sur le site : nombreuses réductions. Horaires variables. Voir site Internet.

Dans un cadre naturel de 45 hectares, vivez une expérience unique en famille dans des dunes de sable. Le temps d'une journée, vous partirez à l'époque de la conquête de l'Ouest ! Le parc se divise en trois univers : la vallée du Mississippi, le désert du Nouveau-Mexique et le canyon du Colorado. Dès 2 ans, les enfants peuvent vivre l'aventure avec vous, puisqu'à partir de 90 cm, les enfants participent à de nombreuses attractions. Affrontez le cœur de la tempête dans l'attraction Cyclo'vent, naviguez sur le Mississippi grâce à la rivière des Castors et participez à la ruée vers l'or ! Chaque tranche d'âge y trouve son bonheur : le parc propose quelques attractions à sensations fortes pour les plus grands, comme le Disco Loco, où il faut mesurer plus de 1,20 mètres pour y accéder. Sur le site Internet, toutes les attractions sont disponibles par âge, n'hésitez pas à préparer votre visite pour en profiter pleinement. Pour compléter votre journée en famille, vous pourrez assister à trois spectacles inédits avec des cascades, de la voltige équestre et des effets spéciaux : le tournoi des trois nations, coup de foudre et coups de poudre et l'attaque du train. Et pour vous restaurer et vous reposer quelques instants, vous pouvez opter pour un des restaurants du parc : le Saloon pour les burgers, le Farm West pour sa spécialité de poulet, le Mississi'Pizz et ses inoubliables pizzas... Des aires de pique-nique sont également disponibles. Il n'y a pas de consignes, ne vous surchargez pas trop d'affaires.

DOMAINE-CHÂTEAU D'ERMENONVILLE €€

Rue René-Girardin ✆ 03 44 54 00 26
www.domainechateauermenonville.com

Chambre double à partir de 100 €, suite à partir de 180 €. Petit déjeuner : 15 €. Séminaires. Restauration.

Ce très beau château, entouré de douves, saura vous charmer par son bel environnement, à savoir le joli village d'Ermenonville et le parc Jean-Jacques Rousseau, idéal pour les balades en amoureux. Ce château datant du Moyen Âge a un riche passé historique. Le châtelain actuel a rénové avec goût cet établissement. Dormir dans ce château, c'est vous garantir une expérience inédite et historique ! Les petits plus du château : le restaurant et le parc dans lequel vous pourrez déambuler.

LE JARDIN FRANÇAIS €€

24, rue René de Girardin ✆ 06 22 73 48 94
https://www.lejardinfrancais.fr

2 chambres d'hôtes à partir de 87 € par nuit. Petit déjeuner inclus. 3 grands gîtes : 379 €/nuitée. Table d'hôtes.

Situés en plein cœur d'une pépinière, deux chambres d'hôtes et trois gîtes vous accueillent le temps d'une nuit ou d'un week-end. Vous serez reçu par Marie-Christine qui a de multiples casquettes : propriétaire de ce lieu, artiste et agricultrice. Les chambres d'hôtes sont situées dans l'ancienne maison du jardinier du château d'Ermenonville. Les chambre sont meublées avec des matériaux recyclés et le petit déjeuner est fait maison ! Vous pourrez vous reposer à l'ombre des arbres centenaires et entendre le chant des hérons et le bruit des canards sauvages.

AUBERGE DE FONTAINE €€

22, Grande-Rue
FONTAINE-CHAALIS
✆ 03 44 54 99 03
www.aubergedefontaine.fr

Ouvert du mercredi au dimanche de 12h à 14h et de 19h à 21h. Menus de 36 € à 46 €.

Les murs en pierre et les poutres apparentes font de l'Auberge de Fontaine, un lieu authentique où le passé demeure avec le four à pain en ardoise. Le chef et son équipe vous proposent une cuisine gastronomique où le terroir est roi. Dans l'assiette, dégustez le meilleur de la région : vol-au-vent d'escargots picards, noisettes de biche poêlées aux airelles ou encore moelleux à la châtaigne ! Vous pourrez aussi séjourner sur place puisque l'auberge dispose de cinq chambres. L'établissement propose également des formules « soirée étape ».

LE SALON DE THÉ DU JARDIN FRANÇAIS €€

24, rue René de Girardin
✆ 06 22 73 48 94
https://www.lejardinfrancais.fr/fr

Salon de thé. Table d'hôtes. 100 % bio. Assiette de 17 à 24 €. Ouverture variable selon saison.

Ici tout est garanti 100 % bio ! Au cœur de l'ancienne pépinière du parc Jean-Jacques Rousseau, vous découvrirez un lieu très charmant pour vous poser le temps d'un repas ou d'une pause thé. Vous pourrez vous régaler d'une assiette où tout est fait maison. Les légumes, les herbes aromatiques et les fruits proviennent du potager. La propriétaire vous proposera ce multiples douceurs : des macarons, des glaces, des tartes aux fruits... Réservation obligatoire pour la table d'hôtes.

NOS BALADES

FONTAINE-CHAALIS

Cette ancienne abbaye cistercienne fut fondée sur l'emplacement d'un prieuré bénédictin. Après la Révolution, la transformation fut plus radicale : le monastère devint un château, et de l'église du XIIe siècle ne subsistèrent que quelques pans de murailles, une partie de l'abside et du chœur, ainsi que, heureusement, la chapelle du XIIIe siècle avec ses fresques peinte par Le Primatice au XVIe siècle. Un superbe parc de 30 hectares entoure l'abbaye. Il fut conçu par le cardinal d'Este, créateur des célèbres jardins de Tivoli. La promenade permet de découvrir des arbres tricentenaires, des statues, des pièces d'eau ainsi qu'une belle roseraie.

© CHRISTOPHE TELLIER

Parc de l'abbaye de Chaalis.

ABBAYE ROYALE DE CHAALIS

Domaine de Chaalis

✆ 03 44 54 04 02

https://www.domainedechaalis.fr

Ouvert 10h-18h. Plages horaires réduites pour le château-musée. Adulte : 10 €, réduit 7 €.

Jean-Jacques Rousseau est tombé sous le charme de cet endroit. Il est vrai que le site a de quoi séduire tous les publics, avec une abbaye cistercienne dont les ruines restent élégantes, une chapelle du XIIIe siècle ornée de belles fresques et une superbe roseraie. Pour voir la floraison à son apogée, venez mi-juin aux journées de la rose. De mars à novembre, des ateliers des parfums permettent de réaliser des eaux de parfums à emporter. Le Musée Jacquemart-Andréles expose les œuvres de Giotto, Van Loo, Boucher, ou encore Largillière.

AUBERGE DE FONTAINE €€

22, Grande-Rue

✆ 03 44 54 99 03

www.aubergedefontaine.fr

Ouvert du mercredi au dimanche de 12h à 14h et de 19h à 21h. Menus de 36 € à 46 €.

Les murs en pierre et les poutres apparentes font de l'Auberge de Fontaine, un lieu authentique où le passé demeure avec le four à pain en ardoise. Le chef et son équipe vous proposent une cuisine gastronomique où le terroir est roi. Dans l'assiette, dégustez le meilleur de la région : vol-au-vent d'escargots picards, noisettes de biche poêlées aux airelles ou encore moelleux à la châtaigne ! Vous pourrez aussi séjourner sur place puisque l'auberge dispose de cinq chambres. L'établissement propose également des formules « soirée étape ».

VINEUIL-SAINT-FIRMIN

Avec son cadre verdoyant et agréable, la commune de Vineuil-Saint-Firmin regroupe plusieurs bâtiments classés ou inscrits au titre des Monuments historiques, dont le château de Saint-Firmin. Ce dernier est situé dans un jardin attenant au parc du château de Chantilly, depuis lequel il est visible. Château construit au XVe siècle, il est classé Monument historique. De style néoclassique, il a été utilisé comme résidence principale par la famille de Montbrison et comme forteresse pour protéger les habitants de la région contre les invasions. Il est désormais ouvert au public pour des visites et utilisé régulièrement pour des événements culturels.

HÔTEL MERCURE CHANTILLY RESORT & CONVENTIONS €€€

4, route d'Apremont

✆ 03 44 58 47 77

www.mercure-chantilly.com

Ouvert tous les jours le midi et le soir. Le bar est ouvert tous les jours de 7h à 22h.

Vous aurez le choix entre deux espaces : la véranda, une verrière inondée de lumière, et une terrasse lounge de 670 m² avec vue panoramique sur le golf et la forêt de Chantilly ! Dépaysement garanti ! Le chef, Jimmy Elisabeth, et sa brigade sont inspirés par les origines antillaises du chef mais aussi par une culture internationale. Avis aux gourmands : le week-end, ne manquez pas la formule buffet avec des plats cuits au barbecue, à la rôtisserie ou en cocotte.

LE BEAUVAISIS

- **Total :** 70,6 km
- **Durée :** entre 3h30 et 7h (10 à 20 km/h)
- **Difficulté :** huit côtes, moyennement vallonné

LIEUX	Km partiel	Km cumul	Routes
CATHÉDRALE DE BEAUVAIS	0	0	Rue Saint-Pierre, rue du Général-Leclerc, rue de Saint-Just-des-Marais, rue de Savignies D1, D616
FOUQUENIES	5,5	5,5	D616
CHÂTEAU DE TROISSEREUX	2,5	8	D616, D133, allée de la Tanche, rue Jacques-Topin, rue des Étangs, D133
MILLY-SUR-THÉRAIN	5	13	D615
SAINT-OMER-EN-CHAUSSÉE	3,5	16,5	Rue de la Gare, rue du Moulin-des-Forges
LES MOULINS DES FORGES			CV
ACHY		21	CV
BEAUPRÉ	2,5	23,5	D901
MARSEILLE-EN-BEAUVAISIS	1	24,5	D901, rue de la Chapelle, rue duThérinet
BOISSY		27,5	Rue de l'Abreuvoir
ROY-BOISSY	3	30,5	Rue des Renardières, Grand Rue, rue du Moulin, D119
THÉRINES	3,5	34	Rue de la Mairie, CV
OMÉCOURT	1,9	35,9	CV, D107
RIFFIN	4,5	40,3	D107
SONGEONS	2,5	42,8	D133, D95
GERBEROY	2	44,8	D95, D930
LA CHAPELLE-SOUS-GERBEROY	1,5	46,3	CV
MARTINCOURT	2,5	48,8	D22
CRILLON	2,5	51,3	D22, CV
HAUCOURT	2	53,3	CV
LHÉRAULE	4	57,3	D1
SAVIGNIES	4	61,3	D1, D626
SAINT-JUST-DES-MARAIS	6,8	68,1	D1, rue de Savignies
CATHÉDRALE DE BEAUVAIS	2,5	70,6	Rue de Saint-Just-des-Marais, rue du Général-Leclerc, rue Saint-Pierre

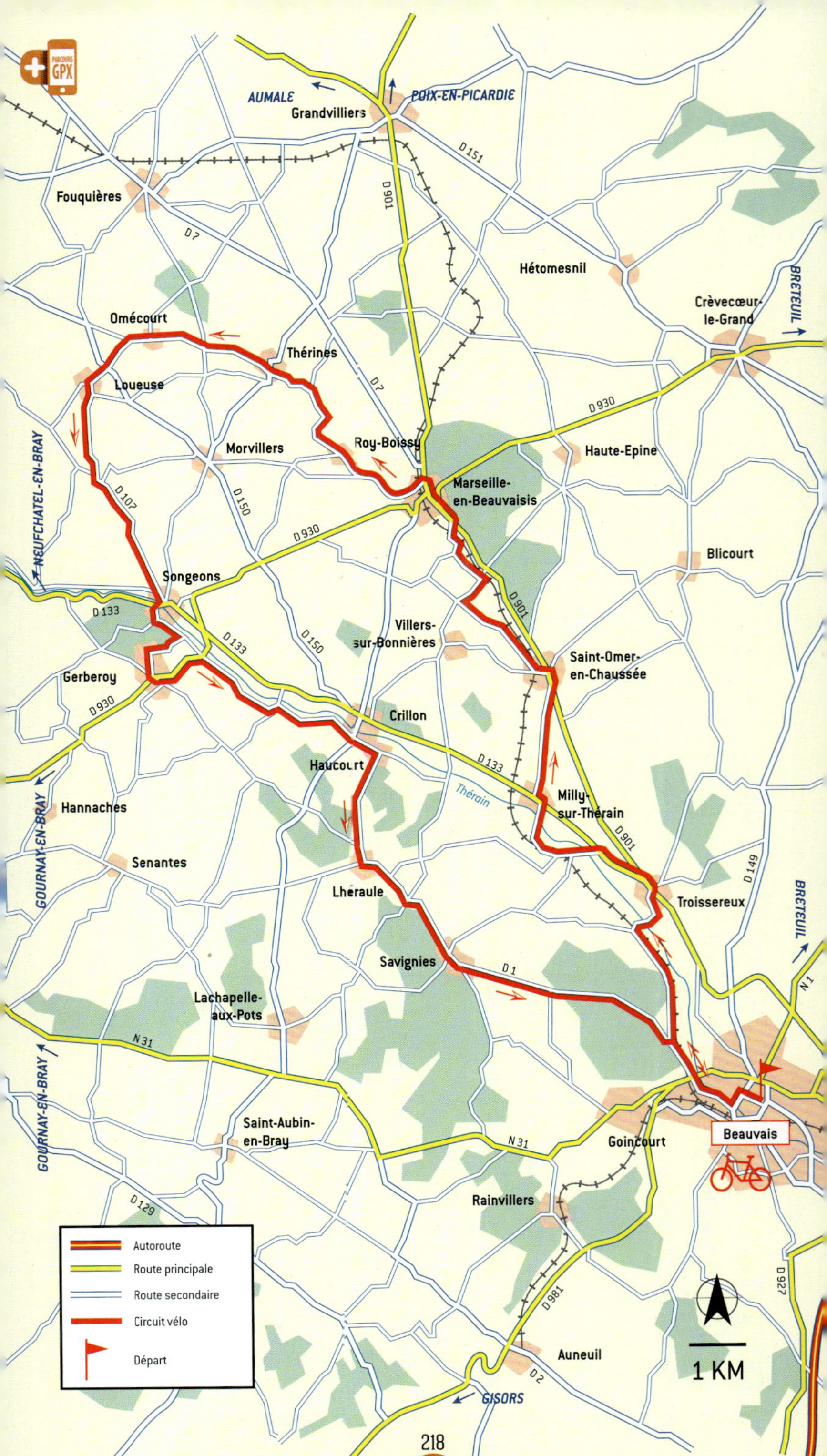

PARCOURS GPX
AUMALE
POIX-EN-PICARDIE
Grandvilliers
D 151
Fouquières
D 901
D 7
Hétomesnil
BRETEUIL
Crèvecœur-le-Grand
Omécourt
Thérines
Loueuse
D 7
D 930
NEUFCHATEL-EN-BRAY
Morvillers
Roy-Boissy
Haute-Epine
D 107
D 150
Marseille-en-Beauvaisis
D 930
Blicourt
Songeons
D 133
D 901
Villers-sur-Bonnières
D 133
D 150
Gerberoy
Saint-Omer-en-Chaussée
D 930
Crillon
Haucourt
D 133
Thérain
Milly-sur-Thérain
Hannaches
GOURNAY-EN-BRAY
D 901
D 149
Senantes
Lhéraule
Troissereux
BRETEUIL
Savignies
D 1
N 1
Lachapelle-aux-Pots
N 31
GOURNAY-EN-BRAY
Saint-Aubin-en-Bray
N 31
Goincourt
Beauvais
Rainvillers
D 129
Autoroute
Route principale
Route secondaire
Circuit vélo
Départ
D 981
D 927
1 KM
Auneuil
D 2
GISORS

BEAUVAIS ★★★

Moins courue que Chantilly ou Senlis, la préfecture de l'Oise n'en mérite pas moins le coup d'œil pour sa cathédrale et son ancien palais épiscopal. On peut découvrir dans le centre-ville des maisons construites au XVIe siècle, rescapées des bombardements allemands de 1940, reconnaissables à leurs pans de bois et à leurs étages en encorbellement. Chaque année, en juin, Beauvais célèbre la victoire que lui offrit Jeanne Hachette, en 1472, lorsqu'elle prit la tête de la résistance face aux 80 000 hommes de Charles le Téméraire qui assiégeaient la ville. A savoir également que Beauvais abrite l'une des manufactures nationales dédiées à la tapisserie.

ÉGLISE SAINT-ÉTIENNE ✞ ★

Rue de l'Etamine
✆ 03 44 48 11 60
Accessible toute l'année et gratuit. En fonction des offices religieux. Ouvert tous les jours de 14h à 17h.

Édifiée aux XIIe, XIIIe et XVIe siècles, cette église est devenue la paroisse de la commune de Beauvais. Elle marque de façon remarquable la transition entre l'art roman et l'art gothique. Le pignon du transept présente une rosace en forme de roue, surnommée « la roue de la fortune » : elle montre que l'homme arrivé au sommet de la gloire et de la richesse connaîtra bientôt le déclin... Au Moyen Âge, le maire venait symboliquement y prêter serment de fidélité aux droits de la commune ! L'église Saint-Étienne possède de remarquables vitraux datant du XVIe siècle.

CATHÉDRALE SAINT-PIERRE ✞ ★★★★

Rue Saint-Pierre ✆ 03 44 48 11 60
www.cathedrale-beauvais.fr
Accès libre à la cathédrale de 10h à 18h15 d'avril à octobre, et de 10h à 12h15 et de 14h à 17h15 de novembre à mars.

Le chœur gothique le plus haut du monde, c'est ce qui rend célèbre cette cathédrale. L'effet de verticalité est d'autant plus impressionnant que le reste de l'édifice n'est pas achevé. Au XIIIe siècle, Beauvais est à l'apogée de sa puissance et l'évêque-comte Milon de Nanteuil décide de construire la plus haute et vaste église du royaume, à la place de l'ancienne église (dont on peut voir encore aujourd'hui une partie accolée à la façade ouest, et que l'on appelle « la Basse œuvre »). Les travaux commencent en 1225. Le chœur et le bas-côté oriental du transept sont terminés en 1272, mais sa hauteur le fragilise, et en 1284, l'effondrement d'une partie de la voûte marque les esprits. Vont alors commencer des travaux de consolidation jusqu'en 1340. Le chantier est ensuite interrompu faute de financement et à cause de la guerre de Cent Ans. De 1500 à 1550, sous la direction du renommé Martin Chambiges, le transept est construit. Ses successeurs prennent l'initiative d'ériger une tour lanterne (110 m) à partir de 1563, forçant à l'arrêt les travaux de la nef, qui avaient comme objectif de consolider la construction. La tour est terminée en 1569, mais s'effondre au bout de quatre années ! Faute de fonds, la nef ne sera ensuite jamais réalisée. Si la Révolution française a privé la cathédrale des statues qui ornaient son portail et de bien des éléments de son décor intérieur, vous pouvez encore admirer quelques peintures et des vitraux et l'horloge astronomique (52 cadrans, 68 automates jouant la scène du Jugement dernier).

NOS BALADES

© CT

Maison Art Nouveau.

HORLOGE ASTRONOMIQUE

Rue Saint-Pierre

Ouvert toute l'année. Adulte : 5 €. Enfant : 1,50 €. De 16 à 26 ans : 3 €. Son et lumière de 35 minutes.

Si la visite peut se faire librement, il serait fort dommage que vous passiez à côté du nouveau système mettant en valeur ce chef-d'œuvre ! L'horloge astronomique en impose avec ses 12 m de haut, ses 68 automates et ses 52 cadrans qui donnent la mesure du temps dans l'univers ainsi que la représentation des principaux phénomènes astronomiques dont le cycle solaire, le nombre d'or, les épactes, les lettres dominicales, l'indiction romaine, l'équation solaire… Ce joyau d'horlogerie a été restauré en 2015, pour ses 150 ans. Vous pouvez désormais mieux en comprendre son fonctionnement et ses secrets, grâce à une animation de 35 min. Un audioguide vous explique en temps réel le mouvement des automates ou des cadrans, et en parallèle, vos yeux sont guidés par un jeu de lumières et des écrans vidéo (avec des vues rapprochées pour voir les détails). En suivant les automates, on oublie vite qu'on se trouve devant une horloge… On apprécie la mise en scène de la superbe machine autour du thème du Jugement dernier. On est ensuite admiratif devant les cadrans. L'horloge centrale (sur 24h) a 52 min de décalage avec votre montre : vous en saurez plus lors de votre visite. Les autres cadrans indiquent la position des planètes ou la position des étoiles à Beauvais et aux Antipodes… Juste à côté, vous trouverez une autre horloge, moins majestueuse mais tout aussi rare. L'horloge à carillon date du XIVe siècle, c'est la plus ancienne de ce type à être encore en fonctionnement. Elle est intégrée à la pierre de l'édifice !

JARDIN DU PEINTRE ANDRÉ VAN BEEK

1, rue des Auges - **SAINT-PAUL** ✆ 03 44 82 20 18

www.andrevanbeek.com

Du 1/05 au 30/10 : samedi 14h-17h. Vendredi, dimanche, lundi de 14h à 19h. Juillet/août : tlj de 14h à 19h. Adulte 7 €.

La visite du jardin commence par les peintures, puis la découverte du magnifique cadre qui sert de modèle à l'artiste propriétaire des lieux. Le concept est original et vous séduira tout autant que le jardin. La série de petits bassins est agrémentée de nénuphars, d'arbres gracieux, de massifs fleuris et de jolies chutes d'eau. La balade dans ce havre de paix est très apaisante et à défaut de peindre aussi bien qu'André Van Beek, n'oubliez pas de prendre votre appareil photo !

MANUFACTURE NATIONALE DE LA TAPISSERIE ★

24, rue Henri-Brispot

✆ 03 44 15 30 30

http://culture.beauvais.fr

Visites guidées en juillet et août, renseignements auprès de l'office de tourisme au 03 44 15 30 30.

La tapisserie ne se conjugue pas au passé. La Manufacture produit toujours de magnifiques pièces pour le Mobilier national. Les lissiers y perpétuent la technique de la basse-lisse. Fondée en tant que Manufacture royale en 1664 par Colbert, elle fut bombardée pendant la Seconde Guerre mondiale, et transférée aux Gobelins à Paris. Ce n'est qu'en 1989 qu'elle retourna dans la capitale du Beauvaisis. La mise en valeur de la tapisserie y est réussie, mariée à l'art contemporain.

MUDO - MUSÉE DE L'OISE

1, rue du Musée

✆ 03 44 10 40 50

www.mudo.oise.fr

Ouvert du mercredi au lundi de 11h à 18h. Entrée libre.

Juste à côté de la cathédrale, installé dans l'ancien palais épiscopal, vous ne pourrez pas manquer les deux grosses tourelles mises en valeur par des travaux de réhabilitation qui abritent le MUDO-Musée de l'Oise ! Passez dessous pour entrer dans la cour et découvrir le très élégant palais des Évêques-Comtes de Beauvais (il vaut le coup d'œil, même si vous n'avez pas le temps de visiter le musée ensuite, ce qui est fort dommage !). Après la Révolution, le palais reçoit plusieurs affectations : préfecture en 1800, évêché de nouveau en 1822 et palais de justice en 1846. Profitez-en pour admirer la belle façade rénovée du palais Renaissance, mais aussi le jardin qui donne une autre perspective sur la cathédrale. Ce jardin évoque les vestiges archéologiques découverts sur le site et la vocation vivrière des jardins de l'évêché. A l'intérieur du palais, on trouve une sélection des plus belles œuvres de la collection de tableaux du XIXe siècle. On y remarque quelques vues locales comme les ruines du château de Pierrefonds. On s'arrête surtout pour admirer sous divers angles l'impressionnante toile inachevée de Thomas Couture : L'enrôlement des Volontaires de 1792. Commencée en 1847 et restaurée grâce à un mécénat participatif, elle représente sur 45 m² les volontaires prêts à défendre la France en guerre contre l'Autriche et la Prusse. Au troisième étage vous découvrirez la spectaculaire charpente en chêne du XVIe siècle de 14 mètres de hauteur. C'est à cet endroit que l'on retrouve de belles expositions temporaires.

AU COEUR DE BEAUVAIS €€

3, rue Saint-Paul
✆ 03 44 05 75 53
www.aucoeurdebeauvais.fr
3 chambres. Chambre simple 90 € ; double 110 € ; suite 170 €. Petit déjeuner inclus.

La maison ne paye pas de mine dans une petite rue tranquille, mais cette chambre d'hôtes a beaucoup de charme à l'intérieur avec un décor chaleureux et une ambiance réussie pour chaque chambre. Le jardin à l'arrière permet d'avoir un havre de paix pour vous reposer les jours ensoleillés, ou offre aux enfants un espace pour se défouler et jouer en toute sérénité. Très accueillante et de bon conseil, Marie-Noëlle vous reçoit dans une maison à l'emplacement idéal, à deux pas de maisons historiques et surtout de l'impressionnante cathédrale.

HÔTEL DE LA CATHÉDRALE*** €€

11-13, rue Chambiges
✆ 03 44 04 10 22
www.hoteldelacathedrale.fr
12 chambres. Chambre double de 87 €. Petit déjeuner à 9 €.

Cet hôtel est idéalement situé, comme son nom l'indique ! À seulement quelques mètres de la cathédrale, en plein cœur de ville, cet hôtel jouit pourtant du calme d'une petite rue, située derrière la place principale. Les douze chambres de 12 à 22 m² sont décorées dans un style moderne et sont toutes bien équipées pour vous faire passer un agréable séjour. La peinture a été complétement refaite, ce qui donne un coup de neuf à cet établissement. L'équipe d'accueil est très avenante.

LA SALAMANDRE €€

10, rue Marcelle-Guedelin
✆ 06 14 87 59 53
www.lasalamandre-beauvais.fr
Gîtes de France. Chambre double de 99 € à 135 €. Petit déjeuner inclus.

C'est une maison de charme située aux portes du centre-ville, à dix minutes à pied de la cathédrale Saint-Pierre. Catherine et Stéphane ont restauré cette demeure du XIXe siècle pour y aménager quatre chambres confortables et aux décors différents. Vous serez par exemple séduits par la chambre Vision, avec ses poutres et briques apparentes. Vous pouvez aussi profiter de la quiétude du salon-bibliothèque pour lire ou prendre un café. Le grand jardin orné d'arbres séculaires sera vite l'endroit privilégié pour des temps de repos.

AUBERGE DE LA POTERIE €€

14, rue de Beauvais
SAVIGNIES
✆ 03 44 82 27 72
http://auberge-poterie.fr
Ouvert du mardi au dimanche midi, jeudi, vendredi et samedi soir.

Dans une coquette maison à colombages, ce restaurant a été entièrement rénové par les propriétaires Valérie et Brice Lafrange. Un bel endroit pour de copieuses recettes du terroir : ficelles picardes, sauté de sanglier aux châtaignes, rillettes de lapin au muscadet, brochette de langoustines et Saint-Jacques au piment d'Espelette... La véranda, climatisée l'été et chauffée l'hiver, donne un accès à un jardinet clos et fleuri très agréable ! L'Auberge de la Poterie fait également hôtel avec des chambres pour 1 ou 2 personnes à 50 €.

AUTREMENT €€

128, rue de Paris
✆ 03 44 02 61 60
www.autrement-restaurant.fr
Ouvert du mardi au vendredi de 12h à 13h30 et de 19h30 à 21h ; le samedi de 19h30 à 21h. Menus de 44 € à 60 €. Terrasse.

Le chef, qui a fait ses armes dans les restaurants Taillevent à Paris, vous propose une cuisine gastronomique inventive et raffinée, avec des plats élaborés uniquement à partir de produits frais et essentiellement locaux. Le menu change d'ailleurs régulièrement en fonction des saisons. On se fait plaisir aussi grâce à une très belle cave de vins et de whiskys sur laquelle vous serez très bien conseillé. La décoration contemporaine est propice à une ambiance chic et décontractée. La terrasse est calme, fleurie et donc bien agréable.

LA BAIE D'HALONG €€

49-51, rue de la Madeleine
✆ 03 44 45 39 83
Ouvert du mardi au vendredi le midi et le soir ; le samedi soir. Menus de 29 à 33 €. Formule du midi à 22 €.

Dans cette rue sans intérêt entre la gare et le centre-ville, on passe devant la façade quelconque d'un restaurant asiatique. Pas évident alors de se dire que ce n'est pas un restaurant vietnamien comme tant d'autres... Mais cet établissement sort du lot, sa cuisine est fine et réputée (l'addition s'en ressent un peu d'ailleurs). À la carte, des spécialités à ne pas manquer comme le bun nem, le pavé de thon rouge et des plats français bien cuisinés comme le paleron de bœuf mijoté... L'ambiance est unique avec le chef qui vous accueille personnellement.

MAISON SAVARY

55, rue Desgroux
✆ 03 44 45 21 32
Ouvert le lundi de 14h à 19h ; du mardi au vendredi de 8h à 18h.

Cette boulangerie familiale, fondée en 1981, est située à l'écart du centre-ville. Sa spécialité, le flan beauvaisien à l'ancienne, vaut bien le détour ! Vous ne pouvez pas visiter Beauvais sans le goûter, puisqu'il est devenu la spécialité culinaire de la ville. Le flan, élaboré à partir de produits locaux (beurre et crème), est fabriqué entre les mains des pâtissiers de cette maison dont la réputation n'est plus à faire ! Une fois acheté dans la boulangerie, vous aurez du mal à ne pas le croquer avant d'arriver chez vous ou chez vos amis !

PLAN D'EAU DU CANADA

147, rue de la Mie-au-Roy
✆ 03 44 06 92 90
www.plandeaucanada.fr
Toute l'année. Activités nautiques : pédalo, barque, paddle. Location de Rosalie. Label Tourisme & Handicap.

Difficile d'imaginer que le site servait au XIXe siècle de champ de courses pour les chevaux et les lévriers. C'est en tout cas désormais un havre de paix et de verdure de 36 hectares aux portes de la ville. Chaque tranche d'âge trouvera l'activité qui lui siéra : plage de sable, baignade, paddle, kayak, sports de raquette… Pour les pêcheurs, rendez-vous de mai à décembre sur le petit bassin voisin. La baignade est surveillée en période estivale. L'anneau de 3 kilomètres va conquérir les marcheurs et les cyclistes. De nombreuses animations l'été à découvrir !

TROISSEREUX

Le village de Troissereux et ses grosses fermes cossues en pierre tranchent avec la brique dominante des villages situés plus au nord. Vous constaterez que l'essentiel des visites touristiques se concentre sur le château qui aujourd'hui, comme au XVIe siècle, demeure le véritable centre du village. Située à 30 kilomètres au nord de la ville de Compiègne, la commune de 1 200 habitants tire en effet sa notoriété de sa bâtisse historique construite en pierre de tuffeau et édifiée au XVe siècle par les seigneurs de Troissereux. Désormais propriété privée, le château se visite sur réservation. Une occasion à ne pas manquer pendant votre halte !

CHÂTEAU DE TROISSEREUX ★

1, rue du Château
✆ 03 44 79 00 00
www.chateau-troissereux.com
Ouvert du 1er juin au 30 septembre de 14h à 17h sauf le mardi. Visite des appartements sur réservation.

Dans ce secteur marécageux, on trouve ce beau château Renaissance bâti sur pilotis ! Édifiée au début du XVIe siècle, la demeure a été remaniée juste après la Révolution dans un style néoclassique. Le percement d'ouvertures et la disparition des lucarnes Renaissance lui ont fait perdre un peu son aspect originel. Vous ne manquerez pas de remarquer la tour du Temps à la géométrie surprenante : ronde à la base, elle est ensuite carrée puis triangulaire à son sommet ! À l'extérieur, un magnifique parc de 12 hectares abrite une réserve ornithologique naturelle.

SAINT-OMER-EN-CHAUSSÉE

Le bourg de Saint-Omer-en-Chaussée dans le département de l'Oise, à ne pas confondre avec la ville de Saint-Omer dans le Pas-de-Calais, abrite le très joli château de Monceaux. Cette propriété privée de charme construite au XVIIIe siècle est classée au titre des Monuments historiques depuis 1970. Renseignez-vous auprès de l'office de tourisme pour une visite ! Pendant votre halte dans ce petit village de 1 200 habitants, arrêtez-vous à l'église Saint-Omer, construite au XVIe siècle. La bourgade est également connue pour ses nombreux moulins. On peut aussi voir un bâtiment désaffecté qui abritait autrefois une ancienne laiterie industrielle.

AUBERGE DE MONCEAUX €€

1, rue Maréchal-Leclerc
✆ 03 44 84 50 32
www.aubergedemonceaux.fr
Ouvert du mercredi au dimanche le midi ; du jeudi au samedi le soir. Menus de 45 € à 60 €. Plat du jour : 22 €.

Martial Ibert est à la tête de cette auberge favorablement connue des gourmands du secteur et tenue durant près de 50 ans par Claude Rouillard et son épouse. On y mange une savoureuse cuisine du terroir : croustillant de bray picard aux graines de lin (un fromage fabriqué à quelques kilomètres de là), marbré de lapin aux herbes… Le nouveau patron a apposé sa patte en utilisant en priorité des légumes et fruits bio et des produits de saison. On raffole aussi de ses desserts maison comme le Paris-Brest ou le soufflé au chocolat.

SONGEONS

Le chef-lieu de ce canton souffre un peu de la comparaison avec Gerberoy, sa coquette voisine. Pourtant cette ville mérite le détour pour ses maisons à pans de bois et à encorbellements et pour son manoir du XVIIIe siècle. Aujourd'hui occupée par une congrégation religieuse, la demeure en briques fut construite pour la marquise Conflans-d'Armentières, dame d'honneur de la duchesse de Berry. A voir aussi le vieux lavoir qui a gardé son âtre dans lequel les lavandières faisaient chauffer de l'eau. En revanche, il ne reste rien de la lunetterie. Pourtant, jusqu'au début du XXe siècle, Songeons fut un centre important de fabrication de lunettes.

© AURORECAR - FOTOLIA

Gerberoy.

FERME DE SAINT-AUBIN €€

4, rue Simon
✆ 06 87 58 33 58
www.fermedesaintaubin.fr
Jusqu'à 30 couchages. 620 € la semaine.

Au cœur de Songeons, cette maison de ferme a été transformée en deux charmants gîtes ruraux, avec une belle terrasse qui est idéale pour se prélasser. Les colombages, l'ossature en bois de chêne, le hourdage en torchis et la cour pavée sont les témoins du patrimoine picard si typique. Dans l'un de ces deux gîtes, au rez-de-chaussée, vous trouverez une salle à manger et salon, une cheminée, une cuisine bien équipée. A l'étage, deux chambres et la salle de bains. Les deux gîtes permettent de loger confortablement 25 personnes.

COLLÉGIALE SAINT-PIERRE ★

Rue du Château
Ouvert tous les jours de 10h à 18h d'avril à octobre. Gratuit.

Passez sous la porte voûtée qui était le seul accès à l'ancien château fort aujourd'hui détruit ! Construite au XIe siècle, la collégiale a été très endommagée à plusieurs reprises. Reconstruite au XVe siècle, la collégiale Saint-Pierre s'inscrit dans le style normand, avec son chœur de pierre et sa nef voûtée en bois. L'abbatiale renferme également de très belles stalles aux miséricordes sculptées datant du XVe siècle, deux retables du XVIIe, des tapisseries d'Aubusson et la salle du chapitre la sacristie. La collégiale est classée aux Monuments historiques.

GERBEROY ★★★

Le village des roses, ce sont une soixantaine de pimpantes maisons traditionnelles des XVIIe et XVIIIe siècles, de charmantes rues pavées et fleuries, des galeries d'art, jardins remarquables, fossés transformés en promenades ombragées. L'histoire de Gerberoy est pourtant bien plus mouvementée que ce tableau idyllique ne le laisse paraître. Culminant à 188 m, la cité représentait un point stratégique au carrefour du domaine des Capétiens et de la Normandie. Une situation qui lui valut d'être pillée, démantelée et reconstruite à cinq reprises entre 1079 et 1437. Les parkings pour les non-résidents sont situés aux entrées de la commune.

LE JARDIN DES IFS

3, impasse du Vidamé
✆ 07 66 20 51 41
Ouvert du 1er mai au 30 septembre, du mercredi au dimanche de 11h à 12h30 et de 14h30 à 18h.

La famille qui possède ce superbe site a pris l'excellente décision d'ouvrir ce jardin historique du XVIIe siècle. Celui qui en fut l'inspiration n'est pas moins qu'Olivier de Serres, précurseur des jardins à la française ! Vous trouvez des ifs géants, parfaitement taillés et dotés de volumes impressionnants. Expérience étonnante et immanquable, vous pouvez passer à travers un arbre et vous asseoir à l'intérieur. Cet if est classé « arbre remarquable » et il a même été élu « arbre de l'année 2017 ». Reconnaissons talent et passion à Delphine et son frère Pierre !

JARDINS HENRI-LE-SIDANER

7, rue Henri-le-Sidaner
✆ 03 44 82 30 94
www.lesjardinshenrilesidaner.fr
Ouvert du mercredi au lundi du 30 avril au 30 septembre, de 11h à 13h et de 14h à 18h, y compris les jours fériés. 6 €.

Illustre peintre post-impressionniste, Henri Le Sidaner se rend à Gerberoy en 1901. Ce lieu correspond à son envie de s'installer dans un cadre rural propice à son inspiration, suivant l'exemple de son ami Claude Monet à Giverny. En 1904, il achète la propriété pour constituer son propre décor de peinture. Le peintre aménage dans les ruines d'un ancien château fort un superbe jardin à l'italienne sur trois niveaux de terrasses. Grâce aux efforts d'Étienne Le Sidaner, petit-fils du peintre, les jardins renaissent et permettent de redécouvrir l'univers de l'artiste.

LE LOGIS DE GERBEROY €€

4, rue du Logis-du-Roy
✆ 03 44 82 36 80
lelogisdegerberoy.free.fr
5 chambres. Chambre double de 80 € à 90 € ; suite à partir de 135 €. Petit déjeuner inclus. Restauration.

Au cœur du village, cinq chambres vous attendent dans la charmante maison d'Olivier et Cécile Greboval, tous deux photographes. Les chambres sont chaleureuses, avec tout le confort et un mobilier de caractère. L'une d'elles possède une grande terrasse. Vous apprécierez aussi la chambre avec des poutres, un mobilier de caractère, des poteries qui marquent l'identité locale et une belle vue panoramique sur la campagne. On prend le petit déjeuner complet dans un agréable salon, face à la cheminée. Il est conseillé de réserver à l'avance.

CRILLON

En traversant ce village de charme, on remarquera les très belles halles en bois construites dans le courant du XVIIe siècle. Elles sont l'œuvre du maréchal de Boufflers, le grand homme de Crillon où il vit le jour en 1644. Ce militaire s'illustra au service du roi Louis XIV, notamment au cours de la célèbre Guerre de succession d'Espagne. L'église Saint-Lucien de Crillon abrite d'ailleurs un cénotaphe - un monument funéraire - en marbre le représentant. Parmi les autres incontournables à visiter, le Moulin Anquetil dont la roue a été rénovée par les habitants et est aujourd'hui fonctionnelle. Le paysage autour y est tout à fait bucolique.

LA PETITE FRANCE €€

7, rue du Moulin
✆ 03 44 81 01 13
www.lapetitefrance-restaurant.com
Ouvert du mardi au dimanche le midi. Menus de 37,50 € à 41 €. Formule du midi : 20 €.

Inutile d'espérer y manger une choucroute : le restaurant tient son nom d'un ancien lieu-dit de Crillon et non du célèbre quartier strasbourgeois. C'est d'ailleurs un sujet britannique qui gère l'établissement : Andrew Fry. On y sert une très bonne cuisine traditionnelle et quelques spécialités de la région comme les ficelles ou le bray picard chaud mariné à l'huile de noix sur sa salade de saison, un fromage produit à quelques kilomètres de là. Le cadre est un peu rétro avec ses natures mortes et son papier peint à fleurs, mais l'accueil est très sympathique.

SAVIGNIES

Ce petit village situé à l'ouest de Beauvais est célèbre pour la qualité de ses céramiques dont la tradition remonte au XVe siècle. Vous pouvez y admirer l'église Saint-Rémi qui abrite le gisant de Jehan de Savignies (mort en 1270) et un nombre important de statues en bois polychrome, mais aussi la halle à colombages (à côté de la mairie), ou encore les murs en pots de céramique, répartis un peu partout dans le village. En face de l'église, ne manquez pas le monumental pressoir à cidre, tout en bois du XVIIIe siècle.

AUBERGE DE LA POTERIE €€

14, rue de Beauvais
✆ 03 44 82 27 72
http://auberge-poterie.fr
Ouvert du mardi au dimanche midi, jeudi, vendredi et samedi soir.

Dans une coquette maison à colombages, ce restaurant a été entièrement rénové par les propriétaires Valérie et Brice Lafrange. Un bel endroit pour de copieuses recettes du terroir : ficelles picardes, sauté de sanglier aux châtaignes, rillettes de lapin au muscadet, brochette de langoustines et Saint-Jacques au piment d'Espelette... La véranda, climatisée l'été et chauffée l'hiver, donne un accès à un jardinet clos et fleuri très agréable ! L'Auberge de la Poterie fait également hôtel avec des chambres pour 1 ou 2 personnes à 50 €.

BAIE DE SOMME ET MARQUENTERRE

- **Total :** 79,7 km
- **Durée :** entre 4h et 8h (10 à 20 km/h)
- **Difficulté :** trois côtes, peu vallonné

LIEUX	Km partiel	Km cumul	Routes
SAINT-VALÉRY-SUR-SOMME	0	0	D3, Piste cyclable
MAISON DE L'OISEAU	5,5	5,5	Piste cyclable
LE HOURDEL	2,5	8	D102
CAYEUX-SUR-MER	6,5	14,5	CV, D177
HURT	3,5	18	D177
WATHIÉHURT	1,5	19,5	CV
LANCHÈRES	1,5	21	CV
PENDÉ	2	23	CV
ESTREBOEUF	3	26	CV
DRANCOURT	1,5	27,5	CV
ROND-POINT DE SAINT-VALÉRY	3,1	30,6	Piste cyclable
LE CROTOY	11	41,6	Piste cyclable, D4
SAINT-FIRMIN	5,5	47,1	D204, Chemin des Garennes
LE BOUT DES CROCS	3,5	50,6	Chemin des Garennes, D204
SAINT-QUENTIN-EN-TOURMONT	2	52,6	CV
RUE	7,5	60,1	D4, CV
BIHEN	3	63,1	CV
LES FERMES MAYOC	1,6	64,7	D140
FAVIÈRES	2	66,7	D140, CV
MORLAY	4,5	71,2	Piste cyclable, D48
SAINT-VALÉRY-SUR-SOMME	8,5	79,7	CV

1 KM
MANCHE
Baie de Somme
Parc Ornithologique du Marquenterre
BERCK-SUR-MER
Saint-Quentin-en-Tourmont
Saint-Firmin
Madagascar
Rue
Arry
Regnière-Ecluse
Bernay-en-Ponthieu
Forest-Montiers
Favières
le Crotoy
Morlay
Ponthoile
Nouvion-en-Ponthieu
ABBEVILLE
Sailly-Flibeaucourt
Noyelles-sur-Mer
Port-le-Grand
ABBEVILLE
Saint-Valéry-sur-Somme
le Hourdel
Brighton
Cayeux-sur-Mer
Wathiehurt
Pendé
Lanchères
Estrébœuf
Pinchefalise
Boismont
Canal Maritime d'Abbeville
LE TREPORT
D 940
D 938
D 32
N 1
A 16
D 111
D 40
D 3
D 2
D 48
D 102
Autoroute
Route principale
Route secondaire
Circuit vélo
Départ

SAINT-VALÉRY-SUR-SOMME ★★

Cette cité médiévale mérite le détour. Vieilles pierres, boutiques d'artisans, restaurants agréables, promenade le long de la jetée ou du haut des remparts pour un panorama imprenable sur la baie de Somme... C'est de Saint-Valery que Guillaume le Conquérant partit pour récupérer la couronne et devenir roi d'Angleterre en 1066. Jeanne d'Arc est un autre personnage qui y a fait escale. L'abbaye a également tenu une place importante dans l'histoire de la cité pendant près de douze siècles, jusqu'à sa vente en 1791. Depuis, Saint-Valery, ses ruelles pavées et fleuries et la baie de Somme ont inspiré de grands artistes dont Degas, Victor Hugo ou Colette.

LES QUAIS

Quais Jeanne d'Arc, Courbet, Blavet, Pé-ée, Lejoille

www.tourisme-baiedesomme.fr

C'est un chemin de promenade incontournable, avec de superbes vues sur le port, la baie et même parfois les phoques si vous avez un peu de chance ! Ces quais, d'une longueur de près de 3 km, très empruntés lors des beaux jours (heureusement qu'ils sont larges), promettent des promenades très agréables. Au fi de votre balade, vous admirerez sans doute avec jalousie les élégantes demeures du XIXe siècle, d'anciennes propriétés des familles d'armateurs et de capitaines. Au bout du quai Jeanne d'Arc, c'est la plage où le tout-Paris venait autrefois prendre des bains.

CIMETIÈRE CHINOIS DE NOLETTE ★

Hameau de la Nolette
NOYELLES-SUR-MER
✆ 03 22 25 69 94
www.mairie-de-noyelles-sur-mer.fr
Ouvert toute l'année. Gratuit.

Placé sous la responsabilité de la Commonwealth War Graves Commission, le cimetière chinois de Nolette est un lieu de recueillement et de mémoire. Entre 1917 et 1919, près de 80 0000 travailleurs du Chinese Labour Corps, tous volontaires, furent employés par l'armée britannique à l'arrière du front. 842 Chinois sont enterrés dans ce cimetière, dont la plupart sont morts de l'épidémie de grippe espagnole après-guerre. Il s'agit du plus grand cimetière chinois de France et d'Europe !

LE CHÂTEAU DES LUMIÈRES €€

29, rue du Moulin - **SAINT-BLIMONT**
✆ 06 20 57 79 83
www.lechateaudeslumieres.com
De 109 à 119 € la nuit pour 2. Tarifs dégressifs à partir de 4 nuits. 2 gîtes classiques et 2 gîtes insolites.

Un hébergement insolite, avec kotas finlandais et bains à remous, à moins de 10 km de Saint-Valery-sur-Somme et 18 km de Mers-les-Bains. Vous dormez en chambre d'hôtes au château ou dans l'un des hébergements insolites du domaine : ancien pigeonnier, petite bergerie, grande bergerie et un incroyable bus scolaire jaune réhabilité en logement. Les deux bergeries peuvent s'assembler en un gîte pour 8 personnes. Vous êtes dans un parc de 11 ha. Un kota-grill et un kota-sauna complètent l'offre. Très dépaysant, convivial et ressourçant. Idéal en famille ou entre amis.

NOS BALADES

© ERIC ISSELEE - SHUTTERSTOCK.COM

Le charmant village de Saint-Valery-sur-Somme.

HÔTEL LES PILOTES €€

62, rue de la Ferté
✆ 03 22 60 80 39
www.lespilotes.fr

25 chambres. Simples à partir de 65 €. Doubles dès 85 €. Suites familiales dès 104 €. Bar, bistrot. Wiki et parking.

Un hôtel qui fait dans l'originalité au niveau de la décoration de ses chambres : Laurence Gautier en fait son affaire et adore chiner ! Ici, les murs vivent grâce à des papiers peints originaux et des peintures aux teintes parfaitement au goût du jour. Les moquettes prennent des couleurs, les coussins disposés sur les lits présentent des motifs originaux et il faut aussi prêter attention aux luminaires et à la décoration vintage... Quant au restaurant, plus sobre, il vous proposera de quoi vous régaler tout en profitant d'une vue imprenable sur la baie.

LES METS DE L'ESTRAN €

2, rue du Docteur-Lomier
✆ 03 60 32 70 40
www.metsdelestran.fr

Ouvert tous les jours de 10h à 19h.

Dans cette boutique-restaurant, tous les plats sont servis dans des petites cocottes qui rappellent la cuisine d'antan ! N'hésitez pas à accompagner votre repas d'une bonne bière authentique, garantie sans additif ni conservateur, à choisir parmi les 70 variétés. Aux beaux jours, vous pourrez vous installer sur la très agréable terrasse et vous faire plaisir avec les délicieuses soupes locales (servies avec leurs croûtons et même des fromages régionaux). La boutique mérite elle aussi le détour : elle est très, très bien fournie, à en perdre la tête !

LE 43 €€

43, quai de Romerel
✆ 03 22 60 80 07
www.le-43.fr

Ouvert mardi, mercredi et du vendredi au dimanche le midi ; le mardi, le mercredi, le vendredi et le samedi le soir.

Si vous aimez l'authenticité, vous ne serez pas déçu dans ce restaurant que l'on repère bien à la sortie de la cité médiévale grâce à l'hôtel dont il dépend ! Le chef aime revisiter des recettes traditionnelles à base de produits locaux (canard, escargots, poissons, fromages, pommes, gâteau battu...). La Saint-Jacques est à l'honneur avec un menu dédié avec deux façons de la cuisiner (pochée et en cassolette). La décoration est très soignée et raffinée. La cour intérieure vous permettra de profiter d'un calme bien appréciable dans ce secteur très fréquenté.

LE JARDIN €€

37, rue de la Ferté
✆ 03 22 60 98 99
www.lejardinrestaurant.fr

Ouvert du mercredi au samedi le midi et le soir ; le dimanche midi. Carte : 20 € environ. Terrasse, jardin.

Le Jardin fait entrer la street-food au bord de mer ! Ici on mange un burger végétarien, un hot-dog fait maison ou un risotto, le plat signature de Romain (et de son équipe culinaire). Le Jardin c'est surtout un cadre sans pareil : une terrasse à faire jalouser tous les restaurateurs. Un vrai plaisir aux beaux jours ! On apprécie la simplicité, le goût certain pour la décoration et l'équipe avenante ! Un lieu plein de surprises, qui détonne dans le paysage calme de Saint-Valery-sur-Somme et une véritable expérience à vivre sans tarder.

CAYEUX-SUR-MER ★

La station balnéaire familiale du littoral picard tire son nom du banc de galets déposé par la mer après avoir roulé les silex arrachés aux falaises de craie toutes proches. La version picarde des cailloux est mondialement reconnue pour sa dureté, sa pureté et sa couleur bleue. Destinés à la construction, on les retrouve volontiers en décoration, pour le filtrage ou la fabrication de papier de verre. Cuits, ils sont utilisés dans la préparation des céramiques et des peintures. Le chemin des planches, le plus long d'Europe avec ses 1 800 mètres de long, attire de plus en plus les touristes. Ses cabines de plage lui ajoutent un charme certain.

CHAPELLE DES MARINS ✝ ★

Rue du Général-Leclerc

Ouvert toute l'année. Tous les jours et les jours fériés de 9h à 18h, pour visite et prière.

Comme de nombreuses autres présentes dans la région, la chapelle de Cayeux-sur-Mer symbolise le riche passé maritime de ce quartier où, jusqu'à la fin des années 1940, les pêcheurs débarquaient directement leurs poissons sur la grève. Dédiée à Notre-Dame-de-la-Mer, elle fut construite en 1859 à 100 mètres de la plage, là où les marins priaient avant les départs en mer et au retour, en guise de remerciements. Sur la façade, on voit Marie sur une barque, arrivant au port de Boulogne-sur-Mer. Le tout dégage une douce atmosphère, très paisible.

PLAGE DE CAYEUX-SUR-MER ★

Boulevard du Général-Sizaire ✆ 03 22 26 04 04
www.cayeux-sur-mer.fr
Zone de baignade surveillée en été.

A marée haute, vous pourrez vous balader sur les galets et à marée basse, c'est sur le sable que vous étendrez votre serviette. Vous pourrez pratiquer une des nombreuses activités offertes à vous (cerf-volant, pêche à pied, etc). Et pourquoi pas essayer le kitesurf ? Il s'agit de l'un des plus beaux spots du nord de la France ! La plage est surtout connue pour ses 2 km de cabines, qui ont dessiné au fil des années le paysage de Cayeux-sur-Mer. Vous pourrez également pousser votre balade jusqu'à la pointe du Hourdel pour observer la belle colonie de phoques marins.

LA POINTE DU HOURDEL

Lieu-dit Le Hourdel
www.tourisme-baiedesomme.fr
Vue sur la baie de Somme. Également une randonnée facile d'environ dix kilomètres. Jumelles recommandées (panorama !).

Un panorama absolument unique sur la baie de Somme vous attend à la pointe du Hourdel. Vous apercevrez en face Le Crotoy et sur la droite Saint-Valery. A l'aide de vos jumelles, scrutez également le paysage en face de vous à la recherche des stars des lieux : les phoques ! Les bénévoles présents sur le site seront heureux de vous apporter toutes les informations possibles. Que ce soit à marée haute ou à marée basse, prenez le temps d'ouvrir les yeux et de bien savourer le spectacle sans pareil de l'une des plus belles baies du monde (et ce en toute saison) !

LA RÉSERVE D'AVIFAUNE DU HÂBLE D'AULT

www.tourisme-baiedesomme.fr
Randonnée de cinq kilomètres, très facile. Attention au balisage et aux intempéries !

Cette réserve naturelle, autrefois une importante zone de mouillage des navires, est essentiellement connue pour la richesse de sa faune sauvage : plus de 270 espèces d'oiseaux migrateurs y trouvent refuge tout comme de nombreuses espèces de plantes qui y croissent librement, dont certaines sont par ailleurs protégées au niveau national comme le chou marin. Une très belle sortie qui offre l'occasion d'une douce randonnée durant laquelle il ne faut pas oublier son appareil photo !

CHEMIN DE FER DE LA BAIE DE SOMME

Place du 8 Mai 1945 ✆ 03 22 26 96 96
www.chemindefer-baiedesomme.fr
De février à début novembre. Billet A/R à 16,50 € (adulte), 11,50 € (4-16 ans). Horaires et tarifs sur le site.

Le fameux chemin de fer de la baie de Somme, réseau des Bains de Mer depuis 1887, fait aussi escale à Cayeux-sur-Mer. L'occasion de découvrir sur une trentaine de kilomètres la baie autrement en cheminant entre mollières et marais, jusqu'à Saint-Valery-sur-Somme et Le Crotoy, dans une ambiance Belle Époque. Dans la gare, une jolie boutique vous attend pour faire le plein de souvenirs. Un voyage dans le temps et un immanquable absolu lors d'un voyage dans la région.

LES PHOQUES DE LA BAIE DE SOMME

✆ 03 22 26 61 15
De février à décembre. Environ 2h30 à 3h pour la sortie. Visite guidée sur réservation auprès de l'office de tourisme.

Cette sortie familiale, proposée par l'office de tourisme, vous permettra de découvrir la baie de Somme sous un autre angle. Au programme, la flore, le milieu marin et, bien sûr, la faune avec en vedette les veaux marins (l'espèce de phoque la plus représentée avec plus de 400 individus) ou les phoques gris, dont la colonie de 100 individus a élu domicile sur la pointe du Hourdel depuis plusieurs siècles. Attention à toujours respecter les consignes et distances de sécurité.

LES PORTES DU HÂBLE €€

Route des Canadiens
✆ 03 22 26 58 74
www.lesportesduhablebaiedesomme.com
Ouvert toute l'année. 5 chambres à partir de 95 €. Jardin. Insolite.

Cinq belles chambres et un loft avec balnéo privative pour deux personnes vous attendent dans cette vaste propriété aux belles pierres apparentes ! La situation est exceptionnelle, juste à côté de la réserve du Hâble d'Ault qui regorge d'une faune et d'une flore remarquables. Vous aurez le choix entre les chambres doubles, les chambres familiales et la suite familiale (idéale pour les grandes tribus). Enfin, place à l'insolite avec Cap en Baie, un bateau en cale sèche où vous pourrez passer des nuits marines... sur la terre ferme !

LES GALETS BLEUS €€

982, boulevard du Général-Sizaire
✆ 03 22 26 81 95
www.hotel-cayeux-baiedesomme.fr
Ouvert du vendredi au mardi le midi et le soir. Menus de 25 € à 33 €. Menu enfant : 9 €.

Dorothée et Yvan vous accueillent dans leur établissement entièrement rénové en 2016. Ils vous proposent une cuisine traditionnelle et inventive, essentiellement à base de produits frais de nos côtes. Parmi les spécialités du chef : couteaux farcis au beurre de légumes, sole meunière, wok de bœuf, saumon mi-cuit au sésame, moules de bouchot, et en dessert le savoureux Ch'Tiramisu… Grâce aux larges baies vitrées, vous pourrez déguster votre repas tout en profitant de la mer et du coucher de soleil ! L'établissement fait aussi hôtel et demi-pension.

LE PARC AUX HUITRES €€

Pointe du Hourdel ✆ 03 22 26 61 20
www.le-parc-aux-huitres.fr
Basse saison : ouvert du mercredi au dimanche, midi et soir. Haute saison : tous les jours, midi et soir.

A la pointe de la baie de Somme, le restaurant historique le Parc aux Huîtres, tenu par Delphine et Ederic Dauphin, fait revivre l'histoire mythique du port du Hourdel. Ces professionnels de la restauration accompagnés de leur équipe de cuisine, travaillent les produits frais, de saison, et font appel à des producteurs, pêcheurs et artisans locaux. Les stars du restaurant, ce sont le homard bleu de nos côtes, la choucroute de la mer, le saumon fumé maison, le foie gras maison tout comme l'agneau des prés salés. Une adresse incontournable de la baie de Somme !

LE PETIT BAIGNEUR €€

1052, boulevard du Général-Sizaire
✆ 03 22 26 28 99
www.lepetitbaigneuracayeux.fr
Ouvert tous les jours le midi et le soir. Fermé lundi et mardi hors saison. Menus de 26 à 39 € (enfant : 12,90 €).

Attention, la réservation est très fortement recommandée pour ce restaurant, qui ne désemplit jamais ! Avec sa décoration autour de l'univers maritime, pas de doute vous êtes en Baie de Somme. Les plats sont toujours justement exécutés, savoureux et de très bonne qualité. Ils s'inspirent des classiques de la région : moules, bien fraîches et bien arrangées, l'indétrônable ficelle picarde du Petit Baigneur gratinée à la crème, particulièrement généreuse et excellente, mais aussi la pêche du jour avec des poissons comme le filet de turbot au four, sauce mangue !

LANCHÈRES

Située tout près de la ville de Cayeux, la commune de Lanchères, avec ses 920 habitants, se divise en trois hameaux : Laleu, Wathiéhurt et Poutrincourt. Lors de votre visite à la découverte de la baie de Somme, profitez-en pour aller voir les fameuses ruines du château de Poutrincourt, ancien édifice construit au XVe siècle. Encore debout au début du siècle, il ne reste aujourd'hui que les vestiges des faces latérales. Le musée d'Histoire naturelle La Maison de la baie de Somme et de l'Oiseau est également un incontournable pour les amoureux de la faune et de la flore. Sa visite sera l'occasion d'en savoir plus sur le patrimoine picard !

MAISON DE LA BAIE DE SOMME

Carrefour du Hourdel
✆ 03 22 26 93 93
www.maisondelabaiedesomme.com
Fermé en janvier. Horaires selon la saison. Adulte 9,50 €. Enfant 7,10 €.

Un musée qui décrypte les secrets de la faune et de la flore de la région. Ici, plus de 250 oiseaux sont visibles, dans leur milieu naturel reconstitué, avec des postes d'observation prévus à cet effet. La flore de la baie vous sera aussi présentée, tout comme les phoques ! Aussi, enfilez vos meilleures chaussures de randonnée pour aller explorer la baie, avec des guides expliquant le phénomène des marées et qui vous conduisent sur les meilleurs spots de rencontres animalières.

LA FERME DE CAPUCINE €€

827, route de Saint-Valéry
✆ 03 22 30 48 99
www.accueil-baie-de-somme.com
De 280 à 450 € la semaine selon saison. CB non acceptée.

Voici un gîte idéalement situé, à moins de dix minutes de la baie de Somme, où vous pourrez loger jusqu'à 4 personnes. Vous pourrez vous ressourcer dans un environnement calme et dans des chambres à la literie très confortable. Spacieux, lumineux et à la décoration qu'on pourrait peut-être souhaiter plus moderne, ce gîte vous permettra de passer un séjour agréable. Vous serez ici comme chez vous, avec un petit coin cuisine avec réfrigérateur, micro-ondes, cafetière et bouilloire. De quoi préparer de bons petits plats au retour de vos sorties maritimes !

PENDÉ

Au coeur du département de la Somme, la commune de Pendé, ou *Pendeeli*, comme elle s'appelait au Moyen-Âge, du temps du roi Philippe Auguste, est une petite bourgade de charme, au bord de la mer de la Manche, entre Lanchères et Saint-Valéry-sur-Somme. La petite rivière de l'Amboise prend sa source sur le territoire de la commune. L'église Saint-Martin de style gothique vaut le détour lors de votre halte à vélo. On parie qu'elle vous séduira avec ses murs de pierre et son toit en ardoise, ce qui lui vaut d'ailleurs d'être partiellement protégée au titre des Monuments historiques. A voir également à Pendé, l'oratoire de Tilloy et son château.

LE CROTOY ★★

Atouts uniques dans la région : des plages exposées plein sud, des lumières, des paysages changeant au gré des marées de la baie, des produits de la mer réputés. Érigé sur un banc de sable, Le Crotoy est un port héritier d'une longue tradition de pêche. Il était, au XVIIe siècle, l'un des ports les plus importants de la Manche. Aujourd'hui, l'ensablement de la baie a contraint les bateaux de pêche à quitter les lieux pour aller s'amarrer au Tréport. Les maisons de pêcheurs se mêlent aux demeures de vacances de visiteurs venus profiter d'un village authentique. Le Crotoy connut son heure de gloire au XXe siècle avec le parfumeur Guerlain.

Chevaux dans un marécage du Crotoy.

MARAIS DU CROTOY

RD 4 en direction de Saint-Firmin

Après une virée à la plage, en remontant vers le nord, on peut prendre le temps de s'arrêter sur le territoire que l'on appelle ici « la petite Camargue du Nord ». Il s'agit des marais du Crotoy, qui regorgent d'espèces animales et végétales en tout genre. Les marais abritent une multitude d'oiseaux migrateurs à observer et on peut aussi y apercevoir des chevaux Henson. Cet espace où vous vous sentirez en étroite communion avec la nature est à découvrir, via une piste cyclable ou un parcours de randonnée balisé, pour le plus grand plaisir de toute la famille.

LES AUBÉPINES•••• €€

800, rue de la Maye ✆ 03 22 27 01 34

www.camping-lesaubepines.com

Ouvert du 01/04 au 06/11. 194 emplacements. Jeux, animation, piscine, alimentation, club enfant. Animaux acceptés.

Les Aubépines vous accueille au cœur de la baie de Somme, entre mer et campagne. En tente, en caravane ou dans un mobil-home, profitez d'un séjour des plus agréables et détendus. Ici, la nature vous donne rendez-vous avec les oiseaux et les phoques. Vous passerez des vacances sportives et culturelles en pratiquant la voile, le golf, le vélo, la marche, en vous relaxant à la piscine du camping avec son espace balnéothérapie et ses cours d'aquagym, en jouant au football dans un grand champ. En fin de journée, profitez des soirées à thème et des repas dansants !

LA FERME DE MAYOCQ•• €€

7 bis, rue de Mayocq

✆ 03 22 27 09 99

www.la-ferme-de-mayocq.com

Fermé de nov. à mars. 58 emplacements (5 ou 9 € selon saison). Véhicule, 3 €. Mobil-home. Aire de jeux. Wifi gratuit.

A 1 km de la plage et 1 km du centre-ville du Crotoy, au cœur de la baie de Somme, dans un cadre verdoyant, boisé et fleuri, la Ferme de Mayocq vous assurera calme et détente. Sur place, vous trouverez les équipements suivants : ping-pong, château gonflable, salle de remise en forme... Les mobil-homes sont très bien équipés : four, plaques à induction, hotte aspiration, micro-ondes, cafetière, télévision... Une fois installé, le mieux est encore d'enfourcher votre vélo pour partir explorer les alentours : la ville du Crotoy, son marché, le parc du Marquenterre...

AUBERGE DE LA DUNE €€

1352, rue de la Dune
✆ 03 22 25 01 88
www.auberge-de-la-dune.com

Ouvert 7j/7 de 12h à 14h et de 19h à 21h. Réservation recommandée. Menus de 20 € à 39 €. Carte environ 20 €.

Ici, pas de cadre luxueux ni de décoration clinquante ! L'auberge mise sur l'authenticité, dans un cadre rustique normand. Une fois installé sur l'une des deux terrasses très appréciables aux beaux jours, et dont l'une est couverte, vous pourrez déguster des spécialités locales très généreuses comme la ficelle picarde, la souris d'agneau au thym ou l'entrecôte grillée. Les spécialités de la mer de la baie de Somme sont bien sûr elles aussi mises en avant avec la sole, le turbotin, le saumon gravlax, les coquilles Saint-Jaques ou les moules de bouchot.

LE CARRÉ GOURMAND €€

53, rue de la Porte-du-Pont
✆ 03 22 27 46 72

Ouvert du jeudi au lundi le midi ; le lundi et du jeudi au samedi le soir. Réservation recommandée.

Une ardoise qui varie régulièrement, avec des prix raisonnables et une approche autour du locavore qui est privilégiée ! Parmi les spécialités, vous trouverez le fameux agneau des prés salés et les coquilles Saint-Jacques. Les plats sont préparés avec soin, avec des produits frais. Les assiettes sont colorées et présentées avec générosité. L'ambiance est calme, la décoration très soignée et le personnel attentif. De quoi passer un repas romantique et raffiné en toute intimité. Bref, une adresse recommandée et recommandable en toute circonstance !

LE COMMERCE €€

7-9, place Jeanne d'Arc
✆ 03 22 24 47 06

Ouvert du mercredi au dimanche le midi de 11h30 à 14h30 et le soir de 18h30 à 21h30.

Le Commerce rencontre un véritable succès ! L'accueil y est très sympathique et professionnel. Les produits sont frais et les prix justes. Les plats de la mer sont bien sûr mis à l'honneur. Outre les classiques, mais néanmoins réussies, cocottes de moules, vous pourrez déguster les poissons du moment. Côté terre, plusieurs plats à l'Argousier, bière locale, sont proposés comme la terrine de lapin maison ou encore la carbonnade du Marquenterre. Mais la carte change au fil des saisons ! Il est également possible d'y partager de généreux plateaux de fruits de mer.

SAINT-QUENTIN-EN-TOURMONT

Entre les estuaires de la Somme et de l'Authie, la commune de Saint-Quentin-en-Tourmon fait partie du parc naturel régional Baie de Somme - Picardie maritime depuis 2020. Au sud-ouest du Marquenterre, la commune est une porte d'entrée de choix pour profiter du parc éponyme et de son avifaune. En effet, cette petite bourgade de charme est connue pour son parc ornithologique du Marquenterre. Depuis 1973, Saint-Quentin-en-Tourmon accueille sur sa baie ce lieu touristique hors du commun qui voit chaque année plusieurs centaines d'espèces différentes d'oiseaux. Le village est également propice aux balades à vélo grâce à ses nombreuses voies adaptées.

PARC DU MARQUENTERRE - RÉSERVE ORNITHOLOGIQUE

25 bis, chemin des Garennes
✆ 03 22 25 68 99
www.parcdumarquenterre.fr

Ouvert de 10h à 17/18 ou 19h selon saison. Adulte 11,50 €. Enfant 8,60 €.

Avec ses 220 hectares de dunes, de forêts et de marais, le Parc du Marquenterre est une escale absolument incontournable pendant votre séjour dans la baie de Somme ! Venus de toute l'Europe, les oiseaux migrateurs y font escale, les uns pour un instant, les autres pour la saison entière. Au sein du parc, vous aurez le choix entre trois itinéraires, allant de 45 minutes à un peu plus de 2 heures pour en faire le tour. Le premier sentier, idéal à faire avec des enfants, permet de se familiariser avec les principales espèces d'oiseaux de la baie. Tout au long de votre promenade, vous rencontrerez des animateurs-nature que vous ne devez pas hésiter à solliciter, ils ont toutes les réponses à vos questions. Les différents observatoires, répartis avec sagacité, sont la promesse rare de rencontres précieuses ! Et surtout, n'oubliez pas de louer des jumelles, absolument nécessaires pour contempler la beauté et la richesse de tout ce qu'offre le Marquenterre à ceux qui savent observer. Vous trouverez également, sur le domaine du Parc, une grande boutique de souvenirs (où vous devez impérativement passer pour sortir d'ailleurs) ainsi qu'un espace restauration à prix corrects et d'une certaine qualité. N'hésitez pas à prendre à emporter pour pouvoir profiter de la nature environnante (il y a des espaces dédiés à côté). Enfin, le Parc que Marquenterre offre un spectacle sans cesse renouvelé au gré des saisons et chaque visite sera l'occasion de nouveaux émerveillements...

LE LOGIS DES OISEAUX €€

32, chemin des Garennes
✆ 03 22 25 03 06
www.domainedumarquenterre.com
De 370 à 825 € la semaine selon saison. Week-end : de 160 à 310 €. Gîtes de groupe : dès 400 €/nuit (25 pers.).

Dans l'enceinte du domaine du Marquenterre, le Logis des Oiseaux est constituée de seize meublés pouvant accueillir quatre personnes et deux meublés allant jusqu'à sept personnes. Le linge de maison (draps et serviettes) est fourni. Possibilité de restauration sur place ou à emporter, option ménage, location de vélos, près du centre équestre et du parc ornithologique. Les animaux sont acceptés. Pour les groupes, Marcanterra dispose d'une maison pour 25 personnes (La Bergerie) et d'une maison pour 35 personnes (La Marcanteraine).

ÉCOLODGE LE BRUIT DE L'EAU €€€

1, chemin des Matelots
✆ 07 69 66 65 94
www.lebruitdeleau.org
Toute l'année. À partir de 250 € la nuit. Repas d'inspiration japonaise sur réservation. Sauna.

Une bulle d'oxygène en Baie de Somme, dans un esprit zen et nature ? C'est le pari proposé le Bruit de l'Eau, un hébergement aux tonalités surprenantes et plutôt inhabituelles en ces latitudes ! Quatre lodges et une suite japonaise composent l'offre, pour une belle variété d'expériences : étoile, voyage, rivage, haïku, et Naoshima. Chacun d'eux possède sa propre atmosphère unique et soignée, pour une invitation unique à un voyage sensoriel exceptionnel.

TABLÉE DU MARQUENTERRE €€

Parc du Marquenterre ✆ 03 22 25 68 99
Self ouvert tous les jours (12h-15h) de février à novembre. Seulement le week-end l'hiver (sauf vacances de Noël, 7j/7).

Après l'ornithologie, dégustation de produits du terroir et de légumes oubliés : voilà un chouette concept ! Le chef concocte une cuisine saine et équilibrée dans des bocaux joliment présentés : ses tomates anciennes et leur pesto d'herbes fraîches, les potimarrons confits accompagnés d'un lieu noir parfumé à l'oxalis sans oublier les moules de bouchot de la baie de Somme. Le bar propose également des glaces artisanales, des crêpes et des boissons locales (bières, jus de pomme et thé à base d'argousier). Une très belle surprise sur un site touristique !

RUE

À quelques encablures de la baie de Somme, Rue est aujourd'hui une cité de charme attirant chaque année de nombreux touristes qui se régalent dans les nombreux petits restaurants. Le centre-ville, particulièrement chargé en histoire, se visite grâce à des circuits mis en place par l'office de tourisme. Ne ratez surtout pas les monuments locaux qui valent définitivement le détour : le beffroi, la chapelle du Saint-Esprit, celle de l'Hospice ou encore le musée des Frères Caudron (situé dans les locaux de l'OT). Plus bien qu'un simple arrêt sur la route de la baie de Somme, Rue mérite vraiment que l'on y consacre une journée... si ce n'est plus !

MUSÉE DES FRÈRES CAUDRON

10, place Anatole-Gossellin
✆ 03 22 25 69 94
www.musee-caudron-test2.jimdo.com
D'avril à septembre : mardi-sam (9h30-13h/14h-18h), dimanche 9h30-13h. Fermé lundi. 1,50 €, gratuit -12 ans.

Un petit musée très intéressant et assez inhabituel, situé dans les locaux de l'office de tourisme de Rue. Dans une vaste salle sont regroupés beaucoup de documents (photos, films, coupes, témoignages...) sur les frères Caudron, pionniers de l'aéronautique française (et héros locaux) mais aussi sur l'histoire de l'aviation de façon plus régionale. Une approche exhaustive et très pertinente pour avoir une vision de ces premiers temps héroïques et de l'impact de cette industrie sur la Somme au début du XXe siècle. Idéal pour occuper la famille !

LA VOIE DES FRERES CAUDRON

10, Place Anatole Gosselin
Deux points de départ possibles : de l'OT de Rue ou bien de celui du Crotoy. Guide à acheter à Rue (1,50 €).

De Rue au Crotoy, une belle balade à vélo sur les traces des frères Caudron, deux légendes de l'aéronautique hexagonale ! Avec cette boucle de trente kilomètres, qui peut être débutée indifféremment dans les deux villes, vous allez découvrir tout ce qu'il y à voir et savoir sur l'épopée personnelle et industrielle de la famille Caudron, de la naissance à la mort via l'usine. N'hésitez pas à aller visiter le chouette petit musée sis dans les locaux de l'office de tourisme de Rue.

BRASSERIE-HÔTEL CAUDRON** €€

5, rue de la Barrière ✆ 03 22 25 74 18
www.hotelcaudron.com

Toute l'année. 16 chambres. Simple de 48 à 70 €, double de 61 à 88 €, triple de 72 à 106 €, suite de 100 à 148 €.

Seize chambres entièrement rénovées et agréablement aménagées vous attendent pour une nuit tout confort ! A votre arrivée, vous serez ravi de trouver un sympathique plateau de courtoisie avec du thé et du café. L'Hôtel des Frères Caudron (ainsi nommé en hommage aux pionniers de l'aviation nés non loin de là, à Favières) propose un intérieur cossu, dans des tons gris et bleus, avec une literie très confortable. Le personnel est chaleureux. Bref, une vraie belle surprise à Rue !

LA FERMETTE DU MARAIS €€

360, route d'Abbeville ✆ 03 22 25 06 95
www.fermette-du-marais.com

Ouvert toute l'année. Petit déjeuner : 12 €. Chambre à partir de 83 €.

A la sortie de Rue, sur la route d'Abbeville, une allée discrète située sur la droite amène au calme dans un parc charmant de 5 000 m² agrémenté d'un petit étang. Trois chambres d'hôtes tout confort vous attendent au rez-de-chaussée ! Chacune dispose d'une salle d'eau avec douche et toilettes privées, d'une télévision, d'une terrasse plein sud et d'un parking privé. Le tout avec piscine chauffée de mai à septembre, balançoire, ping-pong, babyfoot, etc. Vous aurez également le choix entre six gîtes (studios ou appartements) à louer à partir de trois nuits.

LA BRASSERIE DU BEFFROI €

17, place du Général Leclerc
✆ 03 22 25 01 31

Ouvert tous les jours de 8h30 à 21h30. Menus à partir de 12,90 €. Plats à environ 12 €. Accueil chaleureux.

A deux pas de l'office de tourisme, la Brasserie du Beffroi est un bar-restaurant tout ce qu'il y a de plus authentique, autant fréquenté par les locaux que par les familles de passage par Rue. On y trouve une carte très axée sur les produits locaux (ficelle picarde, tarte au maroilles, tripes...) et une magnifique sélection de moules. Service efficace, avec le sourire, qui donne envie d'engager la conversation. Une vraie brasserie qui ne joue pas sur les apparences et un grand moment de bonheur dans les assiettes avec un rapport qualité-prix imbattable !

FAVIÈRES

Favières se situe à seulement 5 km de la Baie de Somme, ce qui en fait une halte de choix sur votre parcours à vélo. La commune a vu naître les célèbres frères Caudron qui figurent parmi les pionniers de l'aviation. Dans le département, vous trouverez de nombreux établissements qui rendent hommage à ces deux passionnés, qui ont créé au début du siècle, en 1910, la Société des avions Caudron, au Crotoy, puis à Rue. La Première Guerre Mondiale leur permettra d'ailleurs l'expansion de l'entreprise dans un premier temps, avant de devoir délocaliser. L'église Saint-Martin et le Jardin d'agrément sont de jolies visites à faire dans la commune.

LA CLÉ DES CHAMPS €€

13, rue des Frères-Caudron
✆ 03 22 27 88 00
www.restaurant-lacledeschamps.com

Ouvert du mardi au samedi de 9h à 22h.

C'est dans un ancien relais de poste au cœur de la baie de Somme, remis au goût du jour, que le chef Nicolas Chamoin et son épouse vous accueillent pour passer un délicieux moment. Dès les frimas de l'hiver, venez profiter du feu de cheminée avant de goûter aux plats savoureux concoctés par ce jeune chef qui adapte ses menus au fil de ses trouvailles au marché. La carte change selon les saisons mais toujours avec des produits des producteurs locaux ! Avec un menu et une carte accessible à toutes les bourses, c'est un endroit idéal pour (très) bien manger !

HÔTEL RESTAURANT LES SAULES €€

1075, rue des Forges ✆ 03 22 27 04 20
hotel-les-saules.fr

Ouvert le dimanche midi et tous les soirs de la semaine, de 19 h à 21h. Menus à 29 € et 35 €. Terrasse, wifi.

Dans un cadre magnifique, avec vue sur le parc, le restaurant de l'hôtel vous accueille pour proposer une carte maîtrisée et raffinée. Vous aurez, par exemple, le choix entre un filet de carrelet et sa sauce à l'estragon et au citron confit ou un filet de canette laqué à la myrtille et sa galette de polenta et carotte. Les associations sont justes, parfois osées, mais toujours réussies. Les desserts suivent, à l'image de la tarte au citron meringuée déstructurée. Une adresse de choix.

AUTOUR D'ABBEVILLE

- **Total :** 52,5 km
- **Durée :** entre 2h40 et 5h20 (10 à 20 km/h)
- **Difficulté :** cinq côtes, peu vallonné

LIEUX	Km partiel	Km cumul	Routes
ABBEVILLE	0	0	D928, D3
MAREUIL-CAUBERT	5,5	5,5	D3
BRAY-LES-MAREUIL	2	7,5	D3, CV
ERONDELLE	2	9,5	CV, D901
PONT-RÉMY	2,5	12	D901, CV, D3
FONTAINE-SUR-SOMME	4,8	16,8	CV
COCQUEREL	2	18,8	D112
LONG	2,5	21,3	D32
AILLY-LE-HAUT-CLOCHER	4,5	25,8	D46
ERGNIES	3	28,8	D46
GORENFLOS	1,5	30,3	D32
DOMQUEUR	2	32,3	D153
BUSSUS-BUSSUEL	3	35,3	D12
SAINT-RIQUIER	5	40,3	D925, D482
CAOURS	5	45,3	D82, D82E
DRUCAT	2	47,3	CV
LA BOUVAQUE	3	50,3	CV, D82
ABBEVILLE	2,2	52,5	CV

CALAIS
RUE
HESDIN
AUXI-LE-CHATEAU
DOULLENS
PARCOURS GPX
LE CROTOY
LE TREPORT
ROUEN
POIX-DE-PICARDIE
AMIENS
Drucat
Millencourt-en-Ponthieu
Oneux
Coulonvillers
Grand-Laviers
Caours
Neufmoulin
Saint-Riquier
Mesnil-Domqueur
le Plouy
Domqueur
Ribeaucourt
Abbeville
Vaucelles-les-Quesnoy
Bellancourt
Buigny-l'Abbé
Bussus-Bussuel
Gorenflos
Yonval
Aïlly-le-Haut-Clocher
Ergnies
Brucamps
Eaucourt-sur-Somme
Mareuil-Caubert
Pont-Remy
Erondelle
Huchenneville
Cocquerel
Long
Vauchelles-lès-Domart
Bailleul
Fontaine-sur-Somme
l'Etoile
Somme
A 16
A 28
N 1
D 925
D 928
D 40
D 32
D 12
D 941
D 108
D 183
D 901
D 3
D 216
500 M
Autoroute
Route principale
Route secondaire
Circuit vélo
Départ

ABBEVILLE ★★

L'histoire de la ville remonte à l'époque carolingienne, où elle est citée comme dépendance de l'abbaye de Saint-Riquier. Son nom signifie « domaine de l'abbaye ». Le XIIe siècle marquera le début de la prospérité, qui s'étendre jusqu'au XVe siècle grâce au commerce maritime, la Somme permettant alors la navigation de gros tonnages jusqu'au port d'Abbeville. Malgré son architecture récente, elle conserve quelques témoignages anciens, comme des maisons du XVIe siècle ainsi que des hôtels particuliers. A voir également : la collégiale Saint-Vulfran et le beffroi, qui abrite le musée d'art de la ville. Il fait aussi bon flâner dans les rues et cafés.

BEFFROI D'ABBEVILLE - MUSÉE BOUCHER DE PERTHES ★★

24, rue Gontier-Patin
✆ 03 22 24 08 49

Ouvert du mardi au samedi (14h-18h, 19h le samedi). Fermé pour travaux. Ouvert aux groupes sur RV (03 22 20 29 69)

Construit à partir de 1209, le beffroi est l'un des plus anciens de France : une tour rectangulaire d'une hauteur de 33 m, utilisée comme tour de guet jusqu'à la construction de la collégiale Saint-Vulfran. Ce beffroi, comme ceux de la région, est classé depuis 2007 au patrimoine mondial de l'Unesco. La montée se fait, quand cela est possible, par un escalier de 119 marches. Cependant, et pendant la durée des travaux au musée Boucher de Perthes, la montée est impossible !

COLLÉGIALE SAINT-VULFRAN ★★★

1, parvis Saint-Vulfran ✆ 03 22 24 27 92
www.tourisme-baiedesomme.fr

Ouvert du 1/04 au 30/09/2022. Du mardi au samedi (de 10h à 18h, 17h basse-saison), dimanche et lundi (14h-18h). Gratuit.

C'est à n'en pas douter le plus remarquable monument de la ville. Elevé puis reconstruit plusieurs fois depuis 1058 pour accueillir les reliques de Saint-Vulfran, cet édifice est un superbe exemple de style gothique flamboyant. La façade est en dentelle de pierres avec ses deux hautes tours symétriques de 55,80 m surmontées de tours de guet. Le portail central, par ses vantaux Renaissance, témoigne du merveilleux travail des « huchiers » picards. Il y règne un silence profond, une forme épurée de magie comme si elle craignait parfois d'afficher les signes extérieurs de sa magnificence. Ruskin écrivait dans Proeteria : « Comme plaisir joyeux et sans mélange, arriver à Abbeville par un bel après-midi d'été pour voir Saint-Vulfran avant que le soleil ait quitté les tours, sont des choses pour lesquelles il faut chérir le passé jusqu'à la fin. » Victor Hugo visita en 1853 cette « vieille façade toute rongée par la bise et la lune, d'où l'on sort avec une larme et où l'on entre avec un sourire ». C'est un éblouissement pour l'auteur romantique ! Les vitraux modernes de William Einstein ajoutent encore une touche de fraîcheur et de sublime. Un petit regret toutefois, on a peu de recul pour admirer la façade avec une circulation toujours présente au pied de l'édifice. En tout cas, la Collégiale Saint-Vulfran est un passage absolument obligatoire lors de tout voyage à Abbeville. Certains murmurent même qu'elle justifie à elle seule de venir dans cette ville pas si connue où l'on trouve tant de belles choses !

COUVENT DES URSULINES ✝ ★

Intersection Chaussée du Bois
et rue Josse van Robais

Gratuit, visible seulement de l'extérieur, ne se visite pas.

Ce monument, où des sœurs s'étaient installées en 1642, a connu à une histoire mouvementée puisqu'il a quasiment été entièrement détruit lors des bombardements du 20 mai 1940, après avoir été réquisitionné comme hôpital militaire en 1939. C'est grâce à des photos d'époque qu'il retrouve une seconde jeunesse et son aspect d'antan. Plus de 1 200 briques ont été nécessaires à sa reconstruction ! Les vestiges du couvent constituent un des rares exemples d'architecture de style Louis XIII à Abbeville. La ville met le tout en valeur avec un système d'éclairage.

ÉGLISE DU SAINT-SÉPULCRE ✝ ★

Place du Saint-Sépulcre
✆ 03 22 24 27 92

Ouvert du 1er avril au 30 septembre. Sur réservation auprès de l'OT du 1er octobre au 31 mars. Gratuit.

La légende dit que cette église a été construite en célébration de la réunion des chevaliers du Nord du royaume, avant de partir pour la première croisade. Aujourd'hui classée aux monuments historiques, elle fut partiellement détruite par les bombardement en 1940, mais des travaux lui ont permis de retrouver de sa superbe. L'église est surtout remarquable pour ses vitraux modernes signés Alfred Manessier, enfant du pays et célèbre artiste. L'ambiance est particulièrement colorée au crépuscule, avec le reflet des vitraux sur les piliers et les arcades.

NOS BALADES

PARC DE LA BOUVAQUE

✆ 03 22 25 43 65

www.tourisme-baiedesomme.fr

D'octobre à mars tous les jours de 9h à 17h30. Haute saison : tous les jours de 7h à 20h.

Le plaisir d'une balade dans un milieu préservé, dans ce un parc composé de deux grands étangs et à proximité du centre-ville. Auparavant, les habitants y faisaient paître leurs bovins. Une hutte est installée sur une presqu'île pour observer les nombreux oiseaux qui apprécient aussi très largement la tranquillité des lieux. Cette balade, dans un cadre boisé et verdoyant, vous invite sur les traces du peintre Alfred Manessier avec des panneaux explicatifs. Enfin, les sources bleues, remarquables, apportent une touche magique et de rareté à cette promenade.

RÉSERVE ORNITHOLOGIQUE

2, rue du Touvent - **GRAND-LAVIERS**

✆ 06 08 16 50 86

www.reserve-grand-laviers.fr

Ouvert toute l'année, tous les jours de 10h à 17h (19h en haute saison) Adulte : 8 €. Enfant (de 8 à 16 ans) : 4 €.

Reconvertir une quarantaine d'hectares de friches et de bassins, hérités de l'ancienne sucrerie de Grand-Laviers, en véritable cocon pour les oiseaux migrateurs, fut le pari de la Fédération départementale des chasseurs de la Somme. Le rêve est devenu réalité et la réserve abrite aujourd'hui une multitude d'espèces que vous avez l'occasion de découvrir lors de différents parcours, libres ou guidés. Ce paradis ornithologique est devenu un incontournable pour les amateurs de grand air et de nature et constitue une très belle sortie, seul ou en famille !

LES MYRRHOPHORES €

17, rue des Poulies

✆ 06 07 38 45 18

www.m-1712.fr

Chambre double de 90 € à 130 € selon la saison. Suite : de 140 € à 190 € selon la saison. Tables d'hôtes : 25 € ou 40 €.

La superbe bâtisse de briques rouges qui abrite les chambres et suites des Myrrhophores a une histoire qui remonte à plusieurs siècles en arrière. Vous serez subjugué par la beauté du lieu. Les chambres et suites mêlent l'ancien à des touches plus modernes et elles sont si belles et confortables que vous vous sentirez vite à votre aise. L'espace bien-être vous offre le choix entre un grand spa à bulles et un sauna. Le petit déjeuner est copieux et la table d'hôtes met en avant des produit bio et issus des producteurs locaux. Un lieu distingué comme on les aime.

CHAMBRES D'HOTES LE MARAIS DE LAVIERS €€

Chemin rural

GRAND-LAVIERS

✆ 06 98 90 89 98

Quatre chambres de 35 m² chacune. Double dès 69 € (petit-déjeuner inclus).

3 épis accordés par les Gîtes de France, c'est un gage de qualité. Et en effet, cet endroit a tout pour vous plaire : des pièces spacieuses et lumineuses, une décoration simple mais soignée, et du mobilier plutôt moderne. 4 chambres sont à disposition, toutes avec terrasse et salon de jardin, et pour les amoureux de la nature, un vaste parc de 1,7 hectare entoure la maison. Un petit gîte pour 2 personnes est également à la location, proposant lui aussi tout le confort nécessaire.

LE SALTIMBANQUE €€

1500, rue du 8 Mai 1945 - **EAUCOURT-SUR-SOMME**

✆ 03 22 27 08 94

www.lesaltimbanque.fr

Ouvert du mercredi au dimanche de 12h à 13h15 ; du mercredi au samedi de 19h30 à 20h30. Menus de 45 à 55 €.

Perchée sur les hauteurs du mont des Bergerons, la vue qu'offre cet établissement sur la vallée de la Somme est splendide ! La cuisine, elle aussi, est séduisante. Le chef, Sébastien Porquet, parvient en effet à dresser des compositions à la hauteur du panorama en mettant en avant de façon originale les produits locaux, entre terre et mer. Ici, pas de carte, seulement des intitulés : « L'Homme Pressé », « Glaner », ou « Toqué » avec de trois à cinq suites de plats. Lâchez prise et laissez-vous porter par l'expérience culinaire. Possibilité de loger sur place.

MARCHÉ COUVERT

Place du Grand-Marché

Deux fois par semaine, le jeudi et le samedi, de 7h30 à 14h, sous la halle couverte.

Quel plaisir de faire ses courses sur le marché couvert d'Abbeville ! C'est là que vous déambulerez tranquillement dans une ambiance toujours joviale et que vous allez prendre le temps de choisir tous les produits qui vous serviront à confectionner vos repas. Fruits, légumes, fromages, laissez-vous tenter par les couleurs et les odeurs qui mettent l'eau à la bouche. Régulièrement, des animations viennent égayer vos déambulations. Et pour finir la promenade, offrez-vous un moment agréable au bistrot des Halles, pour un café ou une petite mousse !

AU TEMPS DES METS

18, parvis Saint-Vulfran
✆ 03 22 20 34 70
www.autempsdesmets.com
Ouvert le lundi de 14h à 19h et du mardi au samedi de 9h30 à 12h15 et de 14h à 19h. Paniers garnis. Produits locaux.

« Créateur et dénicheur de saveurs originales », tel est l'état d'esprit affiché par la boutique ! Ici, vous trouverez toutes les spécialités de la région, à savoir : des macarons et le pâté de canard d'Amiens, la potée et le pâté picards, les salicornes, les oreilles de cochon, toutes sortes de moutardes, des pavés Saint-Vulfran d'Abbeville, des reinettes et poirettes de Picardie, le pétillant de fraise du Marquenterre et tant d'autres... Des coffrets-cadeaux, à partir d'une quinzaine d'euros, permettent de ramener quelques saveurs de la région pour ses proches.

LONG

Ce très joli village situé en Picardie, en bordure de Somme, abrite, outre son superbe château du XVIIIe siècle, une belle église du XIXe siècle et une centrale hydroélectrique datant de 1902, dans un cadre éclatant de verdure. Les marcheurs et les cyclistes peuvent longer le cours d'eau et contourner les innombrables étangs comme celui de la Grande Hutte nés de l'extraction de la tourbe, qui fit la fortune du village. Un véritable paradis pour les pêcheurs et les chasseurs. Long est un village qui a beaucoup de charme et qui offre de belles promenades en perspective, de superbes vues sur la vallée de la Somme. De l'évasion en pleine nature, tout simplement.

MAREUIL-CAUBERT

Avec sa tourbière et ses étangs, la commune est idéale pour de belles balades, que ce soit en barque ou en randonnée, afin de découvrir une faune et une flore remarquables. La commune abrite l'église Saint-Christophe et est célèbre pour son histoire médiévale, notamment pour l'Oppidum des Monts Caubert, un site archéologique datant de l'âge du fer. Site fortifié, construit sur une colline, il a été utilisé comme lieu de résidence et de stockage par les populations celtes de la région. Découvert en 1882, le site a révélé de nombreux objets datant de la période celtique tels que des poteries, des armes, des bijoux et des pièces de monnaie.

LES BORDS DE LA SOMME

Chemin de Halage
✆ 09 64 46 87 76
Renseignement auprès de la Maison éclusière, ouverte d'avril à octobre.

Différents points d'amarrage sur les bords de la Somme permettent aux plaisanciers de s'arrêter à Long. Ceux qui n'ont pas la chance d'avoir un bateau peuvent aussi en louer un. Les amateurs de tourisme fluvial apprécient également l'écluse de Long, construite entre 1823 et 1825. A pied ou à vélo, de nombreux chemins bordent les étangs assurant de belles promenades et d'agréables emplacements pour pique-niquer à l'ombre des arbres. La promenade, baptisée « L'écluse et la centrale hydroélectrique », propose de découvrir les principaux attraits de Long.

L'AUBERGE DU COLVERT €€

4, route de Rouen
✆ 03 22 31 32 32
www.aubergeducolvert-restaurant.fr
Ouvert du jeudi au mardi le midi ; le vendredi et le samedi le soir. Menus de 28 € à 38 €. Service traiteur.

Que l'on se régale dans cette auberge ! Ici, on cultive un amour pour la cuisine régionale et pour le terroir picard : ficelle picarde, terrine de canard maison, pavé de bœuf sauce aux échalotes, et la spécialité de la maison : le canard Colvert, qui se décline en foie gras ou en magret. Et pour ne rien gâcher, l'accueil réservé aux clients est pétri de gentillesse ! Et quel plaisir de manger près de cette grande cheminée centrale qui réchauffe davantage les cœurs. Une belle adresse, à découvrir ou à redécouvrir, lors de votre passage à Mareuil-Caubert.

CHÂTEAU DE LONG ★

Rue du Château
✆ 03 22 31 34 53
www.longvalleedesomme.fr
Parc ouvert toute l'année 10h-18h, château seulement en juillet-août, lundi-samedi. Adulte 8 € (château seul : 5 €).

Honoré Charles de Buissy, seigneur de Long a fait bâtir ce superbe édifice dominant la Somme. Il a fallu près de dix ans pour terminer cette construction de briques et de pierres avec sa toiture à la Mansart. C'est l'un des plus beaux châteaux du règne de Louis XV, restauré après la Seconde Guerre mondiale. Son propriétaire actuel est un grand collectionneur de pendules et d'automates. Le parc floral de 20 hectares, avec étang paysagé, et bois est très agréable. Trois entrées sont connues : une au château, et deux autres rue de la Cavée, dont l'une est fermée.

ÉGLISE SAINT-JEAN-BAPTISTE

Rue de l'église, sur les hauteurs du village
Visite libre.

L'église de Long fut entièrement reconstruite en 1851, sur le modèle de celle de Notre-Dame de Bon Secours, près de Rouen. Elle a toutefois conservé son clocher du XVIe siècle qui sonne encore les trois angélus. De style néogothique, la lumière y est présente partout, grâce aux nombreux vitraux. L'orgue somptueux du facteur Cavaillé-Coll fascine les plus grands organistes qui viennent de très loin pour jouer de cet instrument devenu extrêmement rare.

MAISON ÉCLUSIÈRE DE LONG

1, rue de l'Ecluse
✆ 09 64 46 87 76
www.longvalleedesomme.fr
Fermé de novembre à mars.

C'est la Mél, Maison éclusière de Long. Le Conseil départemental de la Somme a joliment réhabilité cette ancienne maison éclusière, toute de brique, et a équipé le quai d'un mobilier de bois et de plantations du plus bel effet. Ce monument historique est idéalement situé pour devenir la porte d'entrée du futur Parc naturel régional Baie de Somme Picardie Maritime, mais aussi de l'éco-pôle des marais de Long-Longpré. L'été, des animations y sont organisées, avec la location de kayaks, paddles et vélos pour profiter de la Véloroute et du chemin de halage.

AU FIL DE L'EAU €€

3, Grande Rue
✆ 09 75 23 99 12
aufildeleaulong.fr
Ouvert du lundi au dimanche, de 10h à la fermeture. Menu à 19,50 € (entrée, plat et dessert). Enfant : 12 €.

Dans le pittoresque village de Long, en bord de Somme, le restaurant Au fil de l'eau jouit d'un cadre remarquable. En cuisine, c'est le chef Thierry Bernard qui officie, un passionné aux 40 années d'expérience en France comme à l'étranger. Au menu, une cuisine bistronomique concoctée avec des produits frais de qualité. La carte évolue au gré des saisons et offre de beaux plats. Au fil de l'eau, vous passerez assurément un moment délicieux et enchanteur, que ce soit en salle ou en terrasse. Bref, une adresse à conserver précieusement !

DOMQUEUR

Situé dans l'ancien comté de Ponthieu, la commune de Domqueur abrite le pont romain de Domqueur, datant de l'époque romaine, situé sur la via Agrippa, une voie romaine qui reliait la ville de Reims à la côte belge. Classé Monument historique depuis 1840, ce pont est considéré comme l'un des meilleurs exemples de l'architecture romaine en France. Les muches de Domqueur constituent la principale attraction de la zone. Il s'agit de vastes cités souterraines construites par la population au cours des XVIe et XVIIe siècles, essentiellement pour échapper aux pillages intempestifs. Des visites guidées sont organisées pour pouvoir les découvrir.

SAINT-RIQUIER

Saint-Riquier, aussi appelée la ville aux cent tours, est une cité d'un millier d'habitants, les Centulois. Ancienne étape obligée pour tous les pèlerins catholiques, elle est aujourd'hui un véritable musée à ciel ouvert. En plus de son église abbatiale et de son abbaye, les touristes auront également plaisir à visiter son beffroi, inscrit au patrimoine mondial de l'Unesco, la Maison Napoléon ou encore les ruines du château de Drugy, dans lequel Jeanne d'Arc fut emprisonnée. Une ville chargée d'histoire donc, mais également un point de départ pour de nombreuses randonnées et sorties culturelles avec Le Préô, le café-théâtre de la baie de Somme.

ABBAYE ROYALE ET ABBATIALE ★★★

Place de l'Eglise
✆ 03 60 03 44 70
abbaye-saint-riquier.fr
Ouvert toute l'année. Tarifs complets en ligne.

L'ancienne abbaye bénédictine de Saint-Riquier, fondée au VIIe siècle, propose des expositions et un festival de musique classique réputé. L'abbatiale illustre également toutes les étapes du gothique flamboyant picard qui fait la fierté des Centulois (habitants de Saint-Riquier). Dotée d'une riche décoration et d'un mobilier luxueux, la trésorerie recèle des peintures murales extraordinaires ! Le parc, d'environ 3 hectares, est en accès libre et offre des installations temporaires.

NOS BALADES

LE CIMETIERE DU COMMONWEALTH

Installé à Saint-Riquier, ce cimetière du Commonwealth vaut le détour. On y trouve la tombe du sergent Louis-Joseph Petit, qui après avoir été blessé à la bataille de Ligny, est venu s'installer à Saint-Riquier et y a édifié, près de la place du village, une maison en hommage à Napoléon Ier. Il est également possible de s'y recueillir dans le carré acheté et aménagé par l'armée britannique en 1920, pour regrouper 84 tombes de combattants britanniques, indiens, australiens et canadiens.

HÔTEL-DIEU ET SA CHAPELLE ★

7, rue de l'Hôpital

✆ 03 22 23 62 65

Ouvert d'avril à sept. Tous les jours sf vendredi en juillet et août 14h-18h. Sam et dim le reste du temps. 3 €/adulte.

Construit entre 1688 et 1704, l'Hôtel-Dieu est un autre fleuron du très riche patrimoine de Saint-Riquier. Il abrite aujourd'hui une maison de retraite médicalisée. Son magnifique cloître en briques et pierres et sa chapelle peuvent être visités grâce à l'association Les Amis de l'Hôtel-Dieu qui a redonné du lustre aux boiseries avec passion et respect. Le résultat est splendide ! Aucune visite n'est possible le vendredi car le lieu est dédié aux personnes âgées résidant sur place.

TOURS ET FORTIFICATIONS

Centre-ville

Ouvert toute l'année. Livre descriptif du patrimoine disponible à l'office de tourisme pour 1 €.

Saint-Riquier a conservé des vestiges de l'époque carolingienne où elle était une ville fortifiée et prospère. On découvre de nombreuses fortifications au détour des rues de la commune : la tour du Noch, qui est très bien conservée, la tour Saint-Jean, récemment restaurée et qui appartient au mur d'enceinte de l'abbaye, la tour Margot, où se rejoignent les anciens fossés intérieur et extérieur de la ville, et la tour Haimont, très dégradée. Sans oublier les nombreuses maisons bourgeoises des XVIe et XVIIe siècles, ainsi que la « maison Napoléon ».

CAOURS

Ce petit village de la Somme de 600 habitants est un lieu de passage de La Traverse de Ponthieu. Cette ancienne voie ferrée réaménagée en randonnée peut se parcourir à pied, à cheval et à vélo et permet de découvrir les paysages picards sur 24 kilomètres. Lieu paisible agréable pour les promenades, la commune de Caours séduit par son église Notre-Dame de l'Heure, l'un des principaux sites historiques de la ville. Construite au XIIe siècle, elle se distingue par ses fresques et ses vitraux remarquables, ainsi que par sa belle architecture gothique. Ouverte au public pour les visites, elle est aussi le lieu de concerts et d'événements culturels.

LE SCARDON ET LA DRUCAT €€

8, rue des prés

✆ 03 22 23 28 73

www.scardon-drucat.fr

Chambre double à partir de 70 € (petit déjeuner inclus). Tarif famille à 120 € (2 adultes et 2 enfants).

L'établissement Le Scardon et la Drucat est une splendide demeure en briques dont la construction date de 1875. Elle dispose de quatre chambres spacieuses à la décoration d'antan. La bâtisse est entourée d'un superbe parc arboré dans lequel vous pouvez prendre le petit-déjeuner aux beaux jours, avec pour fond sonore le bruit des cours d'eau. Le lieu est aussi très agréable en famille, puisque les enfants peuvent profiter de la balançoire, du trampoline et de la table de ping-pong. Et pourquoi ne pas louer les vélos mis à disposition ?

LA RIVIERETTE €€

2, rue de la Ferme

✆ 03 22 24 77 49

www.de-lamarlierem.com

Gîte de 5 chambres pouvant accueillir 20 personnes. Chambre simple 68 €, double 78 €. Réservation par mail ou téléphone.

Le gîte de la Rivierette est une authentique invitation à la détente, au repos et à la découverte. Idéalement situé, à environ 5 minutes d'Abbeville et à moins de 20 minutes de la baie de Somme, le gîte est une ancienne grange entièrement restaurée. Les chambres offrent de beaux volumes et sont décorées pour certaines avec du mobilier ancien et pour d'autres dans un style plus moderne. Et le matin, régalez-vous avec le petit déjeuner. Autres points forts du gîte : l'accès privatif au jardin, une piscine couverte et des sentiers de randonnée à explorer.

AUTOUR D'AMIENS

- **Total :** 76,5 km
- **Durée :** entre 3h50 et 7h40 (10 à 20 km/h)
- **Difficulté :** huit côtes, assez vallonné

LIEUX	Km partiel	Km cumul	Routes
CATHÉDRALE D'AMIENS	0	0	Rue André, rue Flatters, chaussée Saint-Pierre, rue de Doullens, D919r Rue du Docteur-Louis-Fafet, D11,chemin de la Carrière, rue Pasteur
POULAINVILLE	6,6	6,6	Rue de Coisy, rue des Peupliers
COISY	2	8,6	D11a
BERTANGLES	3	11,6	D97
VILLERS-BOCAGE	4	15,6	D113
FLESSELLES	5	20,6	D113
NAOURS	4	24,6	D117, rue de Marais, rue Principale
WARGNIES	1,6	26,2	Rue Principale, rue de la Garenne
HAVERNAS	2	28,2	Rue de l'Église, rue de la Montagne, rue des Verts-Prés, D49
VIGNACOURT	4,5	32,7	D49
LA CHAUSSÉE-TIRANCOURT	8	40,7	D141
PICQUIGNY	1	41,7	D141, CV
SAISSEMONT	6	47,7	CV
SAISSEVAL	0,7	48,4	D221e, D95e
SEUX	2,5	50,9	D95e
PISSY	2	52,9	D97
REVELLES	2	54,9	D51, D162
CREUSE	3,5	58,4	D162, allée de l'Ecce Homo
PROUZE	5,5	63,9	D8 b, D162e
PLACHY	1,1	65	D8
BACOUEL-SUR-SELLE	1,7	66,7	D8
SALEUX	3,8	70,5	D8
UNIVERSITÉ	2	72,5	D8, D210, rue de Paris, rue de Lattre-de-Tassigny,rue de Beauvais, rue Duméril, place Gambetta, rueDusevel
CATHÉDRALE D'AMIENS	4	76,5	Place Notre-Dame

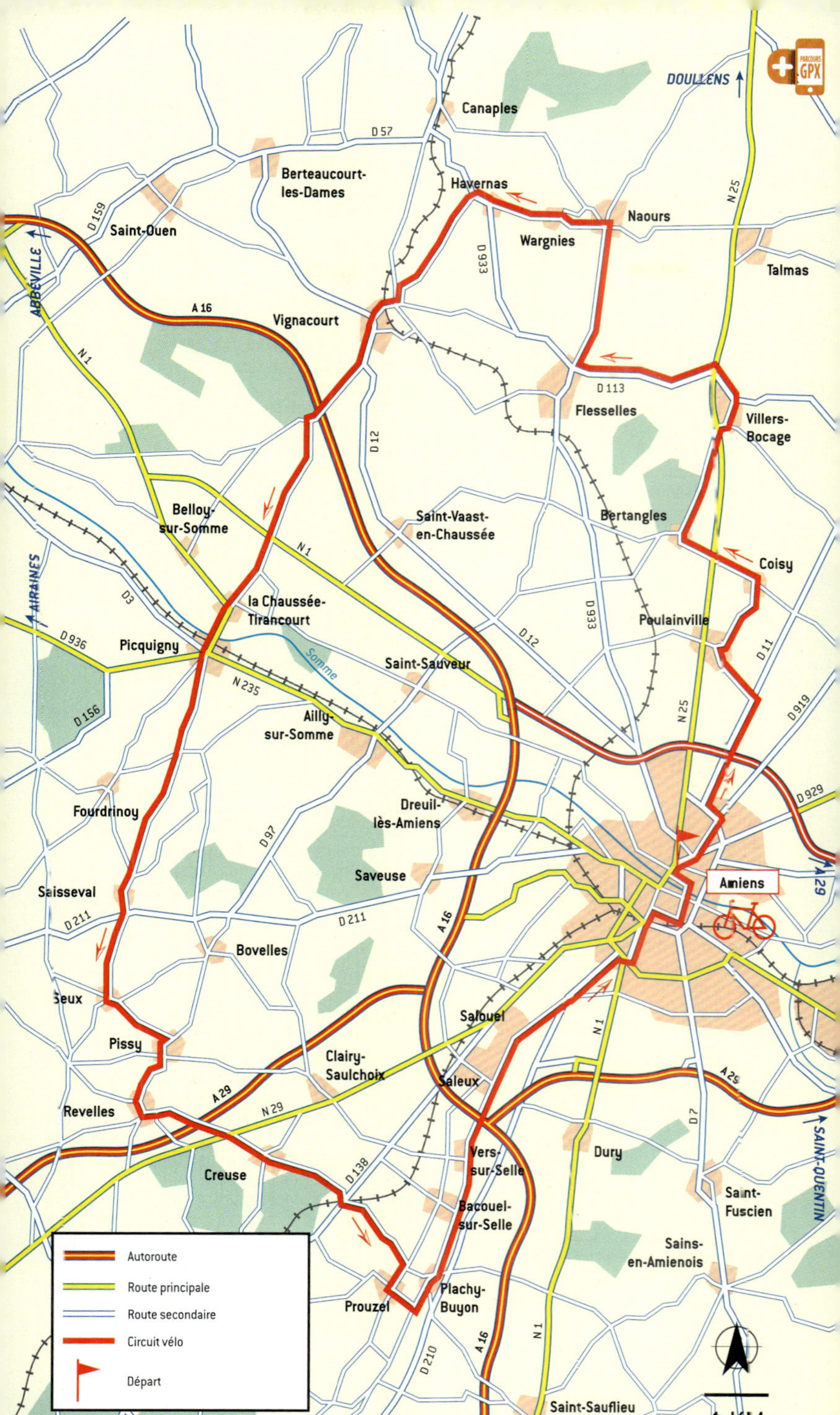

PARCOURS GPX
DOULLENS
Canaples
D 57
Berteaucourt-les-Dames
Havernas
Naours
N 25
D 159
Saint-Ouen
Wargnies
Talmas
ABBEVILLE
D 933
A 16
Vignacourt
N 1
D 113
Flesselles
Villers-Bocage
D 12
Belloy-sur-Somme
Saint-Vaast-en-Chaussée
Bertangles
Coisy
AIRAINES
D 3
la Chaussée-Tirancourt
D 933
Peulainville
D 936
Picquigny
Somme
D 12
Saint-Sauveur
D 11
N 235
N 25
D 919
D 156
Ailly-sur-Somme
Fourdrinoy
Dreuil-lès-Amiens
D 929
D 97
A 29
Saveuse
Amiens
Saisseval
D 211
D 211
A 16
Bovelles
Seux
Salouel
Pissy
N 1
Clairy-Saulchoix
A 29
Saleux
A 29
N 29
Revelles
D 7
SAINT-QUENTIN
Vers-sur-Selle
Dury
Creuse
D 138
Saint-Fuscien
Bacouel-sur-Selle
Sains-en-Amienois
Autoroute
Route principale
Plachy-Buyon
Route secondaire
Prouzel
Circuit vélo
N 1
D 210
A 16
Départ
Saint-Sauflieu
1 KM
BEAUVAIS
BRETEUIL

AMIENS ★★★

De son ancien nom Samarobriva, Amiens, préfecture du département de la Somme, a connu une histoire riche et mouvementée. En 1220, une paix durable s'installe dans la ville, lui permettant de prospérer grâce au commerce du tissu et ainsi de lancer la construction d'un chantier titanesque, celui de la cathédrale Notre-Dame. La ville se distinguera aussi par l'industrie de la teinture avec la fameuse guède, appelée *waide* en picard, qui permet d'obtenir le célèbre bleu d'Amiens. En 1914, la guerre éclate : la cathédrale est miraculeusement épargnée. De nombreux travaux de reconstruction se déploient dans le reste de la ville, détruite aux deux tiers à l'issue de la Seconde Guerre mondiale. Dans les années 1940, de grands monuments symboliques voient le jour comme la Tour Perret dans le quartier de la gare. On ne peut parler d'Amiens sans évoquer l'illustre écrivain Jules Verne qui s'impliqua dans de nombreux projets citadins, comme le fameux cirque qui porte son nom.
Aujourd'hui, Amiens est une métropole bel et bien tournée vers l'avenir. Ville européenne de la jeunesse en 2020, ces derniers temps ont vu de nombreux chantiers aboutir. Ainsi, le Musée de Picardie s'est offert une seconde vie et offre un écrin aux superbes collections qui y sont présentes. Il en va de même pour le zoo qui inaugure de nouveaux aménagements ainsi que pour les nombreux festivals qui, en dépit des circonstances spéciales de notre temps, parviennent à évoluer : de la BD aux arts de rue, l'année civile est ainsi jalonnée de rendez-vous festifs et populaires. Venir à Amiens, quelle que soit la saison, c'est l'assurance de trouver raison à s'enthousiasmer : le marché de Noël, le festival des Hortillonnages, la grande Rederie ou encore, à venir bientôt, un parcours spécialement dédié à Jules Verne, pour marcher sur les traces immortelles de cet auteur mythique.
Et puis, Amiens, c'est aussi la nature en majesté : le chemin de halage, sur les bords de la Somme, le parc Saint-Pierre, des étangs de Camon au Marais des trois Vaches, il y a pléthore de possibilités pour ceux qui aiment humer l'air du temps, s'arrêter devant une fleur, sourire sous le soleil. Enfin, il y a tout ce patrimoine immanquable : la cathédrale, le beffroi, le quartier historique de Saint-Leu et ses canaux, les façades Art déco et l'emblématique Tour Perret. Accessible en seulement une heure depuis Paris ou Beauvais, Amiens ne cessera de vous surprendre : il ne tient qu'à vous de le vérifier !

CITÉ SOUTERRAINE DE NAOURS ★★

5, rue des Carrières - **NAOURS** ✆ 03 22 93 71 78
http://citesouterrainedenaours.fr
Ouvert de février à octobre. Horaires variant selon la période (voir site Internet). Adulte 11 €, enfant 8 €.

Plongez dans un autre monde en entrant dans la plus grande cité souterraine connue : un réseau de galeries aménagées de plus de 2 kilomètres où se déploient un village, une chapelle, des monuments... A travers l'audioguide (dont une version adaptée aux enfants), laissez-vous emporter dans ces souterrains occupés pour échapper aux invasions, du Moyen Age au XVIIe siècle. En surface, les familles apprécieront le parc de jeux de 10 hectares. Une visite à ne pas rater !

LES HORTILLONNAGES

54, boulevard de Beauvillé
✆ 03 22 92 12 18
www.hortillonnages-amiens.fr
Visite gratuite en balade. Visite en bateau payante, voir le site Internet.

Voilà un petit bout de paradis en pleine ville. Un endroit où le temps s'arrête, et duquel on voudrait ne pas partir. Les hortillonnages, ou « jardins flottants », quadrillés par la Somme et l'Avre, existent depuis l'époque gallo-romaine. Mais ce n'est qu'à partir du Moyen Age qu'ils ont réellement commencé à être exploités. Ils s'étendent aujourd'hui sur près de 300 ha. La visite de cet endroit unique se fait à bord d'une « barque à cornet », embarcation traditionnelle des hortillonnages et reconnaissable à son avant relevé qui permet d'accoster facilement. Le guide, qui manœuvre son bateau à la manière d'un gondolier, s'aidant tout de même d'un petit moteur électrique, commente le paysage, et prend le temps de vous sensibiliser à la faune et la flore du site. Une balade qui vous enchantera ! Depuis 2017, vous pouvez compléter cette visite avec le musée consacré à ce site unique à Rivery. N'hésitez pas non plus à vous promener le long du chemin de halage, qui longe la Somme, pour avoir un autre aperçu de la vie quotidienne dans les hortillonnages. Une promenade très prisée par les familles locales, en toute saison, et qui garantit un très agréable bol d'air frais, que ce soit à pied ou à vélo. Faites simplement attention à ne pas rater votre pont sur le chemin du retour.

▶ **Plan futé** : on vous conseille une visite à pied ou en barque entre les mois de juin et octobre, pendant le Festival international de jardins Hortillonnages Amiens qui installe l'art contemporain au beau milieu des canaux.

MAISON DE JULES VERNE ★

2, rue Charles-Dubois ✆ 03 22 45 45 75
www.amiens.fr

Ouverte toute l'année. Haute saison tous les jours. Basse saison fermée mardi. Adulte 7,50 €, enfant 4 €. Audioguides.

Située un peu en retrait du centre-ville, la maison de Jules Verne permet une très agréable visite, même (et surtout !) pour ceux qui ne connaissent rien de la vie du célèbre auteur français. Dans une belle bâtisse surmontée d'une coupole, on découvre sa vie amiénoise, des extraits de ses œuvres et l'on marche - littéralement - sur les pas des héros qui parsèment son œuvre. La visite peut se faire libre, guidée ou avec un audioguide. De nombreux ateliers (pour tous publics) y sont organisés, tout comme des ateliers hebdomadaires d'écriture. A ne pas rater !

LE QUARTIER SAINT-LEU ★★

Street-art, bar et vieilles maisons. Calme le jour, très festif la nuit.

Au pied de la cathédrale, ce quartier est le plus animé d'Amiens. Bars, restaurants et discothèques se regroupent pour offrir une vie nocturne des plus réjouissantes aux amiénois. Mais Saint-Leu ne se résume pas qu'à cela. C'est aussi un magnifique quartier historique avec ses rues pavées, ses canaux et ses maisons colorées qui donnent envie de flâner le nez en l'air et l'appareil photo prêt à dégainer. On y trouve désormais les fresques de street art nées de l'événement IC.ON.IC. Bref, un lieu de passage obligé lors de tout séjour amiénois !

MUSÉE DE PICARDIE ★★

2, rue Puvis de Chavannes
✆ 03 22 97 14 00
www.amiens.fr

Fermé lundi. En semaine 9h30-18h, le week-end 11h-18h. Adulte : 7 €, réduit : 4 €. Gratuit le premier dimanche du mois.

Après trois ans de travaux, la réouverture du Musée de Picardie le 1er mars 2020 était très attendue ! Conçu en 1867 sur le modèle du Louvre de Napoléon III, il fut le premier bâtiment en France destiné à être un musée et servit même de modèle pour d'autres villes. Classé monument historique en 2012, l'établissement a rénové tout son 1er étage et les décors peints. Les œuvres s'exposent dorénavant sur trois niveaux : au sous-sol l'archéologie, au rez-de-chaussée les collections médiévales et les sculptures, et au 1er étage les peintures. Un voyage retraçant l'histoire du monde occidental, depuis la Préhistoire jusqu'à l'art contemporain, en passant par l'Antiquité égyptienne et grecque, le Moyen Âge et la Renaissance. La nouvelle configuration et la muséographie contribuent à mieux valoriser les 3 000 œuvres qui vous attendent à l'intérieur, comme la toile spectaculaire d'Albert Maignan *Les Voix du tocsin* de nouveau accrochée dans le Grand Salon. Plus lumineux et moderne, le musée propose aussi des espaces propices à la détente avec une chapelle où vous attendent lectures et jeux dans un décor étonnant. Pour 2021, deux expositions sont programmées : « Chasseurs de trésors, archéologie et bandes dessinées » du 29 mai au 29 août, ainsi que « Les Puys d'Amiens, chefs-d'œuvre de la cathédrale Notre-Dame ». Deux raisons supplémentaires de venir visiter ce musée qui mérite vraiment qu'on lui consacre un après-midi entier, pour ne rien rater et vraiment faire le tour de tout ce qu'il a à offrir !

© XIONGMAO - FOTOLIA

Le quai Bélu à Amiens.

NOS BALADES

CATHÉDRALE D'AMIENS ✝ ★★★★

Place Notre-Dame ✆ 03 22 80 03 41
www.cathedrale-amiens.fr

Fermé le mardi, le dernier dimanche de septembre. Billet jumelé Tours et Salle du Trésor : 8 €. Salle du Trésor : 4 €.

Impossible de visiter Amiens sans passer admirer cette grande dame qui est l'un des joyaux du patrimoine français. Superbe et gigantesque édifice de pierre, elle trône au centre d'Amiens, une situation et un style gothique qui la rendent emblématique de la cité. Elle est l'une des six cathédrales françaises à figurer au patrimoine mondial de l'UNESCO, où elle est inscrite depuis 1981. En 2020 ont été fêtés les 800 ans de la pose de la première pierre.

C'est la plus vaste cathédrale de France et le plus vaste édifice gothique du Moyen Age. Les dimensions exceptionnelles de ce monument laissent le visiteur bouche bée par deux fois : lorsqu'il se tient devant son imposante façade, puis lorsqu'il pénètre à l'intérieur et fait face à son époustouflante verticalité.

Quelques chiffes pour vous laisser imaginer l'ampleur d'un tel bâtiment : sa flèche affiche une hauteur de 112 m (notons au passage qu'elle est d'origine et qu'il s'agit de l'une des plus anciennes flèches en bois et en plomb d'Europe) et la voûte de la nef 43 m, la longueur totale est de 145 m et le volume intérieur est d'environ 200 000 m^3, soit deux fois la cathédrale Notre-Dame de Paris. On pourrait y faire entrer trois églises de taille moyenne ! Ce gigantisme a bien entendu posé quelques problèmes au moment de la construction, d'autant qu'elle n'a pas été édifiée au milieu de nulle part : dès le départ, il était entendu que la cathédrale ferait partie du tissu urbain d'Amiens. Pour obtenir la place nécessaire, il fallut notamment détruire l'église Saint-Firmin-le-Confesseur ainsi que l'Hôtel-Dieu. L'initiateur de la construction de l'édifice est Evrard de Fouilloy, évêque d'Amiens, qui a trouvé ici son le lieu de repos éternel, et dont le gisant de bronze se trouve dans la nef. La prospérité de la ville donne à l'évêque les moyens de réaliser un lieu à la hauteur de ses ambitions. Spécialisée dans la production textile, la ville d'Amiens s'est enrichie grâce au commerce de la draperie et de la guède (plante qui permet d'obtenir le célèbre bleu d'Amiens). En plus des ressources de l'archevêché, une ribambelle de donateurs privés font preuve d'une grande générosité.

Les travaux commencent en 1220 et sont menés par l'architecte Robert de Luzarches. Ce qui fait la particularité de la cathédrale d'Amiens, c'est son homogénéité. Contrairement à d'autres cathédrales, où plusieurs styles architecturaux s'imbriquent et se superposent, celle-ci donne l'impression d'avoir été construite en une seule fois. Cette grande cohérence stylistique s'explique en partie par le fait qu'il ne fallut qu'une cinquantaine d'années pour achever le gros œuvre. Trois maîtres d'œuvre prennent successivement la tête des opérations : après le décès de Robert de Luzarches, la réalisation des travaux est confiée à Thomas de Cormont, puis à son fils, Renaud de Cormont. La cathédrale d'Amiens appartient ainsi au style gothique classique, dans la lignée des grandes cathédrales françaises du XIIIe siècle. L'autre aspect de la cathédrale qui la distingue des édifices antérieurs est son apparente transparence. A l'intérieur, les fenêtres sont très hautes et occupent presque toute la surface latérale. Le chœur, en particulier, est baigné de lumière grâce à son triforium. Contrairement à celui de la nef, qui est aveugle, le triforium du chœur possède des baies ouvertes. Ici, la maçonnerie s'est fait plus discrète pour laisser entrer la lumière et, là où la pierre dominait auparavant, le verre s'est imposé. Si l'effet est saisissant pour le visiteur d'aujourd'hui, il faut s'imaginer l'impact que cette explosion de lumière pouvait avoir au Moyen Age.

A l'extérieur comme à l'intérieur de l'édifice, il y a tellement à voir que le regard ne sait où se poser. Dans la cathédrale, vous pourrez admirer les deux gisants de bronze du XIIIe siècle, le labyrinthe qui servait de parcours initiatique aux fidèles, les 110 stalles de bois sculptées qui servaient de chaises pour les chanoines de la cathédrale, et le fameux haut-relief de saint Jean-Baptiste représentant les épisodes de la vie du saint. Mais la renommée de la cathédrale d'Amiens lui vient surtout des sculptures médiévales dont elle regorge littéralement. Sa façade occidentale comporte trois gigantesques portails édifiés entre 1220 et 1230. Sur les soubassements de la façade, on ne fait pas attention à la multitude de détails et à la myriade de personnages qui apparaissent dans les petites scènes sculptées tant l'œil est attiré par les figures imposantes qui dominent les portails. Celui du centre, qui est aussi le plus grand, présente notamment la sculpture du *Beau Dieu*, merveille du XIIIe siècle qui représente le Christ bénissant de la main droite. C'est son maintien majestueux et son attitude sereine qui ont valu à cette représentation l'appellation de *Beau Dieu*. Restaurées au XIXe siècle, les sculptures de la façade sont magnifiquement préservées.

▶ **Spectacle gratuit « Chroma »** : spectacle joué de mi-juillet à mi-septembre et au mois de décembre à la tombée de la nuit. D'une durée de 50 minutes, il se compose de 20 minutes de son et lumière et de 30 min de polychromie évoquant l'histoire de Notre-Dame et de la ville d'Amiens par la couleur. La façade se transforme en un gigantesque écran, pour le plus grand plaisir des locaux, touristes et familles de passage. Un événement de renommée internationale à ne surtout pas rater, d'autant plus qu'il est gratuit et justifie vraiment à lui seul de passer une soirée supplémentaire à Amiens !

SAMARA

Rue d'Amiens - **LA CHAUSSÉE-TIRANCOURT**
✆ 03 22 71 83 83
www.samara.fr
Ouvert du 2 avril à début novembre (10h-18h30 en juillet et août, 9h30-17h30 basse saison). Adulte 12,50 €, enfant 10 €.

C'est à un véritable voyage dans le temps que vous invite Samara. Accessible de manière ludique, l'Histoire a rarement été aussi palpable. Les armes et les outils créés par l'homme n'auront plus de secret pour vous, et surtout pour vos enfants qui adoreront évoluer entre les reconstitutions d'habitats ou assister à la naissance du feu. Le village des artisans les passionnera avec les fameuses démonstrations de taille du silex. Une aventure en plein air, animée par des guides passionnés et qui adorent partager leurs connaissances. Un immanquable familial absolu !

TOUR PERRET ★

13, place Alphonse-Fiquet
Ne se visite pas (sauf occasion exceptionnelle).

Ce bâtiment emblématique de la ville vous accueille à la sortie de la gare. Après la Seconde Guerre mondiale, l'architecte français Auguste Perret travaille à la reconstruction du quartier de la gare. Le projet débute en 1942 et s'achève en 1953. Cette tour de béton reste la trace la plus évidente de son passage à Amiens et l'un des premiers gratte-ciel d'Europe. Il est possible, la nuit venue, d'admirer le cube tout en haut qui bénéficie d'un dispositif d'éclairage avec 192 panneaux en verre qui diffusent les couleurs de l'arc-en-ciel : un sablier géant !

ARONNAX, LE PARCOURS JULES VERNE

www.amiens.fr/Dossier-autre/Aronnax
Visite libre.

Hommage à Jules Verne et son œuvre, le parcours Aronnax, nom emprunté au personnage fictif, héros du roman *Vingt Mille Lieues sous les mers*, propose un parcours en seize étapes qui sillonne le centre-ville au travers différents lieux dédiés. Vous retrouverez des pupitres bilingues associés à des QR codes. Vous accéderez alors à des vidéos immersives, des quiz, des extraits de romans lus par un comédien… Un véritable parcours touristique et littéraire qui s'adresse à tous !

LE VIVIER €€

593, rue de Rouen
✆ 03 22 89 12 21
www.restaurantlevivier-amiens.com
7 chambres. Chambre simple à partir de 70 € ; chambre double à partir de 80 €. Wifi gratuit. Jardin et terrasse.

En plus de servir une restauration gastronomique et bistronomique de qualité, le Vivier propose sept chambres de très beau standing. Confort et décoration sobre : la qualité est au rendez-vous. Toutes les chambres disposent d'un plateau de courtoisie, d'un minibar et d'un micro-ondes. Les suites, plus spacieuses, sont parfaites pour les familles. Le Vivier est idéalement situé si vous souhaitez assister à un concert au Zénith ou à une course à l'hippodrome. Enfin, ne partez pas sans savourer un repas au restaurant, situé au rez-de-chaussée !

THE ROBIN ROOM €

9, rue Flatters
✆ 03 22 43 90 35
www.robinroomamiens.com
Ouvert du mardi au samedi de 11h30 à 14h. Carte : 15 € environ. Menu enfant : 10 €. Formule du midi : 15 €.

Chez The Robin Room c'est l'occasion de déguster des plats toujours frais, faits maison et pleins de belles saveurs. A chaque jour son ardoise, en fonction des produits de saison et des idées du chef. On y trouve généralement une soupe, différents plats qui conviendront aux végans ainsi qu'un ou deux desserts préparés avec beaucoup d'attention. Le plus, c'est aussi le brunch du samedi avec ses pancakes et ses english muffins. On garde l'esprit de la cantine conviviale allié au souci de faire de la bonne cuisine. Ah oui : avant de rentrer, admirez la vitrine !

L'AUBERGE DES HORTILLONNAGES €€

23, rue Marius-Petit
CAMON
✆ 03 22 92 59 82
Ouvert le mardi et du jeudi au dimanche le midi ; le mardi et du jeudi au samedi le soir.

Amateurs de cuisine raffinée et originale, cet endroit est pour vous, mené avec brio par le chef Sylvain Lefèvre. Les produits sont frais et locaux et la carte s'approche du gastronomique pour un prix abordable. L'ambiance est chaleureuse, les tables sont espacées, le tout dans une salle moderne et très lumineuse ! Par beau temps, la terrasse est un vrai bonheur. Enfin, le cadre rend hommage aux magnifiques jardins flottants d'Amiens : les célèbres hortillonnages.

LES ENFANTS TERRIBLES

50, rue Saint-Leu

Ouvert du mardi au samedi de 17h à 1h. Happy hours. Terrasse. Animations. Salle privatisable à l'étage.

Situé dans le festif quartier Saint-Leu, ce bar à vin est devenu une référence des étudiants en recherche d'un endroit où se poser après les cours. De belles planches où se mêlent charcuterie et fromage, des cocktails réussis, une vaste carte de rhums et une terrasse sympa : le compte est bon ! On peut y aussi y écouter des concerts de façon régulière et profiter des animations mises en place par les patrons. Bref, que ce soit pour un afterwork, une soirée entre amis ou pour, simplement, passer un bon moment, foncez aux Enfants Terribles.

CAMPING DU CHATEAU €€

11 bis, Rue du Château

✆ 33 9 51 66 32 60

www.chateaubertangles.com

Ouvert d'avril à septembre. Emplacement électricité 23,10 €.

Dans un joli petit village, à 10 kilomètres d'Amiens, dans un cadre verdoyant en bordure d'un château classé monument historique, le camping du Château est la halte idéale pour découvrir la région, son histoire et ses nombreuses merveilles. Calme et confort vous y attendent ! Niveau équipements, tout est là avec sanitaires femmes et hommes, éviers, bacs à linge, aire de jeux pour les enfants, et vaste salle de réunion à disposition. Le château de Clermont-Tonnerre et la cité souterraine de Naours sont autant de visites à faire alentour.

BERTANGLES

Située à seulement une dizaine de kilomètres au sud-est de la ville d'Amiens, la commune de Bertangles jouit d'un joli décor avec ses forêts alentours et son cadre verdoyant qui promettent de belles balades. Ce village d'environ 1000 habitants, proche de la rivière de la Somme, séduira les amateurs de nature et de vie à la campagne. Pendant la Première Guerre mondiale, elle fut le théâtre de plusieurs combats sanglants, en témoignent les monuments commémoratifs installés dans le village. Aussi, son imposant château datant du XVIIIe siècle fut le siège de l'État major australien, alors allié à la France durant la Première Guerre mondiale.

CHÂTEAU DE BERTANGLES ★

Rue de l'Eglise ✆ 03 22 93 68 36

www.chateaubertangles.com

Ouvert l'été et pendant les Journées Européennes du Patrimoine. Ouvert du mardi au dimanche de 14h à 20h. Adulte : 6 €.

Classé monument historique, il est l'un des plus grands du nord de la France, entouré d'un immense parc de jardins à la française ! L'actuelle propriétaire, la famille Clermont-Tonnerre, est seulement la troisième en filiation directe depuis dix siècles à hériter de cette immense bâtisse. Lors de sa construction, entre 1730 et 1734, le château avait pour ambition de faire prospérer les arts et d'organiser des fêtes mondaines. Il est le témoin des principaux événements historiques et est même le siège de l'armée britannique durant la bataille de la Somme en 1916.

FLESSELLES

Située à quelques minutes du centre d'Amiens, cette petite commune de 2 000 habitants abrite une belle église de style néogothique ainsi que le château de Flesselles datant des XVIIe et XVIIIe siècles. Ce dernier accueille aujourd'hui des réceptions et des séminaires. Construite au XIIe siècle, l'église Saint-Eustache est un exemple remarquable de l'architecture néogothique de la région. Classée Monument historique, elle est célèbre pour ses fresques médiévales et ses statues en pierre qui ornent l'intérieur de l'église. Pendant votre visite, arrêtez-vous pour admirer le moulin de Flesselles, un ancien moulin à eau datant du XVIIe siècle.

PICQUIGNY

Picquigny est connu pour son château fort construit en 613 mais également comme le lieu où fut signé entre le roi de France Louis XI et le roi d'Angleterre Edouard IV le traité de Picquigny, le 29 août 1475, qui mit fin définitivement à la guerre de Cent Ans. C'était le château des Vidames d'Amiens. Erigé au début du XIe siècle, l'édifice formait un parallélépipède garni de tours circulaires aux angles, suivant le schéma classique du début du XIIIe siècle. Reconstruit au XIVe siècle et complété aux XVIe et XVIIe siècles, il subit des dommages considérables lors de la Première Guerre mondiale. Néanmoins, les vestiges restent imposants.

NOS BALADES

CHÂTEAU DE PICQUIGNY

Chemin de Fourdrinoy
✆ 03 22 27 05 32
www.chateau-picquigny.com
Visites groupées. Visites aux flambeaux (quelques dates l'été) 15 €.

Un peu d'histoire pour commencer ! Edifié au XIe siècle, ce château médiéval de Picquigny a été reconstruit au XIVe siècle, puis amélioré au XVIIe siècle. C'est dans cette petite commune de la Somme que fut signé le traité du même nom qui mit fin au conflit de la revendication de la couronne de France par l'Angleterre, objet de la guerre de Cent Ans. La ville a été rythmée par les événements historiques. Au Moyen Age, les Templiers y furent enfermés suite à la rafle organisée par Philippe le Bel le 13 octobre 1307. Le château de Picquigny ne cesse de se renouveler et vous propose chaque année des nouvelles formules pour découvrir son imposante forteresse. En 2020 notamment, un village médiéval ouvrait ses portes avec des artisans qui exposaient leur savoir-faire par le biais de démonstrations. Des ateliers permettaient aux visiteurs d'expérimenter eux-mêmes les techniques médiévales pour devenir calligraphe, enlumineur, forgeron, vitrailliste, tailleur de pierre, arbalétrier... Pour les plus jeunes (dès 3 ans), un espace est particulièrement consacré avec une mini-ferme, des ateliers « petit chevalier » et « petit bâtisseur », ainsi qu'une chasse au trésor. D'autres animations, plus insolites, sont également organisées, comme des visites aux flambeaux l'été ou les Nuits de l'horreur pendant les vacances de la Toussaint, qui célèbrent les 710 ans de l'arrestation des Templiers le 13 octobre avec un parcours semé d'embûches, de cris et d'horreur ! Les visites aux flambeaux sont particulièrement réussies et magiques !

COLLÉGIALE SAINT-MARTIN ★

Cour de la baille
www.collegiale-picquigny.fr
Accueil par des bénévoles tous les jours de juillet et août de 14h30 à 17h30. Gratuit.

Edifice religieux en forme de croix latine, la collégiale Saint-Martin est classée Monument historique. Elle compte un transept du XIIe siècle, une nef couverte en carène de bateau renversé, une abside du XVIe siècle et des fonts baptismaux du XVe siècle. A droite de l'autel, vous découvrirez une pierre avec un chevalier. Il s'agit en réalité d'une gravure inspirée d'un sceau des seigneurs de Picquigny. Un chemin permet de faire le tour de la fortification, en empruntant un escalier traversant la muraille sur le côté de la collégiale.

CHÂTEAU DE PICQUIGNY

Chemin de Fourdrinoy
✆ 03 22 27 05 32
www.chateau-picquigny.com
15 € pour 1h30 de visite insolite (en réservant en ligne).

Le château de Picquiny ne cesse de proposer aux visiteurs des activités culturelles variées. Vous pouvez par exemple profiter de visites insolites aux flambeaux durant la saison estivale. Le guide, costumé, vous mène dans le dédale de couloirs, escaliers et souterrains tout en vous contant l'histoire du château. Le château propose également d'autres activités insolites à l'image de ces deux escape rooms dans lesquelles les énigmes s'enchaînent. Rien de mieux pour une immersion historique totale. Le concept est unique et on adore !

CREUSE

Cette toute petite commune de moins de 200 habitants est à ne pas à confondre avec le département du même nom ! Le village de Creuse abrite un beau château protégé au titre des Monuments historiques, dont il est possible de visiter les murs et les jardins durant les beaux jours. Une visite incontournable ! La commune de Creuse est également connue pour sa forêt domaniale qui est l'une des plus grandes forêts de la région. Zone de promenade et de détente avec ses nombreux sentiers de randonnée et ses points de vue panoramiques, la forêt est un lieu touristique populaire pour les amoureux de nature et les amateurs de vie sauvage ! Une halte bienvenue.

FORÊT DOMANIALE DE CREUSE

✆ 03 22 71 60 50
www.amiens-tourisme.com
Départ de nombreuses randonnées.

A quinze kilomètres de la capitale picarde, cette forêt de 290 hectares est le poumon vert de la métropole amiénoise. Des espaces de pique-nique sont aménagés le long de l'allée centrale. Parcourez les petits sentiers, vous rencontrerez certainement quelques joggers ou cyclistes infatigables et adeptes de la forêt de Creuse. Un endroit magnifique surtout au retour du printemps avec les jacinthes qui tapissent et colorent le sol d'un doux violet, à préserver.

AUTOUR D'ALBERT

- **Total :** 84,3 km
- **Durée :** entre 4h15 et 8h30 (10 à 20 km/h)
- **Difficulté :** six côtes, moyennement vallonné

LIEUX	Km partiel	Km cumul	Routes
MAIRIE D'ALBERT	0	0	Place Émile-Leturcq, rue Paul-Bert, D42
MÉAULTE	3,5	3,5	D42, D120
VILLE-SUR-ANCRE	3,5	7	D11a
TREUX	1,8	8,8	D120
RIBÉMONT-SUR-ANCRE	2,5	11,3	D120, D119
HEILLY	3	14,3	D52 D119, D52
BONNAY	3	17,3	D52
LA NEUVILLE	2,5	19,8	D30
CORBIE	1,5	21,3	D1, D233
VAUX-SUR-SOMME	5	26,3	D42E
SAILLY-LE-SEC	2	28,3	D42E
SAILLY-LAURETTE	2,5	30,8	CV
CHIPILLY	3,5	34,3	D71a, D71
MÉRICOURT-SUR-SOMME	5	39,3	D71, D329
FROISSY	6	45,3	D329
BRAY-SUR-SOMME	2	47,3	D1
CAPPY	3,5	50,8	Rue de Cappy
ECLUSIER-VAUX	3	53,8	Rue de la Pierre-Saint-Vas, rue de Fargny
VAUX	2,5	56,3	Rue de Fargny, D197
MARICOURT	4	60,3	D197
LONGUEVAL	5,5	65,8	D20
CONTALMAISON	5,5	71,3	D147
POZIÈRES	2	73,3	D73
THIEPVAL	3,5	76,8	D151
AUTHUILLE	2	78,8	D151, D20
AVELUY	2,5	81,3	D50, rue Gambetta
JARDIN D'ALBERT	3	84,3	Place d'Armes

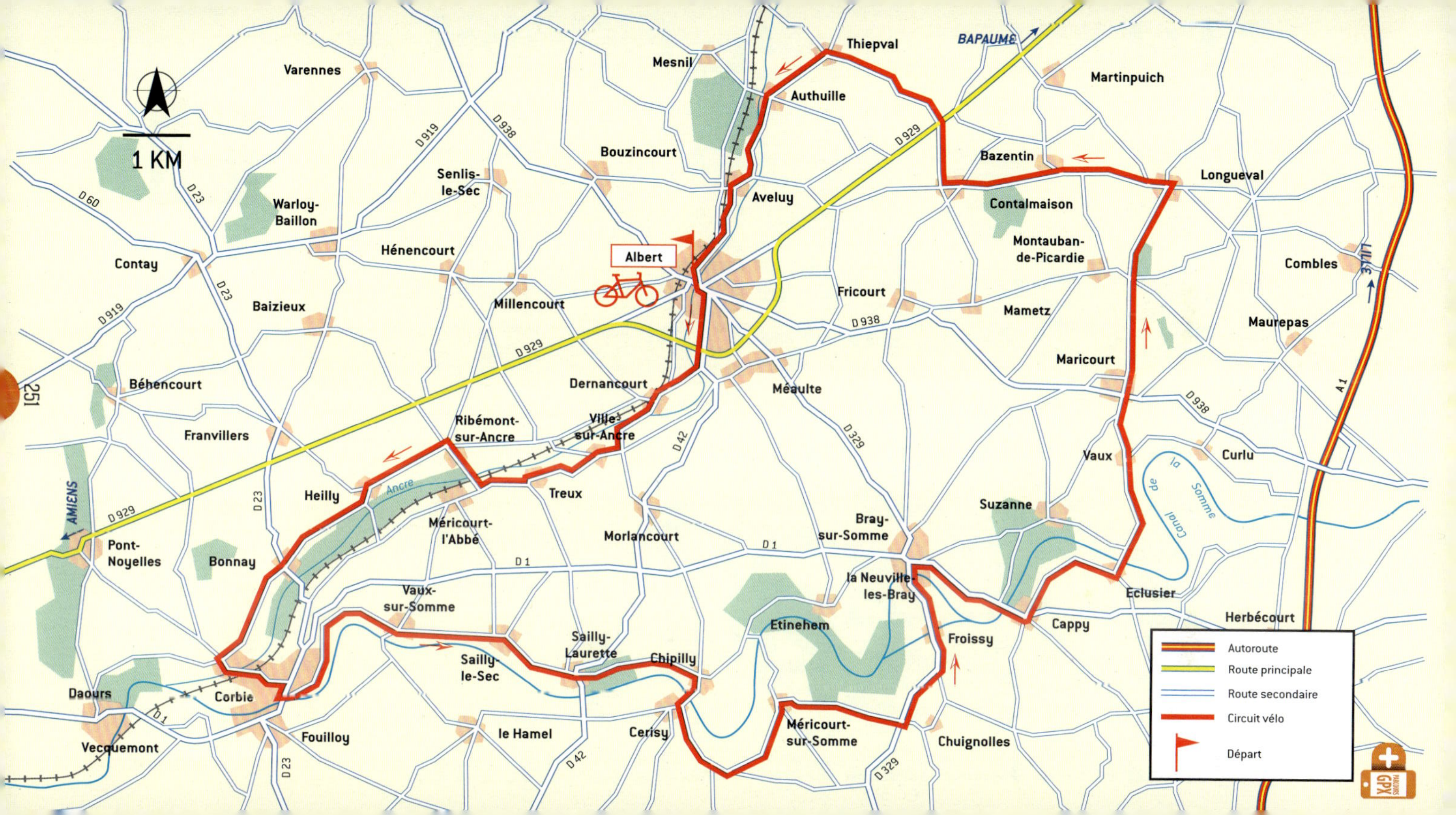

Varennes
Mesnil
Thiepval
Authuille
BAPAUME
Martinpuich
Bouzincourt
Bazentin
Longueval
Senlis-le-Sec
Aveluy
Contalmaison
Warloy-Baillon
Hénencourt
Montauban-de-Picardie
Contay
Albert
Combles
LILLE
Baizieux
Millencourt
Fricourt
Mametz
Maurepas
Béhencourt
Dernancourt
Méaulte
Maricourt
Franvillers
Ribémont-sur-Ancre
Ville-sur-Ancre
Vaux
Curlu
Heilly
Treux
Suzanne
Ancre
Canal de la Somme
AMIENS
Méricourt-l'Abbé
Morlancourt
Bray-sur-Somme
Pont-Noyelles
Bonnay
la Neuville-les-Bray
Eclusier
Vaux-sur-Somme
Etinehem
Cappy
Herbécourt
Sailly-Laurette
Froissy
Sailly-le-Sec
Chipilly
Daours
Corbie
Vecquemont
Fouilloy
le Hamel
Cerisy
Méricourt-sur-Somme
Chuignolles
D 60
D 23
D 919
D 938
D 929
D 42
D 329
D 1
A 1
1 KM
Autoroute
Route principale
Route secondaire
Circuit vélo
Départ
PARCOURS GPX

ALBERT

Albert est assez singulière en plein milieu des Hauts-de-France. Dans l'environnement champêtre des plaines et vallées du pays du coquelicot, on voit apparaître - comme un mirage - une Vierge dorée. Elle domine la basilique Notre-Dame de Brebières, dont le style néo-byzantin (d)étonne. Les 250 façades Art déco constituent aussi une belle surprise. La thématique autour de l'aéronautique est également intéressante, avec notamment un beau Potez 36 accroché dans la gare. Mais Albert, c'est aussi une histoire plus dramatique, avec la bataille de la Somme. Elle constitue une étape incontournable du Circuit du souvenir, avec notamment le musée 1916.

BASILIQUE NOTRE-DAME-DE-BREBIÈRES ★

Rue Gambetta
✆ 03 22 75 16 42
www.tourisme-paysducoquelicot.com

Ouvert toute l'année. Montée au clocher (pendant l'été, adulte : 2 €, enfant : 1 €). Visite guidée 5 €.

Une basilique qui vaut le détour ! Arrêtez-vous pour admirer ses couleurs : son architecte, Edmond Duthoit, a mis de l'éclat dans tous les recoins de cet édifice néo-byzantin. C'est d'elle que vient le surnom de « Lourdes du Nord » à Albert, suite à la chute d'une statue de la Vierge autrefois sise au sommet de la basilique. Il fut dit que sa chute coïnciderait avec la fin de la guerre, ce qui s'est passé effectivement en 1918 (après plus de 2 000 obus reçus, quand même !).

HÔTEL DE VILLE

Place Emile-Leturcq
✆ 03 22 74 38 38
www.ville-albert.fr

Visite guidée (5 €, sur réservation auprès de l'office de tourisme).

Avec une construction débutée en 1928 et une inauguration en 1932, par le président de la République Albert Lebrun, le bâtiment, situé non loin du Musée de la Somme 1916, bénéficie d'une belle architecture flamande, s'étendant sur une superficie de 690 mètres carrés. Autour du beffroi, haut de 64 mètres, les bas-reliefs présentent les activités agricoles et industrielles d'avant-guerre. A noter également, le vitrail dédié à l'aéronautique, fleuron industriel local ! Bref, un précieux témoin du riche passé industriel de la ville et de la région.

CENTRE SIR JOHN MONASH

Route de Villers-Bretonneux
FOUILLOY
✆ 03 60 62 01 40
www.sjmc.gov.au

Ouvert tous les jours de 10h à 17h. Gratuit. Durée moyenne de la visite : 1h30 à 2h. Restauration.

Le nord de la France et la Belgique ont notamment été le théâtre d'importants combats entre 1914 et 1918. Le Centre Sir John Monash, baptisé en l'honneur du général Sir John Monash alors à la tête des forces australiennes sur le front occidental en 1918, permet aux visiteurs de découvrir l'histoire et le rôle souvent méconnus de l'Australie dans le premier conflit du XXe siècle. Autour de plusieurs thèmes, le visiteur découvre ainsi, au travers d'une technologie multimédia fine et brillante, l'histoire de ce pays, alors jeune nation émergente, mais aussi ses affaires militaires et sa politique internationale avant, pendant et après la Première Guerre mondiale. L'occasion également de rendre hommage à la vie des hommes et des femmes australiens (plus de 295 000, dont 132 000 blessés et 46 000 morts) qui se sont engagés et parfois sacrifiés aux côtés des forces alliées. Une visite pédagogique, émouvante et sensorielle. Et depuis 2021, une toute nouvelle application spécialement dédiée aux enfants : Digger Quest (accessible dès 6 ans). Avec l'aide d'une tablette, les plus jeunes visiteurs peuvent se plonger dans un véritable voyage temporel dans le quotidien des Australiens en France pendant la Première Guerre mondiale. Les témoignages des soldats et infirmières australiens apportent ainsi une véritable immersion pour offrir un nouveau regard sur cette période de l'histoire et le rôle important joué par l'Australie dans le conflit. Une raison de plus pour venir découvrir le Mémorial en famille !

JARDIN PUBLIC

Rue Pierre Curie

Ouvert toute l'année (sauf raisons météorologiques). Gratuit.

Un beau parc agréable en plein centre-ville, au pied des anciens remparts ! On y trouve de plaisants aménagements paysagers avec un arboretum regroupant 35 essences d'arbres, des cascades (dont une de 7 m) de la rivière Ancre, un kiosque qui accueille des animations, des jeux pour enfants et des animaux : poules, oies, cochons et chèvres. Ce parc constitue aussi un bon bol d'air à la sortie du musée et son impressionnant tunnel. Classé MH depuis 2009, c'est une sortie idéale pour prendre du bon temps en famille, après une belle journée de visite(s) à Albert !

NOS BALADES

MÉMORIAL FRANCO-BRITANNIQUE ★

8, rue de l'Ancre - **THIEPVAL**
✆ 03 22 74 60 47
www.historial.fr

Du 01/4 au 30/9 : tlj de 9h30 à 18h. Du 1/10 au 31/3 : tlj 9h30 à 17h. Adulte 6 €, enfant (7-15 ans) 3 €. Boutique.

Visible de loin, au sommet d'une colline, le Mémorial franco-britannique de Thiepval est un arrêt quasiment immanquable pour toutes celles et tous ceux qui visitent la Somme dans le cadre d'un circuit touristique dit « de Mémoire ». Dédié aux combattants britanniques et sud-africains et aux armées française et britannique, il forme un arc de triomphe de 45 mètres de haut, composé d'arches soutenues par seize piliers. On y trouve, gravés, les noms de 72 244 soldats britanniques et sud-africains disparus sur les champs de bataille de la Somme, entre juillet 1915 et mars 1918. Avec plus de dix millions de briques utilisées pour le bâtir, ce fut un chantier à la hauteur de l'hommage rendu, désormais visité par plus de 160 000 personnes qui viennent s'y recueillir chaque année, dans une ambiance feutrée et silencieuse. A l'entrée de ce site de mémoire se trouve un centre d'interprétation permettant de remettre en contexte les différentes nations ennemies, avec un regard particulier sur les batailles de la Somme en 1916. La muséographie mise en place est très pertinente, immersive et l'on trouve même la réplique, en taille réelle, de l'avion de Georges Guynemer. Notez que l'accès au musée est payant, contrairement au centre d'interprétation que vous pourrez parcourir avant d'aller sur le site du Mémorial. Vous trouverez également, en ces même locaux, des toilettes, une boutique (livres et souvenirs) et de la documentation sur la Somme de la Première Guerre mondiale.

MÉMORIAL TERRE-NEUVIEN DE BEAUMONT-HAMEL ★★

Rue de l'Eglise
BEAUMONT-HAMEL
✆ 03 22 76 70 86

Ouvert toute l'année. Centre d'interprétation ouvert de fin janvier à mi-décembre. Accès libre et gratuit. Parking.

Situé là où s'est déroulée une terrible bataille en 1916, ce mémorial honore les Canadiens de Terre-Neuve qui ont combattu durant la Première Guerre mondiale, en particulier ceux qui n'avaient pas de tombe connue lors de son inauguration en 1925. En haut d'une petite butte se trouve une statue de caribou, animal emblème du Royal Newfoundland Regiment. Elle est environnée de plantes et de pierres originaires de l'île de Terre-Neuve et domine un site où l'on peut voir un réseau d'anciennes tranchées. L'état de conservation desdites tranchées est absolument exceptionnel à plusieurs titres : il permet, d'une part, de circuler à l'intérieur d'icelles et de se rendre compte ainsi compte, pour de vrai, de ce qu'était le cheminement à l'époque de la Première Guerre mondiale. D'autre part, l'absence de toute intervention humaine sur le site laisse voir l'état du champ du bataille, entre cratères et lignes de front respectives. C'est quasiment unique ! Le circuit faisant le tour entier du mémorial est entrecoupée par différents cimetières et monuments dédiés à ceux qui sont tombés ici, de toutes les nationalités. L'ambiance est teintée de respect, d'émotion et de recueillement. Chaque année, aux dates idoines, d'importantes célébrations internationales se déroulent en mémoire de ceux qui sont tombés. Bref, une visite unique et impressionnante, à faire absolument que vous soyez attiré ou non par le tourisme de mémoire : elle vaut largement (et vraiment) le détour.

MUSÉE SOMME 1916 ★★

Rue Anicet Godin ✆ 03 22 75 16 17
www.musee-somme-1916.eu

Ouvert tous les jours de 9h à 18h (fermé de mi-décembre à mi-janvier). Adulte : 7,50 € ; Enfant : 4,50 €.

Consacré à la bataille de la Somme, le Musée Somme 1916 est un ancien abri antiaérien construit par le conseil municipal d'Albert en 1932. Avec son tunnel de 250 m de long (et de 2 m de large), il pouvait abriter jusqu'à 15 000 personnes. On y trouve désormais une quinzaine de vitrines où sont exposés des photographies, des grenades, des obus de toutes tailles, des masques à gaz, des mitrailleuses, des baïonnettes, des casques ou encore de l'artisanat, en témoignage de la vie des soldats dans les tranchées. Une visite de mémoire immanquable à Albert.

PARC DE DÉCOUVERTE AÉRONAUTIQUE

17, rue de l'Industrie
✆ 06 07 36 84 43
www.musee-eia.com

Ouvert toute l'année. Le samedi de 9h à 12h et de 14h30 à 18h. Adulte : 5 €. En semaine, sur réservation.

Ici, faites la découverte de l'épopée de l'aéronautique. Implanté dans le berceau de l'industrie aéronautique, ce musée réunit sur 2 ha une cinquantaine d'avions de 1944 à 1970, des hélicoptères, des planeurs, des camions de pompiers, des voitures d'époque… Mais aussi des pièces uniques à l'image du Dakota DC3 ou du Mirage F1. Afin de rendre la visite encore plus réaliste, il est possible de rentrer dans le cockpit d'un avion ou de le piloter grâce au simulateur de vol.

TOUR D'ULSTER

Route de Saint-Pierre-Divion
THIEPVAL
✆ 03 22 74 87 14

Ouvert du 1er mars au 30 novembre, du mardi au dimanche de 10h à 17h. Fermé le lundi. Boutique, café.

Un bout d'Irlande au cœur de la Haute-Somme, pour se rappeler la 36e division d'Ulster (Irlande), dont un quart des hommes furent tués, blessés, portés disparus ou faits prisonniers le 1er juillet 1916. La tour d'Ulster, également appelée Tour de Belfast ou Tour Hélène, est une copie d'une tour du parc de Clandeboyne en Irlande où s'entraînaient les Irlandais. On trouve sur place un petit café adjoint d'une salle-musée où sont présentes de nombreuses pièces militaires assez étonnantes. Une halte dépaysante et émouvante, qui mérite le détour !

OFFICE DE TOURISME PAYS DU COQUELICOT

9, rue Léon-Gambetta ✆ 03 22 75 16 42
www.tourisme-paysducoquelicot.com

Ouvert du lundi au samedi : 10h-12h et 14h-16h. Wifi. Boutique. Location de vélos. Petites expositions temporaires.

Un office de tourisme qui s'est bien modernisé ! Outre l'accueil très professionnel et agréable de l'équipe, vous trouverez dans ces anciens bains douches une maquette de la basilique, de la documentation sur le secteur, une boutique mettant en valeur des produits locaux (bières, gaufres, coquelicots du souvenir...) ainsi que diverses expositions temporaires. Si vous préférez les vélos, vous pourrez en louer aussi ici pour (mieux) explorer la région. En bref, une étape essentielle !

HOTEL RESTAURANT DE LA PAIX** €€

43, rue Victor-Hugo
✆ 03 22 75 01 64
https://www.hoteldelapaix-albert.fr/

Accueil 24h/24. 9 chambres de 79 à 119 €. Parking inclus. Animaux acceptés. Wifi. Restauration : menus de 17 à 25 €.

Vous serez ici accueilli dans une ambiance chaleureuse et rustique, avec une décoration élégante et récemment refaite. L'hôtel est à l'image des petits plats que l'on sert dans son restaurant : simple mais efficace. Dans les chambres, pas de chichis mais de la propreté et un confort sobre : une literie douillette, une belle salle de bains, et un téléviseur pour vous divertir avant de dormir. Bref, tout ce qu'il faut pour un séjour idéal à Albert !

HYGGE CAFÉ €

29, place d'Armes
✆ 03 22 75 47 12

Restaurant, bar. Du lundi au samedi de 10h30 à 1h. Vin au verre. Accueil des groupes (salle à l'étage). Terrasse.

Si vous êtes à la recherche d'une brasserie au décor original et à l'ambiance sympathique et conviviale, le Hygge Café est fait pour vous, avec ses faux airs décoratifs de café litteraire. La cuisine de brasserie est généreuse, idéalement dressée : petits cornets de frites, « starters » à partager (planche de légumes, saumon fumé et toast). Mention spéciale pour les fondus de camembert ou aux trois fromages, la carbonnade ou encore l'incontournable potjevleesch. Une adresse à recommander très chaudement et où il fait bon venir et revenir encore et encore !

LES COULISSES €€

2, rue Paul Bert
✆ 03 22 75 89 32

Du mardi au vendredi le midi ; du jeudi et vendredi soir. Menus à 19 € et 24,50 € (enfant 8,50 €). Terrasse.

Anthony et Cédric ont repris avec dynamisme cet établissement il y a 4 ans. Le rapport qualité-prix des plats est très bon avec une carte variée concoctée à base de produits frais, comme la carbonnade flamande, la choucroute de la mer, la souris d'agneau rôtie au thym et miel et ses petits légumes. En dessert, laissez-vous tenter par le dôme du chef ou le courchevel. Une adresse devenue classique à Albert, où il fait bon venir manger des choses autant régionales que plus nationales mais avec un point commun : elles sont cuisinées avec amour et talent !

LE VERTIGO €€

37, rue Rue Jeanne d'Harcourt
✆ 03 22 74 58 16
https://www.levertigo.fr/

Ouvert du lundi au samedi (de 7h à 19h30 lundi, mardi, 23h le mercredi, 1h les autres jours). Menu de 16 à 21 €.

Un bar-brasserie à Albert, où il fait bon venir, seul ou entre amis, manger une nourriture fraîche et locale, c'est le pari réussi par le tout jeune Vertigo, l'une des dernières ouvertures albertines. Ici, pas de chichi : on propose du cochon rôti à la broche, des moules, un bœuf façon carbonnade, du dos de lieu ou encore de la poitrine de veau. Le service est aimable et souriant et l'on sent une vraie fierté du travail (bien) fait. Le bar propose également de belles bières pression, idéales pour accompagner le repas ou savourer un petit moment de détente.

BISCUITERIE DU COQUELICOT

Parc activite Henry Potez

✆ 06 43 26 40 33

www.biscuiterie-coquelicot.com

Ouvert de 9h à 12h et de 13h à 19h, du mardi au samedi. Visite de l'atelier de fabrication. Dégustation. Boutique.

Une biscuiterie artisanale, située au cœur de la Somme, à Albert, et qui propose des produits artisanaux dont la fabrication se fait, pour certains, depuis le début du XXe siècle, c'est la (belle) histoire de la biscuiterie du coquelicot ! Ici, tout est fait à la main, avec patience, passion et savoir-faire : gaufrettes, macarons, divers sirops... Mais aussi des choses plus surprenantes, tels les sablés ou confits aux pétales de coquelicot ! Une adresse pleine de surprises gourmandes.

LE PANIER DE LOUISE

39, rue jule d'Harcourt

✆ 09 63 62 09 92

Ouvert du mardi au samedi de 9h30 à 12h30 et de 14h à 19h. Produits locaux et bio variés, brasseries régionales.

Une épicerie toute simple, ouverte depuis juin 2019 et qui fait la part belle, de façon très volontariste, aux produits locaux ! Entrer dans le Panier de Louise, c'est avoir envie d'essayer toutes les spécialités présentées sans chichis : des gaufres d'Albert (une merveille qui tient chaud au ventre, à ne pas toucher avant un repas) aux différentes bières brassées dans la Somme : il est dur de ne pas craquer ! Emballez le tout avec un accueil chaleureux, des prix plus que corrects, des produits bio et vous obtenez l'endroit parfait pour un petit shopping local.

HEILLY

Cette commune cache les vestiges d'un immense château surnommé le « Petit Versailles » en référence à son ancien jardin d'eau semblable au Grand Canal. L'histoire raconte que le lieu fut le refuge de Ganelon, personnage de la *Chanson de Roland*, avant d'être tué à Roncevaux. Les différents seigneurs qui se sont succédé ont largement contribué à l'histoire, en participant à la Bataille de Bouvines au XIIIe siècle, puis à la bataille d'Azincourt au XVe siècle. Le château a été détruit partiellement en 1848 : aujourd'hui, il ne reste plus que des vestiges à l'abandon. Lors de votre balade, l'église Saint-Pierre et son cadran solaire méritent le détour.

AUBERGE FLEURIE €€

1, rue Notre-Dame

✆ 03 22 40 61 04

www.aubergefleurie.eu/fr/

Ouvert du mardi au vendredi le soir ; le samedi midi et soir ; le dimanche midi. Menus de 27 € à 32 €.

Cette auberge porte bien son nom : des poutres de bois sombre et des fleurs jaunes disposées dans des paniers en osier créent une atmosphère rustique et colorée. Le restaurant joue à fond la carte de l'authenticité et des plats régionaux, certifiés maison : l'assiette du pêcheur, la coque de morilles et bien sûr la célèbre ficelle picarde. L'auberge peut accueillir 50 couverts et dispose d'une salle très spacieuse, permettant d'y organiser des réceptions et cérémonies. Pour les promeneurs de passage, l'établissement offre la possibilité d'y dormir.

BONNAY

Bonnay est une petite commune de moins de 300 habitants qui ne manque pourtant pas de dynamisme. Ce petit village se raconte et met son histoire en scène avec passion, de ses origines à la fin de la Deuxième Guerre mondiale, lors d'un spectacle son et lumière. Cet événement regroupe 240 bénévoles, sur trois générations, qui jouent dans 22 tableaux où chaque scène est illustrée avec les costumes, accessoires, outils, voitures et machines agricoles d'époque. Une manifestation authentique à soutenir qui a lieu tous les deux ans. Le patrimoine de Bonnay est riche de l'église Saint-Vaast, néogothique, et du cimetière militaire britannique.

LE VAL D'ANCRE €€

6, rue du Petit Marais

✆ 03 22 96 99 50

Ouvert du mardi au samedi le midi et le soir.

C'est au beau milieu de la campagne picarde, niché entre Amiens et Albert, que ce petit bijou de restaurant se cache. Dans ce cadre rustique et chic, aux couleurs douces et aux briques apparentes, de vieux objets des fermes picardes font office de décoration, comme ce poêle ancien posé à l'entrée ou la vieille essoreuse à salade accrochée aux murs. En attendant les plats, vous pouvez toujours vous amuser à résoudre les problèmes de logique et de mathématique écrits à la craie sur la grande ardoise noire de la salle. Les plats sont succulents et très copieux.

CORBIE

La petite ville de Corbie offre à ses visiteurs un camping jouxtant une halte nautique, un musée et d'autres curiosités à découvrir au cœur de la région des Trois vallées (Ancre, Somme, Hallue). Elle se prête à une jolie balade historique et patrimoniale. Un parcours fléché vous permettra de découvrir les lieux emblématiques. Admirez l'abbatiale Saint-Pierre de Corbie, imposant édifice en style gothique qui domine la ville. Faites un détour par l'église Notre-Dame de La Neuville, avec son tympan décoré d'un rare haut-relief de la Renaissance. Terminez par une promenade sur le chemin du halage où l'on retrouve les paysages naturels typiques de la Somme.

Histoire

Corbie fut un haut lieu de culture et d'histoire, comme le montrent la prestigieuse abbaye fondée au Moyen Age ainsi que les vestiges de différentes guerres. L'histoire de la ville est étroitement liée à la fondation de cette abbaye en 657 par la reine Bathilde, abbaye qui devint un des grands centres monastiques de l'époque carolingienne. Devenue une importante place forte au XVIIe siècle, Corbie laissa son nom dans l'Histoire lors de sa prise par les Espagnols en 1636 et de sa reprise la même année par Louis XIII et Richelieu après un siège mémorable. Sainte Colette, réformatrice des ordres de Saint-François d'Assise, saint Adalhard, fondateur de l'Abbaye de Corvey en Allemagne et Eugène Lefebvre, pionnier de l'aviation naquirent à Corbie ou dans les environs.

ABBATIALE SAINT-PIERRE ★

Rue Charles de Gaulle

Entrée libre. Visite guidée en réalité virtuelle.

Il s'agit de l'unique vestige de l'abbaye de Corbie fondée au VIIe siècle, et amputée des deux tiers de sa longueur à la Révolution. Sur cet emplacement, trois monuments différents furent en effet élevés. De 657 à 661, la reine Bathilde fonde l'abbaye ; de 1052 à 1073, le monument est remanié suite à un incendie, avant d'être à nouveau démoli à la fin du XVe siècle. A 55 m de hauteur, vous profiterez d'un magnifique panorama sur toute la vallée de la Somme. On peut voir l'église Notre-Dame de la Neuville de style Renaissance avec son tympan dentelé. Sublime !

EGLISE NOTRE-DAME DE LA NEUVILLE ✞

Rue de Pont-Noyelles

✆ 03 22 96 95 76

Gratuit.

A Corbie, l'église Notre-Dame de la Neuville est un monument admirable, construit aux XVe et XVIe siècles. Prenez le temps d'observer son tympan surprenant et magnifique : il fait référence à l'entrée du Christ à Jérusalem, le jour des Rameaux ; on le voit cheminer sur un âne, accompagné des apôtres. Fort heureusement, l'église n'a pas eu à subir les mêmes dommages que les autres édifices religieux de la commune, et peut donc aujourd'hui offrir ce spectacle !

NOS BALADES

© S.RONDOT

Belvédère Ste-Colette, Corbie.

ÉTANG DE LA BARETTE

L'une des plus jolies balades de la région consiste à partir de l'étang de la Barette de Corbie pour remonter jusqu'au sommet de la falaise Sainte-Colette, pour découvrir un magnifique panorama sur la vallée et les étangs dont l'ambiance change tout au long de la journée. Tantôt tapi dans la brume du matin, tantôt éclatant au soleil de midi ou rougeoyant sous la lumière de fin de journée, on ne s'en lasse pas. Un circuit de 9 km parcourt ce site naturel, zone humide de grande biodiversité. Vous trouverez l'itinéraire détaillé en vente à l'office de tourisme.

BRASSERIE ARTISANALE PICARDENNES

29, rue Jules Lardière
✆ 03 22 52 28 49
Ouvert le mercredi et le vendredi de 14h à 19h.

La tradition de la brasserie artisanale remonte au Moyen Age à Corbie, avec les moines brasseurs. Ce sont maintenant Christophe Podigue et Laurent Lepère qui ont pris le relais en proposant deux marques de bière : la Mascotte et la Caroline, labellisées toutes les deux « Terroir de Picardie ». L'été, l'office de tourisme organise des visites guidées pour découvrir les secrets de fabrication d'une bière artisanale. N'hésitez pas à les contacter pour plus d'info.

OFFICE DE TOURISME

28/30, place de la République
✆ 03 22 96 95 76
http://fr.valdesomme-tourisme.com
Basse saison : mardi au samedi, 10h-12h et 14h-17h. Haute saison : 7j/7, 9h30-12h/14h-18h. Fermeture le dimanche.

Animations, sites à découvrir, musée à visiter... Tout sur le tourisme dans le val de Somme, autour de Corbie ! Un nouveau circuit d'interprétation du patrimoine a été mis en place avec 10 panneaux pour ne rien manquer des curiosités de la ville. L'été, l'office propose aussi une visite guidée en réalité virtuelle pour découvrir l'abbatiale Saint-Pierre ou avec ascension de la tour sud. Bref, une étape très vivement conseillée pour ne rien rater dans tout ce que proposent le Val de Somme et la ville de Corbie. Le site Internet est, de même, très bien fait.

VÉLOROUTE DE LA MÉMOIRE N°32

✆ 03 22 96 95 65
fr.valdesomme-tourisme.com
Véloroute, 90 kilomètres entre la gare d'Amiens et la cathédrale d'Arras. Assez facile. Attention aux routes partagées.

Cette véloroute relie Amiens et Arras en passant par Corbie et Albert en croisant plusieurs sites majeurs de la Première Guerre mondiale. D'Amiens à Corbie, celle-ci longe le fleuve Somme pour ensuite suivre la vallée de l'Ancre, de Corbie jusque Miraumont en passant par Albert, avant de remonter vers l'Artois. Une très agréable et lente façon de (re) découvrir le patrimoine ! Le tracé du circuit est téléchargeable sur le site Internet de l'office de tourisme.

CAMPING LES POISSONNIERS** €

Rempart des Poissonniers
✆ 03 22 48 23 35
www.mairie-corbie.fr/tourisme/camping
Ouvert du 1er avril au 31 octobre. Emplacement 9,50 €.

Ce camping municipal est idéalement situé à 200 m du centre-ville, le long du canal de la Somme, à côté de la véloroute et du relais nautique. Les 100 emplacements sont spacieux (115 m²) et délimités par des haies bocagères. Il est également possible de louer un emplacement au mois ou à l'année. Des animations sont organisées en juillet et août. Vous pouvez aussi profiter de tables de tennis de table et d'un terrain de pétanque sur place. Une halte parfaite dans votre parcours à vélo.

POZIÈRES

Le village de Pozières ne manque pas de charme avec son église et sa chapelle Notre-Dame-du-Bon-Secours. Pourtant, la commune ne tient pas sa renommée de son patrimoine, mais plutôt de son histoire. En effet, plusieurs lieux de mémoire de la Grande Guerre se trouvent ici. Pozières regroupe plusieurs sites dédiés aux soldats britanniques et australiens (les plus nombreux) qui perdirent la vie dans les combats de la Somme, notamment lors de la bataille de Pozières (du 27 juillet au 7 août 1916). D'ailleurs, depuis plusieurs années, la ville organise un spectacle son et lumière très populaire, baptisé *Pozières dans l'ombre et la lumière*.

Histoire

Pozières est un symbole pour l'Australie, qui donna par la suite le même nom à un de ses villages du Queensland. C'est ici que trois divisions du Corps d'Armée australien (*I Anzac Corps*) rattachées à la *Reserve Army* du lieutenant-général Hubert Gough, marqua son premier grand engagement dans la guerre de 1914-1918. Courant 1916, la ligne de front se situait dans la vallée de l'Ancre. L'objectif destiné à faire sauter le verrou de Pozières fut confié aux trois divisions australiennes (1re, 22e et 4e divisions) et à la 48e division britannique. C'est d'ailleurs dans le secteur de Pozières que les chars d'assaut furent pour la première fois utilisés sur un champ de bataille, le 15 septembre 1916.

Histoire

Les Australiens s'emparèrent de Pozières le 23 juillet alors que la 48e division britannique portait ses efforts sur les tranchées allemandes à l'ouest du bourg. En revanche, l'attaque principale menée par la IVe Armée britannique entre Pozières et Guillemont fut un échec. Quand les Australiens furent relevés par les troupes canadiennes, le 5 septembre, plus du tiers des effectifs engagés avait alors été décimé, soit 23 000 hommes. À voir, du nord au sud de la ville en suivant la D929 : le *Tank Corps Memorial* et le *Wind mill Memorial*, le mémorial australien et le blockhaus Gibraltar (site du Gibraltar), toujours en suivant la D929 en direction d'Ovilliers-la-Boiselle : le monument à la mémoire des fusiliers royaux de l'armée britannique, le mémorial de Pozières et le cimetière des colonnes (sur le territoire de la commune de Ovilliers-la-Boiselle).

EGLISE SAINT-FURSY ✞

Détruite en 1914 par des bombardements, l'église Saint-Fursy fut reconstruite entre 1934 et 1936. Le spectacle débute à l'extérieur, avec une remarquable façade, faite d'un enchevêtrement de briques, plus ou moins foncées. Et l'intérieur n'est pas en reste, grâce notamment à l'architecture spectaculaire du chœur, et sa succession de voûtes brisées en lancettes. A découvrir également : une statue de saint Fursy en pierre reconstituée, que l'on doit à Gérard Ansart, ainsi qu'une frise décorative symbolisant les Évangélistes.

L'AUBERGE DE LA VALLÉE D'ANCRE €€

6, rue du Moulin
✆ 06 08 07 99 73

Ouvert du mardi au dimanche le midi ; le mardi et du jeudi au samedi le soir. Réservation. Menus de 27 € à 32 €.

Tout simplement l'une des meilleures tables des environs, si ce n'est LA meilleure. Service impeccable, cadre agréable et bucolique avec la rivière voisine, et dans l'assiette, un festival de produits frais et de saveurs délicates. Saumon et Saint-Jacques crus marinés aux herbes, coquille façon baie de Somme, brochette de bœuf au poivre du Sichuan, ou encore magret de canard au miel d'abricot... Et comme les noms des bonnes adresses circulent très vite, un conseil : pensez à réserver.

AUTHUILLE

La commune d'Authuille et ses 200 habitants ne manquent pas d'atouts. Parmi les incontournables à visiter, citons l'église Saint-Fursy et ses vitraux qui valent le détour. Aussi, à la fin de la Grande Guerre, Authuille a été choisie pour abriter le Mémorial de Thiepval. Il s'agit d'un monument construit en hommage aux combattants disparus de la Somme. Sur votre parcours, vous pourrez également admirer la stèle, le banc et la plaque, en hommage aux soldats britanniques. Authuille possède trois cimetières militaires britanniques, tombés lors de la Bataille de la Somme : Londsdale Cemetery, Authuille Military Cemetery et Blighty Valley Cemetery.

AVELUY

Aveluy fait partie de la communauté de communes du Pays du Coquelicot et se situe sur le circuit du Souvenir, parcourant les principaux lieux de mémoire de la Grande Guerre de la région, entre Péronne et Albert. Lors de la Première Guerre mondiale, le bois d'Aveluy fut utilisé par l'armée britannique comme un lieu stratégique de dépôt de munitions et de ravitaillement. La ville fut entièrement détruite durant la Bataille de la Somme. Aujourd'hui, elle abrite une jolie église construite en brique rouge, à l'image de la ville. Parmi les lieux de mémoire, le Monument aux Morts et *La Nymphe d'Aveluy*, reproduction d'une sculpture réalisée par des Poilus.

5 CONSEILS POUR
VOTRE BALADE VÉLO EN FAMILLE

veloenfrance.fr
À vélo tout est plus beau !

Le vélo est une activité sportive qui se transmet de génération en génération. Rouler en famille, c'est partager un moment unique pour se ressourcer et se réunir autour d'une activité commune. La Fédération française de cyclotourisme vous apporte quelques conseils pour quelques sorties sympas durant les vacances… Essayez : ça plaira à tous les âges !

1. *Votre parcours*

Pour une sortie vélo, si vos enfants sont sur un vélo autonome, assurez-vous qu'ils aient acquis certaines bases pour rouler : suivre une trajectoire, pédaler de façon constante, reconnaissance de la signalisation routière.

Ensuite, côté condition physique, nous vous conseillons des parcours de niveau très facile à facile (vert/bleu côté code couleur, comme au ski). Il s'agira d'une distance ne dépassant pas 40 kilomètres pour une journée avec des enfants à partir de 12 ans, et 30 kilomètres sur la journée pour des enfants plus jeunes. Vous pouvez toujours opter pour une roue additionnelle, voire une carriole pour les plus petits. Nous vous invitons également à choisir un parcours au cours duquel vous pourrez faire des haltes avec d'autres activités (visites, pique-nique, jeux, etc.), afin de varier les plaisirs et toujours avoir un objectif à la sortie vélo !

Trouvez des circuits de différents niveaux de difficulté sur le site ***veloenfrance.fr***

2. *Respectez le Code de la route et les autres usagers*

Avec les enfants vous privilégierez les pistes cyclables et autres Voies vertes, ou encore des routes à faible circulation. Cela n'empêche pas de respecter les autres usages et les réglementations : priorité aux piétons, rouler à droite, stops, feux rouges… Pensez à vous mettre en file indienne chaque fois que les conditions de circulation l'exigent. La route ne vous appartient pas, il faut la partager.

Révisez en famille ses bons réflexes à vélo sur ***ffvelo.abeilles-jeux.fr***

3. *Votre matériel indispensable*

N'oubliez pas le nécessaire de réparation e la pompe. Emportez vos papiers d'identité, de l'argent, de quoi vous orienter. Évidemment, à boire et à manger ! Le casque est obligatoire pou les enfants de moins de 12 ans, mais nous le conseillons aussi pour les adultes. Côté vêtements vous opterez pour des tenues confortables de couleur claire. Vous pouvez aussi mettre des gants (utiles pour le confort et en cas de petite chute), e des lunettes (pour le soleil et des branches éventuel sur les chemins forestiers).

4. *L'échauffement est essentiel*

En début de sortie, pensez à utiliser de petit développements (pédalage facile), à partir ave une allure modérée, et constante. Cela perme de se familiariser à la route ou au chemin, d'êtr attentif à votre petit groupe. Si vous le pouvez partez également face au vent afin que le retou soit moins pénible.

5. *Les réflexes pour rouler en groupe*

En groupe, votre progression doit donc êtr constante afin de limiter les à-coups. Un adulte à l'avant donnera ce rythme et l'adulte à l'arrièr alertera pour temporiser. Des changements brusqu du rythme entrainent de la fatigue supplémentaire mais peuvent aussi poser des problèmes de sécurité Pensez à anticiper vos changements de directior de route ou de chemin (« *à droite* » et on met l bras), les arrêts éventuels (« *on s'arrête* »), avec de gestes et des paroles simples et compréhensible par tout le monde.

INDEX

M

N

O

P

EDITION

Directeurs de collection et auteurs : Dominique AUZIAS et Jean-Paul LABOURDETTE

Auteurs : Camille KOESSLER, Stéphanie DEVISSCHER, Stéphane MONTOUCHET, Antoine GROGNET, Muriel BOUHET, Jean-Paul LABOURDETTE, Dominique AUZIAS et alter

Directeur Editorial : Stéphan SZEREMETA

Rédaction France : Briséis CREAC'H-MENUT, Audrey VEDOVOTTO, Marie VIGNERON, Nicolas WODARCZAK, Mélanie PEILLET

Rédaction Monde : Laure CHATAIGNON, Morgane VESLIN, Pierre-Yves SOUCHET, Natalia COLLIER

FABRICATION

Maquette et Montage : Romain AUDREN, Julie BORDES, Delphine PAGANO

Iconographie et Cartographie : Anne DIOT, Julien DOUCET

WEB ET NUMERIQUE

Directeur Web : Louis GENEAU DE LAMARLIERE

Technical Project Manager : Hervé MARION

Développeurs : Guillaume BARBET, Adeline CAUX

Intégrateur Web : Mickael LATTES, Antoine DION

Webdesigner : Caroline LAFFAITEUR

Community Traffic Manager : Alice BARBIER, Noémie LE SAUX

DIRECTION COMMERCIALE

Directeur commercial : Guillaume VORBURGER

Coordinatrice des Régies commerciales : Manon GUERIN

Account Manager Marketplace : Leila ROUGEOT

Responsable Régies locales : Michel GRANSEIGNE

Responsables Développement régie inter : Jean-Marc FARAGUET et Guillaume LABOUREUR et Camille ESMIEU

Assistante commerciale Régie internationale : Leila ANTRI-BOUZAR

Chefs de Publicité Régie nationale : Caroline AUBRY, François BRIANCON-MARJOLLET, Perrine DE CARNE MARCEIN et Jonathan TOUTOUX

DIFFUSION ET PROMOTION

Directrice des Ventes : Bénédicte MOULET assistée d'Aissatou DIOP

Responsable des ventes : Jean-Pierre GHEZ assisté de Nelly BRION

Relations Presse-Partenariats : Jean-Mary MARCHAL

ADMINISTRATION

Président : Jean-Paul LABOURDETTE

Directrice des Ressources Humaines : Dina BOURDEAU assistée de Sandra DOS REIS et Eva BAELEN

Directrice Administrative et Financière : Valérie DECOTTIGNIES

Comptabilité : Guillaume PETIT, Aminata BAGAYOKO, Jeannine DEMIRDJIAN, Adama DIABY

Recouvrement : Fabien BONNAN assisté de Sandra BRIJLALL

Responsable informatique : Elie NZUZI-LEBA

PETIT FUTÉ BALADES À VÉLO HAUTS-DE-FRANCE

LES NOUVELLES EDITIONS DE L'UNIVERSITE
18, rue des Volontaires - 75015 Paris.
✆ 01 53 69 70 00 - Fax 01 42 73 15 24
Internet : www.petitfute.com
SAS au capital de 1 000 000 € - RC PARIS B 309 769 966
Couverture : © Ardea-studio - Shutterstock.com
© Nadia Grapes - Shutterstock.com
© Guaxinim- Shutterstock.com
Impression : IMPRIMERIE CHIRAT - 42540 Saint-Just-la-Pendue
Achevé d'imprimer : mars 2023
Dépôt légal : 13/04/2023
ISBN : 9782305091198

Pour nous contacter par email, indiquez le nom de famille en minuscule suivi de @petitfute.com
Pour le courrier des lecteurs : info@petitfute.com

IMPRIMÉ EN FRANCE